INFORMATIVOS TRABALHISTAS

COMENTADOS EM QUESTÕES

Coordenação
Henrique Correia
Élisson Miessa

Felipe Fernandes
Gustavo Andrade
Henrique Melo
Rodrigo Medeiros

INFORMATIVOS TRABALHISTAS

COMENTADOS EM QUESTÕES

Julgamentos do STF e TST relacionados ao Direito do Trabalho e ao Processo do Trabalho com simulados inéditos e comentados

2019

EDITORA *Jus*PODIVM
www.editorajuspodivm.com.br

EDITORA *Jus*PODIVM
www.editorajuspodivm.com.br

Rua Território Rio Branco, 87 – Pituba – CEP: 41830-530 – Salvador – Bahia
Tel: (71) 3045.9051
• Contato: https://www.editorajuspodivm.com.br/sac

Capa: Ana Caquetti

Diagramação: SBNigri Artes e Textos Ltda. *(sbnigri@centroin.com.br)*

ISBN: 978-85-442-2622-3.

Apresentação

Todo livro deve ter um objetivo claramente definido.

Seguindo este propósito, o intuito da presente obra é claro: o estudo, o aprendizado e a revisão dos julgados relacionados com o Direito do Trabalho e o Processo do Trabalho, veiculados, no ano de 2018, pelo Supremo Tribunal Federal e, principalmente, pelo Tribunal Superior do Trabalho, de forma rápida e objetiva.

Tendo como norte o tripé estudo-aprendizado-revisão, a obra foi dividida, pois, em três partes.

Na Parte I, focada no **estudo** dos julgados, o leitor terá a possibilidade de, **cronologicamente**, estudar todos os julgados veiculados nos informativos do STF e TST, de forma objetiva, mediante leitura destacada dos principais pontos e breves comentários, que visam contextualizar o cerne de cada posicionamento jurisprudencial trazido.

A Parte II, focada no **aprendizado**, é a alma da presente obra. De acordo com o princípio básico de que o treino é a base para a absorção de qualquer conteúdo, foram criados **dez simulados**, cada um contendo dez questões objetivas e uma subjetiva, totalizando, assim, 100 questões objetivas e 10 subjetivas, todas **inéditas e comentadas**.

Por fim, a Parte III da obra possui foco na **revisão**, por ser este o melhor método para fixação e confirmação do conteúdo.

Além das três partes acima descritas, ao final do livro, o leitor contará com dois anexos de suma importância: o primeiro, um guia de leitura e revisão, de forma que o presente livro seja mais do que uma fonte de conhecimento; que seja uma **metodologia de estudo**; o segundo, o índice de julgados separados por temas, objetivando, dessa forma, a facilitação da busca das decisões.

Firmes no propósito do presente livro, acreditamos que a obra virá a somar nas preparações para diversos certames públicos, a citar: Magistratura Trabalhista, Procuradoria do Trabalho, Tribunais do Trabalho, Advocacia Pública e Exame de Ordem.

Os Autores

Sobre a Autoria e a Coordenação

AUTORES

Felipe Fernandes

Procurador do Estado de São Paulo – Procuradoria Judicial Trabalhista

Mestre e Doutorando em Direito Público pela PUC - SP

Membro da Equipe Aprovação PGE – Planejamento e Gestão do Estudo

Professor e Coach para concursos públicos

Autor de materiais jurídicos para concursos públicos

Instagram: @prof.felipefernandes

Gustavo Andrade

Procurador do Distrito Federal – Procuradoria Trabalhista

Membro da Equipe Aprovação PGE – Planejamento e Gestão do Estudo

Professor e Coach para concursos públicos

Autor de materiais jurídicos para concursos públicos

Instagram: @prof.gustavoandrade

Henrique Melo

Procurador do Estado de São Paulo – Procuradoria Regional de Campinas - SP

Membro da Equipe Aprovação PGE – Planejamento e Gestão do Estudo

Professor e Coach para concursos públicos

Autor de materiais jurídicos para concursos públicos

Rodrigo Medeiros

Procurador do Estado de São Paulo - Procuradoria Judicial Trabalhista

Membro da Equipe Aprovação PGE - Planejamento e Gestão do Estudo

Professor e Coach para concursos públicos

Autor de materiais jurídicos para concursos públicos

COORDENADORES

Henrique Correia

Procurador do Trabalho. Professor de Direito do Trabalho do CERS Online (www.cers.com.br). Autor e Coordenador de diversos livros para concursos públicos pela Editora Juspodivm.

Site: www.henriquecorreia.com.br

Twitter: @profcorreia

Instagram: Prof_correia

Periscope: @henrique_correia

Élisson Miessa

Procurador do Trabalho.

Professor de Direito Processual do Trabalho do Curso CERS Online.

Autor e Coordenador de obras publicadas pela Editora Juspodivm.

Site: www.elissonmiessa.com.br

Instagram: @elissonmiessa

SUMÁRIO

PARTE I
ESTUDO DOS JULGADOS

INFORMATIVOS DO TST **13**

Informativo nº 171 13
Informativo nº 172 21
Informativo nº 173 29
Informativo nº 174 35
Informativo nº 175 43
Informativo nº 176 51
Informativo nº 177 59
Informativo nº 178 65
Informativo nº 179 73
Informativo nº 180 79
Informativo nº 181 105
Informativo nº 182 115
Informativo nº 183 119
Informativo nº 184 129
Informativo nº 185 131
Informativo nº 186 135
Informativo nº 187 151
Informativo nº 188 163
Informativo nº 189 173

INFORMATIVOS DO STF **179**

Informativo nº 894 179
Informativo nº 909 183
Informativo nº 913 187
Informativo nº 917 195
Informativo nº 919 201

PARTE II
SIMULADOS

Simulado 01 – Questões 213
Simulado 02 – Questões 221
Simulado 03 – Questões 245
Simulado 04 – Questões 253
Simulado 05 – Questões 275
Simulado 06 – Questões 283
Simulado 07 – Questões 309
Simulado 08 – Questões 317
Simulado 09 – Questões 343
Simulado 10 – Questões 351

PARTE III
REVISÃO E FIXAÇÃO

Bloco 01 375
Bloco 02 377
Bloco 03 379
Bloco 04 383
Bloco 05 387
Bloco 06 389
Bloco 07 391
Bloco 08 393
Bloco 09 395
Bloco 10 397

ANEXOS

Anexo I – Guia de Leitura e Revisão 401
Anexo II – Índice dos Julgados por Tema 403

PARTE I
Estudo dos Julgados

INFORMATIVOS DO TST

Informativo nº 171

➲ *Direito Processual do Trabalho.* Justiça gratuita. Declaração de pobreza. Presunção relativa de veracidade não elidida pelo fato de o reclamante ter percebido salário bastante elevado.

O fato de o reclamante ter percebido salário bastante elevado, superior a R$ 40.000,00 (quarenta mil reais), e de a rescisão do contrato de trabalho ter ocorrido dias antes do ajuizamento da reclamação trabalhista não são suficientes para elidir a presunção de veracidade da declaração de pobreza por ele firmada.

Sob esse fundamento, a SBDI-I, por maioria, conheceu de recurso de embargos por contrariedade à Orientação Jurisprudencial nº 304 da SBDI-I (atualmente incorporada ao item I da Súmula nº 463 do TST) e, no mérito, deu-lhe provimento para restabelecer a sentença quanto aos benefícios da justiça gratuita e ao pagamento de honorários advocatícios.

Vencidos os Ministros João Oreste Dalazen e Renato de Lacerda Paiva. TST-E-ARR-464-35.2015.5.03.0181, SBDI-I, rel. Min. Hugo Carlos Scheuermann, 8.2.2018 (Informativo Nº 171)

BREVE COMENTÁRIO

No caso em tela, a SDI-1 do TST se baseou na Súmula nº 463 da Corte Superior para dar provimento ao recurso do reclamante.

Cite-se o entendimento sumulado:

> *Súmula nº 463 do TST*
>
> *ASSISTÊNCIA JUDICIÁRIA GRATUITA. COMPROVAÇÃO*
>
> *I – **A partir de 26.06.2017, para a concessão da assistência judiciária gratuita à pessoa natural, basta a declaração de hipossuficiência econômica firmada pela parte ou por seu advogado, desde que munido de procuração com poderes específicos para esse fim** (art. 105 do CPC de 2015);*
>
> *II – No caso de pessoa jurídica, não basta a mera declaração: é necessária a demonstração cabal de impossibilidade de a parte arcar com as despesas do processo. (grifou-se)*

Desse modo, conforme pontuou o Tribunal Superior do Trabalho - TST, o fato de o reclamante receber salário elevado logo antes do ajuizamento da reclamação trabalhista não seria suficiente, por si só, para afastar a presunção de veracidade da declaração de pobreza firmada nos autos.

Sobre o tema, no entanto, cabem alguns temperamentos.

Primeiramente, a Justiça Gratuita é versada no art. 790 da CLT, que dispõe o seguinte:

> *Art. 790. Nas Varas do Trabalho, nos Juízos de Direito, nos Tribunais e no Tribunal Superior do Trabalho, a forma de pagamento das custas e emolumentos obedecerá às instruções que serão expedidas pelo Tribunal Superior do Trabalho.*
>
> *(...)*
>
> *§ 1º Tratando-se de empregado que não tenha obtido o benefício da justiça gratuita, ou isenção de custas, o sindicato que houver intervindo no processo responderá solidariamente pelo pagamento das custas devidas.*
>
> *§ 2º No caso de não-pagamento das custas, far-se-á execução da respectiva importância, segundo o procedimento estabelecido no Capítulo V deste Título.*
>
> *§ 3º É facultado aos juízes, órgãos julgadores e presidentes dos tribunais do trabalho de qualquer instância conceder, a requerimento ou de ofício, o benefício da justiça gratuita, inclusive quanto a traslados e instrumentos, àqueles que perceberem salário igual ou inferior a 40% (quarenta por cento) do limite máximo dos benefícios do Regime Geral de Previdência Social.*

Um detalhe importante a ser destacado é o fato de a literalidade do §4º do art. 790 da CLT (alterado pela Reforma Trabalhista – Lei nº 13.467, assim como o §3º, que trataremos adiante), que reza o seguinte:

> *§ 4º O benefício da justiça gratuita será concedido à parte que **comprovar** insuficiência de recursos para o pagamento das custas do processo. (grifou-se)*

Segundo a literalidade desse dispositivo, deveria a parte (a partir da Reforma Trabalhista) agora **COMPROVAR** a insuficiência de recursos.

O julgado sob análise, todavia, se refere a sistemática consagrada antes da Lei nº 13.467, quando o §3º do art. 790, em sua versão revogada, fixava o seguinte:

> *§3º É facultado aos juízes, órgãos julgadores e presidentes dos tribunais do trabalho de qualquer instância conceder, a requerimento ou de ofício, o benefício da justiça gratuita, inclusive quanto a traslados e instrumentos, àqueles que perceberem* ***salário igual ou inferior ao dobro do mínimo legal****, ou* ***declararem, sob as penas da lei, que não estão em condições de pagar as custas do processo sem prejuízo do sustento próprio ou de sua família****. (grifou-se)*

Esse entendimento era reforçado pelo §3º do art. 99 do Código de Processo Civil – CPC, que continua em vigor e, segundo parte da doutrina, estaria em contradição com os dispositivos celetistas conforme sua redação após a Reforma Trabalhista. Vejamos:

> *Art. 99. O pedido de gratuidade da justiça pode ser formulado na petição inicial, na contestação, na petição para ingresso de terceiro no processo ou em recurso.*
>
> *(...)*
>
> *§ 3º* ***Presume-se verdadeira a alegação de insuficiência deduzida exclusivamente por pessoa natural****. (grifou-se)*

Em suma: antes da reforma trabalhista, para a obtenção do benefício da justiça gratuita, bastava à parte declarar a insuficiência de recursos, vez que havia uma presunção favorável a ela, de modo que o TST, aparentemente, reconheceu essa presunção, não obstante o reclamante recebesse salário elevado logo antes do ajuizamento da reclamação; com a Reforma Trabalhista, o legislador buscou acabar com essa presunção, ao fixar que agora a parte deve comprovar que é pobre na forma da lei, o que, até o momento da edição deste livro, não passou por análise mais aprofundada da jurisprudência.

Portanto, é importante ficar atento se a questão trata deste entendimento jurisprudencial, firmado em demanda possivelmente ajuizada antes da Lei nº 13.467 (o enunciado pode trazer expressões como "segundo entendimento jurisprudencial" ou "segundo a SDI-1 do TST"), mas que pode se perpetuar (a conferir como se desenvolverá a jurisprudência) ou se se trata de enunciado que busca a literalidade do texto (com enunciados como "segundo a CLT" ou "segundo a legislação trabalhista").

MINHAS ANOTAÇÕES

____

____

____

____

➲ *Direito Processual do Trabalho.* Execução. Agravo de petição do exequente. Delimitação de valores prevista no art. 897, § 1º, da CLT. Inexigibilidade.

A delimitação dos valores impugnados a que alude o art. 897, § 1º, da CLT é pressuposto de admissibilidade do agravo de petição e visa a execução imediata da parte incontroversa, razão pela qual somente é exigível do executado.

O exequente, via de regra, pretende obter um acréscimo ao valor já apurado, de modo que o descumprimento da referida norma não acarreta qualquer prejuízo ao prosseguimento da execução.

Sob esse entendimento, a SBDI-I, por unanimidade, conheceu dos embargos, por divergência jurisprudencial, e, no mérito, por maioria, deu-lhes provimento para, afastada a necessidade de delimitação de valores, determinar o retorno dos autos ao TRT para que prossiga no exame do agravo de petição do exequente, como entender de direito.

Vencidos os Ministros Cláudio Mascarenhas Brandão, Alexandre Agra Belmonte, Guilherme Augusto Caputo Bastos, Walmir Oliveira da Costa e Ives Gandra Martins Filho. TST-E-RR-143500- 80.2004.5.01.0342, SBDI-I, rel. Min. Hugo Carlos Scheuermann, 8.2.2018 (Informativo Nº 171) Execução. Agravo de petição do exequente. Delimitação de valores prevista no art. 897, § 1º, da CLT. Inexigibilidade.

BREVE COMENTÁRIO

O agravo de petição é o recurso cabível na execução em processo do trabalho.

O art. 897, §1º da CLT estabelece o seguinte:

> *Art. 897 - Cabe agravo, no prazo de 8 (oito) dias:*
>
> *a)* ***de petição, das decisões do Juiz ou Presidente, nas execuções****;*
>
> *b) de instrumento, dos despachos que denegarem a interposição de recursos.*
>
> *§ 1º - O agravo de petição só será recebido quando o agravante delimitar, justificadamente, as matérias e os valores impugnados, permitida a execução imediata da parte remanescente até o final, nos próprios autos ou por carta de sentença. (grifou-se)*

Como se denota da literalidade do texto, a parte agravante (em geral, o executado) deve delimitar os valores que considera controvertidos naquela execução, para que, assim, apenas essa fração do pleito executório seja levada ao Tribunal.

Por que?

Isso permite que a parte exequente (em geral o trabalhador/reclamante) consiga executar o valor incontroverso dos autos, garantindo-se a celeridade necessária à vista do caráter alimentar do crédito trabalhista.

Por valor incontroverso entenda-se todo aquele montante da execução que "sobra" quando abatido o valor controvertido indicado no Agravo de Petição.

Mas e quando esse recurso for interposto pelo reclamante/exequente? Ele precisa delimitar os valores controvertidos?

Segundo a SDI-1 do TST, não.

Reconhecendo que essa indicação do valor controvertido se presta à imediata execução do valor incontroverso (em favor do exequente, portanto), fixou o TST que o descumprimento da referida norma não acarreta qualquer prejuízo ao prosseguimento da execução.

Desse modo, o exequente não precisa delimitar os valores controvertidos quando interpuser Agravo de Petição.

MINHAS ANOTAÇÕES

➲ ***Direito Processual do Trabalho.* Ação rescisória ajuizada sob a égide do CPC de 1973. Ilegitimidade ativa ad causam do Distrito Federal para requerer a desconstituição de decisão proferida em reclamação trabalhista ajuizada em face da Caesb. Interesse meramente econômico. Terceiro juridicamente indiferente.**

O Distrito Federal não possui legitimidade para propor ação rescisória para desconstituir decisão proferida em reclamação trabalhista ajuizada em face da Companhia de Saneamento do Distrito Federal – Caesb, sociedade de economia mista distrital.

No caso, a decisão rescindenda reconheceu, com base no Plano de Cargos e Salários de 2002, o direito ao reenquadramento, com vinculação da remuneração aos subsídios dos Procuradores do Distrito Federal e consectários salariais vencidos e vincendos, a grupo de cinco advogados da Caesb, contratados entre os anos de 2007 e 2008, **não tendo o Distrito Federal participado da lide**.

Ainda que o Distrito Federal defenda sua qualidade de terceiro juridicamente interessado para a propositura da ação rescisória, verifica-se que sua única preocupação é a preservação do seu patrimônio, ameaçado pela condenação da Caesb, fato que demonstra a existência de **interesse puramente econômico não abrangido pela legislação processual civil que regula a matéria (art. 487, II, do CPC de 1973)**.

Assim, não tendo o Distrito Federal integrado o polo passivo da demanda originária, nem sequer participado como assistente ou terceiro interessado, não se subordina, diretamente, à eficácia do comando condenatório transitado em julgado, não se enquadrando em nenhuma das categorias de **terceiro juridicamente interessado**, pertencendo, na verdade, à classe dos terceiros juridicamente indiferentes. Sob esse fundamento, a SBDI-II, por unanimidade, conheceu da remessa necessária e do recurso ordinário do Distrito Federal e, no mérito, por maioria, negou-lhes provimento, mantendo, portanto, a extinção da ação rescisória, sem resolução do mérito, por ilegitimidade ativa ad causam.

Vencidos os Ministros Douglas Alencar Rodrigues, relator, Delaíde Miranda Arantes e Ives Gandra Martins Filho. TST- ReeNec e RO-35-34.2015.5.10.0000, SBDI-II, rel. Min. Douglas Alencar Rodrigues, red. p/ acórdão Min. Renato de Lacerda Paiva, 6.2.2018 (Informativo Nº 171)

BREVE COMENTÁRIO

O julgado em tela foi firmado sob a sistemática do Código de Processo Civil de 1973 - CPC/73, mas é defensável que sua lógica também pode ser aplicada sob a égide do CPC/2015. **Vejamos.**

Primeiramente, esclarecemos que, conforme doutrina majoritária, a ação rescisória tem natureza jurídica de "ação autônoma específica" e tem por objetivo "a desconstituição da sentença de mérito transitada em julgado"[1].

Ou seja, a parte que se vir prejudicada por uma sentença, desde que enquadrada por uma das hipóteses previstas na legislação pátria, poderá, no prazo de 02 (dois) anos ajuizar ação com o fito de desconstituir aquela decisão viciada transitada em julgado.

Em relação ao terceiro prejudicado, o art. 487 do CPC/73, consagrado em dispositivo semelhante no CPC/2015[2], estabelecia que tem interesse aquele que não foi parte no processo, mas possui **INTERESSE JURÍDICO** para tanto. Cite-se:

> *Art. 487. Tem legitimidade para propor a ação:*
>
> *(...)*
>
> *II - o terceiro juridicamente interessado;*

Assim, para que terceiro possa vir a ajuizar ação rescisória, não obstante não tenha feito parte da ação originária, **deve ter interesse jurídico no resultado da demanda, diferente do interesse meramente econômico**.

Ou seja, não basta uma consequência de cunho econômico em sua esfera patrimonial, faz-se necessário que aquela decisão transitada em julgado afete seu patrimônio jurídico de forma efetiva.

Dito isso, analisemos o caso sobre o qual se debruçou o TST para dar origem ao precedente:

Trabalhadores ajuizaram reclamação trabalhista em face de uma empresa estatal do Distrito Federal no bojo da qual pleitearam o reenquadramento, com vinculação da remuneração aos subsídios dos Procuradores do Distrito Federal e consectários salariais vencidos e vincendos. A empresa perdeu a demanda.

A dúvida é: o Distrito Federal teria legitimidade (ou melhor, interesse jurídico) para buscar desconstituir aquela decisão transitada em julgado por meio da ação rescisória?

---

1 GARCIA, Gustavo Filipe Barbosa. Manual de Processo do Trabalho. Salvador: JusPodivm, 2018, p. 612-613.

2 Art. 967, CPC/2015. Têm legitimidade para propor a ação rescisória: (...) II - o terceiro juridicamente interessado;

Segundo o TST, não.

Decidiu a Corte Laboral que, na espécie, não haveria qualquer interferência no patrimônio jurídico do Distrito Federal, vez que esse não se subordina, diretamente, à eficácia do comando condenatório transitado em julgado.

Desse modo, o interesse seria meramente econômico, de sorte que o ente distrital careceria de legitimidade para a ação rescisória, sendo considerado um "terceiro juridicamente indiferente".

MINHAS ANOTAÇÕES

Informativo nº 172

➲ ***Direito do Trabalho.* Ação anulatória. Substituição não eventual. Salário do substituto. Limitação temporal. Cláusula inválida. Súmula nº 159, I, do TST.**

A partir da interpretação sistemática dos arts. 450 e 461 da CLT, esta Corte, por meio do item I da Súmula nº 159, consolidou o entendimento de que é garantido ao trabalhador substituto o pagamento do mesmo salário contratual do substituído, enquanto durar a substituição não eventual. Deste modo, é inválida a cláusula de convenção coletiva que estabelece o não recebimento pelo trabalhador substituto do salário equivalente ao do substituído se a substituição for inferior a 30 dias.

Sob esse fundamento, a SDC, nos termos do art. 140, § 1º, do RITST, negou provimento ao recurso ordinário para manter a decisão recorrida que declarara a nulidade da "Cláusula sexta – salário do substituto" da convenção coletiva de trabalho firmada entre o Sindicato da Indústria da Construção do Estado do Pará – Sinduscon e o Sindicato dos Trabalhadores nas Indústrias de Artefato de Cimento Armado, Oficiais Eletricistas e Trabalhadores nas Indústrias de Instalações Elétricas, de Gás, Hidráulicas e Sanitárias, Olarias, Construção Civil Leve e Pesada, Mármores e Granitos, Cimento, Estrada, Barragem, Pavimentação, Terraplanagem, Portos e Aeroportos, Canais, Engenharia Consultiva e Obras em Geral do Município de Ananindeua.

Vencidos os Ministros Maria Cristina Irigoyen Peduzzi, Renato de Lacerda Paiva, Dora Maria da Costa e Ives Gandra Martins Filho

TST-RO-47-68.2016.5.08.0000, SDC, rel. Min. Kátia Magalhães Arruda, 19.2.2018 (Informativo Nº 172)

BREVE COMENTÁRIO

O art. 450 da CLT estabelece o seguinte:

> *Art. 450 - Ao empregado chamado a ocupar, em comissão, interinamente, ou em substituição eventual ou temporária, cargo diverso do que exercer na empresa, serão garantidas a contagem do tempo naquele serviço, bem como volta ao cargo anterior.*

Já o art. 461 do texto consolidado reza:

> *Art. 461. Sendo idêntica a função, a todo trabalho de igual valor, prestado ao mesmo empregador, no mesmo estabelecimento empresarial, corresponderá igual salário, sem distinção de sexo, etnia, nacionalidade ou idade.*

Em complemento, cita-se a Súmula 159 do TST:

> *Súmula nº 159 do TST*
>
> *SUBSTITUIÇÃO DE CARÁTER NÃO EVENTUAL E VACÂNCIA DO CARGO*
>
> *I - **Enquanto perdurar a substituição que não tenha caráter meramente eventual, inclusive nas férias, o empregado substituto fará jus ao salário contratual do substituído**.*
>
> *II - Vago o cargo em definitivo, o empregado que passa a ocupá-lo não tem direito a salário igual ao do antecessor. (grifou-se)*

Ou seja, basicamente, o entendimento sumulado garante que o trabalhador que vier a substituir outro, **temporariamente**, fará jus ao salário do substituído.

É possível que norma coletiva limite essa incidência?

Segundo o TST, não.

Isso foi decidido no julgado em questão, quando se afirmou que é **inválida a cláusula de convenção coletiva que estabelece o não recebimento pelo trabalhador substituto do salário equivalente ao do substituído se a substituição for inferior a 30 dias.**

Note que, no caso, a norma coletiva tratava de substituição inferior a 30 dias, mas é defensável que o entendimento fixado se aplique a outros casos.

MINHAS ANOTAÇÕES

➲ *Direito do Trabalho.* Dano moral. Imputação de ato de improbidade. Dispensa por justa causa. Reversão em juízo. Indenização devida. Dano in re ipsa.

No caso de reversão em juízo da dispensa por justa causa, fundada em imputação de ato de improbidade, é devida a indenização por danos morais in re ipsa, ou seja, independentemente da prova de abalo pessoal sofrido pelo empregado ou de eventual divulgação do ocorrido.

A gravidade da acusação (apropriação indébita de diferenças de caixa) e o rigor da punição, sem a devida cautela por parte do empregador, autoriza a presunção de lesão à honra subjetiva do reclamante.

Sob esses fundamentos, a SBDI-I, por unanimidade, conheceu dos embargos, por divergência jurisprudencial, e, no mérito, deu-lhes provimento para restabelecer o acórdão do Tribunal Regional quanto à condenação ao pagamento de indenização por dano moral, determinando o retorno dos autos à Turma, a fim de que prossiga no julgamento do recurso de revista, quanto ao tema reputado prejudicado, conforme entender de direito. TST-E-RR-1123-90.2013.5.08.0014, SBDI-I, rel. Min. Walmir Oliveira da Costa, 1º,3.2018. (Informativo Nº 172)

BREVE COMENTÁRIO

As hipóteses de justa causa estão previstas no art. 482 da CLT:

> *Art. 482 - Constituem justa causa para rescisão do contrato de trabalho pelo empregador:*
>
> *a) ato de improbidade;*
>
> *b) incontinência de conduta ou mau procedimento;*

> *c) negociação habitual por conta própria ou alheia sem permissão do empregador, e quando constituir ato de concorrência à empresa para a qual trabalha o empregado, ou for prejudicial ao serviço;*
>
> *d) condenação criminal do empregado, passada em julgado, caso não tenha havido suspensão da execução da pena;*
>
> *e) desídia no desempenho das respectivas funções;*
>
> *f) embriaguez habitual ou em serviço;*
>
> *g) violação de segredo da empresa;*
>
> *h) ato de indisciplina ou de insubordinação;*
>
> *i) abandono de emprego;*
>
> *j) ato lesivo da honra ou da boa fama praticado no serviço contra qualquer pessoa, ou ofensas físicas, nas mesmas condições, salvo em caso de legítima defesa, própria ou de outrem;*
>
> *k) ato lesivo da honra ou da boa fama ou ofensas físicas praticadas contra o empregador e superiores hierárquicos, salvo em caso de legítima defesa, própria ou de outrem;*
>
> *l) prática constante de jogos de azar.*
>
> *m) perda da habilitação ou dos requisitos estabelecidos em lei para o exercício da profissão, em decorrência de conduta dolosa do empregado.*

A alínea "a" se refere aos chamados atos de improbidade, consistentes em atos de desonestidade que podem ser cometidos por parte de empregado (não confundir com a Improbidade Administrativa, tratada na lei nº 8.429/1992, referente à Administração Pública).

É o caso, por exemplo, do empregado que furta um objeto da empresa ou de outro empregado no ambiente de trabalho.

O trabalhador que for identificado cometendo ato dessa natureza poderá ser demitido por justa causa, ou seja, fazendo jus apenas a parcela reduzida das verbas rescisórias (saldo de salário e férias vencidas mais o terço constitucional), além de outros efeitos jurídicos.

Para tanto, devem ser atendidos os requisitos da tipicidade (a infração deve estar prevista em lei como ensejadora da justa causa); identificação da autoria e materialidade; nexo de causalidade entre a conduta e o resultado danoso; imediatidade, sob pena de configuração do perdão tácito e proporcionalidade.

Pode ocorrer de o empregado ser demitido por justa causa, mas buscar a reversão da aplicação dessa pena em juízo, onde terá a possibilidade de comprovar, por exemplo, que não foi ele quem praticou aquela falta que ocasionou sua demissão.

Pois bem.

Em casos de imputação de falta por improbidade, caso o empregado consiga essa reversão em juízo, ele fará jus, presumidamente, a uma indenização por danos morais?

Segundo o TST decidiu, sim.

Conforme relatado pela Corte Laboral, **no caso de reversão em juízo da dispensa por justa causa, fundada em imputação de ato de improbidade, é devida a indenização por danos morais in re ipsa (presumido), ou seja, independentemente da prova de abalo pessoal sofrido pelo empregado ou de eventual divulgação do ocorrido.**

MINHAS ANOTAÇÕES

➲ ***Direito Processual do Trabalho.* Hospital das Clínicas de Porto Alegre. Ausência de recolhimento de depósito recursal. Deserção não configurada. Gozo dos mesmos privilégios concedidos à Fazenda Pública.**

O Hospital das Clínicas de Porto Alegre - HCPA, **empresa pública federal** criada pela Lei nº 5.604/70 com o objetivo de administrar e prestar serviços de assistência médico-hospitalar à Universidade Federal do Rio Grande do Sul, a outras instituições e à comunidade em geral, está dispensado do recolhimento de depósito recursal.

O art. 15 da Lei nº 5.604/70 dispõe que "o HCPA gozará de isenção de tributos federais e de todos os favores legais atribuídos à natureza de seus objetivos", ao passo que a Medida Provisória nº 2.216-37/2001 inseriu a esse dispositivo o parágrafo único, segundo o qual "aplica-se ao HCPA o regime de impenhorabilidade de seus bens, serviços e rendas".

Assim, **se o referido hospital goza dos mesmos privilégios concedidos à Fazenda Pública, submetendo-se ao regime especial de execução**

das dívidas trabalhistas por precatório ou requisição de pequeno valor, nos termos do art. 100 da CF, além da impenhorabilidade dos seus bens, é logicamente incompatível a exigência do depósito recursal como garantia do juízo.

Sob esses fundamentos, a SBDI-I, por unanimidade, conheceu do recurso de embargos, por divergência jurisprudencial, e, no mérito, deu-lhe provimento para afastar a deserção do recurso de revista do HCPA e determinar o retorno dos autos à Turma para que examine o apelo conforme entender de direito. TST-E-ED-RR-1157-40.2013.5.04.0026, SBDI-I, rel. Min. José Roberto Freire Pimenta, 1º.3.2018. (Informativo Nº 172)

BREVE COMENTÁRIO

Como se sabe, a Administração Pública, quando em juízo, goza das chamadas prerrogativas processuais.

Isso se dá em razão da atuação protetiva do patrimônio público que os agentes estatais exercem quando lhe representam, dentre outras formas, processualmente.

Na espécie, o TST se debruçou sobre a possibilidade de extensão (ou reconhecimento) dessas prerrogativas a uma empresa pública federal, a qual, por lei já gozava de regime especial de execução das dívidas trabalhistas por meio de precatório ou de requisição de pequeno valor, nos termos do art. 100 da CF, além da impenhorabilidade dos seus bens.

Explique-se: quando condenada em juízo, a Administração Pública não paga a dívida logo após o fim da execução, por meio de um depósito nos autos, tal como fazem as empresas privadas. Esse débito será incluído em uma "fila", junto com as demais condenações judiciais, e será pago após inclusão no orçamento de mais trâmites legais. O instrumento para tanto é o precatório ou a requisição de pequeno valor, a depender da monta que alcance o débito.

No precedente sob análise especificamente, analisou-se a compatibilidade de exigência do depósito recursal, que tem natureza de garantia do juízo e é considerado um pressuposto de admissibilidade recursal, e o pagamento pela sistemática acima explanada.

Ressalve-se que além da dispensa do depósito recursal, a Fazenda Pública é dispensada do recolhimento de custas, nos termos do art. 790-A, I, da CLT:

> *Art. 790-A. São isentos do pagamento de custas, além dos beneficiários de justiça gratuita:*

I – a União, os Estados, o Distrito Federal, os Municípios e respectivas autarquias e fundações públicas federais, estaduais ou municipais que não explorem atividade econômica;

Pois bem, o questionamento foi o seguinte: **apesar de se tratar de uma empresa pública federal, essa pagava seus débitos por meio de precatório ou RPV, seria compatível essa situação com a exigência do depósito recursal?**

Segundo entendeu o TST, não.

Se o depósito recursal tem natureza de garantia do Juízo, sendo que a empresa em questão se submetia ao regime de precatórios, não faria sentido determinar o depósito nos autos para que depois, em caso de condenação, fosse o valor levantado e o ente estatal pagasse nos termos do art. 100 da Constituição Federal.

Fixou-se, assim, a seguinte tese: **se o referido hospital goza dos mesmos privilégios concedidos à Fazenda Pública, submetendo-se ao regime especial de execução das dívidas trabalhistas por precatório ou requisição de pequeno valor, nos termos do art. 100 da CF, além da impenhorabilidade dos seus bens, é logicamente incompatível a exigência do depósito recursal como garantia do juízo.**

MINHAS ANOTAÇÕES

Informativo nº 173

➲ ***Direito do Trabalho.*** **Plano de saúde. Suspensão após 180 dias de afastamento por auxílio-doença ou acidente de trabalho. Norma coletiva. Invalidade.**

Não é válida norma coletiva que estabelece a suspensão do plano de saúde pago pela empresa após 180 dias de afastamento do empregado em decorrência de auxílio-doença ou de acidente de trabalho.

Embora a suspensão do contrato, a que se refere o art. 475 da CLT, importe na sustação temporária dos principais efeitos do pacto laboral, **preserva-se o vínculo de emprego e o dever de cumprir as obrigações não vinculadas diretamente à prestação de serviços, a exemplo do plano de saúde, nos termos da Súmula nº 440 do TST**.

Ademais, embora se deva observar o princípio da autonomia das vontades coletivas (art. 7º, XXVI, da CF), este não pode prevalecer se violar o princípio da igualdade (art. 5º, II, da CF) e causar prejuízo ao trabalhador afastado, como ocorreu no caso em apreço, em que o empregado foi excluído do plano de saúde justamente no momento em que se encontrava incapacitado para o trabalho, em gozo de aposentadoria por invalidez decorrente de acidente de trabalho.

Sob esses fundamentos, a SBDI-I, por unanimidade, conheceu do recurso de embargos, por divergência jurisprudencial, e, no mérito, por maioria, deu-lhe provimento para restabelecer o acórdão do TRT. Vencidos os Ministros Renato de Lacerda Paiva e Márcio Eurico Vitral Amaro. TST-E-ARR-1513-39.2012.5.02.0442, SBDI-I, rel. Min. Hugo Carlos Scheuermann, 8.3.2018 (Informativo Nº 173)

BREVE COMENTÁRIO

No direito do trabalho, diferencia-se a suspensão da interrupção do contrato de trabalho.

No primeiro caso, não há a prestação de serviços, mas também não há a percepção de salário.

Exemplo disso é a greve ou as faltas injustificadas. Não se trabalha e não se recebe.

Por outro lado, na interrupção do contrato de trabalho, não há a prestação de serviços, mas, ainda assim, o empregado faz jus à remuneração. Exemplo típico são as férias.

O afastamento do empregado em gozo de auxílio-doença, a partir do 15º dia, é considerado causa de suspensão do contrato de trabalho. Isso porque, a partir dessa data, o empregado já não receberá mais salário do empregador, mas benefício previdenciário do INSS.

Poderia, então, Sindicato firmar norma coletiva que considerasse suspenso o plano de saúde após o 180º dia?

Segundo o TST, não.

Como fundamento, fixou a Corte que, embora a suspensão do contrato, a que se refere o art. 475 da CLT, importe na sustação temporária dos principais efeitos do pacto laboral, **preserva-se o vínculo de emprego e o dever de cumprir as obrigações não vinculadas diretamente à prestação de serviços, a exemplo do plano de saúde, nos termos da Súmula nº 440 do TST.**

O dispositivo invocado estabelece o seguinte:

> *Art. 475 - O empregado que for aposentado por invalidez terá suspenso o seu contrato de trabalho durante o prazo fixado pelas leis de previdência social para a efetivação do benefício.*

Atente para esse detalhe: **a aposentadoria por invalidez é considerada causa de suspensão do contrato de trabalho**.

Já a Súmula nº 440 do TST diz o seguinte:

> *Súmula nº 440 do TST*
>
> *AUXÍLIO-DOENÇA ACIDENTÁRIO. APOSENTADORIA POR INVALIDEZ. SUSPENSÃO DO CONTRATO DE TRABALHO. RECONHECIMENTO DO DIREITO À MANUTENÇÃO DE PLANO DE SAÚDE OU DE ASSISTÊNCIA MÉDICA*
>
> ***Assegura-se o direito à manutenção de plano de saúde ou de assistência médica oferecido pela empresa ao empregado, não obstante suspenso o contrato de trabalho em virtude de auxílio-doença acidentário ou de aposentadoria por invalidez.*** *(grifou-se)*

Observe: a legislação e a jurisprudência laborais, analisadas em conjunto, levam à conclusão de que o afastamento por acidente de trabalho (após o 15º dia) e a aposentadoria por invalidez não extinguem o contrato de trabalho, mas o suspendem, restando, todavia, algumas obrigações ao empregador, tal como o pagamento do plano de saúde.

À luz desses dispositivos, decidiu o TST que **é nula a cláusula coletiva que isenta do empregador do pagamento de plano de saúde ao empregado afastado em gozo de auxílio doença ou auxílio acidente após o 180º dia.**

MINHAS ANOTAÇÕES

➲ *Direito do Trabalho.* Participação nos Lucros e Resultados. Base de cálculo restrita ao salário base acrescido de verbas fixas de natureza salarial. Integração das horas extras. Impossibilidade. Verba de natureza variável.

Na hipótese em que a norma coletiva da categoria prevê como base de cálculo da Participação nos Lucros e Resultados - PLR "o salário base acrescido de verbas fixas de natureza salarial", não é possível incluir as horas extras, ainda que tenham natureza salarial e sejam prestadas habitualmente, pois possuem caráter variável.

Sob esse fundamento, a SBDI-I, por unanimidade, conheceu dos embargos, por divergência jurisprudencial, e, no mérito, deu-lhes provimento para restabelecer o acórdão do TRT quanto à exclusão das horas extras da base de cálculo da PLR. TST-E-RR-1088- 24.2012.5.09.0084, SBDI-I, rel. Min. Alberto Luiz Bresciani de Fontan Pereira, 8.3.2018 (Informativo Nº 173)

BREVE COMENTÁRIO

No julgado em questão, o TST afastou a possibilidade de inclusão das horas extras no cálculo de Participação nos Lucros e Resultados – PLR, sob a justificativa de que essas possuem caráter variável.

MINHAS ANOTAÇÕES

➲ *Direito Processual do Trabalho.* Justiça gratuita. Indeferimento. Hipossuficiência econômica afastada por circunstâncias reveladas nos autos. Presunção relativa.

A presunção legal que decorre da declaração de hipossuficiência econômica é relativa, de modo que pode ser afastada por elementos constantes dos autos ou por prova em sentido contrário.

No caso em apreço, o autor teve indeferido seu pedido de gratuidade de justiça pela Corte Regional ao fundamento de que, quem oferta o segundo maior lanço em hasta realizada no processo principal, destinada à alienação de imóvel de elevado valor, e, no próprio dia do leilão, deposita a quantia de R$ 1.340.000,00, não faz jus à referida benesse.

Assim, ante o contexto desvelado nos próprios autos, e ausente prova da alegada miserabilidade jurídica, a SBDI-II, por unanimidade, conheceu do recurso ordinário e, no mérito, por maioria, negou-lhes provimento, mantendo, portanto, a decisão do TRT que indeferira os benefícios da justiça gratuita.

Vencidos os Ministros Delaíde Miranda Arantes e Alexandre Agra Belmonte. TST-RO-76-80.2013.5.06.0000, SBDI-II, rel. Min. Douglas Alencar Rodrigues, 6.3.2018 (Informativo Nº 173)

BREVE COMENTÁRIO

A Justiça Gratuita é tratada no artigo 790 da CLT, que em seu §3º, estabelece o seguinte:

> *Art. 790. Nas Varas do Trabalho, nos Juízos de Direito, nos Tribunais e no Tribunal Superior do Trabalho, a forma de pagamento das custas e emolumentos obedecerá às instruções que serão expedidas pelo Tribunal Superior do Trabalho.*
>
> *(...)*
>
> *§ 3º É facultado aos juízes, órgãos julgadores e presidentes dos tribunais do trabalho de qualquer instância conceder, a requerimento ou de ofício, o benefício da justiça gratuita, inclusive quanto a traslados e instrumentos, àqueles que perceberem salário igual ou inferior a 40% (quarenta por cento) do limite máximo dos benefícios do Regime Geral de Previdência Social.*

É importante lembrar que, conforme dito anteriormente, esse dispositivo foi alterado pela Lei nº 13.467 (Reforma Trabalhista), sendo que sua redação originária possibilitava à parte declarar "*sob as penas da lei, que não estão em condições de pagar as custas do processo sem prejuízo do sustento próprio ou de sua família.*"

Com a alteração advinda do legislador reformador, passou-se a exigir a comprovação dessa hipossuficiência, nos termos do § 4º do art. 790 da legislação consolidada: o benefício da justiça gratuita será concedido à parte que comprovar insuficiência de recursos para o pagamento das custas do processo.

O caso, todavia, versava sobre situação em que a parte declarou não poder litigar sem prejuízo de seu sustento ou de sua família, anterior à Reforma Trabalhista, portanto.

Assevera-se que essa declaração, nos termos do art. 99 do Código de Processo Civil de 2015, é presumida verdadeira quando se tratar de pessoa natural (caso de um reclamante na Justiça do Trabalho):

> *Art. 99. O pedido de gratuidade da justiça pode ser formulado na petição inicial, na contestação, na petição para ingresso de terceiro no processo ou em recurso.*
>
> *(...)*
>
> *§ 3º Presume-se verdadeira a alegação de insuficiência deduzida exclusivamente por pessoa natural.*

A dúvida é: mesmo sendo presumida essa hipossuficiência, é possível afastá-la com base nos elementos constantes nos autos?

Segundo o TST, sim, quando fixou tese no sentido de que **a presunção legal que decorre da declaração de hipossuficiência econômica é relativa, de**

modo que pode ser afastada por elementos constantes dos autos ou por prova em sentido contrário.

MINHAS ANOTAÇÕES

Informativo nº 174

➲ ***Direito do Trabalho.* Ação anulatória. Cláusula convencional que proíbe os condomínios de contratarem empregados terceirizados. Nulidade. Ofensa ao princípio constitucional da livre concorrência.**

A SDC, por unanimidade, conheceu de recurso ordinário e, no mérito, por maioria, deu-lhe provimento para **declarar a nulidade de cláusulas de convenções coletivas de trabalho que proíbem aos condomínios residenciais e comerciais a contratação de mão de obra terceirizada para a execução de serviços definidos pelas partes como atividade fim**.

Na espécie, prevaleceu o entendimento de que as referidas cláusulas, ao impedir que as atividades de zelador, de porteiro, de vigilante e de serviços gerais, entre outras, sejam executadas por empresas terceirizadas, além de afastar o permissivo da Súmula nº 331 do TST, limitaram a iniciativa empresarial para a consecução de objetivo considerado regular e lícito, em desacordo, portanto, com o princípio da livre concorrência consagrado no art. 170, IV, e parágrafo único, da CF.

Vencidos os Ministros Mauricio Godinho Delgado, Kátia Magalhães Arruda, Maria de Assis Calsing e Fernando Eizo Ono. TST-RO-121-39.2014.5.10.0000, SDC, rel. Min. Mauricio Godinho Delgado, red. p/ acórdão Min. Dora Maria da Costa, 12.3.2018 (Informativo Nº 174)

BREVE COMENTÁRIO

A terceirização é caracterizada pela relação triangular entre uma empresa tomadora de serviços, que vai contratar uma outra empresa (prestadora de serviços, ordinariamente chamada apenas de "terceirizada") e um empregado, contratado por esta, mas que prestará serviços junto àquela.

O julgado acima data de **março de 2018**.

No entanto, é importante notar que em **julho do mesmo ano**, em respeito ao precedente fixado pelo Supremo Tribunal Federal, referente à licitude da terceirização de serviços em atividade-fim[3], o Tribunal Superior do Trabalho parece ter alterado seu posicionamento para **adotar decisão em sentido diametralmente oposto**.

Cuidado com essa mudança de posicionamento.

Vejamos o precedente mais recente:

> *Ação anulatória. Cláusula convencional que proíbe os condomínios de contratarem empregados terceirizados. Validade. Princípio da adequação setorial negociada.*
>
> ***São válidas cláusulas de termo aditivo de convenção coletiva de trabalho que proíbem aos condomínios residenciais e comerciais a contratação de mão de obra terceirizada para a execução de serviços definidos pelas partes como atividade fim (zelador, garagista, porteiro, trabalhador de serviços gerais e faxineiro).*** *Na espécie, registrou-se que as normas firmadas pelos convenentes apenas vedam a utilização de empresas interpostas nos serviços de limpeza, portaria, etc, sem adentrar na questão da validade ou não da terceirização das referidas atividades. Ademais, pelo princípio da adequação setorial negociada, as normas autônomas, oriundas de negociações entre as categorias profissional e patronal, prevalecem sobre as regras estatais de proteção ao trabalho, desde que não avancem sobre direitos de indisponibilidade absoluta. De outra sorte, não há falar em ofensa ao princípio constitucional da livre iniciativa, pois a opção dos convenentes tem aplicação restrita às categorias representadas, sem imposição direta a terceiros. Sob esses fundamentos, a SDC, por maioria, conheceu dos recursos ordinários e, no mérito, negou-lhes provimento para manter a decisão do Tribunal Regional que julgara improcedente a ação anulatória. Vencidos os Ministros Emmanoel Pereira, Aloysio Corrêa da Veiga, Ives Gandra Martins Filho e Dora Maria da Costa. TST-RO-332-46.2012.5.10.0000, SDC, rel. Min. Kátia Magalhães Arruda, 11.6.2018. (*Cf., em sentido contrário, Informativo TST nº 174) (Informativo Nº 180)*

3 "É licita a terceirização ou qualquer outra forma de divisão do trabalho entre pessoas jurídicas distintas, independentemente do objeto social das empresas envolvidas, mantida a responsabilidade subsidiária da empresa contratante" ADPF 324 e RE 958252, com repercussão geral.

Desse modo, haja vista a edição de precedente mais moderno, até que haja eventual nova alteração, vigora a seguinte tese:

São válidas cláusulas de termo aditivo de convenção coletiva de trabalho que proíbem aos condomínios residenciais e comerciais a contratação de mão de obra terceirizada para a execução de serviços definidos pelas partes como atividade fim (zelador, garagista, porteiro, trabalhador de serviços gerais e faxineiro).

Ou seja, a terceirização dessas atividades, de per si, não é inválida, nos termos do que decidiu o Supremo Tribunal Federal. **No entanto, podem as agremiações firmar cláusulas coletivas que as vedem, nos termos acima mencionados. Essas são perfeitamente válidas.**

MINHAS ANOTAÇÕES

TESES JURÍDICAS FIRMADAS PELO TRIBUNAL SUPERIOR DO TRABALHO

A SBDI-I, por maioria, definiu as seguintes teses jurídicas para o Tema Repetitivo nº 0012 – SERPRO. PRÊMIO DE PRODUTIVIDADE. SUPRESSÃO. PRESCRIÇÃO:

I) **As leis estaduais e municipais referentes às relações trabalhistas no âmbito das empresas são equiparadas a regulamentos de empresas, em face da competência privativa da União para legislar sobre Direito do Trabalho. O mesmo ocorre com leis federais de efeitos concretos referentes à administração pública federal indireta. Por conseguinte, a pretensão originada em alterações nelas promovidas consistentes em supressão de parcelas devidas a empregados são sujeitas à prescrição total, nos termos da Súmula nº 294 deste Tribunal**;

II) A Lei nº 5.615/1970, em virtude de dispor sobre o Serviço Federal de Processamento de Dados (SERPRO), possui efeitos concretos;

III) Sobre a pretensão ao recebimento do prêmio de produtividade previsto no art. 12 da Lei nº 5.615/1970 incide a prescrição parcial a que alude a ressalva constante da parte final da Súmula nº 294 desta Corte até 11/9/1997, dia anterior à vigência da Medida Provisória 1.549-34 (sucessivamente reeditada até a sua conversão na Lei nº 9.649/1998).

Após a vigência dessa Medida Provisória, mediante a qual foi extinta a parcela e, portanto, extinto o direito, tem incidência a prescrição total, tendo em vista que, após essa data, o direito ao benefício deixou de ser previsto em lei de efeitos concretos, sendo irrelevante a circunstância de o empregado já ter recebido a parcela na vigência da norma anterior.

Vencidos os Ministros Augusto César Leite de Carvalho, José Roberto Freire Pimenta e Hugo Carlos Scheuermann. TST-E-RR-21703-30.2014.5.04.0011, SBDI-I, rel. Min. Brito Pereira, 22.3.2018 (Informativo Nº 174)

BREVE COMENTÁRIO

O julgado sob análise é muito interessante.

Primeiramente, ele esclarece o posicionamento do TST acerca da validade das leis editadas por estados e municípios, referentes a seus empregados.

Lembramos que, nos termos do art. 22, I, CF, trata-se de matéria de competência legislativa da União, sendo que, segundo entende a Corte Laboral, as leis estaduais e municipais referentes às relações trabalhistas no âmbito das empresas são equiparadas a regulamentos de empresas, em face da competência privativa da União para legislar sobre Direito do Trabalho[4].

Assim, eventual lei municipal até pode tratar do regime de empregados daquele município, mas, haja vista a competência constitucionalmente estabelecida, será equiparada ao regulamento de uma empresa privada.

Esse mesmo entendimento é aplicado quando se tratar de leis federais de efeitos concretos referentes à administração pública federal indireta.

Em virtude desse raciocínio, entendeu o TST que pretensão originada em alterações nelas promovidas consistentes em supressão de parcelas devidas a empregados são sujeitas à prescrição total, nos termos da Súmula nº 294 desse Tribunal.

---

4 Art. 22. Compete privativamente à União legislar sobre:
I - direito civil, comercial, penal, processual, eleitoral, agrário, marítimo, aeronáutico, espacial e do trabalho;

> *Súmula nº 294 do TST*
>
> *PRESCRIÇÃO. ALTERAÇÃO CONTRATUAL. TRABALHADOR URBANO*
>
> *Tratando-se de ação que envolva pedido de prestações sucessivas decorrente de alteração do pactuado, a prescrição é total, exceto quando o direito à parcela esteja também assegurado por preceito de lei.*

Ou seja, considera-se aquela lei uma alteração do pactuado, de modo a incidir a prescrição total.

Sobre o tema, oportuno lembrar que esse entendimento foi legalmente consagrado (e aprofundado) por meio da Lei nº 13.467, a qual alterou o art. 11 da CLT para estabelecer o seguinte:

> *Art. 11. A pretensão quanto a créditos resultantes das relações de trabalho prescreve em cinco anos para os trabalhadores urbanos e rurais, até o limite de dois anos após a extinção do contrato de trabalho.*
>
> *(...)*
>
> *§ 2º Tratando-se de pretensão que envolva pedido de prestações sucessivas decorrente de alteração ou descumprimento do pactuado, a prescrição é total, exceto quando o direito à parcela esteja também assegurado por preceito de lei.*

Destarte, aplica-se a prescrição total em casos referentes à alteração do "regulamento" de uma empresa estatal por meio de lei.

MINHAS ANOTAÇÕES

____

____

____

____

____

TESE:

Dano moral. Configuração. Intermediação fraudulenta de mão de obra mediante cooperativa.

A contratação de empregado para atuar na atividade fim da empresa, condicionada à filiação a cooperativa fraudulenta, enseja o pagamento de indenização por danos morais, pois constitui prática de

ato ilícito que precariza a relação laboral e desvirtua a finalidade social do trabalho, estando em desalinho com os princípios constitucionais da dignidade da pessoa humana e do valor social do trabalho.

Sob esse fundamento, a SBDI-I, por unanimidade, conheceu dos embargos, por divergência jurisprudencial, e, no mérito, por maioria, negou-lhes provimento. Vencidos os Ministros Maria Cristina Irigoyen Peduzzi e Ives Gandra Martins Filho. TST-E-RR-216100- 08.2008.5.02.0027, SBDI-I, rel. Min. Augusto César Leite de Carvalho, 15.3.2018 (Informativo Nº 174)

BREVE COMENTÁRIO

Cooperativas são pessoas jurídicas dotadas de personalidade própria, por meio das quais trabalhadores podem se associar para laborar em pé de igualdade.

Sendo assim, não se trata de um contrato de emprego, mas de uma relação horizontal entre trabalhadores que se beneficiarão da união de esforços.

Por não se tratar de relação de emprego, os cooperados não fazem jus aos mesmos direitos trabalhistas dos empregados.

Ocorre que muitas vezes essas entidades são criadas apenas como uma contrafação, ou seja, uma fraude, a fim de subverter os direitos dos trabalhadores que são, em verdade, empregados fazendo jus a todas as verbas de estilo.

Sendo assim, quando verificada alguma fraude nesses casos, decidiu o TST que, além de todas as verbas decorrentes do contrato de emprego, os empregados farão jus também a indenização por danos morais.

Fixou-se, desse modo, a seguinte tese:

A contratação de empregado para atuar na atividade fim da empresa, condicionada à filiação a cooperativa fraudulenta, enseja o pagamento de indenização por danos morais, pois constitui prática de ato ilícito que precariza a relação laboral e desvirtua a finalidade social do trabalho, estando em desalinho com os princípios constitucionais da dignidade da pessoa humana e do valor social do trabalho.

MINHAS ANOTAÇÕES

TESE:

Dano moral. Não configuração. Dispensa imotivada. Período da estabilidade pré-aposentadoria. Ausência de evidências concretas de violação a direito de personalidade do empregado.

A dispensa sem justa causa de empregado portador de estabilidade pré-aposentadoria prevista em norma coletiva não é suficiente, por si só, para caracterizar dano moral. A existência de constrangimento depende de evidências concretas de que o empregador se valeu de artifícios ou praticou ato de discriminação que atingiram direitos da personalidade do reclamante, não se admitindo, portanto, a configuração de dano moral in re ipsa.

Sob esse entendimento, a SBDI-I, por unanimidade, conheceu dos embargos, por divergência jurisprudencial, e, no mérito, negou-lhes provimento para manter a decisão turmária que confirmara a improcedência do pedido de indenização por dano moral sob a afirmação de que não foi verificado fato objetivo apto a caracterizar abalo aos direitos de personalidade do reclamante. TST-E-RR-10648- 60.2014.5.01.0013, SBDI-I, rel. Min. Augusto César Leite de Carvalho, 15.3.2018 (Informativo Nº 174)

BREVE COMENTÁRIO

Algumas convenções coletivas podem estabelecer um período de estabilidade pré-aposentadoria, ou seja, determinado período antes do empregado se aposentar, ele poderá ser cometido em razão, por exemplo, do cometimento de uma falta grave (dependerá dos termos da avença).

Ocorre que uma empresa, buscando evitar ter um empregado nessa situação em seus quadros, pode resolver demiti-lo em breve lapso antes desse período estabilitário.

A pergunta que se submeteu foi: esse ato demissório, por si só, gera o dever de indenizar por danos morais?

Segundo decidiu o TST, não.

A dispensa sem justa causa de empregado portador de estabilidade pré-aposentadoria prevista em norma coletiva não é suficiente, por si só, para caracterizar dano moral.

A existência de constrangimento depende de evidências concretas de que o empregador se valeu de artifícios ou praticou ato de discriminação que atingiram direitos da personalidade do reclamante, não se admitindo, portanto, a configuração de dano moral in re ipsa, ou seja, dano moral presumido.

MINHAS ANOTAÇÕES

Informativo nº 175

➲ ***Direito Administrativo*. Magistrado. Ajuda de custo. Despesas de transporte e mudança de dependentes. Deslocamento para localidade diversa daquela para a qual o magistrado foi removido. Ausência de previsão legal.**

As normas que regem a concessão de ajuda de custo para atender às despesas de mudança e transporte do magistrado e de seus dependentes (art. 65, I, da Loman, Decreto nº 4.004/2001, arts. 53 a 57 da Lei nº 8.112/90 e Resolução CSJT nº 112/2012) vinculam esse direito à mudança de domicílio para a nova sede (ou nova localidade de exercício), de forma que não há, na legislação, nenhuma previsão de concessão de ajuda de custo para cobrir despesas com mudança e transporte dos dependentes do magistrado para localidade diversa daquela para a qual fora removido.

Sob esse entendimento, o Órgão Especial, por maioria, deu provimento ao recurso ordinário da União para indeferir a segurança pleiteada por magistrada que teve negado administrativamente o pedido de pagamento de duas cotas de ajuda de custo referentes à mudança de domicílio de seu cônjuge e de sua filha menor para cidade distinta daquela em que passou a residir em razão de remoção. Vencida a Ministra Maria Helena Mallmann. TST-RO-102-63.2015.5.22.0000, Órgão Especial, rel. Min. Brito Pereira, 2.4.2018 (Informativo Nº 175)

BREVE COMENTÁRIO

O precedente em tela não versa exatamente sobre direito do trabalho, mas sobre as normas que regem a Magistratura e a sua interpretação.

Na espécie, um magistrado do trabalho impetrou mandado de segurança, a fim de obter o pagamento de duas cotas de ajuda de custo referentes à mudança de domicílio de seu cônjuge e de sua filha menor para cidade distinta daquela em que passou a residir em razão de remoção.

Ou seja, o magistrado foi removido para determinada localidade e seu cônjuge e o seu dependente foram para outra.

A dúvida que remanesceu foi se ele teria direito ao pagamento da ajuda de custo em favor de seus dependentes.

Interpretando o dispositivo, o Tribunal entendeu que não, fixando a seguinte tese:

As normas que regem a concessão de ajuda de custo para atender às despesas de mudança e transporte do magistrado e de seus dependentes (art. 65, I, da Loman, Decreto nº 4.004/2001, arts. 53 a 57 da Lei nº 8.112/90 e Resolução CSJT nº 112/2012) vinculam esse direito à mudança de domicílio para a nova sede (ou nova localidade de exercício), de forma que não há, na legislação, nenhuma previsão de concessão de ajuda de custo para cobrir despesas com mudança e transporte dos dependentes do magistrado para localidade diversa daquela para a qual fora removido.

MINHAS ANOTAÇÕES

➲ ***Direito Processual do Trabalho*. Ação civil pública. Multa coercitiva. Astreinte. Limitação temporal. Impossibilidade.**

A SBDI-I, por maioria, conheceu de embargos, por divergência jurisprudencial, e, no mérito, deu-lhes provimento para **restabelecer a**

sentença proferida em ação civil pública na parte em que fixou astreinte sem a limitação temporal de sessenta dias, caso haja descumprimento da obrigação de fazer reconhecida em juízo.

A cominação de multa coercitiva pelo descumprimento da obrigação de fazer tem como propósito compelir o devedor a realizar a prestação devida, configurando-se meio indireto de execução. Nos termos do art. 537 do CPC de 2015, a astreinte pode ser concedida tanto na fase de conhecimento quanto na fase de execução, sendo possível, também, aumentar-lhe ou reduzir-lhe o valor, a qualquer momento, desde que necessário à efetividade da determinação judicial.

Assim, **não se pode admitir que o juiz da fase de conhecimento fixe um limite temporal para a aplicação da multa coercitiva, sob pena de retirar do Juízo da execução, responsável pelo cumprimento do julgado, instrumento imprescindível à efetividade da determinação judicial, e de esvaziamento do disposto no § 4º do art. 537 do CPC de 2015, no que determina a incidência da multa enquanto não cumprida a decisão que a tiver cominado**.

No caso concreto, a sentença julgou parcialmente procedente a ação civil pública ajuizada pelo Ministério Público do Trabalho contra o Município de Bodoquena/MS para estabelecer a obrigação de fazer, de natureza continuada, consistente no fornecimento de Equipamento de Proteção Individual – EPI, treinamento adequado, água potável e veículo apropriado à coleta de lixo aos trabalhadores do serviço público de limpeza urbana municipal, sob pena de multa diária em caso de descumprimento. Todavia, o acórdão do Tribunal Regional, mantido pelo acórdão turmário, julgou parcialmente procedente o pedido para reduzir o valor da multa aplicada e limitá-la ao período de sessenta dias.

Vencidos os Ministros Maria Cristina Irigoyen Peduzzi, Brito Pereira, Márcio Eurico Vitral Amaro e Breno Medeiros. TST-E-ED-RR-747-09.2013.5.24.0031, SBDI-I, rel. Min. Augusto César Leite de Carvalho, 5.4.2018 (Informativo Nº 175)

BREVE COMENTÁRIO

As astreintes são meios de execução indireta, consistentes na imposição de multa pelo não cumprimento de uma obrigação pelas partes.

No precedente analisado, o juiz de primeiro grau fixou uma multa pelo não cumprimento da obrigação de fazer sem limitação temporal, ou seja, enquanto a parte não cumprisse a obrigação, estaria sujeita ao pagamento de multa.

O Tribunal Regional competente, todavia, limitou a aplicação dessa multa ao lapso de sessenta dias.

O TST entendeu ser uma espécie de intromissão indevida do Tribunal na decisão do juiz de primeiro grau, o qual ficaria responsável pela execução, além de esvaziar o conteúdo da norma referente à constrição do réu a cumprir suas obrigações decorrentes do processo, vez que, passados os sessenta dias, não haveria mais qualquer "incentivo" para que o devedor se desincumbisse.

Assim, estabeleceu-se tese no sentido de que **não se pode admitir que o juiz da fase de conhecimento fixe um limite temporal para a aplicação da multa coercitiva, sob pena de retirar do Juízo da execução, responsável pelo cumprimento do julgado, instrumento imprescindível à efetividade da determinação judicial, e de esvaziamento do disposto no § 4º do art. 537 do CPC de 2015, no que determina a incidência da multa enquanto não cumprida a decisão que a tiver cominado não se pode admitir que o juiz da fase de conhecimento fixe um limite temporal para a aplicação da multa coercitiva, sob pena de retirar do Juízo da execução, responsável pelo cumprimento do julgado, instrumento imprescindível à efetividade da determinação judicial, e de esvaziamento do disposto no § 4º do art. 537 do CPC de 2015, no que determina a incidência da multa enquanto não cumprida a decisão que a tiver cominado.**

MINHAS ANOTAÇÕES

➲ ***Direito Processual do Trabalho*. Ação civil pública. Obrigação de fazer. Cumprimento de normas relativas à jornada de trabalho. Ajustamento da conduta após o ajuizamento da ação. Tutela inibitória. Manutenção.**

Deve ser mantida a tutela inibitória concedida pelo descumprimento das normas relativas à jornada de trabalho, ainda que constatada a posterior regularização da situação no curso da ação civil pública. A conduta da ré de ajustar seu procedimento às normas referidas não afasta o interesse processual do Ministério Público do Trabalho de formular tutela inibitória para prevenir a futura lesão de direitos fundamentais trabalhistas.

É evidente a necessidade de se admitir a tutela de natureza preventiva, destinada a inibir a repetição pela empresa ré de ato contrário ao direito ao meio ambiente de trabalho equilibrado, seguro e saudável, também no que tange à jornada de trabalho e aos respectivos intervalos para descanso, sob pena de se admitir que as normas que proclamam esse direito ou objetivam protegê-lo não teriam nenhuma significação prática, pois poderiam ser violadas a qualquer momento, restando somente o ressarcimento do dano causado.

Sob esse fundamento, a SBDI-I, por unanimidade, conheceu dos embargos, no tópico, por divergência jurisprudencial, e, no mérito, negou-lhes provimento, mantendo incólume a decisão turmária mediante a qual não se conheceu do recurso de revista interposto pela ré. TST-E-ED-RR- 43300-54.2002.5.03.0027, SBDI-I, rel. Min. José Roberto Freire Pimenta, 5.4.2018. (*Cf. Informativo nº 82).

BREVE COMENTÁRIO

Suponha-se que uma empresa descumpra determinada norma de saúde e segurança de seus trabalhadores.

Diante daquela situação o Ministério Público do Trabalho – MPT, ajuíza uma ação civil pública requerendo, dentre outras medidas, tutela de urgência no sentido de inibir a prática daquela conduta, sob pena de multa.

Caso a empresa venha a regularizar essa situação, deverá ser revogada a liminar, por falta de interesse processual?

Segundo o TST, não.

No entendimento da Superior Corte Laboral, deve ser mantida a tutela inibitória concedida pelo descumprimento das normas relativas à jornada de trabalho, ainda que constatada a posterior regularização da situação no curso da ação civil pública.

Isso porque a conduta da ré de ajustar seu procedimento às normas referidas não afasta o interesse processual do Ministério Público do Trabalho de formular tutela inibitória para prevenir a futura lesão de direitos fundamentais trabalhistas.

MINHAS ANOTAÇÕES

➲ *Direito do Trabalho*. Contrato de estágio. Lei nº 11.788/2008. Não incidência aos contratos em curso firmados sob a égide da Lei nº 6.494/1977.

Com base no art. 5º, XXXVI, da CF e no art. 6º da LINDB, **a Lei nº 11.788/2008 não se aplica aos contratos de estágio que, embora estivessem em execução quando de sua entrada em vigor, foram firmados sob a égide da Lei nº 6.494/1977**.

Para que a lei retroagisse, seria necessário haver disposição expressa nesse sentido. Ocorre que, ao contrário, a nova Lei do Estágio limita sua incidência apenas à prorrogação dos contratos em curso (art. 18), mantendo-se, portanto, a aplicação da Lei nº 6.494/1977 aos ajustes entabulados durante a sua vigência. Sob esses fundamentos, a SBDI-I, por unanimidade, conheceu dos embargos, por divergência jurisprudencial, e, no mérito, deu-lhes provimento para, restabelecendo a sentença, julgar improcedente a reclamação trabalhista. TST-E-RR-40000-68.2009.5.07.0014, SBDI-I, rel. Min. Alberto Luiz Bresciani de Fontan Pereira, 5.4.2018 (Informativo Nº 175)

BREVE COMENTÁRIO

Atualmente, os contratos de estágio são regulamentados pela Lei nº 11. 788/2008, a qual prevê que esse é um ato educativo escolar supervisionado, desenvolvido no ambiente de trabalho, que visa à preparação para o trabalho produtivo de educandos que estejam frequentando o ensino regular em instituições de educação superior, de educação profissional de ensino médio, de educação especial e dos anos finais do ensino fundamental, na modalidade profissional da educação de jovens e adultos.

Ocorre que, antes da edição dessa lei, a relação de estágio era regida pela Lei nº 6.494/1977.

E se um estagiário tivesse iniciado a execução de seu estágio no início de 2008, terminando em 2010, qual legislação regeria seu contrato?

Segundo o TST, sua avença deverá ser regida integralmente pela legislação na qual se iniciou.

Assim, a Lei nº 11.788/2008 não se aplica aos contratos de estágio que, embora estivessem em execução quando de sua entrada em vigor, foram firmados sob a égide da Lei nº 6.494/1977.

MINHAS ANOTAÇÕES

Informativo nº 176

➲ *Direito Processual do Trabalho*. Pedido de adiamento da audiência para intimação de testemunha. Indeferimento. Determinação judicial prévia de apresentação de rol de testemunhas. Inobservância. Cerceamento do direito de defesa. Não caracterização. Art. 825, da CLT. Não violação.

Com o objetivo de imprimir razoável duração ao processo, a praxe nos Tribunais Regionais é no sentido de designar audiências unas e contínuas, em que as partes são previamente notificadas a respeito da necessidade de apresentar o rol de testemunhas antecipadamente ou trazer as não arroladas independentemente de intimação, sob pena de não serem ouvidas.

Nesse contexto, **o indeferimento do pedido de adiamento da audiência, para que fosse intimada a testemunha não arrolada e que não compareceu espontaneamente, não viola o art. 825 da CLT, nem caracteriza cerceamento do direito de defesa**.

Reforça tal entendimento o fato de, no caso concreto, além de a parte ter sido previamente informada a respeito das consequências advindas da ausência das testemunhas na data da audiência, não haver justificativa para o não comparecimento, nem prova de que foram realmente convidadas. Sob esses fundamentos, a SBDI-I, por unanimidade, conheceu dos embargos por divergência jurisprudencial e, no mérito, por maioria, negou-lhes provimento.

Vencidos os Ministros João Oreste Dalazen, relator, Márcio Eurico Vitral Amaro e Augusto César Leite de Carvalho.

TST-E-RR-1810-18.2012.5.15.0108, SBDI-I, rel. Min. João Oreste Dalazen, red. p/ acórdão Min. Hugo Carlos Scheuermann, 12.4.2018 (*Cf. Informativo TST nº 166) (Informativo Nº 176)

BREVE COMENTÁRIO

O precedente sob análise denota a incidência de dois princípios do processo do trabalho: o princípio da busca da verdade real e o princípio da celeridade.

Segundo o primeiro, o que deve ser considerado pelo Juiz ao analisar os instrumentos probatórios é o que realmente aconteceu na relação fática, não obstante haja documentos em contrário. Por essa razão, as testemunhas se tornam muito importantes no processo do trabalho.

O segundo se refere à necessidade de soluções processuais em um tempo razoável, haja vista que o crédito trabalhista tem natureza alimentícia, devendo, por tal razão, ser priorizado.

Segundo o art. 849 da CLT, as audiências deverão ser unas, mas, devido à complexidade, é comum que os juízes as fracionem em sessões de conciliação, de instrução e de julgamento.

Por outro lado, reza o art. 825 da CLT que as testemunhas comparecerão à audiência independentemente de notificação ou intimação.

Ou seja, as partes não precisam fornecer ao Juiz o nome das testemunhas que pretendem ouvir na próxima sessão (audiência de instrução).

Mas o que ocorre se a testemunha que a parte se comprometeu a trazer independente de intimação não comparecer? O juiz deve adiar a sessão?

Segundo decidiu o TST, não.

E esse indeferimento não viola o art. 825 da CLT, nem caracteriza cerceamento do direito de defesa.

MINHAS ANOTAÇÕES

➲ ***Direito Processual do Trabalho*. Incompetência da Justiça do Trabalho. Admissão sem concurso público após a Constituição de 1988. Lei do respectivo ente público estabelecendo o regime estatutário.**

A competência para processar e julgar ação movida por servidor público contratado na vigência da Constituição de 1988, sem prévia aprovação em concurso público, depende da natureza do regime jurídico adotado pelo ente público para seus servidores. Se de natureza administrativa ou estatutária, a competência é da Justiça comum. De outra sorte, se o vínculo for regido pelas disposições da CLT, a competência é da Justiça do Trabalho.

Sob esse entendimento, a SBDI-I, por unanimidade, conheceu dos embargos do Município de Boa Vista do Tupim/BA, e, no mérito, por maioria, deu- lhes provimento para declarar a incompetência da Justiça do Trabalho para processar e julgar a lide, determinando a remessa dos autos à Justiça comum, nos termos do art. 64, § 3º, do CPC de 2015, visto que registrado na decisão embargada que o regime jurídico adotado pelo Município é o estatutário.

Vencidos os Ministros Cláudio Mascarenhas Brandão, relator, e José Roberto Freire Pimenta. TST-E-ED-RR-1114-36.2013.5.05.0201, SBDI-I, rel. Min. Cláudio Mascarenhas Brandão, red. p/ acórdão Min. Márcio Eurico Vitral Amaro, 12.4.2018 (Informativo Nº 176)

BREVE COMENTÁRIO

Antes do advento da Constituição da República de 1988, era possível admitir empregados públicos (ou seja, servidores contratados sob o regime da CLT) sem a prévia aprovação em concurso público.

A fim de compatibilizar essa situação, o constituinte estabeleceu que: aqueles servidores contratados sem concurso público, que laborassem há mais de 05 (cinco) anos contados da CF/88, seriam considerados estáveis. Essa regra está insculpida no art. 19 do Ato das Disposições Constitucionais Transitórias – ADCT. Vejamos:

> *Art. 19. Os servidores públicos civis da União, dos Estados, do Distrito Federal e dos Municípios, da administração direta, autárquica e das fundações públicas, em exercício na data da promulgação da Constituição, há pelo menos cinco anos continuados, e que não tenham sido admitidos na forma regulada no art. 37, da Constituição, são considerados estáveis no serviço público.*

Ocorre que, uma vez conferida essa estabilidade, por respeito ao regime jurídico único, alguns entes federativos converteram aqueles vínculos em jurídico-administrativos.

Uma ressalva: segundo o STF, a conversão desse vínculo não implica a efetivação do servidor, ou seja, ele não passa a ser ocupante de cargo efetivo. Para tanto, faz-se necessária a prévia aprovação em concurso público, de modo que não se deve confundir essa estabilidade excepcional com efetividade. Cite-se precedente do STF:

> *A norma do art. 19 do ADCT encerra simples estabilidade, ficando afastada a transposição de servidores considerados cargos públicos integrados a carreiras distintas, pouco importando encontrarem-se prestando serviços em cargo e órgão diversos da administração pública*[5].

Em suma, é possível que as respectivas legislações transponham esses servidores a um regime jurídico institucional (em geral para um quadro em extinção), mas isso não significa que esses empregados passaram a ocupar cargos públicos efetivos.

Por outro lado, é possível que os entes federados mantenham aqueles servidores na condição de celetistas, não transpondo-os a um regime administrativo.

Diante dessa dualidade de situações, o TST decidiu que compete à Justiça do Trabalho processar e julgar as causas referentes aos servidores estáveis nos termos do art. 19 do ADCT que forma mantidos no regime celetista e à Justiça Comum, as causas referentes àqueles cujos vínculos passaram a ter caráter institucional, regido pela legislação daquela entidade.

Sobre esse precedente, todavia, importante invocar julgados recentes do Supremo Tribunal Federal que aprofundam essa discussão, os quais, a uma primeira vista, podem parecer conflitantes. Vejamos:

> *Compete à Justiça do Trabalho julgar causa relacionada com depósito do Fundo de Garantia do Tempo de Serviço (FGTS) de servidor que ingressou no serviço público antes da Constituição de 1988 sem prestar concurso*[6].
>
> *Não compete à Justiça do Trabalho julgar controvérsia referente aos reflexos de vantagem remuneratória, que teve origem em período celetista anterior ao advento do regime jurídico único*[7].

5 BRASIL. Supremo Tribunal Federal. Ação Direta de Inconstitucionalidade n. 351. Relator: Min. Marco Aurélio. Brasília, 05 de agosto de 2014.

6 BRASIL. Supremo Tribunal Federal. Conflito de Competência n. 7950 RN. Relator: Min. Maurco Aurélio. Brasília, 14 de setembro de 2016.

7 BRASIL. Supremo Tribunal Federal. Reclamação n. 26064 AgR/RS. Relator: Min. Edson Fachin. Brasília, 21 de novembro de 2017.

O que pode ser extraído do raciocínio impresso no julgado é que, em se tratando de verba típica do regime celetista, em relação àquele período (anterior a 1988), a competência seria da Justiça do Trabalho. Esse é, inclusive, o sentido da Orientação Jurisprudencial nº 138 da SDI-1 do TST:

> *138. COMPETÊNCIA RESIDUAL. REGIME JURÍDICO ÚNICO. LIMITAÇÃO DA EXECUÇÃO*
>
> *Compete à Justiça do Trabalho julgar pedidos de direitos e vantagens previstos na legislação trabalhista referente a período anterior à Lei nº 8.112/90, mesmo que a ação tenha sido ajuizada após a edição da referida lei. A superveniência de regime estatutário em substituição ao celetista, mesmo após a sentença, limita a execução ao período celetista.*

Doutra ponta, em se tratando de uma vantagem que se prolongue no tempo (um reflexo de vantagem remuneratória) como, por exemplo um reajuste, ainda que iniciado no período celetista, devido aos seus reflexos no atual vínculo, a competência passaria à Justiça Comum.

Não obstante nossas considerações, dada a aparente contradição entre os julgados, para efeitos e concursos públicos, é importante saber a literalidade dessas disposições, vez que, até o momento da edição deste livro, ainda não houve um esclarecimento maior da Suprema Corte.

MINHAS ANOTAÇÕES

____

____

____

____

____

➲ *Direito Processual do Trabalho*. Vendedor. Trabalho externo. Possibilidade de controle da jornada. Não apresentação dos cartões de ponto pelo empregador. Horas extras devidas. Art. 74, §2º, da CLT. Incidência da Súmula nº 338, I, do TST.

Havendo a possibilidade de controle da jornada de trabalho do empregado, mesmo que esta seja externa, inverte-se o ônus da prova, cabendo ao empregador a apresentação do comprovante de controle de frequência, como prova pré-constituída, nos moldes do art. 74, §2º, da CLT. Embora os precedentes que informam a Súmula nº 338, I, do TST não se refiram à jornada externa de que trata o art. 62, I, da CLT, é possível aplicá-la quando houver identidade entre os fatos fundamentais da demanda em análise e aqueles que constam nos precedentes da súmula, quais sejam, possibilidade de controle e fiscalização de jornada e ausência de apresentação dos cartões de ponto em juízo.

Trata-se de aplicação da técnica denominada *ampliative distinguishing*, cujo objetivo é conferir tratamento isonômico entre as partes, universalizando o precedente ao adotar a mesma *ratio decidendi* para casos não absolutamente iguais, mas cujos fatos fundamentais sejam idênticos ou similares. Sob esses fundamentos a SBDI-I, por maioria, não conheceu dos embargos, entendendo incólume a Súmula nº 338 do TST no caso em que a decisão turmária, vislumbrando violação do art. 62, I, da CLT, deu provimento a recurso de revista para condenar a reclamada ao pagamento de horas extraordinárias e intrajornadas, nos termos aduzidos na inicial, a vendedor que, embora desempenhasse suas atividades fora da empresa, estava sujeito a controle de jornada.

Vencido o Ministro Márcio Eurico Vitral Amaro. TST-E-ED-RR-20-26.2014.5.08.0107, SBDI-I, rel. Min. José Roberto Freire Pimenta, 12.4.2018 (Informativo Nº 176)

BREVE COMENTÁRIO

O art.74, §2º, da CLT estabelece o seguinte:

> *Art. 74 - O horário do trabalho constará de quadro, organizado conforme modelo expedido pelo Ministro do Trabalho, Industria e Comercio, e afixado em lugar bem visível. Esse quadro será discriminativo no caso de não ser o horário único para todos os empregados de uma mesma seção ou turma.*
>
> *(...)*
>
> *§ 2º - Para os estabelecimentos de mais de dez trabalhadores será obrigatória a anotação da hora de entrada e de saída, em registro manual, mecânico ou eletrônico, conforme instruções a serem expedidas pelo Ministério do Trabalho, devendo haver pré-assinalação do período de repouso.*

Ou seja, para os estabelecimentos que contem com mais de 10 (dez) empregados em seus quadros, é obrigatória a anotação de ponto por parte de empregador.

Caso algum empregado venha a ajuizar reclamação trabalhista em face dele, na qual discute algum aspecto da jornada, e esse não apresente os controles de ponto, haverá uma presunção (relativa) em face daquilo que o reclamante está a alegar. É o que estabelece a Súmula 338 do TST, em seu inciso I:

> *Súmula nº 338 do TST*
>
> *JORNADA DE TRABALHO. REGISTRO. ÔNUS DA PROVA*
>
> *I - É ônus do empregador que conta com mais de 10 (dez) empregados o registro da jornada de trabalho na forma do art. 74, § 2º, da CLT. A não-apresentação injustificada dos controles de freqüência gera presunção relativa de veracidade da jornada de trabalho, a qual pode ser elidida por prova em contrário.*

Por outro lado, empregados que exercem atividade externa incompatível com a fixação de horário de trabalho, devendo tal condição ser anotada na Carteira de Trabalho e Previdência Social e no registro de empregados, não se submetem ao controle de ponto e, portanto, não recebem horas extras, nos termos do art. 62, I, CLT.

Ocorre que a norma consolidada deixa claro que apenas os trabalhadores cuja forma de trabalho seja incompatível com o controle seja inviável é que são alijados daquele regime.

Quanto às conclusões, o julgado em epígrafe consagra tese aparentemente contraditória com aquela registrada no informativo nº 184 do TST (posterior, portanto), que reza o seguinte:

> ***Trabalho externo. Possibilidade de controle dos horários de início e de término da jornada de trabalho. Concessão do intervalo intrajornada. Ônus da prova do empregado. Inaplicabilidade da Súmula nº 338, I, do TST.***
>
> ***Ainda que seja possível controlar os horários de início e de término da jornada de trabalho, é do empregado que desempenha atividades externas o ônus de provar a supressão ou a redução do intervalo intrajornada****. Não há falar em aplicação da Súmula nº 338, I, do TST, pois* ***as peculiaridades do trabalho externo impedem o empregador de fiscalizar a fruição do referido intervalo****.*
>
> *Sob esse entendimento, e tendo em conta que o acórdão do Tribunal Regional registrou que o reclamante não comprovou qualquer irregularidade no gozo do intervalo intrajornada, a SBDI-I, por unanimidade, conheceu dos embargos, por divergência jurisprudencial, e, no mérito, por maioria, negou-lhes provimento.*
>
> *Vencidos os Ministros Hugo Carlos Scheuermann, relator, e José Roberto Freire Pimenta. TST-E-RR-539-75.2013.5.06.0144, SBDI-I, rel. Min. Hugo Carlos*

Scheuermann, red. p/ acórdão Min. Maria Cristina Irigoyen Peduzzi, 13.9.2018 (Informativo Nº 184)

Desse modo, se o empregado busca obter esse direto em Juízo (intervalo intrajornada), deverá ele comprovar que esse horário fora efetivamente suprimido, vez que, a rigor, o empregador não teria como controlá-lo.

Quanto à oposição dos dois julgados, é possível tirar duas conclusões: a) o entendimento consagrado no informativo 184 superou aquele consagrado no informativo 176; b) o entendimento do informativo 176 permanece incólume, referindo-se aos controles de frequência diária, ao passo que o informativo 184 referir-se-ia apenas ao intervalo intrajornada.

Para efeitos de concursos, importante memorizar a literalidade da tese fixada em cada um deles:

INFORMATIVO 176	INFORMATIVO 184
Havendo a possibilidade de controle da jornada de trabalho do empregado, mesmo que esta seja externa, inverte-se o ônus da prova, cabendo ao empregador a apresentação do comprovante de controle de frequência, como prova pré-constituída.	Ainda que seja possível controlar os horários de início e de término da jornada de trabalho, é do empregado que desempenha atividades externas o ônus de provar a supressão ou a redução do intervalo intrajornada.

MINHAS ANOTAÇÕES

Informativo nº 177

➲ ***Direito do Trabalho.* Doença ocupacional. Construção Civil. Pedreiro que desenvolveu hérnia de disco. Responsabilidade objetiva. Configuração.**

Em razão do peso e das posições de flexão e rotação realizadas pela coluna vertebral, é inegável o risco ergonômico a que exposto o trabalhador que desempenha a atividade de pedreiro e a possibilidade de adquirir doença profissional com comprometimento da coluna, como ocorreu na espécie, em que o reclamante desenvolveu hérnia de disco e se tornou totalmente incapacitado para a atividade.

Assim, **estabelecido o nexo causal entre a doença e a execução de atividade de risco, é devido o pagamento de indenização por danos morais, independentemente de haver culpa do empregador**.

Sob esse fundamento, a SBDI-I, por maioria, deu provimento aos embargos do empregado para, reconhecendo a **responsabilidade objetiva do reclamado**, restabelecer o acórdão do Tribunal Regional, no particular, e determinar o retorno dos autos à Turma a fim de que aprecie o recurso de revista do empregador quanto ao valor arbitrado à indenização por danos morais e materiais, como entender de direito.

Vencidos os Ministros João Oreste Dalazen, Ives Gandra Martins Filho, Renato de Lacerda Paiva, Guilherme Augusto Caputo Bastos e Márcio Eurico Vitral Amaro. TST-E-RR-89900-22.2008.5.15.0082, SBDI-I, rel. Min. Alexandre Agra Belmonte, 26.4.2018 (Informativo Nº 177)

BREVE COMENTÁRIO

Via de regra, para que haja a responsabilização do empregador por algum dano causado ao empregado, faz-se necessária a comprovação de três elementos: dano, dolo ou culpa e nexo causal.

Ocorre que, em algumas atividades, devido ao risco que elas apresentam, por si mesmas, admite a jurisprudência uma responsabilização objetiva, ou seja, com o afastamento de um dos elementos (no caso, o dolo ou culpa) para que haja a condenação do empregador, bastando, para tanto, a verificação de ocorrência do dano e do nexo causal.

O mais importante, no que se refere ao precedente em tela, foi o fato de o TST reconhecer que a atividade do empregador em relação a pedreiro que desenvolveu doença ocupacional é objetiva, ou seja, carece da demonstração de culpa, levando à condenação por danos morais.

Desse modo, ainda que o empregador tenha tomado todas as cautelas para salvaguardar a saúde de seu empregado, na eventualidade de surgimento de doença ocupacional, deverá ser responsabilizado pelos danos causados.

A tese fixada foi a seguinte: **estabelecido o nexo causal entre a doença e a execução de atividade de risco, é devido o pagamento de indenização por danos morais, independentemente de haver culpa do empregador.**

MINHAS ANOTAÇÕES

➲ ***Direito do Trabalho*. Fundação de Atendimento Sócio-Educativo do Rio Grande do Sul - FASE. Reajuste de 11,84% concedido apenas a alguns empregados. Equiparação salarial. Impossibilidade. Orientação Jurisprudencial nº 297 da SBDI-I.**

Da diretriz firmada no art. 37, XIII, da CF, extrai-se que <u>é vedada a pretensão de equiparação salarial entre servidores públicos pertencentes</u>

aos quadros da Administração direta, autárquica ou fundacional, inclusive quando contratados pelo regime celetista.

O objetivo da norma é assegurar e conformar a atuação da Administração Pública ao regime jurídico-administrativo a que está submetida, em especial, ao princípio da legalidade.

Sob esse entendimento, e afastando a alegada contrariedade à Orientação Jurisprudencial nº 297 da SBDI-I, a referida Subseção, por unanimidade, não conheceu do recurso de embargos interpostos pela reclamante contra a decisão que dera provimento ao recurso de revista da Fundação de Atendimento Sócio-Educativo do Rio Grande do Sul – FASE para restabelecer a sentença que julgou improcedente o pedido de diferenças relativas ao reajuste salarial de 11,84% aplicado a outros empregados de mesmo cargo e função, formulado com base no princípio da isonomia. TST-E-ED-RR-20098-28.2014.5.04.0018, SBDI-I, rel. Min. Cláudio Mascarenhas Brandão, 3.5.2018 (Informativo Nº 177)

BREVE COMENTÁRIO

No precedente em questão, vemos situação muito comum de empregados que trabalham nas diversas esferas da Administração Pública: a busca por equiparação salarial com base na isonomia.

No caso, determinados servidores públicos (empregados celetistas) receberam certo reajuste e os demais ajuizaram ação buscando a extensão desse a eles.

No entanto, existe óbice a esse tipo de pretensão, primeiramente em virtude do sistema orçamentário estabelecido na Constituição da República de 1988. Vejamos primeiramente a redação do artigo 169:

> *Art. 169. A despesa com pessoal ativo e inativo da União, dos Estados, do Distrito Federal e dos Municípios não poderá exceder os limites estabelecidos em lei complementar.*
>
> *§ 1º* ***A concessão de qualquer vantagem ou aumento de remuneração****, a criação de cargos, empregos e funções ou alteração de estrutura de carreiras, bem como a admissão ou contratação de pessoal, a qualquer título, pelos órgãos e entidades da administração direta ou indireta, inclusive fundações instituídas e mantidas pelo poder público,* ***só poderão ser feitas****:*
>
> *I - se houver* ***prévia dotação orçamentária*** *suficiente para atender às projeções de despesa de pessoal e aos acréscimos dela decorrentes;*
>
> *II - se houver* ***autorização específica na lei de diretrizes orçamentárias****, ressalvadas as empresas públicas e as sociedades de economia mista. (grifou-se)*

Lembramos que eventual procedência na demanda representaria um aumento que não estaria previsto em lei orçamentária, não havendo, ainda, prévia dotação orçamentária para ele.

Ainda, a Constituição Federal traz previsões específicas acerca da necessidade de uma Lei Orçamentária:

> *Art. 165. Leis de iniciativa do Poder Executivo estabelecerão:*
>
> *I - o plano plurianual;*
>
> *II - as diretrizes orçamentárias;*
>
> *III - os orçamentos anuais.*
>
> *(...)*
>
> *§ 5º A lei orçamentária anual compreenderá:*
>
> *I - o orçamento fiscal referente aos Poderes da União, seus fundos, órgãos e entidades da administração direta e indireta, inclusive fundações instituídas e mantidas pelo Poder Público;*
>
> *II - o orçamento de investimento das empresas em que a União, direta ou indiretamente, detenha a maioria do capital social com direito a voto;*
>
> *III - o orçamento da seguridade social, abrangendo todas as entidades e órgãos a ela vinculados, da administração direta ou indireta, bem como os fundos e fundações instituídos e mantidos pelo Poder Público.*

Forçoso ainda lembrar, o posicionamento sumulado consagrado no STF, o qual também veda a equiparação entre servidores públicos:

> *Súmula Vinculante 37*
>
> *Não cabe ao Poder Judiciário, que não tem função legislativa, aumentar vencimentos de servidores públicos sob o fundamento de isonomia.*

Desse modo, por respeito a todo esse sistema é que o TST indeferiu o pedido de equiparação salarial formulado por empregados públicos, fixando tese no sentido de que é **vedada a pretensão de equiparação salarial entre servidores públicos pertencentes aos quadros da Administração direta, autárquica ou fundacional, inclusive quando contratados pelo regime celetista**.

MINHAS ANOTAÇÕES

____

____

____

____

➲ ***Direito Processual do Trabalho*. Mandado de segurança. Empresa em recuperação judicial. Depósito judicial anterior ao processamento da recuperação judicial. Não integração ao Juízo universal de falência. Valores à disposição do Juízo trabalhista.**

O depósito judicial efetuado antes do deferimento do processo de recuperação judicial desliga-se do patrimônio da empresa e assume o papel de garantia de uma futura execução, razão pela qual não está à disposição do Juízo falimentar, mas do Juízo trabalhista.

Sob esse entendimento, a SBDI-II, por maioria, deu provimento a recurso ordinário para denegar a segurança. Na espécie, não se vislumbrou direito líquido e certo da empresa em recuperação judicial a ver cassada ou suspensa a decisão que indeferiu a suspensão da reclamação trabalhista matriz, bem como a remessa dos valores depositados nos autos para a conta do Juízo da recuperação judicial.

Vencidos os Ministros Renato de Lacerda Paiva, Alexandre Agra Belmonte e Douglas Alencar Rodrigues. TST-RO-94- 09.2016.5.20.0000, SBDI-II, rel. Min. Breno Medeiros, 24.4.2018 (Informativo Nº 177)

BREVE COMENTÁRIO

Conforme vimos anteriormente, **o depósito judicial tem natureza de garantia do Juízo.**

Trata-se de um pressuposto de admissibilidade do recurso, sob pena de deserção.

É importante lembrar que **a Reforma Trabalhista concedeu isenção de referido ônus às empresas em recuperação judicial**. Vejamos:

> *Art. 899 - Os recursos serão interpostos por simples petição e terão efeito meramente devolutivo, salvo as exceções previstas neste Título, permitida a execução provisória até a penhora.*
>
> *(...)*
>
> *§ 10. São isentos do depósito recursal os beneficiários da justiça gratuita, as entidades filantrópicas e as empresas em recuperação judicial.*

No entanto, o caso trata de situação em que a empresa efetuou o depósito antes de passar à situação de recuperação judicial.

Sendo assim, indaga-se: **caso uma empresa recorra e, depois disso, venha tanto a falir quanto a sucumbir naquele processo, os valores vertidos a título de depósito recursal ficarão à disposição naquele processo trabalhista ou deverão ser revertidos à massa falida para pagar a universalidade dos credores?**

Segundo o TST, o depósito judicial efetuado antes do deferimento do processo de recuperação judicial desliga-se do patrimônio da empresa e assume o papel de garantia de uma futura execução, razão pela qual não está à disposição do Juízo falimentar, mas do Juízo trabalhista.

No entanto, existe outro julgado paradigmático do TST que pode ser invocado sobre o tema: a quem compete julgar os atos executórios trabalhistas promovidos contra a empresa já falida ou em recuperação judicial?

Tese fixada pelo TST[8]: **Embora o depósito recursal fique à disposição do Juízo trabalhista, ele não integra o patrimônio do reclamante, ainda que realizado antes do processamento da recuperação judicial ou da decretação da falência da empresa, de modo que todos os atos de execução referentes às reclamações trabalhistas movidas contra a recuperanda são de competência do Juízo universal, consoante jurisprudência reiterada do STJ.**

MINHAS ANOTAÇÕES

8 TST-RO-348- 74.2016.5.13.0000, SBDI-II, rel. Min. Maria Helena Mallmann, red. p/ acórdão Min. Renato de Lacerda Paiva, 15.5.2018. (*Cf., em sentido contrário, Informativo TST nº 177) (Informativo Nº 178).

Informativo nº 178

➲ ***Direito do Trabalho*. Ação anulatória. Acordo coletivo de trabalho. Cláusula que fixa percentual máximo de 50% do salário base para desconto em folha de pagamento. Validade.**

A Lei nº 10.820/2003, que dispõe sobre a consignação em folha nos casos de prestações decorrentes de operações financeiras, não fixa limites mínimo ou máximo para o desconto salarial. O percentual de 35% determinado no art. 1º, § 1º, da referida lei alude apenas ao limite de comprometimento das verbas rescisórias e não ao limite de desconto nos salários.

No caso, **a norma coletiva fixou o percentual máximo de desconto de 50% sobre o salário base em folha de pagamento, em consonância, portanto, com a Orientação Jurisprudencial nº 18 da SDC, que delimita os descontos salariais autorizados por meio de norma coletiva a 70% do salário base.**

Sob esse fundamento, a SDC, por unanimidade, conheceu do recurso ordinário interposto pelo Ministério Público do Trabalho e, no mérito, negou-lhe provimento, mantendo, portanto, a decisão do Tribunal Regional que julgara improcedente a ação anulatória, ante a validade da cláusula em questão. TST-RO-560- 36.2016.5.08.0000, SDC, rel. Min. Aloysio Corrêa da Veiga, 14.5.2018 (Informativo Nº 178)

BREVE COMENTÁRIO

Nos termos do art. 462 da CLT, é vedado ao empregador a realização de descontos no salário do empregado, salvo adiantamentos, dispositivo de lei e contrato coletivo:

> *Art. 462 - Ao empregador é vedado efetuar qualquer desconto nos salários do empregado, salvo quando este resultar de adiantamentos, de dispositivos de lei ou de contrato coletivo.*

Dentre os descontos admitidos pela Lei, estão aqueles realizados por instituições financeiras, os popularmente conhecidos "créditos consignados", os quais são regulamentados pela Lei nº 10.820/2003 nos seguintes termos:

> *Art. 1º Os empregados regidos pela Consolidação das Leis do Trabalho - CLT, aprovada pelo Decreto-Lei nº 5.452, de 1º de maio de 1943, poderão autorizar, de forma irrevogável e irretratável, o desconto em folha de pagamento ou na sua remuneração disponível dos valores referentes ao pagamento de empréstimos, financiamentos, cartões de crédito e operações de arrendamento mercantil concedidos por instituições financeiras e sociedades de arrendamento mercantil, quando previsto nos respectivos contratos.*
>
> *(...)*
>
> *§ 1º O desconto mencionado neste artigo também poderá incidir sobre verbas rescisórias devidas pelo empregador, se assim previsto no respectivo contrato de empréstimo, financiamento, cartão de crédito ou arrendamento mercantil, até o limite de 35% (trinta e cinco por cento), sendo 5% (cinco por cento) destinados exclusivamente para:*
>
> *I - a amortização de despesas contraídas por meio de cartão de crédito; ou*
>
> *II - a utilização com a finalidade de saque por meio do cartão de crédito.*

Norma coletiva poderia limitar o valor desses descontos?

Segundo o TST, sim.

Primeiramente, destacou a Corte Laboral o quanto delimitado pela OJ 18 da SDC do TST:

> *18. DESCONTOS AUTORIZADOS NO SALÁRIO PELO TRABALHADOR. LIMITAÇÃO MÁXIMA DE 70% DO SALÁRIO BASE.*
>
> *Os descontos efetuados com base em cláusula de acordo firmado entre as partes não podem ser superiores a 70% do salário base percebido pelo empregado, pois deve-se assegurar um mínimo de salário em espécie ao trabalhador.*

Uma vez reconhecida pelo Tribunal a possibilidade de desconto à base de 70%, é válida, portanto, a fixação em patamar inferior (50%, no caso) por meio de norma coletiva.

MINHAS ANOTAÇÕES

➲ ***Direito do Trabalho*. Ação anulatória. Acordo coletivo de trabalho. Regularização da jornada em turnos ininterruptos de revezamento. Quitação extrajudicial de horas extras pretéritas. Transação coletiva sindical. Validade.**

A SDC, por unanimidade, conheceu de recurso ordinário e, no mérito, negou-lhe provimento para manter a decisão do Tribunal Regional que considerou **válida as cláusulas de termo aditivo em acordo coletivo de trabalho por meio das quais se formalizou expressamente a jornada de 8 horas em regime de trabalho em turnos ininterruptos de revezamento e, concomitantemente, se estabeleceu transação extrajudicial para a quitação das 7ª e 8ª horas como extras relativas ao período pretérito**, no qual o regime de turnos ininterruptos era adotado pela Companhia de Saneamento Básico do Estado de São Paulo – Sabesp **sem respaldo em norma coletiva**.

Na espécie, registrou-se que embora os empregados tenham consentido com a satisfação apenas parcial do direito ao pagamento de eventuais horas extras trabalhadas, por outro lado, a norma coletiva assegurou benefícios importantes para a categoria, a revelar a ocorrência de despojamento bilateral e reciprocidade entre os sujeitos coletivos. **Houve, portanto, efetiva transação coletiva sindical que redundou na concretização de uma das principais funções do Direito Coletivo do Trabalho, qual seja, a pacificação de conflitos de natureza sociocoletiva**, na medida em que o instrumento firmado impediu a exacerbação da litigiosidade e trouxe segurança jurídica em relação à escala de 4x2x4 historicamente desempenhada pela categoria profissional. TST-RO-1000351-52.2015.5.02.0000, SDC, rel. Min. Mauricio Godinho Delgado, 14.5.2018. (Informativo Nº178)

BREVE COMENTÁRIO

No direito do trabalho, vige o chamado princípio da norma mais favorável (subprincípio do princípio da proteção ao lado dos princípios da condição mais benéfica e do *in dubio pro operario*), segundo o qual, havendo duas normas igualmente aplicáveis, opta-se por aquela que for mais favorável ao empregado, independente da hierarquia entre elas.

No entanto, esse princípio, como qualquer outro, comporta exceções. E é disso que trata o julgado em tela.

A Constituição da República de 1988, em seu art. 7º, XIV, previu a possibilidade de trabalho sob a modalidade de turnos ininterruptos de revezamento nos seguintes termos:

> *Art. 7º São direitos dos trabalhadores urbanos e rurais, além de outros que visem à melhoria de sua condição social:*
>
> *(...)*
>
> *XIV - jornada de seis horas para o trabalho realizado em turnos ininterruptos de revezamento, salvo negociação coletiva;*

Ou seja, é possível que determinada empresa estabeleça um trabalho contínuo, dividindo grupos de empregados que trabalharão de forma sucessiva e ininterrupta em turnos, sendo que, em contrapartida, esses terão jornadas de trabalho reduzidas em duas horas, laborando apenas seis horas diárias.

Ocorre que o próprio texto constitucional traz a possibilidade de ser estabelecida jornada de oito horas diárias em negociação coletiva. Diante dessa ressalva, o TST editou a Súmula nº 423, que assegura o não pagamento da 7ª e 8ª horas como extras:

> *Súmula nº 423 do TST*
>
> *TURNO ININTERRUPTO DE REVEZAMENTO. FIXAÇÃO DE JORNADA DE TRABALHO MEDIANTE NEGOCIAÇÃO COLETIVA. VALIDADE.*
>
> *Estabelecida jornada superior a seis horas e limitada a oito horas por meio de regular negociação coletiva, os empregados submetidos a turnos ininterruptos de revezamento não têm direito ao pagamento da 7ª e 8ª horas como extras.*

No entanto, o que aconteceria se o Sindicato não estabelecesse essa forma de cumprimento da jornada a princípio, de modo a apenas negociar seus efeitos a posteriori. Em outras palavras, poderia o Sindicato negociar o passivo do pagamento da 7ª e 8ª horas diárias em uma jornada estabelecida em turnos ininterruptos de revezamento de seis horas diárias?

Segundo o TST, sim, é possível.

Considerou o Tribunal válidas as cláusulas de termo aditivo em acordo coletivo de trabalho por meio das quais se formalizou expressamente a jornada de 8 horas em regime de trabalho em turnos ininterruptos de revezamento e, concomitantemente, se estabeleceu transação extrajudicial para a quitação das 7ª e 8ª horas como extras relativas ao período pretérito, no qual o regime de turnos ininterruptos era adotado em empresa **sem respaldo em norma coletiva.**

MINHAS ANOTAÇÕES

> ➲ ***Direito do Trabalho.*** **Complementação de aposentadoria. Regulamento aplicável. Acórdão turmário que afasta a prescrição. Decisão de mérito. Incidência da modulação prevista no item IV da Súmula nº 288 do TST.**

A decisão de Turma que afasta a prescrição insere-se no conceito de "decisão de mérito" a que alude a Súmula nº 288, IV, do TST, na redação conferida pelo Tribunal Pleno em 12.4.2016 no julgamento do processo TST-E-ED-RR-235-20.2010.5.20.0006.

Por conseguinte, o acórdão recorrido que não aplica a modulação dos efeitos, não obstante a Turma haja proferido decisão sobre prescrição antes de 12.4.2016, contraria o item IV da Súmula 288 do TST.

Na espécie, em 2.5.2012, a Turma conheceu do recurso de revista do reclamante, por contrariedade à Súmula nº 327 do TST, e, no mérito, deu-lhe provimento para afastar a prescrição total do direito de ação quanto ao pleito de diferenças de complementação de aposentadoria, determinando o retorno dos autos à Vara de origem, para prosseguimento do feito.

Os autos retornaram ao TST e, em 26.10.2016, a Turma não conheceu do recurso de revista do reclamante, sob o fundamento de que "a Corte de origem, ao estabelecer que a complementação de aposentadoria do reclamante deveria ser regida pelo regulamento vigente à época da aposentadoria, decidiu em sintonia com a nova redação da Súmula 288 do TST."

Assim, a SBDI-I, por unanimidade, conheceu dos embargos, por divergência jurisprudencial, e, no mérito, **deu-lhes provimento para, afastada**

a incidência do item III da Súmula nº 288 do TST, determinar o retorno dos autos à Vara do Trabalho de origem para que a julgue a demanda à luz do entendimento consubstanciado na Súmula nº 288, I, do TST, na antiga redação. TST-E-ED-ARR-397-56.2010.5.01.0034, SBDI-I, rel. Min. Márcio Eurico Vitral Amaro, 17.5.2018. (Informativo Nº 178)

BREVE COMENTÁRIO

No regulamento de algumas empresas ou na legislação de determinados entes federativos (a exemplo do estado de São Paulo), havia a previsão da chamada "complementação de aposentadoria", benefício a ser pago a empregados aposentados, a fim de que seus proventos na inatividade se equiparassem àqueles dos servidores da atividade, consistindo seu valor, grosso modo, na diferença entre aquilo que é pago pelo Instituto Nacional de Seguridade Social - INSS, e quanto recebe um trabalhador em atividade naquela empresa.

Ocorre que muitas vezes essas empresas passam por transformações em seus quadros, com a respectiva implementação de plano cargos e salários, o que leva a alguns ruídos, em especial pelo fato de trabalhadores buscarem parâmetro estabelecido em regulamento posterior.

Exemplo[9]: João se aposentou no cargo de MAQUINISTA X, recebendo R$ 3.000,00 (três mil reais) de aposentadoria do INSS e R$ 2.000,00 (dois mil reais) a título de complementação de aposentadoria, vez que o salário na ativa é de R$ 5.000,00 (cinco mil reais). Com a transformação do plano da empresa, seu cargo passou a ser denominado MAQUINISTA Z, que recebe R$ 7.000,00 (sete mil reais) em atividade, de modo que o valor de sua complementação deveria ser reajustado em R$ 2.000,00 (dois mil reais), caso fosse esse considerado como parâmetro. É a partir dessa divergência que é ajuizada boa parte das demandas dessa natureza.

No que se refere ao julgado sob análise, devemos considerar o seguinte:

O TST possui dois enunciados de jurisprudência que foram invocados no julgado e merecem leitura para uma melhor compreensão, quais sejam a Súmula nº 327 e a Súmula nº 288. Vejamos o que elas dizem:

> *Súmula nº 327 do TST*
>
> *COMPLEMENTAÇÃO DE APOSENTADORIA. DIFERENÇAS. PRESCRIÇÃO PARCIAL*
>
> *A pretensão a diferenças de complementação de aposentadoria sujeita-se à prescrição parcial e quinquenal, salvo se o pretenso direito decorrer de verbas*

9 Esse exemplo é apenas para simplificar o melhor entendimento do tema, vez que cada regulamento pode ter cláusulas específicas que levem a valores e condições diversas.

não recebidas no curso da relação de emprego e já alcançadas pela prescrição, à época da propositura da ação.

Súmula nº 288 do TST

COMPLEMENTAÇÃO DOS PROVENTOS DA APOSENTADORIA

I - A complementação dos proventos de aposentadoria, instituída, regulamentada e paga diretamente pelo empregador, sem vínculo com as entidades de previdência privada fechada, é regida pelas normas em vigor na data de admissão do empregado, ressalvadas as alterações que forem mais benéficas (art. 468 da CLT).

II - Na hipótese de coexistência de dois regulamentos de planos de previdência complementar, instituídos pelo empregador ou por entidade de previdência privada, a opção do beneficiário por um deles tem efeito jurídico de renúncia às regras do outro.

*III – **Após a entrada em vigor das Leis Complementares nºs 108 e 109, de 29/05/2001, reger-se-á a complementação dos proventos de aposentadoria pelas normas vigentes na data da implementação dos requisitos para obtenção do benefício, ressalvados o direito adquirido do participante que anteriormente implementara os requisitos para o benefício e o direito acumulado do empregado que até então não preenchera tais requisitos**.*

IV – O entendimento da primeira parte do item III aplica-se aos processos em curso no Tribunal Superior do Trabalho em que, em 12/04/2016, ainda não haja sido proferida decisão de mérito por suas Turmas e Seções.

O inciso I da Súmula 288 determina que a complementação dos proventos de aposentadoria, instituída, regulamentada e paga diretamente pelo empregador, sem vínculo com as entidades de previdência privada fechada, é regida pelas normas em vigor na **data de admissão do empregado**, ressalvadas as alterações que forem mais benéficas.

No entanto, o inciso III traz uma ressalva: após a entrada em vigor das Leis Complementares nºs 108 e 109, de 29/05/2001 (que dispõem sobre previdência complementar), reger-se-á a complementação dos proventos de aposentadoria pelas **normas vigentes na data da implementação dos requisitos para obtenção do benefício (e não mais pelas normas em vigor na data da admissão)**, ressalvados o direito adquirido do participante que anteriormente implementara os requisitos para o benefício e o direito acumulado do empregado que até então não preenchera tais requisitos.

Note-se a diferença:

ANTES DAS LC 108 E 109	DEPOIS DAS LC 108 E 109
normas em vigor na **data de admissão do empregado**	**normas vigentes na data da implementação dos requisitos para obtenção do benefício**

Como a tendência é que essas normas mudem para pior, é comum que empregados busquem o enquadramento a que faziam jus na época de sua admissão.

Isso gerou grande celeuma no Judiciário Trabalhista, sendo, em 14/12/2016, proferido julgamento paradigmático que levou à alteração da Súmula nº 288 do TST, a qual passou a ter a redação acima transcrita.

Esclarecemos que a mudança de paradigma se refere basicamente ao entendimento consagrado no inciso III, segundo o qual, **após a entrada em vigor das Leis Complementares nºs 108 e 109, de 29/05/2001, reger-se-á a complementação dos proventos de aposentadoria pelas normas vigentes na data da implementação dos requisitos para obtenção do benefício.**

Antes disso, basicamente, havia apenas os incisos I e II na Súmula nº 288, de modo que a complementação dos proventos da aposentadoria deveria ser regida pelas normas em vigor na data da admissão do empregado.

No entanto, restou a dúvida: a partir de quando essa mudança de paradigma deve ser aplicada? Imediatamente após a edição dessas leis?

Segundo o TST, não. Essa mudança de paradigma deve ser aplicada aos processos em curso no Tribunal Superior do Trabalho em que, em 12/04/2016, ainda não houvesse sido proferida decisão de mérito por suas Turmas e Seções.

O caso sob análise foi além para indagar: decisão do TST que afastou a prescrição para aplicar a Súmula nº 327 é decisão de mérito?

Segundo o TST, sim. A decisão de Turma que afasta a prescrição insere-se no conceito de "decisão de mérito" a que alude a Súmula nº 288, IV, do TST. Desse modo, processo sob essas condições deve ser julgado de acordo com o entendimento originário da Súmula nº 288 do TST, considerando-se, portanto, a legislação em vigor na data da admissão do empregado para fins de complementação de aposentadoria.

MINHAS ANOTAÇÕES

Informativo nº 179

➲ ***Direito Processual do Trabalho.* Arguição de inconstitucionalidade. Art. 25, § 1º, da Lei nº 8.978/95. Instauração do incidente. Determinação expressa do Supremo Tribunal Federal.**

Em cumprimento à decisão proferida nos autos do processo STF-Rcl-25508/MT, a Ministra Maria de Assis Calsing determinou a instauração do incidente de arguição de inconstitucionalidade do art. 25, § 1º, da Lei nº 8.978/95 e a remessa dos autos ao Tribunal Pleno.

Na hipótese, a Energisa Mato Grosso – Distribuidora de Energia S.A. ajuizou reclamação contra decisão da Quarta Turma que, ao analisar recurso de revista, declarou a ilicitude da terceirização de atividades na área fim da empresa e reconheceu o vínculo de emprego diretamente com a referida concessionária de serviço público.

Ao julgar procedente o pedido para anular a decisão proferida, o Ministro Alexandre de Moraes consignou que, **embora a Turma do TST não tenha declarado expressamente a inconstitucionalidade incidental, afastou a aplicação da Lei nº 8.978/95 sem a incidência do art. 97 da CF, em desrespeito à cláusula de reserva de plenário (Súmula Vinculante 10). Assim, determinou expressamente que a "autoridade reclamada submeta a análise da questão constitucional incidental ao órgão competente, em conformidade com o art. 97 da Constituição Federal e a Súmula Vinculante 10**, uma vez que o órgão fracionário já se posicionou pela declaração de inconstitucionalidade".

TST- ArgInc-534-74.2014.5.23.0005, Tribunal Pleno, rel. Min. Maria de Assis Calsing, 2.4.2018 e 28.5.2018 (Informativo Nº 179)

BREVE COMENTÁRIO

O art. 97 da Constituição Federal estabelece a chamada cláusula de reserva de plenário:

> *Art. 97. Somente pelo voto da maioria absoluta de seus membros ou dos membros do respectivo órgão especial poderão os tribunais declarar a inconstitucionalidade de lei ou ato normativo do Poder Público.*

Assim, por uma questão de colegialidade e segurança jurídica, os Tribunais só podem declarar a inconstitucionalidade de um dispositivo pela maioria absoluta de seus membros (de modo que a matéria deverá ir ao Pleno, como regra) ou pela maioria absoluta dos membros do órgão especial.

Ocorre que é muito comum aos Tribunais não declarar expressamente a inconstitucionalidade de dispositivo legal, mas afastarem a sua aplicação, o que poderia ser considerada uma "declaração implícita" de inconstitucionalidade.

Diante dessa situação, o STF editou a Súmula Vinculante nº 10, que dispõe o seguinte:

> *SÚMULA VINCULANTE 10*
>
> *Viola a cláusula de reserva de plenário (CF, artigo 97) a decisão de órgão fracionário de Tribunal que embora não declare expressamente a inconstitucionalidade de lei ou ato normativo do poder público, afasta sua incidência, no todo ou em parte.*

No precedente em análise, o TST não declarou expressamente a inconstitucionalidade de dispositivo de lei, mas afastou sua aplicação.

Desse modo, diante de Reclamação oferecida a ele, o STF determinou o retorno dos autos à Corte Laboral para que fosse respeitado o procedimento previsto no art. 97, CF, com a respectiva instauração de incidente de inconstitucionalidade, a ser julgado por maioria absoluta do Tribunal Pleno[10].

---

10 A título de exemplo, no mesmo informativo, o TST acolheu a instauração de incidente de inconstitucionalidade do Art. 702, I, "f", e §§ 3º e 4º, da CLT, incluídos pela Lei nº 13.467/2017: "A SBDI-I, por unanimidade, decidiu acolher a arguição de inconstitucionalidade da alínea "f" do inciso I e dos §§ 3º e 4º do art. 702 da CLT, incluídos pela Lei nº 13.467/2017, suscitada na sessão de julgamento realizada em 22.3.2018, e determinar a remessa dos autos ao Tribunal Pleno. TST-E- RR-696-25.2012.5.05.0463, SBDI-I, rel. Min. Márcio Eurico Vitral Amaro, 24.5.2018"

MINHAS ANOTAÇÕES

➲ *Direito do Trabalho*. Intervalo intrajornada. Redução. Autorização do Ministério do Trabalho. Horas extras prestadas sem habitualidade. Pagamento das horas extraordinárias decorrentes da redução do intervalo intrajornada restrito aos dias em que houve efetivo trabalho em sobrejornada.

Não se admite a redução do intervalo intrajornada nos dias em que concomitantemente houver prestação de horas extras, ainda que presente a autorização do Ministério do Trabalho a que se refere o art. 71, § 3º, da CLT.

Na hipótese, registrou-se que além de a empresa ter autorização para reduzir o intervalo intrajornada, o empregado não estava submetido a regime de trabalho prorrogado a horas suplementares, mas apenas prestava horas extras de forma esporádica. Assim, a SBDI-I, por unanimidade, conheceu dos embargos por divergência jurisprudencial, e, no mérito, por maioria, deu-lhes provimento parcial para **limitar o pagamento das horas extras decorrentes da redução do intervalo intrajornada, no período em que havia autorização do Ministério do Trabalho, aos dias que efetivamente houve prestação de horas extras**.

Vencidos parcialmente os Ministros Aloysio Corrêa da Veiga e Maria Cristina Irigoyen Peduzzi. TST-E-RR-168000-85.2009.5.02.0027, SBDI-I, rel. Min. Renato de Lacerda Paiva, 24.5.2018 (Informativo Nº 179)

BREVE COMENTÁRIO

No julgado em epígrafe, o TST consagrou uma regra geral, mas estabeleceu uma exceção.

Primeiramente, é importante lembrar que o intervalo intrajornada é aquele fornecido ao empregado dentro de seu lapso diário de prestação de serviço, previsto no art. 71 da CLT nos seguintes termos:

> *Art. 71 - Em qualquer trabalho contínuo, cuja duração exceda de 6 (seis) horas, é obrigatória a concessão de um intervalo para repouso ou alimentação, o qual será, no mínimo, de 1 (uma) hora e, salvo acordo escrito ou contrato coletivo em contrário, não poderá exceder de 2 (duas) horas.*
>
> *§ 1º - Não excedendo de 6 (seis) horas o trabalho, será, entretanto, obrigatório um intervalo de 15 (quinze) minutos quando a duração ultrapassar 4 (quatro) horas.*
>
> *§ 2º - Os intervalos de descanso não serão computados na duração do trabalho.*
>
> *§ 3º O limite mínimo de uma hora para repouso ou refeição poderá ser reduzido por ato do Ministro do Trabalho, Indústria e Comércio, quando ouvido o Serviço de Alimentação de Previdência Social, se verificar que o estabelecimento atende integralmente às exigências concernentes à organização dos refeitórios, e quando os respectivos empregados não estiverem sob regime de trabalho prorrogado a horas suplementares.*

Diante do dispositivo, concluímos: para o trabalho contínuo superior a seis horas diárias, o empregado fará jus a intervalo de uma a duas horas diárias.

Sua duração mínima sempre foi considerada uma norma se saúde do trabalho e , como tal, era inegociável, ressalvada a hipótese do §3º, a qual assegurava a possibilidade de redução quando ouvido o Serviço de Alimentação de Previdência Social, se verificar que o estabelecimento atende integralmente às exigências concernentes à organização dos refeitórios, e quando os respectivos empregados não estiverem sob regime de trabalho prorrogado a horas suplementares.

Havia, portanto, dois requisitos: a) autorização do Ministério do Trabalho; b) que os respectivos empregados não estiverem sob regime de trabalho prorrogado a horas suplementares.

Uma ressalva pertinente foi a alteração trazida pela Reforma Trabalhista, a qual, pela nova redação do art. 611-A da CLT permite a redução do intervalo intrajornada por meio de negociação coletiva[11]. No entanto, o precedente sob análise versava sobre o §3º do art. 71.

Pois bem.

Diante da redação do art. 71, o TST fixa a regra geral, qual seja: não se admite a redução do intervalo intrajornada nos dias em que concomitantemente houver

---

11 Art. 611-A. A convenção coletiva e o acordo coletivo de trabalho têm prevalência sobre a lei quando, entre outros, dispuserem sobre: (...) III - intervalo intrajornada, respeitado o limite mínimo de trinta minutos para jornadas superiores a seis horas.

prestação de horas extras, ainda que presente a autorização do Ministério do Trabalho a que se refere o art. 71, § 3º, da CLT.

No entanto, como fica a situação dos empregados que tiveram a redução do intervalo intrajornada e eventualmente (em alguns dias do mês) trabalharam em sobrejornada? Todo o período referente ao intervalo reduzido deverá ser computado como hora extra ou apenas naqueles dias em que efetivamente houve trabalho em horas extras?

Segundo a Corte Laboral, limita-se o pagamento das horas extras decorrentes da redução do intervalo intrajornada, no período em que havia autorização do Ministério do Trabalho, aos dias que efetivamente houve prestação de horas extras.

MINHAS ANOTAÇÕES

Informativo nº 180

➲ *Direito Processual do Trabalho.* Preposto. Condição de empregado. Inobservância apenas na audiência inaugural. Irregularidade de representação. Configuração. Súmula nº 377 do TST

Contraria a Súmula nº 377 do TST a decisão turmária que afasta a aplicação da referida súmula ao fundamento de que a exigência a respeito de o preposto ser empregado da empresa somente se justifica no caso de audiência única, ou seja, aquela que não foi fracionada.

Na hipótese, a Turma, mantendo o acórdão do Tribunal Regional, entendeu que, no caso de fracionamento da audiência, não há falar em irregularidade de representação quando a reclamada se faz substituir por preposto que não seja seu empregado apenas na audiência inaugural, em que não se colhe o depoimento das partes litigantes.

Tal interpretação, todavia, extrapola os limites da súmula em análise, pois **a audiência é una (art. 849 da CLT), e ainda que o fracionamento seja permitido, ele não retira a obrigação de a reclamada estar regularmente representada.**

Assim, sendo incontroverso, no caso em apreço, que o preposto que compareceu à sessão inaugural da audiência não era empregado da empresa, o que equivale à sua ausência por irregularidade de representação, a SBDI-I, por maioria, conheceu dos embargos por contrariedade à Súmula nº 377 do TST, e, no mérito, deu-lhes provimento para determinar o retorno dos autos à Vara de origem, a fim de que julgue os pedidos da inicial, desconsiderando a defesa escrita da empresa e levando em conta os efeitos da revelia e a consequente confissão ficta quanto às matérias de fato.

Vencido o Ministro Walmir Oliveira da Costa. TST-E-ED-RR-41900-77.2006.5.23.0004, SBDI-I, rel. Min. Walmir Oliveira da Costa, red. p/ acórdão Min. Cláudio Mascarenhas Brandão, 7.6.2018 (Informativo Nº 180)

BREVE COMENTÁRIO

Conforme discorremos anteriormente, nos termos do art. 849 da CLT, as audiências na Justiça do Trabalho deverão ser unas, mas, devido à complexidade, é comum que os juízes as fracionem em sessões de conciliação/iniciais/inaugurais, de instrução e de julgamento.

No precedente em análise, há duas linhas centrais que devem ser consideradas: a) houve fracionamento da audiência; b) à sessão inaugural compareceu preposto que não era empregado da empresa.

Sobre a possibilidade de fracionamento da audiência (a princípio, una), está esclarecida a praxe trabalhista.

Agora, devemos discorrer sobre a figura do preposto.

A Súmula nº 377 do TST estabelece o seguinte:

> *Súmula nº 377 do TST*
>
> *PREPOSTO. EXIGÊNCIA DA CONDIÇÃO DE EMPREGADO*
>
> *Exceto quanto à reclamação de empregado doméstico, ou contra micro ou pequeno empresário, o preposto deve ser necessariamente empregado do reclamado. Inteligência do art. 843, § 1º, da CLT e do art. 54 da Lei Complementar nº 123, de 14 de dezembro de 2006.*

Esse entendimento, que impunha a obrigatoriedade de o preposto ser empregado da empresa como regra geral, foi superado pela Reforma Trabalhista, que alterou o art. 843 da CLT, afastando expressamente a necessidade dessa condição. Vejamos:

> *Art. 843 - Na audiência de julgamento deverão estar presentes o reclamante e o reclamado, independentemente do comparecimento de seus representantes salvo, nos casos de Reclamatórias Plúrimas ou Ações de Cumprimento, quando os empregados poderão fazer-se representar pelo Sindicato de sua categoria.*
>
> *§ 1º É facultado ao empregador fazer-se substituir pelo gerente, ou qualquer outro preposto que tenha conhecimento do fato, e cujas declarações obrigarão o proponente.*

§ 2º Se por doença ou qualquer outro motivo poderoso, devidamente comprovado, não for possível ao empregado comparecer pessoalmente, poderá fazer-se representar por outro empregado que pertença à mesma profissão, ou pelo seu sindicato.

*§ 3º **O preposto a que se refere o § 1º deste artigo não precisa ser empregado da parte reclamada**. (grifou-se)*

No entanto, o precedente sob análise versa sobre situação anterior à Reforma Trabalhista e consistiu basicamente no seguinte: haja vista o fracionamento da audiência, tendo comparecido preposto que não era empregado da empresa à audiência inicial, o Tribunal Regional afastou a revelia da empresa, por considerar que não haveria prejuízo, visto que não houve a colheita de depoimento pessoal desse.

O TST se opôs ao entendimento regional e fixou tese no sentido de que: a audiência é una (art. 849 da CLT), e ainda que o fracionamento seja permitido, ele não retira a obrigação de a reclamada estar regularmente representada. Assim, se o preposto que compareceu à sessão inaugural da audiência não era empregado da empresa, o que equivale à sua ausência por irregularidade de representação, deve ser desconsiderada a defesa escrita da empresa e levado em conta os efeitos da revelia e a consequente confissão ficta quanto às matérias de fato.

MINHAS ANOTAÇÕES

➲ *Direito do Trabalho*. Adicional de insalubridade. Estipulação de base de cálculo mais benéfica que o salário mínimo. Adoção do salário básico por liberalidade da empresa. Direito adquirido dos empregados.

A estipulação, por mera liberalidade da empresa, de base de cálculo mais vantajosa que o salário mínimo para o pagamento do adicional de insalubridade configura direito adquirido dos empregados.

Assim, não pode a empregadora, a pretexto de ajustar-se ao entendimento fixado pelo Supremo Tribunal Federal na Súmula Vinculante 4, passar a utilizar o salário mínimo como base de cálculo do adicional de insalubridade, em detrimento do salário básico anteriormente adotado, sob pena de haver alteração contratual lesiva, a que se refere o art. 468 da CLT, e afronta ao princípio da irredutibilidade salarial.

Sob esses fundamentos, a SBDI-I, por unanimidade, conheceu dos embargos, por divergência jurisprudencial, e, no mérito, por maioria, deu-lhes provimento para restabelecer o acórdão do Tribunal Regional, que determinara o cálculo do adicional de insalubridade sobre o salário básico e o pagamento das diferenças salariais advindas do pagamento da referida parcela sobre o salário mínimo.

Vencidos os Ministros Guilherme Augusto Caputo Bastos, relator, Alberto Luiz Bresciani de Fontan Pereira e Márcio Eurico Vitral Amaro. TST-E- ARR-11693-79.2015.5.18.0017, SBDI-I, rel. Min. Guilherme Augusto Caputo Bastos, red. p/ acórdão Min. Hugo Carlos Scheuermann, 7.6.2018 (Informativo Nº 180)

BREVE COMENTÁRIO

O art. 7º, IV, da Constituição Federal confere aos trabalhadores o pagamento de um salário mínimo, mas veda sua vinculação para quaisquer fins:

> *Art. 7º São direitos dos trabalhadores urbanos e rurais, além de outros que visem à melhoria de sua condição social:*
>
> *(...)*
>
> *IV - salário mínimo , fixado em lei, nacionalmente unificado, capaz de atender a suas necessidades vitais básicas e às de sua família com moradia, alimentação, educação, saúde, lazer, vestuário, higiene, transporte e previdência social, com reajustes periódicos que lhe preservem o poder aquisitivo, sendo vedada sua vinculação para qualquer fim;*

Por respeito a esse dispositivo, o Supremo Tribunal Federal editou a Súmula Vinculante nº 4:

> *SÚMULA VINCULANTE 4*
>
> *Salvo nos casos previstos na Constituição, o salário mínimo não pode ser usado como indexador de base de cálculo de vantagem de servidor público ou de empregado, nem ser substituído por decisão judicial.*

Ocorre que uma importante parcela paga aos trabalhadores utiliza justamente o salário mínimo como indexador. Trata-se do adicional de insalubridade, previsto no art. 192 da CLT:

> *Art. 192 - O exercício de trabalho em condições insalubres, acima dos limites de tolerância estabelecidos pelo Ministério do Trabalho, assegura a percepção de adicional respectivamente de 40% (quarenta por cento), 20% (vinte por cento) e 10% (dez por cento) do salário-mínimo da região, segundo se classifiquem nos graus máximo, médio e mínimo.*

Diante do entendimento do Supremo, o qual acarretaria a inconstitucionalidade do art. 192 da CLT, passou-se a adotar o salário básico dos empregados como base de cálculo do adicional de insalubridade, entendimento consagrado na Súmula nº 228 do TST:

> *Súmula nº 228 do TST*
>
> *ADICIONAL DE INSALUBRIDADE. BASE DE CÁLCULO (redação alterada na sessão do Tribunal Pleno em 26.06.2008)*
>
> *A partir de 9 de maio de 2008, data da publicação da Súmula Vinculante nº 4 do Supremo Tribunal Federal, o adicional de insalubridade será calculado sobre o salário básico, salvo critério mais vantajoso fixado em instrumento coletivo.*

Ocorre que, posteriormente, o STF esclareceu que, até que fosse superada a inconstitucionalidade do art. 192 da CLT, deveria continuar a ser utilizado o salário mínimo como base de cálculo do adicional de insalubridade.

Neste sentido, o Pretório Excelso cassou a Súmula nº 228 do TST "apenas e tão somente na parte em que estipulou o salário básico do trabalhador como base de cálculo do adicional de insalubridade devido".

Depois de todo esse histórico, chegamos ao cerne da questão: à vista de todas essas alterações jurisprudenciais, a empresa que passou a adotar o salário básico dos seus empregados como base de cálculo do adicional de insalubridade, pode agora voltar a calculá-lo com base no salário mínimo (em geral inferior)?

Segundo o TST, não.

Decidiu a Corte Superior que a estipulação, por mera liberalidade da empresa, de base de cálculo mais vantajosa que o salário mínimo para o pagamento do adicional de insalubridade configura direito adquirido dos empregados. Assim, não pode a empregadora, a pretexto de ajustar-se ao entendimento fixado pelo Supremo Tribunal Federal na Súmula Vinculante 4, passar a utilizar o salário mínimo como base de cálculo do adicional de insalubridade, em detrimento do salário básico anteriormente adotado, sob pena de haver alteração contratual lesiva, a que se refere o art. 468 da CLT, e afronta ao princípio da irredutibilidade salarial.

MINHAS ANOTAÇÕES

➲ *Direito do Trabalho*. Servidor público. Reajuste geral anual. Art. 37, X, da CF. Concessão em abonos fixos. Deferimento de diferenças salariais correspondentes à distorção apurada. Impossibilidade. Súmula Vinculante 37.

Conforme atual entendimento do Supremo Tribunal Federal, **o deferimento de diferenças salariais correspondentes à distorção apurada em razão da concessão de reajuste geral anual realizado por meio de pagamento de abonos em valores fixos, fundado na inobservância do art. 37, X, parte final, da CF, esbarra no óbice previsto na Súmula Vinculante 37**, segundo a qual "não cabe ao Poder Judiciário, que não tem função legislativa, aumentar vencimentos de servidores públicos sob o fundamento de isonomia".

Sob esse fundamento, a SBDI-I, por unanimidade, conheceu dos embargos por contrariedade à Súmula Vinculante 37 e, no mérito, deu-lhes provimento para excluir da condenação o pagamento de diferenças salariais decorrentes da inobservância do art. 37, X, da CF concedidas aos servidores do Município de Mococa/SP. TST-E-RR-10673-87.2014.5.15.0141, SBDI-I, rel. Min. Márcio Eurico Vitral Amaro, 7.6.2018 (Informativo Nº 180)

BREVE COMENTÁRIO

Aos servidores públicos é garantida a irredutibilidade de subsídios.

No entanto, polêmica antiga é instaurada quando se cinde essa expressão em valores reais e nominais.

No que tange ao valor nominal, é pacífica a jurisprudência no sentido de que, como regra, os servidores não poderão ter o valor numérico de seus vencimentos rebaixados. Assim, o servidor que ganha R$ 3.000,00 (três mil reais) não pode ter seu salário reduzido para R$ 2.000,00 (dois mil reais).

Sobre os valores reais, o assunto já passa a se revestir de alguma polêmica, em especial devido à redação do art. 37, X, CF, que garante a chamada revisão geral anual:

> *Art. 37. A administração pública direta e indireta de qualquer dos Poderes da União, dos Estados, do Distrito Federal e dos Municípios obedecerá aos princípios de legalidade, impessoalidade, moralidade, publicidade e eficiência e, também, ao seguinte:*
>
> *(...)*
>
> *X - a remuneração dos servidores públicos e o subsídio de que trata o § 4º do art. 39 somente poderão ser fixados ou alterados por lei específica, observada a iniciativa privativa em cada caso, assegurada revisão geral anual, sempre na mesma data e sem distinção de índices;*

Ou seja, a fim de garantir essa irredutibilidade real, o constituinte originário garantiu que, anualmente, os salários dos servidores deveriam ser reajustados, a fim de garantir-lhes o poder de compra, em vista da desvalorização que esses sofrem em decorrência de processos inflacionários.

No entanto, nem sempre a Administração Pública respeita essa determinação constitucional.

A pergunta é: haja vista o comando constitucional, o Poder Judiciário pode conferir reajustes aos servidores públicos a título de revisão geral anual?

A jurisprudência pátria consagrou o entendimento de que a irredutibilidade de vencimentos de que trata o texto constitucional é apenas no que se refere ao valor nominal da remuneração do servidor público, de sorte que não pode ele obter pela via judicial reajustes de acordo com índices inflacionários (o que representaria, de fato, irredutibilidade em termos reais), haja vista a necessidade de lei específica para tanto.

Cite-se a jurisprudência do Supremo Tribunal Federal:

> *AGRAVO REGIMENTAL EM RECURSO EXTRAORDINÁRIO. SERVIDORES PÚBLICOS DO ESTADO DE SÃO PAULO. INFLAÇÃO. IRREDUTIBILIDADE DE VENCIMENTOS. GARANTIA CONSTITUCIONAL DA QUAL NÃO DECORRE O DIREITO À REVISÃO GERAL DE QUE TRATA O INCISO X DO ART. 37 DA CARTA DE OUTUBRO (REDAÇÃO ORIGINÁRIA). NECESSIDADE DE LEI ESPECÍFICA. IMPOSSIBILIDADE DE O PODER JUDICIÁRIO FIXAR O ÍNDICE OU DETERMINAR QUE O EXECUTIVO O FAÇA. JURISPRUDÊNCIA DO STF. A garantia constitucional da irredutibilidade de vencimentos não autoriza o Poder Judiciário a fixar índice de revisão geral,*

> *na forma do inciso X do art. 37 da Magna Carta (redação originária), dada a necessidade de lei específica, cujo processo legislativo é de iniciativa privativa do Chefe do Poder Executivo. Não altera esse entendimento o suposto fato de as leis específicas editadas pelo ente federado terem concedido aumentos inferiores aos índices inflacionários apurados no período. Mesmo que reconheça mora do Chefe do Poder Executivo, o Judiciário não pode obrigá-lo a apresentar projeto de lei que trate da revisão geral anual da remuneração dos servidores, prevista no inciso X do art. 37 da Lei Maior. Ressalva do entendimento pessoal do Relator. Precedentes: ADI 2.061, Relator Ministro Ilmar Galvão; MS 22.439, Relator Ministro Maurício Corrêa; MS 22.663, Relator Ministro Néri da Silveira; AO 192, Relator Ministro Sydney Sanches; e RE 140.768, Relator Ministro Celso de Mello. Agravo regimental desprovido*[12].

Quanto à impossibilidade de o Poder Judiciário interferir na fixação do patamar remuneratório de servidores públicos, o STF possui, inclusive, Súmula Vinculante:

> *SÚMULA VINCULANTE 37*
>
> *Não cabe ao Poder Judiciário, que não tem função legislativa, aumentar vencimentos de servidores públicos sob o fundamento de isonomia.*

Diante desse quadro jurisprudencial, no precedente em análise, o TST fixou tese no sentido de que o deferimento de diferenças salariais correspondentes à distorção apurada em razão da concessão de reajuste geral anual realizado por meio de pagamento de abonos em valores fixos, fundado na inobservância do art. 37, X, parte final, da CF, esbarra no óbice previsto na Súmula Vinculante 37.

MINHAS ANOTAÇÕES

---

12 BRASIL. Supremo Tribunal Federal. Recurso Extraordinário n. 327621 SP. Relator: Min. Carlos Ayres Britto. Brasília, 27 de outubro de 2006.

➲ ***Direito do Trabalho*. Indenização por dano moral e material. Morte do trabalhador em razão de suposta moléstia profissional. Ação ajuizada pelos sucessores em nome próprio. Direito personalíssimo e autônomo. Natureza cível. Prescrição do Código Civil.**

A ação em que viúva e filhos de empregado falecido pleiteiam, em nome próprio, o pagamento de indenização por danos morais e materiais decorrentes da morte de seu ente familiar por suposta doença ocupacional adquirida no curso do contrato de emprego se submete à prescrição prevista no art. 206, § 3º, do Código Civil.

Ainda que a competência para o julgamento da ação seja da Justiça do Trabalho, nos termos do art. 114, VI, da CF e da Súmula nº 392 do TST, trata-se de direito personalíssimo e autônomo dos familiares da vítima, de natureza eminentemente civil, e que se distingue do dano sofrido pelo próprio trabalhador.

Sob esse entendimento, a SBDI-I, por unanimidade, conheceu dos embargos da reclamada, por divergência jurisprudencial, e, no mérito, negou-lhes provimento para manter a decisão turmária que conhecera do recurso de revista por violação do art. 206, § 3º, do Código Civil para dar-lhe provimento e afastar a prescrição declarada pelo TRT. TST-E-RR-10248-50.2016.5.03.0165, SBDI-I, rel. Min. Luiz Philippe Vieira de Mello Filho, 7.6.2018 (Informativo Nº 180)

BREVE COMENTÁRIO

Primeiramente, importante notar que compete à Justiça do Trabalho processar e julgar as demandas decorrentes de danos morais e materiais ajuizadas em virtude de evento danoso causado em decorrência da relação de trabalho:

> *DANO MORAL E MATERIAL. RELAÇÃO DE TRABALHO. COMPETÊNCIA DA JUSTIÇA DO TRABALHO*
>
> *Nos termos do art. 114, inc. VI, da Constituição da República, a Justiça do Trabalho é competente para processar e julgar ações de indenização por dano moral e material, decorrentes da relação de trabalho, inclusive as oriundas de acidente de trabalho e doenças a ele equiparadas, ainda que propostas pelos dependentes ou sucessores do trabalhador falecido.*

Caso haja algum dano, trabalhadores ou familiares (a depender do caso) poderão ajuizar demanda para buscar o pagamento de indenização. Para tanto, todavia, deverão respeitar o prazo prescricional.

A prescrição trabalhista opera nos termos do art. 7º, XXIX, CF:

> *Art. 7º São direitos dos trabalhadores urbanos e rurais, além de outros que visem à melhoria de sua condição social:*
>
> *(...)*
>
> *XXIX - ação, quanto aos créditos resultantes das relações de trabalho, com prazo prescricional de cinco anos para os trabalhadores urbanos e rurais, até o limite de dois anos após a extinção do contrato de trabalho;*

Nos termos do dispositivo, o empregado tem até dois anos após o fim da relação de emprego para pleitear as verbas que entender devidas, fazendo jus àquelas englobadas no lapso retroativo de cinco anos contados da data do ajuizamento da demanda.

Imagine agora o seguinte caso: João trabalhava para uma empresa, desenvolveu doença ocupacional e acabou por falecer em virtude dela. Seus familiares agora buscam o pagamento de indenização decorrente desse evento danoso, sendo que ajuizaram a ação dois anos e meio após o fim da relação.

A pretensão estará prescrita?

Segundo o TST, não, haja vista que, para casos como esse, não se aplica a prescrição trabalhista, mas a prescrição civil, nos termos do art. 206, §3º, do Código Civil, a qual opera não em dois, mas em três anos.

Assim, fixou a seguinte tese: a ação em que viúva e filhos de empregado falecido pleiteiam, em nome próprio, o pagamento de indenização por danos morais e materiais decorrentes da morte de seu ente familiar por suposta doença ocupacional adquirida no curso do contrato de emprego se submete à prescrição prevista no art. 206, § 3º, do Código Civil. Ainda que a competência para o julgamento da ação seja da Justiça do Trabalho, nos termos do art. 114, VI, da CF e da Súmula nº 392 do TST, trata-se de direito personalíssimo e autônomo dos familiares da vítima, de natureza eminentemente civil, e que se distingue do dano sofrido pelo próprio trabalhador.

MINHAS ANOTAÇÕES

➲ *Direito Processual do Trabalho.* Acordo extrajudicial homologado perante a Justiça comum. Distrato comercial. Ajuizamento de reclamação trabalhista. Pedido de reconhecimento de vínculo de emprego. Coisa julgada material não configurada.

A homologação de acordo extrajudicial perante o Juízo cível, relativo a distrato comercial, não impede o ajuizamento de reclamação trabalhista em que se requer o reconhecimento de vínculo de emprego.

Na hipótese, não há falar em coisa julgada material, pois ausente a identidade de partes, de pedidos e de causa de pedir. Com efeito, no acordo extrajudicial homologado, a reclamante não figurou como parte, mas sim a empresa por ela constituída.

Ademais, enquanto na Justiça comum o objeto do acordo foi um distrato comercial, fundamentado na Lei nº 4.886/65 (que regula as atividades dos representantes comerciais autônomos), na ação trabalhista o pleito se refere ao reconhecimento de vínculo empregatício, com base na CLT.

Sob esse fundamento, a SBDI-I, por unanimidade, conheceu dos embargos interpostos pelas reclamadas, por divergência jurisprudencial, e, no mérito, negou-lhes provimento. TST-Ag-ED-E-ED-ARR-3020-79.2014.5.17.0011, SBDI-I, rel. Min. Luiz Philippe Vieira de Mello Filho, 7.6.2018 (Informativo Nº 180)

BREVE COMENTÁRIO

O art. 3º da CLT estabelece os requisitos necessários à relação de emprego:

> *Art. 3º - Considera-se empregado toda pessoa física que prestar serviços de natureza não eventual a empregador, sob a dependência deste e mediante salário.*

Analisando o dispositivo, considera-se que a relação de emprego se configurará independe da vontade das partes. Para que essa se consubstancie, bastará que estejam presentes, ao mesmo tempo, seus elementos caracterizadores.

A doutrina tradicional fixa os seguintes requisitos: pessoa física, pessoalidade, onerosidade, subordinação e habitualidade.

Assim, em primeiro lugar, para que se possa falar em relação de emprego, o contrato deve ser firmado com uma pessoa física, ou seja, do contrato firmado entre empresas (um pessoa jurídica ou PJ) decorrerá uma relação contratual cível, mas não uma relação de emprego. O primeiro requisito, portanto, é a própria presença de uma pessoa física na relação.

Ademais, o vínculo a ser formado com essa pessoa física será *intuitu personae*, ou seja, a avença empregatícia será firmada com determinada pessoa especificamente, a qual deverá cumprir com suas obrigações contratuais de forma pessoal, não podendo se fazer substituir por um terceiro, sob pena de violação do contrato.

Deve estar presente ainda a característica da onerosidade: é empregado quem trabalha para outrem mediante o pagamento de uma contrapartida salarial. Se por exemplo, uma pessoa labora para outra de forma pessoal e com subordinação, mas sem que receba nada por isso, salvo alguma irregularidade, estaremos diante de uma relação de trabalho voluntário, vínculo que não se confunde com o vínculo empregatício.

Por fim, somados aos requisitos anteriores, há uma subordinação jurídica do empregado em relação ao empregador, de modo que aquele deve obedecer às ordens deste, sob pena de estar cometendo uma irregularidade.

Por essa razão, partindo para a análise do julgado, o contrato firmado entre pessoas jurídicas não pode configurar uma relação de emprego, haja vista que afastado o requisito da "pessoa física".

No entanto, é comum no mundo dos fatos verificar-se a tentativa de fraude à legislação trabalhista por meio de fenômeno conhecido como "pejotização", a contratação de verdadeiro empregado na condição de pessoa jurídica (ou PJ), com o fim de não se ver o empregador obrigado a pagar direitos trabalhistas.

Contratos com essa feição são considerados nulos, de modo que pode/deve a Justiça do Trabalho afastar seus efeitos e reconhecer todos os efeitos atinentes a uma relação empregatícia.

No paradigma analisado, o empregador buscou afastar a jurisdição laboral por se tratar de contratação entre empresas (PJ), as quais já haviam, inclusive, homologado distrato extrajudicial na esfera cível.

Isso teria o condão de elidir a apreciação por parte do Judiciário Trabalhista?

Não. Segundo fixou o TST, **a homologação de acordo extrajudicial perante o Juízo cível, relativo a distrato comercial, não impede o ajuizamento de reclamação trabalhista em que se requer o reconhecimento de vínculo de emprego, não havendo que se falar em coisa julgada material, pois ausente a identidade de partes, de pedidos e de causa de pedir, vez que, no acordo extrajudicial homologado, a reclamante não figurou como parte, mas sim a empresa por ela constituída.**

MINHAS ANOTAÇÕES

➲ ***Direito Processual do Trabalho*. Participação nos lucros e resultados. Arbitragem de ofertas finais. Não apresentação de propostas definitivas pelas partes. Atuação do TRT para solucionar o litígio. Impossibilidade. Extrapolação dos limites do poder normativo fixados pelos interessados.**

A jurisprudência do TST, alicerçada no art. 4º, II, § 1º, da Lei nº 10.101/2000, permite à Justiça do Trabalho decidir a respeito de participação nos lucros e resultados por meio do sistema da arbitragem de ofertas finais, quando as partes assim pactuarem.

Tal sistema, todavia, não comporta a atuação do TRT, ainda que com a finalidade de pacificar o conflito, pois **o árbitro deve ater-se a escolher uma das ofertas definitivas apresentadas pelos demandantes**. Assim, **na hipótese em que a Corte Regional, ante a ausência de propostas das partes, desempenhou o papel de mediador do conflito e arbitrou valor para cada trabalhador a título de participação nos lucros e resultados, verifica-se que houve extrapolamento da expressa delimitação fixada pelos interessados para a atuação do poder normativo**.

Sob esse entendimento, a SDC, por unanimidade, conheceu do recurso ordinário e, no mérito, deu-lhe provimento para excluir a condenação relativa ao pagamento de participação nos lucros e resultados no valor de R$ 2.000,00 (dois mil reais) para cada trabalhador da Duratex S.A., resguardadas as situações fáticas já estabelecidas. TST-RO-5902-33.2016.5.15.0000, SDC, rel. Min. Kátia Magalhães Arruda, 11.6.2018 (Informativo Nº 180)

BREVE COMENTÁRIO

A Lei nº 10.101/2000 regulamenta a Participação nos Lucros e Resultados – PLR, nas empresas, estabelecendo o diploma o seguinte:

> *Art. 2º A participação nos lucros ou resultados será objeto de negociação entre a empresa e seus empregados, mediante um dos procedimentos a seguir descritos, escolhidos pelas partes de comum acordo:*
>
> *I - comissão paritária escolhida pelas partes, integrada, também, por um representante indicado pelo sindicato da respectiva categoria;*
>
> *II - convenção ou acordo coletivo.*

Sendo assim, a legislação sobre esse tipo de pagamento apenas franqueia às partes (empregadores e empregados) a possibilidade de firmarem avença e, caso entendam conveniente, fixem o benefício naquele ambiente laboral.

Não se trata, portanto, de direito legal concedido a todos os trabalhadores indistintamente.

Diante da possibilidade de essa negociação não chegar ao termo ideal, a própria lei já traz a hipótese de o Poder Judiciário arbitrar os valores que serão pagos a título de PLR:

> *Art. 4º Caso a negociação visando à participação nos lucros ou resultados da empresa resulte em impasse, as partes poderão utilizar-se dos seguintes mecanismos de solução do litígio:*
>
> *(...)*
>
> *II - arbitragem de ofertas finais, utilizando-se, no que couber, os termos da Lei no 9.307, de 23 de setembro de 1996.*
>
> *§ 1º Considera-se arbitragem de ofertas finais aquela em que o árbitro deve restringir-se a optar pela proposta apresentada, em caráter definitivo, por uma das partes.*

Note-se que o §1º é claro ao estabelecer que considera-se arbitragem de ofertas finais aquela em que o árbitro deve restringir-se a optar pela proposta apresentada, em caráter definitivo, por uma das partes.

Sendo assim, a norma pressupõe a existência de valores apresentados pelas partes e o respectivo arbitramento por meio da escolha de um deles.

No caso sob análise, o TST se deparou com a situação em que, ausentes ofertas das partes, o TRT "criou" o valor conforme seus critérios.

A atuação da Corte Regional foi considerado um extrapolamento dos limites da lei, de modo que o TST considerou inválida a atuação: na hipótese em que a Corte Regional, ante a ausência de propostas das partes, desem-

penhou o papel de mediador do conflito e arbitrou valor para cada trabalhador a título de participação nos lucros e resultados, verifica-se que houve extrapolamento da expressa delimitação fixada pelos interessados para a atuação do poder normativo.

MINHAS ANOTAÇÕES

____

____

____

____

____

➲ *Direito do Trabalho*. Dispensa discriminatória. Conversão da readmissão em indenização dobrada. Art. 4º, II, da Lei nº 9.029/1995. Incidência da Súmula nº 28 do TST.

A Súmula nº 28 do TST, que, no caso de conversão da reintegração em indenização dobrada, garante o direito aos salários até a data da primeira decisão que determinou a referida conversão, aplica-se também à hipótese de rompimento da relação de trabalho por ato discriminatório, a que se refere o art. 4º da Lei nº 9.029/1995. A tese consagrada na referida súmula diz respeito aos efeitos concretos da conversão de qualquer reintegração em indenização, independentemente de seus motivos determinantes, pois o fato jurídico relevante, que delimita o marco temporal para o pagamento do salário, é a inexistência da relação de emprego e da contraprestação de serviços, o que ocorreu, no caso, com a prolação da sentença condenatória que deferiu a indenização substitutiva da readmissão (inciso II do art. 4º da Lei nº 9.029/1995).

Sob esse entendimento, a SBDI-I, por unanimidade, conheceu dos embargos, no tópico, por divergência jurisprudencial, e, no mérito, por maioria, negou-lhes provimento. Vencidos os Ministros José Roberto Freire Pimenta, Augusto César Leite de Carvalho, Renato de Lacerda Paiva e Cláudio Mascarenhas Brandão. TST- E-ED-RR-941-95.2010.5.01.0017, SBDI-I, rel. Min. Aloysio Corrêa da Veiga, 7.6.2018 (Informativo Nº 180)

BREVE COMENTÁRIO

> *A lei nº 9.029/1995 estabelece o seguinte:*
>
> *Art. 1º É proibida a adoção de qualquer prática discriminatória e limitativa para efeito de acesso à relação de trabalho, ou de sua manutenção, por motivo de sexo, origem, raça, cor, estado civil, situação familiar, deficiência, reabilitação profissional, idade, entre outros, ressalvadas, nesse caso, as hipóteses de proteção à criança e ao adolescente previstas no inciso XXXIII do art. 7º da Constituição Federal.*
>
> *Art. 2º Constituem crime as seguintes práticas discriminatórias:*
>
> *I - a exigência de teste, exame, perícia, laudo, atestado, declaração ou qualquer outro procedimento relativo à esterilização ou a estado de gravidez;*
>
> *II - a adoção de quaisquer medidas, de iniciativa do empregador, que configurem;*
>
> *a) indução ou instigamento à esterilização genética;*
>
> *b) promoção do controle de natalidade, assim não considerado o oferecimento de serviços e de aconselhamento ou planejamento familiar, realizados através de instituições públicas ou privadas, submetidas às normas do Sistema Único de Saúde (SUS).*
>
> *Pena: detenção de um a dois anos e multa.*

Sobre a dispensa, fixa:

> *Art. 4º O rompimento da relação de trabalho por ato discriminatório, nos moldes desta Lei, além do direito à reparação pelo dano moral, faculta ao empregado optar entre:*
>
> *I - a reintegração com ressarcimento integral de todo o período de afastamento, mediante pagamento das remunerações devidas, corrigidas monetariamente e acrescidas de juros legais;*
>
> *II - a percepção, em dobro, da remuneração do período de afastamento, corrigida monetariamente e acrescida dos juros legais.*

Ou seja, nos termos do dispositivo acima transcrito, a parte que for vítima de dispensa discriminatória poderá optar entre a reintegração com o ressarcimento referente ao período de afastamento ou somente pela percepção, em dobro, da remuneração referente ao período afastada.

A Súmula nº 28 do TST, por sua vez, reza que, no caso de se converter a reintegração em indenização dobrada, o direito aos salários é assegurado até a data da primeira decisão que determinou essa conversão:

> *Súmula nº 28 do TST*
>
> *INDENIZAÇÃO*
>
> *No caso de se converter a reintegração em indenização dobrada, o direito aos salários é assegurado até a data da primeira decisão que determinou essa conversão.*

No precedente sob análise, decidiu o TST que **o entendimento cristalizado no enunciado 28 também se aplica às dispensas com base discriminatória**, tratando-se, pois, de regra geral: a tese consagrada na referida súmula diz respeito aos efeitos concretos da conversão de qualquer reintegração em indenização, independentemente de seus motivos determinantes, pois o fato jurídico relevante, que delimita o marco temporal para o pagamento do salário, é a inexistência da relação de emprego e da contraprestação de serviços, o que ocorreu, no caso, com a prolação da sentença condenatória que deferiu a indenização substitutiva da readmissão.

MINHAS ANOTAÇÕES

____

____

____

____

____

➲ *Direito Processual do Trabalho*. Audiência. Não comparecimento da reclamante. Atestado médico que não registra a impossibilidade de locomoção. Existência de outros elementos que justificam a ausência. Confissão ficta. Afastamento.

A SBDI-I, por unanimidade, conheceu dos embargos interpostos pela reclamada, por divergência jurisprudencial, e, no mérito, por maioria, negou-lhes provimento para **manter a decisão turmária que afastara a pena de confissão ficta aplicada à reclamante que justificou sua ausência à audiência mediante a apresentação de atestado médico sem expressa menção à impossibilidade de locomoção**.

Na espécie, prevaleceu o entendimento de que embora o atestado médico não tenha atendido aos requisitos da Súmula nº 122 do TST – aplicável a empregador e a empregado, em razão do princípio da isonomia –, **restou justificada a ausência da reclamante, na medida em que o documento noticiou o comparecimento da empregada ao médico na mesma data da audiência e em horário próximo, e registrou o Código**

Internacional de Doenças - CID e a necessidade de afastamento das atividades laborais por um dia, o que leva a concluir que também não estava apta a comparecer à audiência marcada.

Vencidos os Ministros Maria Cristina Irigoyen Peduzzi e Márcio Eurico Vitral Amaro. TST-E-RR-736-21.2012.5.09.0002, SBDI-I, rel. Min. Guilherme Augusto Caputo Bastos, 14.6.2018 (Informativo Nº 180)

BREVE COMENTÁRIO

A Súmula nº 122 do TST estabelece o seguinte:

> *Súmula nº 122 do TST*
>
> *REVELIA. ATESTADO MÉDICO*
>
> *A reclamada, ausente à audiência em que deveria apresentar defesa, é revel, ainda que presente seu advogado munido de procuração, podendo ser ilidida a revelia mediante a apresentação de atestado médico, que deverá declarar, expressamente, a impossibilidade de locomoção do empregador ou do seu preposto no dia da audiência. (primeira parte - ex-OJ nº 74 da SBDI-1 - inserida em 25.11.1996; segunda parte - ex-Súmula nº 122 - alterada pela Res. 121/2003, DJ 21.11.2003)*

Como se depreende do enunciado, a parte ausente à audiência poderá justificar seu não comparecimento por meio da apresentação de atestado médico no qual reste indicada sua incapacidade de locomoção.

Um detalhe importante do julgado é que, não obstante a súmula se refira apenas ao empregador ou seu preposto, o TST considera ela aplicável também aos reclamantes.

Outro aspecto digno de nota é que a legislação referente ao comparecimento apenas do advogado à audiência também fora modificada pela Reforma Trabalhista. Trata-se do art. 844, §5º, CLT, cuja nova redação determina que, ainda que ausente o reclamado, presente o advogado na audiência, serão aceitos a contestação e os documentos eventualmente apresentados.

Não obstante, o julgado trata de situação anterior, aplicando a Súmula nº 122 em sua integralidade.

Dito isso, explica-se que o que fez o TST no caso sob análise foi aplicar a razoabilidade e a proporcionalidade para relativizar o entendimento consagrado na Súmula nº 122, de modo que, não obstante o atestado médico apresentado não se refira a impossibilidade de locomoção, considerou justificada a ausência do reclamante, na medida em que o documento noticiou seu comparecimento ao médico na mesma data da audiência e em horário próximo, e registrou o Código Internacional de Doenças - CID e a necessidade de afastamento das atividades laborais por um dia, o que leva a concluir que também não estava apta a comparecer à audiência marcada.

MINHAS ANOTAÇÕES

➲ ***Direito Processual do Trabalho.* Mandado de segurança. Dirigente sindical detentor de estabilidade provisória. Suspensão após o ajuizamento de inquérito judicial para apuração de falta grave. Reintegração determinada em sede de cognição sumária. Presença dos pressupostos do art. 300 do CPC de 2015. Ausência de direito líquido e certo à suspensão do empregado até a decisão final do inquérito.**

Não configura ato ilícito do empregador, capaz de ensejar imediata reintegração, a mera suspensão do empregado detentor de estabilidade por ocupar cargo em direção em sindicato, após o ajuizamento do inquérito judicial para apuração de falta grave, na forma do art. 494 da CLT. Isso não impede, todavia, que, durante o procedimento investigativo, e com base nas provas ali produzidas, o magistrado se convença da probabilidade do direito defendido pelo detentor da estabilidade provisória e, assim, determine o seu retorno ao trabalho em sede de cognição sumária (tutela de urgência).

A prerrogativa contida no art. 494 da CLT não é infensa ao controle jurisdicional, de modo que, se no caso em apreço, o magistrado, com base na documentação juntada aos autos, convenceu-se de que havia respaldo fático-jurídico a embasar o pedido de reintegração, afigura-se presente a probabilidade do direito a que se refere o art. 300 do CPC de 2015, não havendo falar em ilegalidade ou abuso de direito. Sob esses fundamentos, a SBDI-II, por unanimidade, negou provimento ao recurso ordinário interposto contra acórdão do Tribunal Regional em que se denegara a segurança pleiteada pelo empregador que alegava ter direito líquido e certo de suspender o empregado até a decisão final do inquérito. TST-RO-101134- 62.2016.5.01.0000, SBDI-II, rel. Min. Maria Helena Mallmann, 5.6.2018.

BREVE COMENTÁRIO

O art. 8º, VIII da Constituição da República de 1988 garante estabilidade provisória ao dirigente sindical[13], assegurando que é vedada a dispensa do empregado sindicalizado desde o registro da sua candidatura a cargo de direção ou representação sindical e, se eleito, ainda que suplente, até um ano após o final do mandato, salvo se cometer falta grave nos termos da lei.

Sobre o tema, importante os enunciados 369 e 379 do TST:

> *Súmula nº 369 do TST*
>
> *DIRIGENTE SINDICAL. ESTABILIDADE PROVISÓRIA.*
>
> *I - É assegurada a estabilidade provisória ao empregado dirigente sindical, ainda que a comunicação do registro da candidatura ou da eleição e da posse seja realizada fora do prazo previsto no art. 543, § 5º, da CLT, desde que a ciência ao empregador, por qualquer meio, ocorra na vigência do contrato de trabalho.*
>
> *II - O art. 522 da CLT foi recepcionado pela Constituição Federal de 1988. Fica limitada, assim, a estabilidade a que alude o art. 543, § 3.º, da CLT a sete dirigentes sindicais e igual número de suplentes.*
>
> *III - O empregado de categoria diferenciada eleito dirigente sindical só goza de estabilidade se exercer na empresa atividade pertinente à categoria profissional do sindicato para o qual foi eleito dirigente.*
>
> *IV - Havendo extinção da atividade empresarial no âmbito da base territorial do sindicato, não há razão para subsistir a estabilidade.*

---

13 Sobre os beneficiários dessa estabilidade, importante saber as Orientações Jurisprudenciais nº 365 e 369 da SDI-1:

365. ESTABILIDADE PROVISÓRIA. MEMBRO DE CONSELHO FISCAL DE SINDICATO. INEXISTÊNCIA

Membro de conselho fiscal de sindicato não tem direito à estabilidade prevista nos arts. 543, § 3º, da CLT e 8º, VIII, da CF/1988, porquanto não representa ou atua na defesa de direitos da categoria respectiva, tendo sua competência limitada à fiscalização da gestão financeira do sindicato (art. 522, § 2º, da CLT).

369. ESTABILIDADE PROVISÓRIA. DELEGADO SINDICAL. INAPLICÁVEL.

O delegado sindical não é beneficiário da estabilidade provisória prevista no art. 8º, VIII, da CF/1988, a qual é dirigida, exclusivamente, àqueles que exerçam ou ocupem cargos de direção nos sindicatos, submetidos a processo eletivo.

V - O registro da candidatura do empregado a cargo de dirigente sindical durante o período de aviso prévio, ainda que indenizado, não lhe assegura a estabilidade, visto que inaplicável a regra do § 3º do art. 543 da Consolidação das Leis do Trabalho.

Súmula 379 do TST.

DIRIGENTE SINDICAL. DESPEDIDA. FALTA GRAVE. INQUÉRITO JUDICIAL. NECESSIDADE

O dirigente sindical somente poderá ser dispensado por falta grave mediante a apuração em inquérito judicial, inteligência dos arts. 494 e 543, §3º, da CLT.

Desse modo, para que seja dispensado o dirigente sindical, necessário se fará o ajuizamento de uma ação perante o Judiciário Trabalhista, no bojo da qual será apurado se o empregado, de fato, cometeu falta grave ou não. Trata-se do inquérito judicial para apuração de falta grave.

Conforme garante, o art. 494 da CLT, não obstante goze dessa estabilidade, o empregado acusado de falta grave poderá ser suspenso de suas funções, mas a sua despedida só se tornará efetiva após o inquérito e que se verifique a procedência da acusação.

Diante desse panorama, o Tribunal Superior do Trabalho, no julgado em tela, respondeu a dois questionamentos:

Primeiro, não configura ato ilícito (ato antissindical), por si só, o afastamento do dirigente sindical, no bojo do inquérito, por parte do empregador.

Doutra ponta, o Poder Judiciário pode, sim, analisar a validade daquela suspensão, sendo-lhe permitida a determinação da reintegração do empregado quando, com base nas provas produzidas, o magistrado se convença da probabilidade do direito defendido pelo detentor da estabilidade provisória e, assim, determine o seu retorno ao trabalho em sede de cognição sumária (tutela de urgência).

MINHAS ANOTAÇÕES

➲ *Direito Processual do Trabalho*. **Ação rescisória. Matéria controvertida. Ausência de jurisprudência pacífica no âmbito da SBDI- I e de todas as Turmas do TST. Súmula nº 83 do TST. Incidência.**

O TST, flexibilizando os comandos da Súmula nº 83 da Corte, firmou o entendimento de que **o marco divisor para afastar a controvérsia a respeito da interpretação de norma infraconstitucional é o fato de a matéria estar pacificada na SBDI-I e nas oito Turmas do TST, no momento do trânsito em julgado da decisão rescindenda, mesmo que não editada súmula ou orientação jurisprudencial a respeito do tema**.

Na hipótese, todavia, à época em que proferido o acórdão rescindendo, a tese acerca da necessidade, ou não, de comprovação da inexequibilidade da devedora principal, para os fins de redirecionamento da execução para a responsável subsidiária nos casos de falência da responsável principal, não estava pacificada, pois ausentes precedentes da SBDI-I e da 3ª Turma acerca do mérito da questão, além de também haver controvérsia no âmbito dos Tribunais Regionais. Assim, ante o óbice da Súmula nº 83 do TST, a SBDI-II, por unanimidade, conheceu do recurso ordinário, e, no mérito, por maioria, deu-lhe provimento para julgar improcedente a ação rescisória.

Vencidos os Ministros Douglas Alencar Rodrigues, relator, Maria Helena Mallmann, Delaíde Miranda Arantes e Alexandre Agra Belmonte. TST-RO-8573-11.2011.5.04.0000, SBDI-II, rel. Min. Douglas Alencar Rodrigues, red. p/ acórdão Min. Renato de Lacerda Paiva, 12.6.2018 (Informativo Nº 180)

BREVE COMENTÁRIO

A ação rescisória é prevista no Código de Processo Civil, aplicável subsidiariamente ao processo do trabalho, e tem natureza jurídica de "ação autônoma de impugnação", com o objetivo de "preservar o respeito à ordem jurídica positiva[14]".

Tem por objeto a desconstituição de decisão de mérito transitada em julgado, de modo que pressupõe a existência de coisa Julgada Material e deve ser ajuizada no prazo de até 02 (dois) anos do trânsito em julgado.

Segundo a interpretação do TST, não é cabível essa ação quando se tratar de matéria controvertida nos Tribunais, fixando-se como marco para caracterizar

14 GARCIA, Gustavo Filipe Barbosa. Manual de Processo do Trabalho. Salvador: JusPodivm, 2018, p. 612-613.

a controvérsia ou não do tema a data de sua inclusão em Orientação Jurisprudencial do TST.

> *Súmula nº 83 do TST*
>
> *AÇÃO RESCISÓRIA. MATÉRIA CONTROVERTIDA*
>
> *I - Não procede pedido formulado na ação rescisória por violação literal de lei se a decisão rescindenda estiver baseada em texto legal infraconstitucional de interpretação controvertida nos Tribunais. (ex-Súmula nº 83 - alterada pela Res. 121/2003, DJ 21.11.2003)*
>
> *II - O marco divisor quanto a ser, ou não, controvertida, nos Tribunais, a interpretação dos dispositivos legais citados na ação rescisória é a data da inclusão, na Orientação Jurisprudencial do TST, da matéria discutida. (ex-OJ nº 77 da SBDI-2 - inserida em 13.03.2002)*

No precedente analisado, o TST realizou leve temperamento dessa súmula ao considerar que o marco divisor para afastar a controvérsia a respeito da interpretação de norma infraconstitucional é o fato de a matéria estar pacificada na SBDI-I e nas oito Turmas do TST, no momento do trânsito em julgado da decisão rescindenda, mesmo que não editada súmula ou orientação jurisprudencial a respeito do tema.

MINHAS ANOTAÇÕES

____

____

____

____

____

➲ *Direito Processual do Trabalho*. Mandado de segurança. Cabimento. Relatório da Seção de Pesquisa Patrimonial do Núcleo de Centralização de Execução do TRT da 1ª Região. Ato abusivo.

É cabível mandado de segurança contra atos que se afigurem abusivos ou teratológicos, quando a medida processual específica prevista no ordenamento jurídico não seja capaz de fazer cessar, de imediato, o prejuízo que possa ser causado.

Na espécie, **comprovado que o relatório da Seção de Pesquisa Patrimonial do Núcleo de Centralização de Execução do TRT da 1ª Região não é ato simplesmente opinativo, mas tem aptidão para autorizar a penhora imediata de numerário em conta bancária da impetrante em processos nos quais ela não figura como executada, é evidente a ocorrência de lesão patrimonial cuja reparação não pode aguardar o julgamento de eventuais embargos à execução ou embargos de terceiro**.

Ademais, o ato extrapolou os limites previstos na Resolução nº 138 do CSJT (que disciplina os Núcleos de Pesquisa Patrimonial no âmbito dos Tribunais Regionais), além de violar o direito líquido e certo da impetrante ao contraditório e ao devido processo legal.

Sob esse entendimento, a SBDI-II, por unanimidade, conheceu do recurso ordinário e do reexame necessário, e, no mérito, por maioria negou-lhes provimento para manter a decisão do Tribunal Regional que suspendera as recomendações do relatório impugnado.

Vencida a Ministra Maria Helena Mallmann, relatora, que extinguia o feito sem resolução de mérito, sob o fundamento de que é incabível mandado de segurança contra ato administrativo meramente opinativo. TST-ReeNec e RO-884-55.2015.5.01.0000, SBDI-II, rel. Min. Maria Helena Mallmann, red. p/ acórdão Min. Luiz Philippe Vieira de Mello Filho, 12.6.2018 (Informativo Nº 180)

BREVE COMENTÁRIO

A Resolução nº 183 do Conselho Superior da justiça do Trabalho prevê que cada Tribunal Regional do Trabalho disporá sobre o estabelecimento de um Núcleo de Pesquisa Patrimonial, a ser coordenado por um ou mais juízes do trabalho, titulares ou substitutos, habilitados para atuar em todos os processos do Regional por meio de portaria específica.

Esses terão por objetivo auxiliar os juízes na efetivação as execuções por meio de diversas medidas, tais como promover a identificação de patrimônio a fim de garantir a execução e requerer e prestar informações aos Juízos referentes aos devedores contumazes.

Esses poderão, ainda, produzir relatórios circunstanciados dos resultados obtidos com ações de pesquisa e investigação.

Sendo assim, chegou o questionamento ao TST: a parte que for incluída nesses relatórios, mesmo sem ser parte no processo, tem direito líquido e certo a ser excluída de tais expedientes?

Segundo o TST, sim.

Uma vez que o relatório da Seção de Pesquisa Patrimonial do Núcleo de Centralização de Execução não é ato simplesmente opinativo, mas tem aptidão para autorizar a penhora imediata de numerário em conta bancária de empresa em processos nos quais ela não figura como executada, reconheceu-se a ocorrência de lesão patrimonial cuja reparação não poderia aguardar o julgamento de eventuais embargos à execução ou embargos de terceiro.

MINHAS ANOTAÇÕES

Informativo nº 181

➲ *Direito Processual do Trabalho.* **Incidente de Resolução de Demanda Repetitiva. Não conhecimento pelo TRT. Recurso ordinário. Não cabimento. Art. 987 do CPC de 2015.**

Não cabe recurso ordinário contra decisão de TRT que não admite Incidente de Resolução de Demanda Repetitiva - IRDR.

Embora o IRDR seja compatível com o processo do trabalho, nos termos da IN 39 do TST, o art. 987 do CPC de 2015 admite a interposição de recurso de natureza extraordinária apenas quando houver o julgamento do mérito do incidente. Sob esse entendimento, o Órgão Especial, por unanimidade, não conheceu do recurso ordinário. TST-RO-21242-23.2016.5.04.0000, Órgão Especial, rel. Min. Maria Helena Mallmann, 6.8.2018 (Informativo Nº 181)

BREVE COMENTÁRIO

O incidente de resolução de demandas repetitivas foi previsto no Código de Processo Civil de 2015 e aplica-se ao processo do trabalho de forma subsidiária.

Ele deverá ser julgado nos respectivos tribunais (Tribunais Regionais do Trabalho, no caso da Justiça do Trabalho) e deles caberá recurso quando houver julgamento de mérito.

Ocorre que, nos termos do art. 987 do CPC, no processo civil, são cabíveis recurso extraordinário ou especial, a depender da matéria:

> *Art. 987. Do julgamento do mérito do incidente caberá recurso extraordinário ou especial, conforme o caso.*

Desse modo, fixou o TST a tese no sentido de que, no processo do trabalho, não caberá recurso ordinário da decisão proferida por TRT em IRDR.

No processo do trabalho, quando houver julgamento de mérito do incidente, deverá a parte manejar recurso de revista, quando cabível. Trata-se da inteligência do §2º do art. 8º da Instrução Normativa nº 39 do TST:

> *Art. 8º Aplicam-se ao Processo do Trabalho as normas dos arts. 976 a 986 do CPC que regem o incidente de resolução de demandas repetitivas (IRDR).*
>
> *(...)*
>
> *§ 2º Do julgamento do mérito do incidente caberá recurso de revista para o Tribunal Superior do Trabalho, dotado de efeito meramente devolutivo, nos termos dos arts. 896 e 899 da CLT.*

MINHAS ANOTAÇÕES

➲ *Direito do Trabalho.* Adicional de transferência. Período imprescrito. Única transferência. Caráter definitivo. Adicional indevido.

O exame da sucessividade das transferências, para efeito de aferição do direito à percepção do adicional respectivo, não deve levar em consideração aquelas efetuadas no período prescrito, sob pena de os efeitos jurídicos de uma transferência já abarcada pela prescrição repercutirem na pretensão relativa ao adicional correspondente às transferências do período não prescrito.

No caso, o reclamante foi submetido a cinco transferências, das quais quatro ocorreram no período prescrito. A única transferência realizada no período imprescrito se deu em caráter definitivo, na medida em que o reclamante continuou trabalhando no local para o qual foi transferido por mais de cinco anos até o final da contratação.

Assim, não se reputando provisória a transferência ocorrida no período imprescrito, a SBDI-I, por maioria, negou provimento aos embargos, mantendo a decisão turmária que excluíra da condenação o pagamento do adicional de transferência.

Vencidos os Ministros Augusto César Leite de Carvalho, Luiz Philippe Vieira de Mello Filho, José Roberto Freire Pimenta e Hugo Carlos Scheuermann. TST-E-ED-RR-3767900-20.2008.5.09.0011, SBDI-I, rel. Min. Augusto César Leite de Carvalho, red. p/ acórdão Min. Renato de Lacerda Paiva, 28.6.2018 (Informativo Nº 181)

BREVE COMENTÁRIO

O poder de transferência do local de trabalho de um empregador frente aos seus empregados possui disciplina legal, nos termos do art. 469 da CLT:

> *Art. 469 - Ao empregador é vedado transferir o empregado, sem a sua anuência, para localidade diversa da que resultar do contrato, não se considerando transferência a que não acarretar necessariamente a mudança do seu domicílio.*
>
> *§ 1º - Não estão compreendidos na proibição deste artigo: os empregados que exerçam cargo de confiança e aqueles cujos contratos tenham como condição, implícita ou explícita, a transferência, quando esta decorra de real necessidade de serviço.*
>
> *§ 2º - É licita a transferência quando ocorrer extinção do estabelecimento em que trabalhar o empregado.*
>
> *§ 3º -* ***Em caso de necessidade de serviço o empregador poderá transferir o empregado para localidade diversa da que resultar do contrato, não obstante as restrições do artigo anterior, mas, nesse caso, ficará obrigado a um pagamento suplementar, nunca inferior a 25% (vinte e cinco por cento) dos salários que o empregado percebia naquela localidade, enquanto durar essa situação****. (grifou-se)*

Diante dos dispositivos acima, chegamos a algumas conclusões:

Como regra geral, o empregador não pode transferir o empregado para local de prestação de serviços diverso do originariamente pactuado, sem a sua anuência, ressalvando-se que não é considerada transferência, para efeitos legais, aquela que não implicar a mudança de domicílio.

Ademais, a regra comporta algumas exceções: empregados que exerçam cargo de confiança e aqueles cujos contratos tenham como condição, implícita ou explícita, a transferência, poderão ser transferidos quando esta decorrer de real necessidade de serviço.

Outrossim, quando houver a extinção do estabelecimento, é lícita a transferência do empregado.

Por último: é garantida ao empregador a transferência temporária do empregado, baseada na necessidade do serviço, desde que seja paga a ele gratificação referente a 25% do seu salário.

É desse último caso que trata o precedente sob análise.

Trata-se de empregado que foi transferido sucessivas vezes sem nunca ter percebido o adicional de 25%.

Ocorre que a última transferência não foi temporária, mas definitiva, sendo que ele faria jus ao adicional apenas em caso de transferência temporária.

Quando ajuizou reclamação trabalhista, a pretensão referente às transferências provisórias já estava prescrita.

Dessa forma, o TST decidiu: sendo a última transferência definitiva, estando apenas ela no imprescrito, não haveria como considerar as anteriores para efeito do pagamento do adicional de transferência, o qual for negado nesse caso.

MINHAS ANOTAÇÕES

____

____

____

____

____

➲ *Direito do Trabalho.* Transporte de empregado. Veículo fornecido pelo empregador. Acidente de trânsito fatal. Responsabilidade objetiva da empresa. Contrato de transporte. Arts. 734 e 735 do Código Civil.

Na hipótese em que o empregado faleceu em razão de acidente de trânsito ocorrido durante o transporte em veículo fornecido pela empresa, a responsabilidade da empregadora é objetiva, a teor dos arts. 734 e 735 do Código Civil. O contrato de transporte, na espécie, é acessório ao contrato de trabalho e caracteriza-se, essencialmente, pela existência de cláusula de incolumidade que implica em obrigação de resultado, ou seja, em levar o passageiro em segurança até o seu destino. Assim, **a empresa que fornece transporte aos seus empregados equipara-se ao transportador, assumindo, portanto, o ônus e o risco dessa atividade, ainda que o estado de conservação e de manutenção do veículo seja satisfatório ou que não reste comprovada eventual falha na adoção de medidas de segurança**. Sob esses fundamentos, a SBDI-I, por maioria, vencido o Ministro Ives Gandra Martins Filho, conheceu dos embargos, por divergência jurisprudencial, e, no mérito, também por maioria, deu-lhes provimento parcial para reconhecer a responsabilidade objetiva da reclamada e da empresa seguradora integrada à lide, na forma da apólice constante dos autos, condenando-as ao pagamento de indenização por danos morais e por danos materiais na forma de pensionamento mensal vitalício. Vencidos, totalmente, o Ministro Ives Gandra Martins Filho e, parcialmente, o Ministro Aloysio Corrêa da Veiga. TST-E-ED-RR-32300-85.2006.5.15.0123, SBDI-I, rel. Min. Cláudio Mascarenhas Brandão, 2.8.2018 (Informativo Nº 181)

BREVE COMENTÁRIO

O precedente em análise tratou do caso de acidente sofrido por empregado em veículo fornecido pelo empregador.

Segundo reputou o TST, o acidente em casos como esse, enseja a responsabilidade objetiva da empresa, vez que esta, ao fornecer transporte aos seus empregados, equipara-se ao transportador, assumindo, portanto, o ônus e o risco dessa atividade, ainda que o estado de conservação e de manutenção do veículo seja satisfatório ou que não reste comprovada eventual falha na adoção de medidas de segurança.

MINHAS ANOTAÇÕES

➲ ***Direito do Trabalho*. Bancário. Gerente geral de agência. Exercício do cargo de mando e gestão. Preenchimento de Folha Individual de Presença - FIP. Controle de frequência e não de horário. Enquadramento no art. 62, II, da CLT.**

As anotações das Folhas Individuais de Presença - FIPs não têm o condão de desnaturar a característica de autoridade máxima do gerente geral na agência bancária, pois se destinam tão somente ao controle de frequência do empregado, e não de horário.

No caso, o empregado possuía total autonomia e liberdade no exercício de suas atividades, tinha poderes de mando e gestão e todos os demais empregados da agência bancária se subordinavam a ele, de modo que **o preenchimento das FIPs, por si só, não é suficiente para afastar a incidência do art. 62, II, da CLT e da parte final da Súmula nº 287 do TST**.

Sob esse entendimento, a SBDI-I, por unanimidade, conheceu dos embargos do reclamante, por divergência jurisprudencial, e, no mérito, por maioria, negou-lhes provimento.

Vencidos os Ministros Renato de Lacerda Paiva, Luiz Philippe Vieira de Mello Filho, Augusto César Leite de Carvalho e José Roberto Freire Pimenta. TST-E-RR-537400- 41.2008.5.12.0037, SBDI-I, rel. Min. Alexandre de Souza Agra Belmonte, 2.8.2018 (Informativo Nº 181)

BREVE COMENTÁRIO

A legislação trabalhista exclui do regime de controle de jornada aqueles empregados que ocupam determinadas funções, tais como as de gerente. É o que reza o art. 62 da CLT, inserido no capítulo referente à Jornada de Trabalho:

> *Art. 62 - Não são abrangidos pelo regime previsto neste capítulo:*
>
> *(...)*
>
> *II - os gerentes, assim considerados os exercentes de cargos de gestão, aos quais se equiparam, para efeito do disposto neste artigo, os diretores e chefes de departamento ou filial.*

Especificamente sobre o gerente bancário, possui o TST entendimento sumulado:

> *Súmula nº 287 do TST*
>
> *JORNADA DE TRABALHO. GERENTE BANCÁRIO*

A jornada de trabalho do empregado de banco gerente de agência é regida pelo art. 224, § 2º, da CLT. Quanto ao gerente-geral de agência bancária, presume-se o exercício de encargo de gestão, aplicando-se-lhe o art. 62 da CLT.

No entanto questiona-se: e se determinado empregado, não obstante exercesse a função de gerente, assinasse todo dia uma Folha Individual de Presença – FIP, para atestar que compareceu à empresa? Isso seria suficiente para afastar a ressalva legal do art. 62 da CLT?

É importante notar que essa folha de frequência não se confunde com o controle de ponto, o qual pressupõe anotação dos horários de entrada e saída do empregado, não se resumindo ao mero controle de comparecimento.

Nesses casos, decidiu o TST que o preenchimento das FIPs, por si só, não é suficiente para afastar a incidência do art. 62, II, da CLT e da parte final da Súmula nº 287 do TST.

Ou seja, as anotações das Folhas Individuais de Presença - FIPs não têm o condão de desnaturar a característica de autoridade máxima do gerente geral na agência bancária, pois se destinam tão somente ao controle de frequência do empregado, e não de horário.

MINHAS ANOTAÇÕES

➲ ***Direito Processual do Trabalho.* Ação rescisória ajuizada sob a égide do CPC de 1973. Comissões suprimidas em razão de vendas diretas realizadas pelas reclamadas. Pena de confissão ficta. Inaplicabilidade. Ônus da impugnação específica. Observância. Ausência de violação legal.**

É inaplicável a pena de confissão ficta, quando do conjunto da defesa for possível ao julgador extrair que houve, ainda que de forma genérica, oposição às afirmações do autor. Trata-se de exceção à regra do ônus da impugnação específica, prevista no caput do art. 302 do CPC de 1973.

No caso, a decisão rescindenda manteve a sentença de primeiro grau que indeferira o pedido de pagamento das diferenças de comissões, sob o fundamento de que houve impugnação genérica da matéria, em virtude da alegação de inexistência de vínculo de emprego entre as partes.

Igualmente, o TRT da 6ª Região, ao julgar improcedente a pretensão rescisória, concluiu que houve a aplicação, e não a violação, do inciso III do art. 302 do CPC de 1973, registrando que as defesas apresentadas pelas demandadas, consideradas em seu contexto total, rebateram a pretensão de percepção das comissões suprimidas por vendas diretas realizadas pelas reclamadas.

Assim, **mantido o ônus probatório a cargo do autor, dele se exige que faça prova de suas alegações, não sendo possível o corte rescisório pretendido, porquanto a violação a dispositivo de lei a que se refere o art. 485, V, do CPC de 1973, capaz de ensejar a desconstituição da coisa julgada, deve ser latente e literal, o que não se verifica na hipótese vertente, em que a norma processual incidente na espécie fora devidamente aplicada**.

Sob esse fundamento, a SBDI-II, por maioria, negou provimento ao recurso ordinário interposto pelo autor. Vencidos os Ministros Maria Helena Mallmann, relatora, Delaíde Miranda Arantes e Alexandre Agra Belmonte. TST-RO-137-04.2014.5.06.0000, SBDI-II, rel. Min. Maria Helena Mallmann, red. p/ acórdão Min. Renato de Lacerda Paiva, 26.6.2018 (Informativo Nº 181)

BREVE COMENTÁRIO

O Código de Processo Civil impõe o ônus da impugnação específica a ser realizado pela parte contestante.

O mais importante a ser considerado do precedente em tela é vislumbrar que o TST inadmitiu a aplicação de pena de confissão ficta em caso no qual do conjunto da defesa foi possível ao julgador extrair que houve, ainda que de forma genérica, oposição às afirmações do autor.

Reconheceu-se, assim, uma exceção à regra prevista no art. 302 do CPC/1973, repetida no art. 341 do CPC/2015.

MINHAS ANOTAÇÕES

Informativo nº 182

➲ ***Direito do Trabalho*. Adicional de insalubridade. Piloto de helicóptero que acompanhava o abastecimento da aeronave. Contato intermitente. Adicional devido.**

É devido o adicional de periculosidade ao piloto de helicóptero que acompanhava o abastecimento da aeronave até oito vezes por semana, por quatro minutos, pois configurado o contato intermitente com o agente de risco.

Na hipótese, a decisão recorrida registrou que a exposição do autor a inflamáveis não podia ser considerada fortuita ou por tempo extremamente reduzido, pois fazia parte de sua rotina.

Assim, ausente a contrariedade à Súmula nº 364 do TST, a SBDI-I, por unanimidade, não conheceu dos embargos do reclamado. TST-E-ED-RR-1763-44.2012.5.02.0031, SBDI-I, rel. Min. Walmir Oliveira da Costa, 23.8.2018 (Informativo Nº 182)

BREVE COMENTÁRIO

O adicional de periculosidade é devido aos empregados em razão da exposição permanente desses a inflamáveis, explosivos, energia elétrica, roubos, outras espécies de violência física (segurança), motociclista, radiação ionizante.

É calculado no patamar de 30% sobre o salário base.

A súmula nº 39 do TST garante o seu pagamento aos empregados que operam em bomba de gasolina.

Doutra ponta, a Súmula nº 346 é esclarecedora ao estabelecer que também tem direito ao adicional de periculosidade o empregado exposto permanentemente ou que, de forma intermitente, sujeita-se a condições de risco.

Indevido, apenas, quando o contato dá-se de forma eventual, assim considerado o fortuito, ou o que, sendo habitual, dá-se por tempo extremamente reduzido.

Na espécie, o TST considerou que o empregado que acompanhava o abastecimento da aeronave da qual era piloto (até oito vezes por semana, por quatro minutos) faria jus ao pagamento do adicional, pois configurado o contato intermitente com o agente de risco.

MINHAS ANOTAÇÕES

____

____

____

____

____

➲ *Direito do Trabalho*. Pagamento de salário após o quinto dia útil. Previsão em norma coletiva. Invalidade. Afronta ao art. 459, §1º, da CLT. Multa devida.

A cláusula de convenção coletiva que autoriza o pagamento dos salários até o dia dez do mês seguinte ao trabalhado viola frontalmente o art. 459, § 1º, da CLT.

A vontade negocial das partes não é absoluta, uma vez que deve se submeter ao princípio da reserva legal. Assim, não se pode conferir validade à cláusula que autoriza o pagamento de salários em data posterior àquela expressamente prevista em lei. Sob esse fundamento, a SBDI-I, por unanimidade, conheceu dos embargos, por divergência jurisprudencial, e, no mérito, por maioria, deu-lhes provimento para restabelecer a condenação em multa por atraso no pagamento dos salários, conforme determinado em sentença e mantido pelo TRT. Vencidos os Ministros Guilherme Augusto Caputo Bastos, Breno Medeiros, Maria Cristina Irigoyen Peduzzi e Brito Pereira. TST-E-ED-RR-86400- 85.2008.5.15.0101, SBDI-I, rel. Min. Alberto Luiz Bresciani de Fontan Pereira, 23.8.2018 (Informativo Nº 182)

BREVE COMENTÁRIO

O art. 459, §1ºda CLT estabelece que:

> *Art. 459 - O pagamento do salário, qualquer que seja a modalidade do trabalho, não deve ser estipulado por período superior a 1 (um) mês, salvo no que concerne a comissões, percentagens e gratificações.*
>
> *§ 1º Quando o pagamento houver sido estipulado por mês, deverá ser efetuado, o mais tardar, até o quinto dia útil do mês subsequente ao vencido.*

O TST analisou norma coletiva que estipulou o pagamento do salário em lapso superior (até o dia dez do mês seguinte) ao estabelecido em lei (até o quinto dia útil), decidindo pela sua invalidade.

Segundo o Tribunal, a vontade negocial das partes não é absoluta, uma vez que deve se submeter ao princípio da reserva legal, de modo que não se pode conferir validade à cláusula que autoriza o pagamento de salários em data posterior àquela expressamente prevista em lei.

MINHAS ANOTAÇÕES

➲ *Direito Processual do Trabalho.* Ação rescisória. Decadência. Não configuração. Contagem a partir da data de ajuizamento no PJe e não da data de autuação.

A SBDI-II, por unanimidade, conheceu do recurso ordinário e, no mérito, deu-lhes provimento para afastar a decadência pronunciada e determinar o retorno dos autos à origem, a fim de prosseguir no exame da ação rescisória como entender de direito.

Na espécie, o Tribunal Regional considerou como data do ajuizamento da ação o dia da efetiva autuação no Processo Judicial Eletrônico - PJe, ou seja, 27.4.2015. Todavia, os autores da rescisória trouxeram aos autos documentos que comprovam a protocolização eletrônica da petição inicial e demais documentos, regularmente assinados, em 4.3.2015, no último dia do prazo.

Assim, **embora o sistema do PJe não tenha gerado imediatamente a autuação do feito por constar "pendência de assinatura", uma vez comprovado o ajuizamento regular da ação em 4.3.2015, não pode o TRT considerar, para fins de contagem do prazo decadencial, a data em que sanado o problema que impediu a instantânea autuação e distribuição da ação**. TST-RO-10484-03.2015.5.01.0000, SBDI-II, rel. Min. Emmanoel Pereira, 21.8.2018 (Informativo Nº 182)

BREVE COMENTÁRIO

Imagine a seguinte situação:

Pedro, advogado, precisa ajuizar ação rescisória e, para tanto, deve respeitar o prazo decadencial de dois anos. Deve fazê-lo pelo sistema PJe, responsável pelo fluxo de todos os processos eletrônicos hoje ajuizados na Justiça do Trabalho.

Ocorre que, devido a uma falha do sistema, acabaram por se passar alguns dias entre a data que Pedro fez o protocolo no sistema da petição inicial e documentos, devidamente assinados, e a data em que o sistema efetivamente reconheceu isso, realizando a devida autuação, em virtude de erro denominado "pendência de assinatura".

Dado esse lapso, acabou por ser ultrapassado o prazo de dois anos (o advogado fez o protocolo da exordial nos últimos dias do prazo).

A dúvida é: a data a ser considerada é aquela em que Pedro fez o protocolo e assinou os documentos no sistema, ajuizando a ação, ou a data da efetiva autuação?

Segundo o TST, deve ser considerada a data do efetivo protocolo da petição inicial, e não a data da autuação.

MINHAS ANOTAÇÕES

Informativo nº 183

➲ ***Direito Processual do Trabalho*. Negativa de prestação jurisdicional. Preliminar acolhida. Retorno dos autos ao Tribunal Regional. Exame dos temas remanescentes do recurso de revista anteriormente interposto, julgados prejudicados. Ratificação das razões recursais. Possibilidade. Princípio da instrumentalidade das formas.**

Quando acolhida a preliminar de negativa de prestação jurisdicional, com determinação de retorno dos autos ao Regional e prejudicialidade dos temas remanescentes, pode a parte recorrente apenas ratificar as razões recursais anteriores, desde que observado o prazo recursal e não tenha havido alteração da situação jurídica.

A mera reiteração das insurgências já expostas no recurso de revista é suficiente para demonstrar o interesse no julgamento do apelo quanto aos temas remanescentes, admitindo-se, portanto, a aplicação do princípio da instrumentalidade das formas, nos termos do art. 277 do CPC de 2015.

Ademais, no caso concreto, o excesso de formalismo implicaria violação dos princípios do contraditório e da ampla defesa, consagrados no art. 5º, LV, da CF, além de caracterizar a insuficiente prestação jurisdicional.

Sob esses fundamentos, a SBDI-I, por unanimidade, conheceu dos embargos do reclamante, por divergência jurisprudencial, e, no mérito, negou-lhes provimento. TST-E-ED-RR-241900-80.2006.5.04.0341, SBDI-I, rel. Min. José Roberto Freire Pimenta, 6.9.2018 (Informativo Nº 183)

BREVE COMENTÁRIO

Imagine a seguinte situação: Maria interpôs recurso de revista no qual alega que teria havido a negativa da prestação jurisdicional, bem como outras matérias no mérito do recurso.

O Tribunal Superior do Trabalho julgou aquele recurso de revista, reconheceu a nulidade e determinou a remessa dos autos à instância inferior para que suprisse a falha reconhecida.

Uma vez julgado o quanto prejudicado, Maria poderia simplesmente reiterar as razões do mérito recursal expendidas naquele recurso de revista anterior ou deve interpor novo recurso de revista?

Segundo o TST, quando acolhida a preliminar de negativa de prestação jurisdicional, com determinação de retorno dos autos ao Regional e prejudicialidade dos temas remanescentes, pode a parte recorrente apenas ratificar as razões recursais anteriores, desde que observado o prazo recursal e não tenha havido alteração da situação jurídica.

São requisitos, portanto: a) observado o prazo recursal na reiteração; b) a situação jurídica tenha restado inalterada.

Conforme decidiu a Corte Laboral, a mera reiteração das insurgências já expostas no recurso de revista é suficiente para demonstrar o interesse no julgamento do apelo quanto aos temas remanescentes, admitindo-se, portanto, a aplicação do princípio da instrumentalidade das formas, nos termos do art. 277 do CPC de 2015. Cite-se:

> *Art. 277. Quando a lei prescrever determinada forma, o juiz considerará válido o ato se, realizado de outro modo, lhe alcançar a finalidade.*

MINHAS ANOTAÇÕES

➲ *Direito Processual do Trabalho.* Conhecimento do recurso de revista por contrariedade a precedente normativo do TST. Possibilidade.

É possível o conhecimento de recuso de revista por contrariedade a precedente normativo do TST, pois, embora o art. 896, "a", da CLT, com redação dada pela Lei nº 13.015/2014, refira-se a "súmula de jurisprudência uniforme", pode-se afirmar que jurisprudência uniformizada é gênero, do qual súmulas, orientações jurisprudenciais e precedentes normativos são espécies.

Ademais, se a Orientação Jurisprudencial nº 219 da SBDI-I admite invocar orientação jurisprudencial do TST para conhecimento de recurso de revista ou de embargos, independentemente da origem do verbete (SBDI-I, SBDI-II, Tribunal Pleno/Órgão Especial ou SDC), não se justifica inadmitir o recurso por contrariedade a precedente normativo, simplesmente pelo fato de consolidar entendimento jurisprudencial firmado no âmbito dos dissídios coletivos.

Assim, a SBDI-I, por unanimidade, conheceu dos embargos da reclamada, por divergência jurisprudencial e, no mérito, por maioria, negou-lhes provimento, mantendo, portanto, a decisão turmária que conhecera do recurso de revista por contrariedade ao Precedente Normativo nº 119 do TST e dera-lhe provimento para condenar a reclamada a restituir ao reclamante os valores descontados a título de contribuição assistencial sem sua expressa autorização.

Vencidos os Ministros Ives Gandra Martins Filho e Walmir Oliveira da Costa. TST-E-RR-2294-39.2012.5.02.0029, SBDI-I, rel. Min. Aloysio Corrêa da Veiga, 6.9.2018 (Informativo Nº 183)

BREVE COMENTÁRIO

O TST, em sua jurisprudência, possui uma seção reservada aos chamados Precedentes Normativos. Esses podem, inclusive, ser acessados no site do Tribunal: http://www.tst.jus.br/precedentes-normativos.

O art. 896, a, da CLT traz uma das hipóteses de interposição de recurso de revista:

> *Art. 896 - Cabe Recurso de Revista para Turma do Tribunal Superior do Trabalho das decisões proferidas em grau de recurso ordinário, em dissídio individual, pelos Tribunais Regionais do Trabalho, quando:*

> *a) derem ao mesmo dispositivo de lei federal interpretação diversa da que lhe houver dado outro Tribunal Regional do Trabalho, no seu Pleno ou Turma, ou a Seção de Dissídios Individuais do Tribunal Superior do Trabalho, ou* ***contrariarem súmula de jurisprudência uniforme dessa Corte ou súmula vinculante do Supremo Tribunal Federal****; (grifou-se)*

A parte final do dispositivo habilita a interposição de recurso de revista frente a decisão que contrariar Súmula do TST ou Súmula Vinculante do STF.

O que aconteceu no julgado analisado foi o reconhecimento de que, não obstante a CLT não se refira expressamente a "precedentes normativos", mas apenas a súmulas, aqueles podem ser adotados para fins de cotejamento quando a parte buscar interpor recurso de revista.

Segundo o TST, é possível o conhecimento de recuso de revista por contrariedade a precedente normativo do TST, pois, embora o art. 896, "a", da CLT, com redação dada pela Lei nº 13.015/2014, refira-se a "súmula de jurisprudência uniforme", pode-se afirmar que jurisprudência uniformizada é gênero, do qual súmulas, orientações jurisprudenciais e precedentes normativos são espécies.

Desse modo, não apenas os precedentes normativos podem ser utilizados para essa finalidade, mas também as orientações jurisprudenciais.

MINHAS ANOTAÇÕES

____

____

____

____

____

➲ *Direito do Trabalho*. Klabin S.A. e Engecram Indústria da Construção Civil Ltda. Dono da obra. Caracterização. Contrato de empreitada de construção civil. Inexistência de responsabilidade subsidiária. Incidência da Orientação Jurisprudencial nº 191 da SBDI-I.

A contratação pelo dono da obra de empresa para construir, manter e conservar estrada (obras de construção civil), ainda que por prazo indeterminado, não enseja responsabilidade solidária ou subsidiária

pelas obrigações trabalhistas contraídas pelo empreiteiro, consoante entendimento contido na Orientação Jurisprudencial nº 191 da SBDI-I.

No caso, entendeu-se que a Klabin, ao contratar a Engecram para a execução de obras de conservação, revestimento, construção e manutenção de estradas, acessos e aceiros de uso florestal, firmou contrato de empreitada para execução de obra de construção civil em seu favor, como dona da obra, diferindo, portanto, das hipóteses de contrato de prestação de serviços, nas quais os empregados da empresa prestadora encontram-se diretamente submetidos às ordens do tomador.

Sob esse fundamento, a SBDI-I, por maioria, não conheceu dos embargos interpostos pelo reclamante.

Vencidos os Ministros Hugo Carlos Scheuermann, relator, Luiz Philippe Vieira de Mello Filho e José Roberto Freire Pimenta, que, entendendo estar configurado o contrato de prestação de serviços diversos por prazo indeterminado, conheciam dos embargos, por má aplicação da Orientação Jurisprudencial nº 191 da SBDI-I, e, no mérito, davam-lhes provimento para restabelecer o acórdão do TRT quanto à responsabilidade subsidiária da Klabin. TST-E-RR-296-21.2013.5.09.0671, SBDI-I, rel. Min. Hugo Carlos Scheuermann, red. p/ acórdão Min. Ives Gandra Martins Filho, 6.9.2018 (Informativo Nº 183)

BREVE COMENTÁRIO

A Orientação Jurisprudencial nº 191 afasta, como regra geral, a responsabilidade solidária ou subsidiária do dono da obra que realizar contrato de empreitada para a realização daquela:

> *191. CONTRATO DE EMPREITADA. DONO DA OBRA DE CONSTRUÇÃO CIVIL. RESPONSABILIDADE.*
>
> *Diante da inexistência de previsão legal específica, o contrato de empreitada de construção civil entre o dono da obra e o empreiteiro não enseja responsabilidade solidária ou subsidiária nas obrigações trabalhistas contraídas pelo empreiteiro, salvo sendo o dono da obra uma empresa construtora ou incorporadora.*

No caso, o TST analisou se a contratação de uma empresa para a execução de obras de conservação, revestimento, construção e manutenção de estradas, acessos e aceiros de uso florestal, seria considerada obra em sentido estrito, sujeita à OJ-191 ou se seria considerada mera prestação de serviços, submetendo-se, dessarte, à Súmula nº 331 do TST, a qual, em resumo, garantiria a responsabilidade subsidiária da contratante.

A conclusão da Corte foi no sentido de que esse tipo de contratação seria obra *stricto sensui*, de forma a incidir a OJ-191, afastando-se, pois, a responsabilidade da contratante, dona da obra nesse caso.

MINHAS ANOTAÇÕES

____

____

____

____

____

➲ *Direito Processual do Trabalho*. Ação rescisória. Violação do art. 5º, XXXVI, da CF. Configuração. Conflito entre coisas julgadas na fase de liquidação de sentença. Prevalência da primeira decisão.

A SBDI-II, por unanimidade, conheceu parcialmente de recurso ordinário e, no mérito, por maioria, julgou parcialmente procedente o pedido de corte rescisório, por ofensa ao art. 5º, XXXVI, da CF, para, em juízo rescindente, desconstituir a coisa julgada quanto aos critérios para apuração da multa dissidial e, em juízo rescisório, determinar a adoção do salário base como parâmetro de cálculo da parcela, restabelecendo-se a decisão primitiva passada em julgado.

Na espécie, prevaleceu o entendimento de que **a sentença proferida na fase de conhecimento foi silente quanto à base de cálculo da multa dissidial, prevista em norma coletiva, razão pela qual coube ao Juízo da execução definir, em sede de embargos de declaração em embargos à execução, o salário base do reclamante como parâmetro de cálculo. Contudo, após o trânsito em julgado da referida decisão, o debate ressurgiu em posterior agravo de petição, ao qual foi dado provimento para fixar como base de cálculo da multa a remuneração do empregado, em flagrante afronta à coisa julgada formada na primeira decisão**.

Vencidas as Ministras Delaíde Miranda Arantes, relatora, e Maria Helena Mallmann, que não vislumbravam violação do art. 5º, XXXVI, da CF ao fundamento de que a sentença transitada em julgado na fase de conhecimento estabeleceu a remuneração como base de cálculo da multa, de modo que a decisão em agravo de petição, que manteve o mesmo parâmetro, ao invés de afrontar a coisa julgada, estava em consonância com ela. TST-RO-210- 32.2016.5.05.0000, SBDI-II, rel. Min. Delaíde Miranda Arantes, red. p/ acórdão Min. Douglas Alencar Rodrigues, 28.8.2018 (Informativo Nº 183)

BREVE COMENTÁRIO

No julgado sob análise, verificou o TST a formação de coisa julgada em execução.

Isso porque a sentença definitiva havia sido proferida no processo de conhecimento, silente em relação à base de cálculo da multa a ser aplicada.

Em execução, o juízo acabou por firmá-la.

Ocorre que, em decisão posterior, foi modificado aquele parâmetro.

O TST reconheceu que essa segunda decisão desafiou a coisa julgada formada na primeira, desconstituindo-a.

Sobre o tema, oportuno lembrar a OJ 107 da SDI-II, a qual também reconhece a possibilidade de coisa julgada em sede de execução:

> *OJ 107, SDI-II, TST. Embora não haja atividade cognitiva, a decisão que declara extinta a execução, nos termos do art. 924, incisos I a IV c/c art. 925 do CPC de 2015 (art. 794 c/c 795 do CPC de 1973), extingue a relação processual e a obrigacional, sendo passível de corte rescisório.*

MINHAS ANOTAÇÕES

➲ *Direito Processual do Trabalho*. Ação rescisória. Violação do art. 37, II, da CF. Configuração. Sociedade de economia mista. Emprego público em comissão. Direito ao pagamento de férias proporcionais e décimo terceiro salário proporcional. Inaplicabilidade da Súmula nº 363 do TST.

Afronta o art. 37, II, da CF a decisão que confere à demissão de empregada contratada para ocupar emprego em comissão em sociedade de economia mista idêntica consequência jurídica aplicável ao contrato nulo (Súmula nº 363 do TST), pois não se trata de contratação irregular. Assim, embora não se possa cogitar do pagamento de aviso prévio e de indenização de 40% do FGTS, ante a precariedade do vínculo existente entre as partes, à trabalhadora é devido o décimo terceiro salário proporcional e as férias proporcionais (art. 7º, VIII e XVII, da CF).

Sob esse fundamento, a SBDI- II, por unanimidade, conheceu do recurso ordinário e, no mérito, por maioria, deu-lhe parcial provimento para julgar parcialmente procedente o pedido de corte rescisório, por violação do art. 37, II, da CF, a fim de rescindir o acórdão do Regional e condenar a ré ao pagamento de férias proporcionais e décimo terceiro salário proporcional.

Vencido o Ministro Renato de Lacerda Paiva. TST-RO- 9477-85.2011.5.02.0000, SBDI-II, rel. Min. Douglas Alencar Rodrigues, 28.8.2018

BREVE COMENTÁRIO

É pressuposto para o ingresso na Administração Pública a prévia aprovação em concurso público.

No entanto, o próprio texto constitucional traz exceções a essa regra, dentre as quais se destacam os cargos em comissão, declarados em lei de livre nomeação e exoneração.

Esses se prestam a determinadas atividades de direção, chefia e assessoramento, pressupondo uma relação de confiança entre o nomeante e o nomeado.

Ocorre que alguns entes estatais são regidos pela CLT, como é o caso das empresas públicas. Nessas, parte da doutrina defende a possibilidade de serem criados "empregos em comissão", semelhantes aos cargos em comissão, mas inseridos num contexto funcional sujeito à CLT.

Como se trata de uma função comissionada, dela pode o servidor ser desligado a qualquer tempo, tratando-se, portanto, de vínculo precário.

A dúvida que chegou ao TST foi: como se dá o regime desse desligamento? Equipara-se esse servidor àquele admitido ilegalmente sem concurso público, de modo que faria jus ele apenas a saldo de salário e FGTS? Ou faria ele jus a todas as verbas rescisórias e indenizações correspondentes?

O TST parece ter adotado um meio termo, reconhecendo a legalidade desse emprego em comissão, ressalvando, todavia que, embora não se possa cogitar do pagamento de aviso prévio e de indenização de 40% do FGTS, ante a precariedade do vínculo existente entre as partes, ao empregado é devido o décimo terceiro salário proporcional e as férias proporcionais (art. 7º, VIII e XVII, da CF).

Assim, ele faz jus às verbas rescisórias, mas não às indenizações correspondentes.

MINHAS ANOTAÇÕES

Informativo nº 184

> ➲ *Direito do Trabalho*. **Empregado portador de doença grave. HIV. Empregador ciente da condição do reclamante muitos anos antes da demissão. Processo de reestruturação organizacional. Dispensa arbitrária e discriminatória. Não ocorrência. Inaplicabilidade da Súmula nº 443 do TST.**

Afasta-se a presunção de dispensa arbitrária e discriminatória a que se refere a Súmula nº 443 do TST na hipótese em que a demissão de empregado portador do vírus HIV foi motivada por processo de reestruturação organizacional, e ocorreu dezesseis anos após o empregador ter conhecimento da condição do reclamante.

No caso, a empresa, após tomar ciência da doença que acometia o empregado, o encaminhou para tratamento médico e psicológico, e, ao longo dos dezesseis anos que antecederam a dispensa, o promoveu várias vezes, a indicar ausência de indícios de ato discriminatório.

Ademais, é incontroverso nos autos que a empregadora passou por um processo de reestruturação, que culminou com a extinção da função ocupada pelo trabalhador e a ruptura do contrato de trabalho de treze empregados, e não apenas do reclamante. Sob esses fundamentos, a SBDI-I, por unanimidade, conheceu dos embargos, por divergência jurisprudencial, e, no mérito, por maioria, negou-lhes provimento.

Vencidos os Ministros Aloysio Corrêa da Veiga, relator, Walmir Oliveira da Costa e Brito Pereira. TST-E-ED-ARR-185700-05.2008.5.02.0029, SBDI-I, rel. Min. Aloysio Corrêa da Veiga, red. p/ acórdão Min. Alberto Luiz Bresciani de Fontan Pereira, 13.9.2018 (Informativo Nº 184)

BREVE COMENTÁRIO

A Súmula nº 443 do TST visa a coibir a discriminação de pessoas portadoras do vírus HIV, causador da síndrome da imunodeficiência adquirida (AIDS, na sigla oriunda do inglês), presumindo-a discriminatória e garantindo a reintegração do empregado:

> *Súmula nº 443 do TST*
>
> *DISPENSA DISCRIMINATÓRIA. PRESUNÇÃO. EMPREGADO PORTADOR DE DOENÇA GRAVE. ESTIGMA OU PRECONCEITO. DIREITO À REINTEGRAÇÃO*
>
> *Presume-se discriminatória a despedida de empregado portador do vírus HIV ou de outra doença grave que suscite estigma ou preconceito. Inválido o ato, o empregado tem direito à reintegração no emprego.*

No entanto, é importante notar que se trata de uma presunção relativa e, como tal, pode ser ilidida por prova em contrário.

No caso que deu origem ao precedente, havia peculiaridades que afastaram a aplicação da súmula, em especial porque a demissão do empregado foi motivada por processo de reestruturação organizacional, e ocorreu dezesseis anos após o empregador ter conhecimento da condição do reclamante.

Na espécie, registrou-se que a empresa, após tomar ciência da doença que acometia o empregado, o encaminhou para tratamento médico e psicológico, e, ao longo dos dezesseis anos que antecederam a dispensa, o promoveu várias vezes, a indicar ausência de indícios de ato discriminatório.

Sendo assim, afastada a presunção.

MINHAS ANOTAÇÕES

Informativo nº 185

➲ ***Direito Processual do Trabalho*. Ação anulatória. Pedido de condenação ao pagamento de honorários advocatícios em razão da sucumbência do Ministério Público do Trabalho. Impossibilidade. Art. 18 da Lei nº 7.347/1985. Aplicação por analogia.**

Não cabe condenação de honorários advocatícios na ação anulatória em que a parte sucumbente na ação é o Ministério Público do Trabalho, salvo comprovada má-fé.

Aplica-se, por analogia, o art. 18 da Lei nº 7.347/1985 (lei da ação civil pública), uma vez que o Parquet, ao ajuizar a ação anulatória, não defende interesse próprio, mas atua em favor dos direitos dos trabalhadores, exercendo sua função de defesa da ordem jurídica, do regime democrático, dos interesses sociais e dos interesses individuais indisponíveis, cumprindo a função que lhe foi constitucionalmente atribuída (art. 127 da CF e art. 83, IV, da LC nº 75/1993).

Sob esse entendimento, a SDC, por unanimidade, conheceu do recurso ordinário e, no mérito, negou-lhe provimento, mantendo, portanto, o indeferimento do pagamento de honorários sucumbenciais pelo MPT. TST-RO-513-28.2017.5.08.0000, SDC, rel. Min. Dora Maria da Costa, 8.10.2018)

BREVE COMENTÁRIO

Decidiu o TST que não cabe condenação de honorários advocatícios na ação anulatória em que a parte Sucumbente na ação é o Ministério Público do Trabalho, salvo comprovada má-fé.

Na espécie, aplicou-se, por analogia, o art. 18 da Lei nº 7.347/1985 (lei da ação civil pública), que dispõe o seguinte:

> *Art. 18. Nas ações de que trata esta lei, não haverá adiantamento de custas, emolumentos, honorários periciais e quaisquer outras despesas, nem condenação da associação autora, salvo comprovada má-fé, em honorários de advogado, custas e despesas processuais.*

Segundo o TST, o Parquet, ao ajuizar a ação anulatória, não defende interesse próprio, mas atua em favor dos direitos dos trabalhadores, exercendo sua função de defesa da ordem jurídica, do regime democrático, dos interesses sociais e dos interesses individuais indisponíveis, cumprindo a função que lhe foi constitucionalmente atribuída (art. 127 da CF e art. 83, IV, da LC nº 75/1993).

Desse modo, afastou o pagamento de honorários advocatícios.

MINHAS ANOTAÇÕES

____

____

____

____

____

➲ ***Direito Processual do Trabalho*. Competência territorial. Término das atividades da filial da empresa na localidade da contratação e da prestação dos serviços. Reclamação trabalhista ajuizada no foro do domicílio da reclamante. Possibilidade. Garantia de acesso à justiça. Preservação do direito de defesa.**

É possível reconhecer a competência territorial do foro do domicílio da reclamante quando a atribuição da competência ao juízo do Trabalho da contratação ou da prestação dos serviços inviabilizar a garantia do exercício do direito de ação. As regras do art. 651 da CLT não devem ser interpretadas de forma literal, mas sistematicamente, de modo a concretizar os direitos e garantias fundamentais insculpidos na Constituição da República.

Na hipótese, a autora foi contratada e prestou serviços em Altamira/PA, mas ajuizou a ação na cidade de Uberlândia/MG, local para onde se mudou após a dispensa. Além disso, a filial da empresa, na cidade de Altamira/PA, encerrou suas atividades, mantendo-as apenas na cidade do Rio de Janeiro/RJ. Assim, para a autora, o processamento do feito no município em que reside atualmente garante-lhe o acesso à justiça, sem causar prejuízo ao direito de defesa da ré, pois o deslocamento do Rio de Janeiro até Uberlândia é mais viável que até Altamira, principalmente porque suas atividades nesta cidade foram encerradas, pressuposto que legitimava a competência deste local.

Sob esses fundamentos, a SBDI-I, por unanimidade, conheceu dos embargos interpostos pela reclamante, por divergência jurisprudencial, e, no mérito, por maioria, deu-lhes provimento para declarar a competência territorial de uma das Varas do Trabalho de Uberlândia/MG e determinar a remessa dos autos para essa localidade, a fim de que julgue os pedidos como entender de direito.

Vencidos os Ministros Guilherme Augusto Caputo Bastos, Maria Cristina Irigoyen Peduzzi, Alberto Luiz Bresciani de Fontan Pereira e Márcio Eurico Vitral Amaro. TST-E-RR-11727-90.2015.5.03.0043, SBDI--I, rel. Min. Cláudio Mascarenhas Brandão, 18.10.2018.

BREVE COMENTÁRIO

O art. 651 da CLT estabelece, como regra geral, o local da prestação de serviços como local competente para processar e julgar demanda trabalhista eventualmente ajuizada:

> *Art. 651 - A competência das Juntas de Conciliação e Julgamento é determinada pela localidade onde o empregado, reclamante ou reclamado, prestar serviços ao empregador, ainda que tenha sido contratado noutro local ou no estrangeiro.*

No julgamento sob análise, todavia, o TST flexibilizou a regra para **reconhecer a competência territorial do foro do domicílio da reclamante quando a atribuição da competência ao juízo do Trabalho da contratação ou da prestação dos serviços inviabilizar a garantia do exercício do direito de ação.**

Segundo o TST, as regras do art. 651 da CLT não devem ser interpretadas de forma literal, mas sistematicamente, de modo a concretizar os direitos e garantias fundamentais insculpidos na Constituição da República.

Na hipótese, a autora foi contratada e prestou serviços em Altamira/PA, mas ajuizou a ação na cidade de Uberlândia/MG, local para onde se mudou após a dispensa.

Além disso, a filial da empresa, na cidade de Altamira/PA, encerrou suas atividades, mantendo-as apenas na cidade do Rio de Janeiro/RJ.

Assim, para a autora, o processamento do feito no município em que reside atualmente garante-lhe o acesso à justiça, sem causar prejuízo ao direito de defesa da ré.

MINHAS ANOTAÇÕES

Informativo nº 186

➲ ***Direito do Trabalho*. Férias. Conversão de 1/3 do período em abono pecuniário. Imposição do empregador. Aplicação da sanção do art. 137 da CLT. Pagamento em dobro devido. Dedução dos valores recebidos a título de abono pecuniário.**

A conversão de 1/3 do período de férias em abono pecuniário, conforme o art. 143 da CLT, é um direito potestativo do empregado, razão pela qual não pode ser imposta pelo empregador, sob pena de descumprimento dos arts. 134 e 143 da CLT e 7º, XVII, da CF.

Ausente a livre escolha do trabalhador, aplica-se a sanção do art. 137 da CLT, que impõe o pagamento em dobro do período não usufruído, a fim de coibir a prática que compromete o direito ao descanso anual.

Verificado, contudo, que o empregado já recebeu o abono pecuniário, esse montante deve ser considerado para efeito de aplicação da penalidade, evitando-se o pagamento em triplo da remuneração de férias e o consequente enriquecimento sem causa.

Sob esses fundamentos, a SBDI-I, por unanimidade, conheceu dos embargos, por divergência jurisprudencial, e, no mérito, deu-lhes provimento para restabelecer o acórdão do Regional. TST-E-ED-RR-104300-96.2009.5.04.0022, SBDI-I, rel. Min. Luiz Philippe Vieira de Mello Filho, 8.11.2018

BREVE COMENTÁRIO

As férias são direito constitucional garantido aos empregados (art. 7º, XVII, CF), concedidas, nos termos do art. 134 da CLT, por ato do empregador, nos 12 (doze) meses subsequentes à data em que o empregado tiver adquirido o direito.

O empregado trabalhará 12 (doze) meses para adquirir o direito ao gozo de um período de férias. É o chamado período aquisitivo.

Por outro lado, o empregador possuirá 12 (doze) meses para conceder essas férias, tratando-se, esse do período concessivo. Caso o empregador venha a desrespeitá-lo, deverá pagar as férias em dobro, nos termos do art. 137 da CLT.

Além desse período de afastamento remunerado do empregado, é facultado a ele converter 1/3 (um terço) da sua remuneração em pecúnia, no valor da remuneração que lhe seria devida nos dias correspondentes, em requerimento que deverá ser feito até 15 (quinze) dias antes do término do período aquisitivo. É o abono pecuniário ou abono de férias, previsto no art. 143 da CLT.

Pois bem.

Essa conversão do abono pecuniário é um direito potestativo do empregado ou faculdade a ser avaliada pelo empregador?

Segundo TST, trata-se de direito potestativo do empregado.

E o que acontece se o empregador o recusar?

Nesse caso, estará sujeito à sanção do art. 137 da CLT, consistente no pagamento dobrado das férias.

Ressalvou o TST apenas que, caso já tenha sido pago 1/3 (um terço), o empregador estará sujeito a apenas mais 1/3 (um terço), vez que a imposição do segundo pagamento em dobro geraria, em verdade, pagamento triplicado.

Sendo assim, fixou a Corte Laboral a seguinte tese: ausente a livre escolha do trabalhador, quanto à conversão em abono pecuniário, aplica-se a sanção do art. 137 da CLT, que impõe o pagamento em dobro do período não usufruído, a fim de coibir a prática que compromete o direito ao descanso anual. Verificado, contudo, que o empregado já recebeu o abono pecuniário, esse montante deve ser considerado para efeito de aplicação da penalidade, evitando-se o pagamento em triplo da remuneração de férias e o consequente enriquecimento sem causa.

MINHAS ANOTAÇÕES

____

____

____

____

➲ *Direito Processual do Trabalho.* Acórdão recorrido publicado um dia antes da vigência da Lei nº 13.467/2017. Contagem de prazo em dias úteis. Inaplicabilidade.

No caso em que o acórdão recorrido foi publicado em 10.11.2017, ou seja, um dia antes da entrada em vigor da Lei nº 13.467/2017 (Reforma Trabalhista), a contagem do prazo para a interposição de recurso segue a regra do art. 775 da CLT vigente à época da publicação do acórdão, ou seja, dias corridos.

Não é possível contar o prazo em dias úteis, conforme estipulado pela Lei da Reforma Trabalhista, pois **embora as normas de natureza processual tenham aplicação imediata em relação aos processos em curso, não operam efeito retroativo, tendo em vista o princípio *tempus regit actum*.**

Sob esse fundamento, a SBDI-I, por unanimidade, conheceu do agravo interno e, no mérito, negou-lhes provimento. TST-Ag-E-ED-ED-ED-RR-62700-66.2008.5.05.0131, SBDI-I, rel. Min. Alberto Luiz Bresciani de Fontan Pereira, 8.11.2018

BREVE COMENTÁRIO

Antes da Reforma Trabalhista, os prazos na Justiça do Trabalho eram contados em dias contínuos.

A interpretação da doutrina majoritária e dos Tribunais se baseava no art. 775 da CLT, que estabelecia os prazos trabalhistas como "contínuos e irreleváveis", de modo que esse, em consonância com o princípio da celeridade, especialmente necessário ao processo ao processo laboral por tratar de verbas alimentares, levava ao afastamento do art. 219 do CPC, que já previa a contagem dos prazos em dias úteis, como regra geral, na Justiça Comum.

Com o advento da Lei nº 13.467, restou expressamente aplicável à Justiça do Trabalho a contagem de prazo em dias úteis, o que afastou qualquer questionamento a partir daquele momento:

> *Art. 775. Os prazos estabelecidos neste Título serão contados em dias úteis, com exclusão do dia do começo e inclusão do dia do vencimento.*

Diante dessa mudança de sistemática, o TST se deparou com situação inusitada: como será contado o prazo em processo no qual a publicação da decisão ocorreu um dia antes da entrada em vigor da Reforma Trabalhista?

Em outras palavras, a legislação aplicável é aquela vigente na data da publicação da decisão ou na data do início da contagem do prazo?

Segundo o TST, neste caso, o prazo deverá ser contado em dias corridos, ou seja, de acordo com a legislação vigente na data da publicação.

Isso porque embora, as normas de natureza processual tenham aplicação imediata em relação aos processos em curso, não operam efeito retroativo, tendo em vista o princípio *tempus regit actum*.

MINHAS ANOTAÇÕES

____

____

____

____

____

➲ ***Direito Processual do Trabalho*. Agravo não conhecido por irregularidade de representação. Produção de efeitos processuais, apesar de o apelo ser considerado inexistente. Segundo agravo interposto no mesmo dia. Impossibilidade de exame. Preclusão consumativa. Princípio da unirrecorribilidade.**

A interposição de recurso eivado de irregularidade de representação processual, ainda que considerado inexistente, produz efeitos processuais, acarretando a preclusão consumativa.

Desse modo, **a interposição do segundo apelo não possui o condão de sanar os vícios que contaminaram o primeiro recurso, porquanto nem sequer é passível de exame.**

Na hipótese, a reclamada, ao impugnar a decisão monocrática que denegou seguimento ao seu agravo de instrumento, interpôs dois agravos internos na mesma data, havendo diferença de horas na protocolização.

A Turma não conheceu do primeiro agravo, visto que assinado por advogados sem poderes nos autos, reputando- o inexistente, nos termos da então vigente Súmula nº 164 do TST. Além disso, deixou de

examinar o segundo agravo, com fundamento no princípio da unirrecorribilidade e na preclusão consumativa.

Assim, a SBDI-I, por unanimidade, conheceu dos embargos interpostos pela reclamada, por divergência jurisprudencial, e, no mérito, por maioria, negou-lhes provimento.

Vencidos os Ministros Márcio Eurico Vitral Amaro e Breno Medeiros. TST-E-ED-Ag-AIRR-150700- 20.2009.5.02.0057, SBDI-I, rel. Min. Alexandre de Souza Agra Belmonte, 8.11.2018

BREVE COMENTÁRIO

Os recursos são, grosso modo, medidas cabíveis para o questionamento das decisões proferidas em um processo.

Esses são regidos por uma série de princípios e pressupostos, intrínsecos e extrínsecos, dentre os quais se destaca a regularidade de representação como um pressuposto extrínseco. A respeito dela, é digna de nota a Súmula nº 383 do TST:

> *Súmula nº 383 do TST*
>
> *RECURSO. MANDATO. IRREGULARIDADE DE REPRESENTAÇÃO. CPC DE 2015, ARTS. 104 E 76, § 2º*
>
> *I – É inadmissível recurso firmado por advogado sem procuração juntada aos autos até o momento da sua interposição, salvo mandato tácito. Em caráter excepcional (art. 104 do CPC de 2015), admite-se que o advogado, independentemente de intimação, exiba a procuração no prazo de 5 (cinco) dias após a interposição do recurso, prorrogável por igual período mediante despacho do juiz. Caso não a exiba, considera-se ineficaz o ato praticado e não se conhece do recurso.*
>
> *II – Verificada a irregularidade de representação da parte em fase recursal, em procuração ou substabelecimento já constante dos autos, o relator ou o órgão competente para julgamento do recurso designará prazo de 5 (cinco) dias para que seja sanado o vício. Descumprida a determinação, o relator não conhecerá do recurso, se a providência couber ao recorrente, ou determinará o desentranhamento das contrarrazões, se a providência couber ao recorrido (art. 76, § 2º, do CPC de 2015).*

Ou seja, interposto o recurso por advogado sem procuração nos autos e sem mandato tácito, mantida a irregularidade, o recurso não será conhecido, nos termos da jurisprudência do TST, considerado **inexistente**.

Se esse recurso é inexistente, quer dizer que a parte poderá se valer de outro, igual e frente à mesma decisão, vez que aquele, para todos os efeitos não "existiu" nos autos?

Não.

Segundo o TST, a interposição do primeiro recurso, não obstante seu não conhecimento, gera alguns efeitos, dentre eles, a preclusão consumativa, segundo a qual a parte que já cometeu determinados atos processuais (tal como o ato de recorrer) não tem a possibilidade de efetuá-los novamente naquele momento.

Sobre os recursos, assevera-se que a parte não tem a sua disposição a possibilidade de interpor dois recursos em face da mesma decisão, ante o princípio da unirrecorribilidade recursal.

Desse modo, fixou o TST a seguinte tese: A interposição de recurso eivado de irregularidade de representação processual, ainda que considerado inexistente, produz efeitos processuais, acarretando a preclusão consumativa.

MINHAS ANOTAÇÕES

➲ *Direito do Trabalho*. Horas in itinere. Local de trabalho não servido por transporte público regular. Automóvel fornecido pela empresa para que o empregado realize seu próprio deslocamento. Situação diversa da prevista no item I da Súmula nº 90 do TST. Pagamento indevido.

Na hipótese em que o empregado, exercente do cargo de supervisor, tem à sua disposição veículo exclusivo, fornecido pela empresa, para que efetue seu próprio deslocamento até o local de trabalho não servido por transporte público regular, <u>não há falar em direito a horas *in itinere*.</u>

Tal situação não se insere na expressão "condução fornecida pela empregador", a que se refere o item I da Súmula nº 90 do TST, **<u>que pressupõe a condução do empregado pela própria empresa ou por alguém por ela contratado e, consequentemente, a sujeição a horários</u>**

mais rígidos e mais prolongados, que vão além daqueles efetivamente despendidos no serviço.

Aplica-se, no caso, a regra geral do art. 58, § 2º, da CLT (**na redação anterior à Lei nº 13.467/2017**), **que exclui da jornada de trabalho as horas de percurso**.

Sob esse entendimento, a SBDI-I, por unanimidade, conheceu dos embargos, por divergência jurisprudencial, e, no mérito, por maioria, deu-lhes provimento para restabelecer o acórdão do Tribunal Regional.

Vencidos os Ministros José Roberto Freire Pimenta, Augusto César Leite de Carvalho, Hugo Carlos Scheuermann e Cláudio Mascarenhas Brandão. TST-E-ARR-766-85.2013.5.18.0191, SBDI-I, rel. Min. Márcio Eurico Vitral Amaro, 8.11.2018

BREVE COMENTÁRIO

Sobre o julgado em questão, primeiramente uma ressalva: ele trata de instituto denominado *horas in itinere*, o qual foi sepultado pela Reforma Trabalhista (Lei nº 13.467/2017), conforme veremos adiante.

O caso, todavia, versa sobre situação anterior, de modo que cabe breve explicação sobre suas características.

Horas in itinere se referiam, basicamente, aos casos, em que atendidos determinados requisitos, no momento em que o empregado iniciasse seu trajeto em direção ao trabalho, já se iniciava a contagem de sua jornada diária, inclusive para efeitos de horas extras.

Os elementos caraterizadores eram previstos no art. 58, §2º da CLT (em sua versão anterior à Reforma), que estabelecia que o tempo despendido pelo empregado até o local de trabalho e para o seu retorno, por qualquer meio de transporte, não será computado na jornada de trabalho, **salvo quando, tratando-se de local de difícil acesso ou não servido por transporte público, o empregador fornecer a condução.**

Ou seja: o local deveria ser de difícil acesso ou não servido por transporte público e o empregador deveria fornecer a condução.

Esse instituto era amplamente regulamentado na Súmula 90 do TST:

> *Súmula nº 90 do TST*
>
> *HORAS "IN ITINERE". TEMPO DE SERVIÇO*
>
> *I - O tempo despendido pelo empregado, em condução fornecida pelo empregador, até o local de trabalho de difícil acesso, ou não servido por transporte público regular, e para o seu retorno é computável na jornada de trabalho.*

> *II - A incompatibilidade entre os horários de início e término da jornada do empregado e os do transporte público regular é circunstância que também gera o direito às horas "in itinere".*
>
> *III - A mera insuficiência de transporte público não enseja o pagamento de horas "in itinere".*
>
> *IV - Se houver transporte público regular em parte do trajeto percorrido em condução da empresa, as horas "in itinere" remuneradas limitam-se ao trecho não alcançado pelo transporte público.*
>
> *V - Considerando que as horas "in itinere" são computáveis na jornada de trabalho, o tempo que extrapola a jornada legal é considerado como extraordinário e sobre ele deve incidir o adicional respectivo.*

Conforme dito, esse instituto foi suplantado pela Reforma Trabalhista, o que se afirma com base na nova redação do art. 58, §2º da CLT:

> *Art. 58 - A duração normal do trabalho, para os empregados em qualquer atividade privada, não excederá de 8 (oito) horas diárias, desde que não seja fixado expressamente outro limite.*
>
> *(...)*
>
> *§ 2º* **O tempo despendido pelo empregado desde a sua residência até a efetiva ocupação do posto de trabalho e para o seu retorno, caminhando ou por qualquer meio de transporte, inclusive o fornecido pelo empregador, não será computado na jornada de trabalho, por não ser tempo à disposição do empregador**. *(grifou-se)*

No entanto, conforme ressalvamos originariamente, o julgado se refere a lapso no qual ainda operavam horas *in itinere* (e pode ser cobrado em prova).

Sendo assim, na situação anteriormente vigente, pergunta-se: no conceito de "condução fornecida pelo empregador" encaixa-se o automóvel individual posto à disposição do trabalhador?

Conforme decidiu o TST, não.

Na hipótese em que o empregado tem à sua disposição veículo exclusivo, fornecido pela empresa, para que efetue seu próprio deslocamento até o local de trabalho não servido por transporte público regular, não há falar em direito a horas in itinere.

Ressaltou a Corte Laboral que esse tipo de locomoção não se insere na expressão "condução fornecida pela empregador", a que se refere o item I da Súmula nº 90 do TST, que pressupõe a **condução do empregado pela própria empresa ou por alguém por ela contratado e, consequentemente, a sujeição a horários mais rígidos e mais prolongados**, que vão além daqueles efetivamente despendidos no serviço.

MINHAS ANOTAÇÕES

➲ *Direito Processual do Trabalho*. Ação rescisória. Art. 485, II, do CPC de 1973. Contrato de parceria rural. Incompetência da Justiça do Trabalho.

A Justiça do Trabalho é manifestamente incompetente para julgar pedido de indenização por perdas e danos decorrentes da rescisão de contrato de parceria rural, em que ajustado o fornecimento de animais, alimentos e medicamentos pela empresa contratante, cabendo aos contratados responsabilizarem-se pela criação e engorda de aves, sendo remunerados de acordo com os resultados alcançados.

Tal modalidade contratual possui características societárias, que a distância da relação de trabalho, a qual exige, por exemplo, a obrigação de remunerar o empregado, independentemente de haver lucros.

Sob esse entendimento, a SBDI-II, por unanimidade, deu provimento ao recurso ordinário para desconstituir o acórdão do Tribunal Regional, em razão da incompetência absoluta da Justiça do Trabalho (art. 485, II, do CPC de 1973), anulando todos os atos decisórios e determinando o envio dos autos à Justiça comum. TST-RO-7648- 78.2012.5.04.0000, SBDI-I, rel. Min. Douglas Alencar Rodrigues. 30.10.2018

BREVE COMENTÁRIO

O contrato de parceria rural é modalidade de contratação civil, pela qual uma pessoa cede a outra imóvel rural, a fim de que esta explore aquela terra para fins agrícola, pecuária, agroindustrial, extrativa vegetal ou mista. Seu conceito está previsto no art. 4º do Estatuto da Terra (Decreto nº 59.566/1966):

> *Art. 4º Parceria rural é o contrato agrário pelo qual uma pessoa se obriga a ceder à outra, por tempo determinado ou não, o uso especifico de imóvel rural, de parte ou partes do mesmo, incluindo, ou não, benfeitorias, outros bens e ou facilidades, com o objetivo de nêle ser exercida atividade de exploração agrícola, pecuária, agro-industrial, extrativa vegetal ou mista; e ou lhe entrega animais para cria, recria, invernagem, engorda ou extração de matérias primas de origem animal, mediante partilha de riscos do caso fortuito e da fôrça maior do empreendimento rural, e dos frutos, produtos ou lucros havidos nas proporções que estipularem, observados os limites percentuais da lei (artigo 96, VI do Estatuto da Terra).*

Em se tratando de contrato válido, ou seja, sem qualquer nulidade ou tentativa de burla à legislação trabalhista por meio de simulação, compete à Justiça Especializada julgar eventual contenda entre essas partes (cedente e cessionário) referente a pedido de indenização por perdas e danos decorrentes da rescisão contratual?

Segundo o TST, não.

Em tese fixada, decidiu a Corte Superior que a Justiça do Trabalho é manifestamente incompetente para julgar pedido de indenização por perdas e danos decorrentes da rescisão de contrato de parceria rural.

MINHAS ANOTAÇÕES

____

____

____

____

____

➲ ***Direito Processual do Trabalho*. Mandado de segurança. Cabimento. Decisão interlocutória que contraria a jurisprudência pacífica, reiterada e notória do TST. Não incidência da Orientação Jurisprudencial nº 92 da SBDI-II.**

Cabe mandado de segurança contra decisão que, embora ostente caráter interlocutório, contraria a jurisprudência pacífica, reiterada e notória do TST.

Na espécie, **o *writ* foi impetrado pelo Ministério Público do Trabalho contra acórdão proferido em recurso ordinário pelo TRT da 5ª Região, que anulou de ofício sentença prolatada em ação civil pública e determinou o retorno dos autos à Vara de origem para que fossem chamados à lide os litisconsortes passivos necessários** (empregados ocupantes de funções de confiança potencialmente atingidos pelo pedido de declaração de nulidade dos contratos firmados com ente público sem prévia aprovação em concurso público).

Ocorre que, **conforme entendimento firmado pelo TST, não há litisconsórcio passivo necessário entre a pessoa natural ou jurídica demandada e os sujeitos que possam ser atingidos pelos efeitos da decisão proferida em ação civil pública voltada à defesa de direitos e interesses difusos e coletivos. O litisconsórcio na ação civil pública apenas se viabiliza em relação aos demais legitimados ativos para o debate coletivo (art. 5º, §§ 1º e 5º, da Lei nº 7.347/1985).**

Assim, **a SBDI-II, por unanimidade, conheceu do recurso ordinário e, no mérito, por maioria, deu-lhe provimento para conceder a segurança, cassar o acórdão proferido na ação civil pública e determinar o retorno dos autos ao TRT da 5ª Região para o regular processamento do recurso ordinário.**

Vencidas as Ministras Maria Helena Mallmann e Delaíde Miranda Arantes, que consideravam incabível a impetração, nos termos da Orientação Jurisprudencial nº 92 da SBDI-II. TST-RO-144- 28.2011.5.05.0000, SBDI-II, rel. Min. Douglas Alencar Rodrigues, 6.11.2018

BREVE COMENTÁRIO

No processo do trabalho opera o princípio da irrecorribilidade imediata das decisões interlocutórias, conforme consagrado na Súmula nº 214 do TST:

> *Súmula 214/TST*
>
> *Na Justiça do Trabalho, nos termos do art. 893, § 1º, da CLT,* **as decisões interlocutórias não ensejam recurso imediato**, *salvo nas hipóteses de decisão:*
>
> *a) de Tribunal Regional do Trabalho contrária à Súmula ou Orientação Jurisprudencial do Tribunal Superior do Trabalho;*
>
> *b) suscetível de impugnação mediante recurso para o mesmo Tribunal;*
>
> *c) que acolhe exceção de incompetência territorial, com a remessa dos autos para Tribunal Regional distinto daquele a que se vincula o juízo excepcionado, consoante o disposto no art. 799, § 2º, da CLT. (grifou-se)*

Na espécie, fora proferida decisão interlocutória pelo Tribunal Regional do Trabalho, a qual determinou o retorno dos autos à primeira instância. Essa decisão, por ser interlocutória, não habilitaria recurso de imediato.

Frente a ela, o Ministério Público do Trabalho impetrou mandado de segurança no TST.

Esse mandado de segurança deve ser conhecido?

Segundo decidiu o TST, sim, vez que cabe mandado de segurança contra decisão que, embora ostente caráter interlocutório, contraria a jurisprudência pacífica, reiterada e notória do TST.

No caso, em específico, duas teses devem ser lembradas:

a) **Tese formal**: Em razão da excepcionalidade do caso concreto, e na ausência de outro instrumento processual eficaz, cabível o mandado de segurança em face de decisão que, embora ostente caráter interlocutório, contraria a jurisprudência pacífica, reiterada e notória do TST;

b) **Tese material**: não há litisconsórcio passivo necessário entre a pessoa natural ou jurídica demandada e os sujeitos que possam ser atingidos pelos efeitos da decisão proferida em ação civil pública voltada à defesa de direitos e interesses difusos e coletivos. O litisconsórcio na ação civil pública apenas se viabiliza em relação aos demais legitimados ativos para o debate coletivo (art. 5º, §§ 1º e 5º, da Lei nº 7.347/1985). Desse modo, desnecessário citar todos os envolvidos.

MINHAS ANOTAÇÕES

➲ ***Direito Processual do Trabalho*. Mandado de segurança. Cabimento. Execução provisória. Redirecionamento da execução contra sócio. Não observância do incidente de desconsideração da personalidade jurídica. Arts. 133 a 137 do CPC de 2015. Aplicação ao Processo do Trabalho. Art. 6º da IN nº 39/2016 do TST e art. 855-A da CLT.**

O art. 6º da IN nº 39/2016 do TST e o art. 855-A da CLT (incluído pela Lei nº 13.467/2017) estabelecem a aplicação do incidente de desconsideração da personalidade jurídica (arts. 133 a 137 do CPC de 2015) ao Processo do Trabalho.

Assim, se na vigência do CPC de 2015 a execução provisória é redirecionada contra a representante legal da pessoa jurídica sem a observância do referido incidente, cabe mandado de segurança para discutir a extensão dos efeitos da obrigação contida no título executivo aos bens particulares da administradora da empresa.

Sob esse fundamento, a SBDI-II, por unanimidade, conheceu do recurso ordinário e, no mérito, deu-lhe provimento para, reformando a decisão que indeferira a petição inicial do *mandamus*, determinar o retorno dos autos à Corte de origem a fim de que o mandado de segurança seja processado e julgado. TST-RO-406-27.2017.5.10.0000, SBDI-II, rel. Min. Douglas Alencar Rodrigues, 6.11.2018

BREVE COMENTÁRIO

Estabelece o art. 50 do Código Civil:

> *Art. 50. Em caso de abuso da personalidade jurídica, caracterizado pelo desvio de finalidade, ou pela confusão patrimonial, pode o juiz decidir, a requerimento da parte, ou do Ministério Público quando lhe couber intervir no processo, que os efeitos de certas e determinadas relações de obrigações sejam estendidos aos bens particulares dos administradores ou sócios da pessoa jurídica.*

O Código de Processo Civil de 2015 traz regramento específico ao rito que se presta a operacionalizar instituto:

> *Art. 133. O incidente de desconsideração da personalidade jurídica será instaurado a pedido da parte ou do Ministério Público, quando lhe couber intervir no processo.*
>
> *§ 1º O pedido de desconsideração da personalidade jurídica observará os pressupostos previstos em lei.*
>
> *§ 2º Aplica-se o disposto neste Capítulo à hipótese de desconsideração inversa da personalidade jurídica.*
>
> *Art. 134. O incidente de desconsideração é cabível em todas as fases do processo de conhecimento, no cumprimento de sentença e na execução fundada em título executivo extrajudicial.*
>
> *§ 1º A instauração do incidente será imediatamente comunicada ao distribuidor para as anotações devidas.*

> *§ 2º Dispensa-se a instauração do incidente se a desconsideração da personalidade jurídica for requerida na petição inicial, hipótese em que será citado o sócio ou a pessoa jurídica.*
>
> *§ 3º A instauração do incidente suspenderá o processo, salvo na hipótese do § 2o.*
>
> *§ 4º O requerimento deve demonstrar o preenchimento dos pressupostos legais específicos para desconsideração da personalidade jurídica.*

A desconsideração da personalidade jurídica sempre foi instituto muito utilizado no processo do trabalho, sendo que, nesta seara, nunca foi precedida de um rigor procedimental.

Com o advento do CPC/2015, houve bastante discussão acerca da aplicação ou não do procedimento acima especificado à seara trabalhista.

O TST, então, editou a Instrução Normativa nº 39, segundo a qual aplicar-se-ia o incidente:

> *Art. 6°. Aplica-se ao Processo do Trabalho o incidente de desconsideração da personalidade jurídica regulado no Código de Processo Civil (arts. 133 a 137), assegurada a iniciativa também do juiz do trabalho na fase de execução (CLT, art. 878).*
>
> *§ 1º Da decisão interlocutória que acolher ou rejeitar o incidente:*
>
> *I – na fase de cognição, não cabe recurso de imediato, na forma do art. 893, § 1º da CLT;*
>
> *II – na fase de execução, cabe agravo de petição, independentemente de garantia do juízo;*
>
> *III – cabe agravo interno se proferida pelo Relator, em incidente instaurado originariamente no tribunal (CPC, art. 932, inciso VI).*
>
> *§ 2º A instauração do incidente suspenderá o processo, sem prejuízo de concessão da tutela de urgência de natureza cautelar de que trata o art. 30 1 do CPC.*

Por fim, a Reforma Trabalhista eliminou qualquer dúvida, ao inserir o art. 855-A na CLT, o qual determina claramente que se aplica ao processo do trabalho o incidente de desconsideração da personalidade jurídica previsto nos arts. 133 a 137 da Lei no 13.105, de 16 de março de 2015 - Código de Processo Civil.

Sabemos então que, antes de a execução ser direcionada ao patrimônio individual dos sócios, deve ser feito um procedimento formal, o qual possui um rito legalmente previsto.

E se for desrespeitado o procedimento? A parte pode se valer de mandado de segurança?

Segundo o TST, sim, fixando a seguinte tese: se na vigência do CPC de 2015 a execução provisória é redirecionada contra a representante legal da pessoa jurídica sem a observância do referido incidente, cabe mandado de segurança para discutir a extensão dos efeitos da obrigação contida no título executivo aos bens particulares da administradora da empresa.

MINHAS ANOTAÇÕES

Informativo nº 187

➲ ***Direito do Trabalho. Embasa. PCCS/86. Promoções por merecimento. Revogação pelo PCCS/98. Incidência da prescrição total. Súmula nº 294 do TST.***

A pretensão a diferenças salariais por inobservância dos critérios de promoção por merecimento previstos no PCCS/86 da Empresa Baiana de Águas e Saneamento S.A. - Embasa **sujeita-se à prescrição total a que se refere a Súmula nº 294 do TST.**

A inequívoca revogação do PCCS/86 pelo PCCS/98 **afasta a aplicação da prescrição parcial (Súmula nº 452 do TST), pois não subsiste a lesão sucessiva, que se renovava mês a mês, pela inobservância dos critérios de promoção estabelecidos no extinto plano de cargos e salários da empresa.**

Sob esses fundamentos, a SBDI-I, em sua composição plena, decidiu, por maioria, conhecer do recurso de embargos, por contrariedade à Súmula nº 294 do TST, e, no mérito, dar-lhes provimento para restabelecer o acórdão do Regional, no que declarou a incidência da prescrição total sobre o pedido de diferenças salariais decorrentes da não concessão das promoções por merecimento previstas no PCCS/86.

Vencidos os Ministros Augusto César Leite de Carvalho, Luiz Philippe Vieira de Mello Filho, Alberto Luiz Bresciani de Fontan Pereira, José Roberto Freire Pimenta e Hugo Carlos Scheuermann, os quais não conheciam dos embargos para manter a prescrição parcial declarada pela decisão turmária, ao fundamento de que a pretensão decorre do descumprimento de cláusula regulamentar que se incorporou ao contrato de trabalho do reclamante e que, porquanto, não se tornou ineficaz com a edição do regulamento posterior (Súmula nº 51 do TST). TST-E-ARR-353-57.2015.5.05.0161, SBDI-I, rel. Min. João Oreste Dalazen, 12.11.18

BREVE COMENTÁRIO

O julgado em tela lembra situação tratada no Informativo 174.

Trata-se de hipótese de aplicação da Súmula nº 294 do TST, que versa sobre a prescrição total:

> *Súmula nº 294 do TST*
>
> *PRESCRIÇÃO. ALTERAÇÃO CONTRATUAL. TRABALHADOR URBANO*
>
> *Tratando-se de ação que envolva pedido de prestações sucessivas decorrente de alteração do pactuado, a prescrição é total, exceto quando o direito à parcela esteja também assegurado por preceito de lei.*

O precedente em tela versou sobre a supressão de um plano de cargos e salários devido a revogação sua por outro.

Imagine a seguinte situação: João é servidor de determinada empresa e busca discutir sua não promoção, a qual deveria ter ocorrido, nos termos do plano de cargos e salários anterior (revogado). Essa alteração ocorreu há muito tempo, mas afirma o empregado que a lesão se renovaria mês a mês, visto que, a cada não pagamento do salário nos moldes pretendidos, essa interromperia a prescrição. O empregador alega que a pretensão estaria prescrita, vez que esse PCS já foi revogado há mais de cinco anos.

Qual tese o TST acatou?

Em caso semelhante, a tese do empregador. Assim, julgou que a pretensão a diferenças salariais por inobservância dos critérios de promoção por merecimento previstos no PCCS/86 da Empresa Baiana de Águas e Saneamento S.A. - Embasa sujeita-se à prescrição total a que se refere a Súmula nº 294 do TST.

A inequívoca revogação do PCCS/86 pelo PCCS/98 afasta a aplicação da prescrição parcial (Súmula nº 452 do TST), pois não subsiste a lesão sucessiva, que se renovava mês a mês, pela inobservância dos critérios de promoção estabelecidos no extinto plano de cargos e salários da empresa.

Sobre o tema, oportuno lembrar que esse entendimento foi legalmente consagrado (e aprofundado) por meio da Lei nº 13.467, a qual alterou o art. 11 da CLT para estabelecer o seguinte:

Art. 11. A pretensão quanto a créditos resultantes das relações de trabalho prescreve em cinco anos para os trabalhadores urbanos e rurais, até o limite de dois anos após a extinção do contrato de trabalho.

(...)

§ 2º Tratando-se de pretensão que envolva pedido de prestações sucessivas decorrente de alteração ou descumprimento do pactuado, a prescrição é total, exceto quando o direito à parcela esteja também assegurado por preceito de lei.

MINHAS ANOTAÇÕES

➲ *Direito Processual do Trabalho. Questão de ordem. Fato superveniente. Arguição em sede de embargos após a interposição do recurso. Exame condicionado ao preenchimento dos requisitos extrínsecos e intrínsecos do apelo.*

Em sede de embargos, o exame de arguição de fato superveniente relevante ao deslinde da controvérsia, surgido quando já interposto o recurso, está condicionado ao conhecimento do apelo.

Em outras palavras, **conquanto se admita a invocação de fato novo até mesmo na instância extraordinária (Súmula nº 394 do TST), a verificação da adequação do fato ao desenlace da discussão exige o enfrentamento do mérito, razão pela qual é inafastável o prévio preenchimento dos requisitos extrínsecos e intrínsecos do recurso**.

Sob esse entendimento, a SBDI- I, em sua composição plena, ao analisar questão de ordem, decidiu, por maioria, não examinar o fato novo suscitado pela embargante (ante o não conhecimento dos embargos), e estabelecer **a tese de que só é possível o conhecimento de fato superveniente se conhecido o recurso**.

Vencidos os Ministros Cláudio Mascarenhas Brandão, relator, Ives Gandra Martins Filho, Maria Cristina Irigoyen Peduzzi, Alberto Luiz Bresciani de Fontan Pereira, Guilherme Augusto Caputo Bastos e Márcio Eurico Vitral Amaro. TST-E-ARR-693-94.2012.5.09.0322, SBDI-I, rel. Min. Cláudio Mascarenhas Brandão, 12.11.2018

BREVE COMENTÁRIO

O art. 894 da CLT prevê o recurso de Embargos, interponível ao TST:

> *Art. 894, CLT. No Tribunal Superior do Trabalho cabem embargos, no prazo de 8 (oito) dias:*
>
> *I - de decisão não unânime de julgamento que:*
>
> *a) conciliar, julgar ou homologar conciliação em dissídios coletivos que excedam a competência territorial dos Tribunais Regionais do Trabalho e estender ou rever as sentenças normativas do Tribunal Superior do Trabalho, nos casos previstos em lei; e*
>
> *II - das decisões das Turmas que divergirem entre si ou das decisões proferidas pela Seção de Dissídios Individuais, ou contrárias a súmula ou orientação jurisprudencial do Tribunal Superior do Trabalho ou súmula vinculante do Supremo Tribunal Federal.*

Essa figura recursal possui natureza extraordinária, de modo que se faz necessário o preenchimento de alguns requisitos específicos para o seu regular conhecimento e processamento.

Por outro lado, a Súmula nº 394 permite a alegação de fato novo, inclusive aos recursos, admitindo o TST que isso se dê mesmo na instância extraordinária:

> *Súmula nº 394 do TST*
>
> *FATO SUPERVENIENTE. ART. 493 DO CPC DE 2015. ART. 462 DO CPC DE 1973.*
>
> *O art. 493 do CPC de 2015 (art. 462 do CPC de 1973), que admite a invocação de fato constitutivo, modificativo ou extintivo do direito, superveniente à propositura da ação, é aplicável de ofício aos processos em curso em qualquer instância trabalhista. Cumpre ao juiz ou tribunal ouvir as partes sobre o fato novo antes de decidir.*

No entanto, não será o fato novo alegado de qualquer forma que habilitará o apelo extraordinário.

Antes disso, faz-se necessário que o recurso já tenha sido conhecido pelo TST: conquanto se admita a invocação de fato novo até mesmo na instância extraordinária (Súmula nº 394 do TST), a verificação da adequação do fato ao desenlace da discussão exige o enfrentamento do mérito, razão pela qual é inafastável o prévio preenchimento dos requisitos extrínsecos e intrínsecos do recurso.

Assim, de nada adiantará existir fato novo e relevante para a causa se a parte deixou de cumprir um dos pressupostos recursais, como, por exemplo, o recolhimento de custas ou o prequestionamento.

MINHAS ANOTAÇÕES

➲ ***Direito do Trabalho. Administração dos Portos de Paranaguá e Antonina (APPA). Norma Coletiva. Plano de dispensa incentivada (PDI). Cláusula de quitação geral do contrato de trabalho. Validade. Ineficácia das ressalvas opostas no termo de rescisão contratual quanto às ações judiciais ajuizadas até 31.7.2014. Aplicação da tese fixada pelo STF no RE 590.415/SC.***

Não tem eficácia a ressalva oposta em termo de rescisão contratual, na hipótese em que havia ajuste coletivo prevendo a quitação ampla e geral do contrato de trabalho em caso de adesão de empregado da Administração dos Portos de Paranaguá e Antonina (APPA) a plano de dispensa incentivada. Aplica-se ao caso a tese fixada pelo STF no RE 590.415/SC.

Na espécie, registrou-se que o empregado concordou com o disposto em item do regulamento do PDI que não permitia ressalvas, além de ter assinado formulário de ratificação da adesão dando plena quitação ao contrato de trabalho.

Ademais, o ajuste coletivo foi fruto de amplo debate entre as partes convenentes, devendo prevalecer sobre o ato unilateral firmado pelo reclamante quando da homologação do termo de rescisão, que ressalvou da quitação os direitos postulados nas ações judiciais trabalhistas ajuizadas até 31.7.2014.

Sob esses fundamentos, a SBDI-I, em sua composição plena, decidiu, por unanimidade, conhecer dos embargos, por divergência jurisprudencial, e, no mérito, por maioria, negar-lhes provimento.

Vencidos os Ministros Luiz Philippe Vieira de Mello Filho, Renato de Lacerda Paiva, Lelio Bentes Corrêa, José Roberto Freire Pimenta e Brito Pereira, os quais proviam os embargos sob o entendimento de que a existência de ressalva no termo de rescisão contratual estabelece os limites da quitação traçada no PDI, de modo que se fosse de interesse da reclamada incluir na quitação as ações judiciais em curso, deveria ter feito tal registro de forma expressa ou não ter acatado o pedido de adesão do empregado ao plano de dispensa. TST-E-RR-920-84.2012.5.09.0322, SBDI-I, rel. Min. Hugo Carlos Scheuermann, 12.11.2018

BREVE COMENTÁRIO

Aos sindicatos e empregadores é facultado a firmação de Planos de Dispensa Incentivada (PDI), por meio dos quais as agremiações e os empresários firmam termos de dispensa, com cláusulas pré-determinadas, aos quais os empregados poderão aderir se quiserem.

Nesses planos, é possível que já sejam estabelecidas, de antemão, todas as parcelas às quais os empregados aderentes farão jus.

Questionou-se no STF a constitucionalidade de cláusula que exclua a possibilidade de o empregado ressalvar, individualmente, determinadas verbas em se contrato de trabalho. O Pretório Excelso fixou o seguinte:

> *A transação extrajudicial que importa rescisão de contrato de trabalho, em razão de adesão voluntária do empregado a plano de dispensa incentivada, enseja quitação ampla e irrestrita de todas as parcelas objeto do contrato de emprego, caso essa condição tenha constado expressamente do acordo coletivo que aprovou o plano, bem como dos demais instrumentos celebrados com o empregado. STF. Plenário. RE 590415/SC e RE 590415 AgR/SC, Rel. Min. Roberto Barroso, julgados em 30/4/2015 (Info 783/STF).*

No mesmo julgamento, ressaltou o STF que "no âmbito do direito coletivo do trabalho não se verificaria a mesma situação de assimetria de poder presente nas relações individuais de trabalho", de modo que "a autonomia coletiva da vontade não se encontraria sujeita aos mesmos limites da autonomia individual".

A dúvida que se pôs foi: pode o empregado aderir ao Plano de Dispensa Incentivada e, ainda assim, ressalvar individualmente que gostaria de receber determinadas verbas (excluídas pelo PDI)?

O TST, ratificando a tese do Supremo, fixou que não tem eficácia a ressalva oposta em termo de rescisão contratual, na hipótese em que havia ajuste coletivo prevendo a quitação ampla e geral do contrato de trabalho em caso de adesão de empregado da Administração dos Portos de Paranaguá e Antonina (APPA) a plano de dispensa incentivada.

MINHAS ANOTAÇÕES

Direito do Trabalho. Multa convencional. Natureza jurídica de cláusula penal. Limitação da multa ao valor da obrigação principal. Art. 412 do Código Civil de 2002. Orientação Jurisprudencial nº 54 da SBDI-I.

A multa convencional por descumprimento de norma coletiva tem a mesma natureza jurídica de cláusula penal, isto é, trata-se de obrigação acessória pela qual as partes acordam indenização no caso de inobservância do ajuste firmado entre elas.

Tal entendimento atrai a incidência da diretriz firmada na Orientação Jurisprudencial nº 54 da SBDI-I, a qual preconiza que **o valor da multa estipulada, ainda que diária, não poderá ser superior à obrigação principal corrigida, em observância ao art. 412 do Código Civil de 2002, de aplicação subsidiária ao Direito do Trabalho**.

Sob esse entendimento, a SBDI-I, em composição plena, por unanimidade, conheceu dos embargos, por divergência jurisprudencial, e, no mérito, por maioria, deu-lhes provimento para restabelecer o acórdão do Tribunal Regional na parte em que condenou a empresa ré ao pagamento da multa normativa por descumprimento de cláusulas da convenção coletiva de trabalho a respeito de piso e de reposição salarial, **limitando o valor ao montante corrigido da respectiva obrigação principal**.

Vencidos os Ministros José Roberto Freire Pimenta, Cláudio Mascarenhas Brandão, Luiz Philippe Vieira de Mello Filho e Alberto Luiz Bresciani de Fontan Pereira, que negavam provimento aos embargos para manter a multa prevista na convenção coletiva de trabalho em seu valor total, sob o fundamento de que é indevida a incidência subsidiária do art. 412 do Código Civil de 2002 por ser incompatível com a natureza da multa normativa. TST-E-ARR-12481-66.2014.5.14.0041, SBDI-I, rel. Min. Augusto César Leite de Carvalho, 12.11.2018

BREVE COMENTÁRIO

O aspecto mais importante do julgado em epígrafe foi a equiparação que o TST realizou entre a multa convencional por descumprimento de norma coletiva e a cláusula penal, reconhecendo que ambas possuem a mesma natureza jurídica.

Em suma, nos dois casos, trata-se de obrigação acessória pela qual as partes acordam indenização no caso de inobservância do ajuste firmado entre elas.

Isso atrai, por consequência, a aplicação da Orientação Jurisprudencial nº 54 da SBDI-I à multa convencional por descumprimento de norma coletiva:

> *OJ 54, SDI-II. MULTA. CLÁUSULA PENAL. VALOR SUPERIOR AO PRINCIPAL*
>
> *O valor da multa estipulada em cláusula penal, ainda que diária, não poderá ser superior à obrigação principal corrigida, em virtude da aplicação do artigo 412 do Código Civil de 2002 (art. 920 do Código Civil de 1916).*

Em complemento, cite-se o art. 412 do Código Civil:

> *Art. 412. O valor da cominação imposta na cláusula penal não pode exceder o da obrigação principal.*

Diante disso, fixou a seguinte tese: a multa convencional por descumprimento de norma coletiva tem a mesma natureza jurídica de cláusula penal, de modo que o valor da multa estipulada, ainda que diária, não poderá ser superior à obrigação principal corrigida.

MINHAS ANOTAÇÕES

➲ ***Direito Processual do Trabalho. Mandado de segurança. Decisão judicial proferida na vigência do CPC de 1973. Determinação de penhora de verba de natureza alimentar. Atos de constrição realizados sob a égide do CPC de 2015. Ofensa a direito líquido e certo. Configuração. Orientação Jurisprudencial nº 153 da SBDI-II.***

Ofende direito líquido e certo a decisão judicial que, na vigência do CPC de 1973, determinou a penhora de 30% da remuneração líquida da executada, ainda que os atos que deram cumprimento à referida decisão tenham sido efetivados sob a égide do CPC de 2015. Incidência da Orientação Jurisprudencial nº 153 da SBDI-II.

Sob esse entendimento, a SBDI- II, em sua composição plena, conheceu, à unanimidade, do recurso ordinário da executada e, no mérito, por maioria, deu-lhe provimento para, **concedendo a segurança postulada, determinar o imediato levantamento do bloqueio realizado e a liberação dos valores indevidamente retidos**.

Vencidos os Ministros Douglas Alencar Rodrigues, relator, Renato de Lacerda Paiva e Brito Pereira, os quais negavam provimento ao recurso ao fundamento de que a superveniência do CPC de 2015 convalidou o ato de penhora considerado ilegal à luz do CPC de 1973. TST-RO-261-96.2016.5.21.0000, SBDI-I, rel. Min. Douglas Alencar Rodrigues, red. p/ acórdão Min. Lelio Bentes Corrêa, 13.11.2018

BREVE COMENTÁRIO

Estabelecia o art. 649 do CPC/1973 que eram absolutamente impenhoráveis os vencimentos, subsídios, soldos, salários, remunerações, proventos de aposentadoria, pensões, pecúlios e montepios; as quantias recebidas por liberalidade de terceiro e destinadas ao sustento do devedor e sua família, os ganhos de trabalhador autônomo e os honorários de profissional liberal.

Ou seja, basicamente, era impenhorável a remuneração em sentido lato.

Já o CPC/2015 flexibilizou essa regra nos seguintes termos:

> *Art. 833. São impenhoráveis:*
>
> *(...)*
>
> *IV - os vencimentos, os subsídios, os soldos, os salários, as remunerações, os proventos de aposentadoria, as pensões, os pecúlios e os montepios, bem como as quantias recebidas por liberalidade de terceiro e destinadas ao sustento do devedor e de sua família, os ganhos de trabalhador autônomo e os honorários de profissional liberal, ressalvado o § 2º;*
>
> *(...)*
>
> *§ 2º* **O disposto nos incisos IV e X do caput não se aplica à hipótese de penhora para pagamento de prestação alimentícia, independentemente de sua origem**, *bem como às importâncias excedentes a 50 (cinquenta) salários-mínimos mensais, devendo a constrição observar o disposto no art. 528, § 8º, e no art. 529, § 3º. (grifou-se)*

Ou seja, nos termos da novel legislação, é penhorável a remuneração lato sensu, quando o crédito da parte adversa se referir a objeto de cunho alimentar "independentemente de sua origem", o que atrairia, por via de consequência, o crédito trabalhista.

Sendo assim, o Tribunal Superior do Trabalho estabelece um "corte" entre as situações a serem regidas pelo CPC/1973 e aquelas regidas pelo CPC/2015.

Qual seria a situação, então, da penhora de salário determinada sob a vigência do Código de Processo Civil anterior (o que, a rigor, seria inválido), efetuada sob a vigência do CPC/2015?

Segundo o TST, a legislação a reger tal determinação seria a anterior (CPC/1973), de modo que inválida a penhora.

MINHAS ANOTAÇÕES

➲ ***Direito Processual do Trabalho. Habeas corpus. Não cabimento. Atleta profissional de futebol. Liberação para exercício de atividade esportiva em agremiação diversa. Ausência de restrição ao direito primário de liberdade de locomoção.***

Conforme vem se posicionando o STF e o STJ, **o *habeas corpus* tem cabimento restrito à defesa da liberdade de locomoção primária (direito de ir, de vir ou de permanecer), ou seja, é meio de proteção a direitos que tenham como condição necessária para o seu exercício a liberdade física**.

Assim, é incabível ***habeas corpus* para discutir cláusula contratual envolvendo atleta profissional de futebol, com pedido de transferência imediata para outra agremiação desportiva e de rescisão indireta do contrato de trabalho.**

No caso, **a liberdade de locomoção é afetada apenas de forma secundária**, como ***reflexo da liberdade de exercício de profissão ou de trabalho***, tutelada por outro meio admitido em Direito.

Sob esses fundamentos, a SBDI- II, em sua composição plena, por maioria, não admitiu o *habeas corpus*, extinguindo o processo sem resolução de mérito, na forma do artigo 485, IV, do CPC de 2015.

Vencidos os Ministros Alexandre de Souza Agra Belmonte, Delaíde Miranda Arantes e Maria Helena Mallmann, que admitiam o *habeas corpus* ao fundamento de que é a medida adequada para combater a restrição à liberdade de locomoção advinda da impossibilidade de o atleta transferir-se para outra agremiação, não obstante haja mora contumaz do clube empregador a autorizar o rompimento do contrato (art. 31 da Lei Pelé), e em razão de o valor da cláusula compensatória de transferência ser exorbitante. TST-HC-1000678-46.2018.5.00.0000, SBDI-II, rel. Min. Alexandre Luiz Ramos, 13.11.2018

BREVE COMENTÁRIO

Imagine a seguinte situação: Rogério é jogador de futebol e atua por um clube da segunda divisão do campeonato brasileiro. Esse clube tem atrasado seus salários e, ao mesmo tempo, foi oferecida a ele proposta de outra agremiação. Essa nova agremiação atua na série A e localizada em um grande centro, de modo que a proposta se mostrou tentadora ao atleta. Diante dessa situação, ele ajuíza reclamação trabalhista, buscando anular cláusula que impede sua venda e a decretação da rescisão indireta e sua imediata liberação.

Caso não seja concedida a liminar, o atleta pode ajuizar habeas corpus visando a sua liberação?

Segundo o TST, não.

Reconhece a Corte Laboral que STJ e STF consideram o habeas corpus remédio de cabimento restrito à defesa da liberdade de locomoção primária (direito de ir, de vir ou de permanecer), ou seja, seria meio de proteção a direitos que tenham como condição necessária para o seu exercício a liberdade física.

Assim, é incabível habeas corpus para discutir cláusula contratual envolvendo atleta profissional de futebol, com pedido de transferência imediata para outra agremiação desportiva e de rescisão indireta do contrato de trabalho.

Fixou, assim, que, no caso, a liberdade de locomoção é afetada apenas de forma secundária, como reflexo da liberdade de exercício de profissão ou de trabalho, tutelada por outro meio admitido em Direito.

MINHAS ANOTAÇÕES

Informativo nº 188

➲ ***Direito Processual do Trabalho*. Ação civil pública. Adequação do meio ambiente do trabalho. Servidores estaduais estatutários. Competência da Justiça do Trabalho. Súmula nº 736 do STF.**

Conforme entendimento consagrado pelo Supremo Tribunal Federal nos autos do processo STF-Rcl 3303/PI, **a restrição da competência da Justiça do Trabalho para julgar as causas de interesse de servidores públicos, resultante do decidido na ADI 3395/DF-MC, não alcança as ações civis públicas propostas pelo Ministério Público do Trabalho cuja causa de pedir seja o descumprimento de normas de segurança, saúde e higiene dos trabalhadores.**

No caso, aplica-se a Súmula nº 736 do STF, pois **a ação se volta à tutela da higidez do local de trabalho e não do indivíduo em si, de modo que é irrelevante o tipo de vínculo jurídico existente entre os servidores e o ente público**.

Sob esse fundamento, a SBDI-I, por unanimidade, conheceu dos embargos, por divergência jurisprudencial, e, no mérito, deu-lhes provimento para declarar a competência da Justiça do Trabalho, decretar a nulidade dos atos decisórios e determinar o retorno dos autos à Vara do Trabalho de origem, a fim de que prossiga no julgamento como entender de direito. TST-E-ED-RR-60000-40.2009.5.09.0659, SBDI-I, rel. Min. Walmir Oliveira da Costa, 22.11.2018

BREVE COMENTÁRIO

Para a melhor compreensão do presente julgamento, necessário se faz destacar o posicionamento do Supremo Tribunal Federal na ADI 3395/DF-MC:

> *"INCONSTITUCIONALIDADE. Ação direta. Competência. Justiça do Trabalho. Incompetência reconhecida. Causas entre o Poder Público e seus servidores estatutários. Ações que não se reputam oriundas de relação de trabalho. Conceito estrito desta relação. Feitos da competência da Justiça Comum. Interpretação do art. 114, inc. I, da CF, introduzido pela EC 45/2004. Precedentes. Liminar deferida para excluir outra interpretação. O disposto no art. 114, I, da Constituição da República* **não abrange as causas instauradas entre o Poder Público e servidor que lhe seja vinculado por relação jurídico-estatutária.***"(ADIN-MC 3.395/DF, STF, Rel. Min. Cezar Peluso, Plenário, DJ. 10/11/2006) [Grifei]*

Assim, não caberá à Justiça do Trabalho analisar as causas instauradas entre o Poder Público e o servidor que lhe seja vinculado por relação jurídico-estatuário.

Mas se a lide tratar acerca das normas trabalhistas relativas à segurança, higiene e saúde dos trabalhadores?

O Supremo Tribunal Federal possui o enunciado sumulado de número 736 que estabelece que: *"Compete à justiça do trabalho julgar as ações que tenham como causa de pedir o descumprimento de normas trabalhistas relativas à segurança, higiene e saúde dos trabalhadores."*

Inclusive, restou decidido no bojo da Reclamação 3303/PI que **as ações civis públicas** movidas em face do Poder Público **visando a observância das normas de saúde, higiene e segurança no âmbito do Instituto Médico Legal, ainda que se tratasse de órgão, público**, deveriam ser decididas pela Justiça do Trabalho.

Eis a ementa:

> *EMENTA: CONSTITUCIONAL. RECLAMAÇÃO. ADI 3.395-MC. AÇÃO CIVIL PÚBLICA PROPOSTA NA JUSTIÇA DO TRABALHO, PARA IMPOR AO PODER PÚBLICO PIAUIENSE A OBSERVÂNCIA DAS NORMAS DE SAÚDE, HIGIENE E SEGURANÇA DO TRABALHO NO ÂMBITO DO INSTITUTO MÉDICO LEGAL. IMPROCEDÊNCIA. 1. Alegação de desrespeito ao decidido na ADI 3.395-MC não verificada,* **porquanto a ação civil pública em foco tem por objeto exigir o cumprimento, pelo Poder Público piauiense, das normas trabalhistas relativas à higiene, segurança e saúde dos trabalhadores.** *2. Reclamação improcedente. Prejudicado o agravo regimental interposto.*

No caso ora analisado (**que envolvia a adequação do meio ambiente do trabalho. servidores estaduais estatutários da Universidade Estadual do Cen-**

tro-Oeste), o TST, alinhando-se ao quanto decidido pelo Supremo Tribunal Federal, reconheceu a competência da Justiça do Trabalho, determinando o retorno dos autos à Vara do Trabalho de origem, a fim de que esta prosseguisse no julgamento.

O fundamento constante no julgado é de que:

> *"Com efeito, considerando que o que se tutela na presente demanda é a higidez do local de trabalho – **e não o indivíduo em si** – é irrelevante a qualificação do vínculo jurídico que os servidores possuam com o ente público, pelo o que aplicável à hipótese o entendimento consubstanciado na Súmula nº 736 do STF"*

Uma observação adicional sobre o tema é relevante.

Existem casos envolvendo pleito de **adicional de insalubridade** por parte de servidores estatutários que geram debates no que tange a justiça competente.

Há aqueles que entendem que o não pagamento (ou pagamento a menor) do adicional de insalubridade enquadra-se nas normas relativas à higiene, segurança e saúde dos trabalhadores, fazendo incidir, assim, a Súmula 736 do Supremo Tribunal Federal. Lado outro, existe quem entenda tratar-se de competência da Justiça Comum por dois motivos: 1) o pleito não se relaciona com as normas relativas à higiene, segurança e saúde dos trabalhadores e; 2) com base no quanto decidido na ADI 3395/DF-MC.

A título ilustrativo, transcreve-se decisão recente proferida pelo Superior Tribunal de Justiça em sede de Conflito de Competência:

> *CONFLITO DE COMPETÊNCIA Nº 160.368 - DF (2018/0211998-5)*
> *RELATORA : MINISTRA ASSUSETE MAGALHÃES*
> *SUSCITANTE : JUÍZO DA 1A VARA DO TRABALHO DE BRASÍLIA - DF*
> *SUSCITADO : JUÍZO DE DIREITO DA 2A VARA DA FAZENDA PÚBLICA DE BRASÍLIA - DF*
> *INTERES. : DANNIEL EUFRASIO GONCALVES FERREIRA*
> *ADVOGADO : AMANDA ALE FRANZOSI - DF019496*
> *INTERES. : DISTRITO FEDERAL*
> *DECISÃO*
>
> *Trata-se de Conflito Negativo de Competência instaurado entre o JUÍZO DA 1ª VARA DO TRABALHO DE BRASÍLIA/DF, suscitante, e o JUÍZO DE DIREITO DA 2ª VARA DA FAZENDA PÚBLICA DE BRASÍLIA/DF, suscitado, nos autos da ação proposta por DANNIEL EUFRASIO GONCALVES FERREIRA, em desfavor do DISTRITO FEDERAL.*
>
> *Inicialmente, o Juízo de Direito declinou da competência para conhecer e julgar a demanda, nos seguintes termos:*
>
> *"Nos termos do enunciado de súmula 736 do Supremo Tribunal Federal: 'Compete à Justiça do Trabalho julgar as ações que tenham como causa*

de pedir o descumprimento de normas trabalhistas relativas à segurança, higiene e saúde dos trabalhadores'. Se não bastasse, em decisão recente do c. TST declarou a competência da Justiça do Trabalho para causas envolvendo meio ambiente do trabalho, mesmo que envolvam servidores estatutários (RR-16400- 66.2009.5.15.0023)" (fl. 50e).

O Juízo do Trabalho, igualmente, reconheceu a incompetência para o feito e suscitou o presente Conflito de Competência, nos seguintes termos:

"Data maxima venia, perfilho por entendimento diverso daquele firmado pelo Exmo. Juiz da 2ª Vara de Fazenda Pública do DF, tendo em vista que o Excelso STF já se manifestou no sentido de que o artigo 114, I, da CF/88, com redação inserida pela EC n. 45, não se aplica a lides envolvendo servidores e o ente público ao qual estejam vinculados por relação jurídico-estatutária, conforme ADI n. 3.395. Assim, concluo que não se aplica ao caso concreto o disposto na Súmula n. 736 daquela Excelsa Corte" (fl. 3e).

O Ministério Público Federal manifestou-se pela competência do Juízo de Direito da 2ª Vara da Fazenda Pública de Brasília – DF (fls. 178/180e).

De início, conheço do Conflito, porquanto se trata de controvérsia instaurada entre Juízes vinculados a Tribunais distintos, a teor do que preceitua o art. 105, I, d, da Constituição da República.

Em face do advento da Emenda Constitucional 45/2004, a competência para conhecer das ações oriundas da relação de trabalho, abrangidos entes de direito público externo e da Administração Pública Direta e Indireta da União, dos Estados, do Distrito Federal e dos Municípios, passou a ser da Justiça do Trabalho.

O STF, ao examinar a questão nos autos da ADI 3.395/DF, em 05/04/2006, referendou liminar anteriormente concedida, que suspendera qualquer interpretação do inciso I do art. 114 da CF, alterado pela EC 45/2004, que atribuísse à Justiça do Trabalho a apreciação de causas instauradas entre o Poder Público e seus servidores, a ele vinculados por típica relação de ordem estatutária ou de caráter jurídico-administrativo.

Portanto, se o vínculo estabelecido entre o Poder Público e o servidor for estatutário, a competência para análise das controvérsias trabalhistas será da Justiça Comum (estadual ou federal), ao passo que, se o vínculo trabalhista for regido pela CLT, caberá à Justiça laboral.

In casu, o autor, servidor público estatutário, ocupante do cargo de agente de atividades penitenciárias, ajuizou ação, em face do Distrito Federal, com a finalidade de garantir o direito ao recebimento do adicional de insalubridade.

Verifica-se que não há que se falar em aplicação da Súmula 736/STF, tendo em vista que tal entendimento somente se aplica aos casos de ações coletivas, o que não se evidencia na hipótese dos autos.

Nesse contexto, considerando que a pretensão da parte autora refere-se a direitos, na qual a relação jurídica entre as partes é de cunho administrativo, a competência para processamento e julgamento do feito é da Justiça Comum Estadual.

A propósito:

"PROCESSUAL CIVIL. AGRAVO REGIMENTAL NO CONFLITO NEGATIVO DE COMPETÊNCIA. VÍNCULO JURÍDICO-ADMINISTRATIVO. COMPETÊNCIA DA JUSTIÇA COMUM. 1. Do que consta dos autos, embora a reclamante objetive o recebimento de verbas de natureza trabalhista, constata-se que o vínculo existente entre a Administração Pública e a autora é o jurídico-estatutário, cuja competência para o julgamento da demanda é do Juízo Comum Estadual, considerando a existência da Lei Municipal n. 4/1990. 2. Agravo regimental não provido" (STJ, AgRg no CC 134.298/MA, Rel. Ministro BENEDITO GONÇALVES, PRIMEIRA SEÇÃO, DJe de 01/07/2015).

"CONFLITO DE COMPETÊNCIA. SERVIDOR PÚBLICO MUNICIPAL. REFORMA CONSTITUCIONAL. EMENDA 45/2004. ART. 114, INCISO I, DA CF/88. VÍNCULO ESTATUTÁRIO. CONFLITO CONHECIDO PARA DECLARAR COMPETENTE A JUSTIÇA COMUM. 1. A definição da competência ratione materiae deve ser feita de forma prévia, antes de qualquer outro juízo sobre a demanda, devendo levar em consideração a causa de pedir e o pedido apresentados na petição inicial, e não em face de eventual procedência ou improcedência, da legitimidade das partes, ou de qualquer outro juízo sobre a causa. Precedente. 2. No caso, é de ser reconhecida a competência do Juízo Comum Estadual, na medida em que a Autora postula direitos relativos ao regime estatutário estabelecidos pela Lei Municipal instituidora do vínculo jurídico-administrativo entre a Administração e seus servidores, sendo certo que a Autora foi admitida nos quadros da municipalidade em data anterior à instituição do regime jurídico único. 3. Segundo o entendimento sufragado na Súmula nº 137/STJ, 'Compete à Justiça Comum Estadual processar e julgar ação de servidor público municipal, pleiteando direitos relativos ao vínculo estatutário.' 4. O Supremo Tribunal Federal suspendeu toda e qualquer interpretação dada ao inciso I do art. 114 da Constituição Federal, na redação dada pela EC nº 45/2004, que inclua na competência da Justiça do Trabalho o exame de causas que entre o Poder Público e seus servidores, a ele vinculados por típica relação de ordem estatutária ou de caráter jurídico-administrativo. 5. Conflito conhecido para declarar a competência do Juízo de Direito de Umbuzeiro PB" (STJ, CC 100.671/PB, Rel. Ministra LAURITA VAZ, TERCEIRA SEÇÃO, DJe 02/02/2009).

No mesmo sentido, os seguintes julgados monocráticos: STJ, CC 160.020/DF, Rel. Ministro HERMAN BENJAMIN, DJe de 04/09/2018, CC 159.608/DF, Rel. Ministro OG FERNANDES, DJe de 20/08/2018, CC 159.944/DF, Rel. Ministro SÉRGIO KUKINA, DJe de 06/08/2018, CC 157.699/DF, Rel. Ministro FRANCISCO FALCÃO, DJe de 30/04/2018.

Ante o exposto, conheço do Conflito para, à luz das peculiaridades do caso concreto, declarar competente o Juízo de Direito da 2ª Vara da Fazenda Pública de Brasília/DF, o suscitado.

Dê-se ciência aos Juízos envolvidos e ao Ministério Público Federal.

I.

Brasília (DF), 06 de setembro de 2018.

Ministra ASSUSETE MAGALHÃES

Relatora

Ao que parece, o entendimento proferido no julgado analisado pelo TST, constante no Informativo 188, filia-se ao posicionamento adotado pelo STJ, vez que, no trecho anteriormente destacado, **faz expressa referência de que a competência da Justiça do Trabalho alcança as demandas que visam a higidez do ambiente de trabalho, e não o indivíduo em si.**

Assim, muito importante distinguir se o caso concreto trata de uma ação coletiva na qual se busca a proteção do ambiente de trabalho como um todo ou apenas de pleito em que se busca o reconhecimento de um direito individual, como por exemplo, o adicional de insalubridade.

MINHAS ANOTAÇÕES

➲ ***Direito do Trabalho. Hiring bonus.*** **Natureza jurídica salarial. Reflexos limitados ao depósito do FGTS e à multa de 40% correspondentes ao mês de pagamento da parcela.**

A parcela denominada *hiring bonus* ou bônus de contratação - que visa atrair empregados altamente qualificados que já mantêm contrato de trabalho com outro empregador –, embora ostente natureza salarial, tem seus reflexos limitados ao depósito do FGTS e à respectiva multa de 40%, correspondentes ao mês de pagamento da verba. Trata-se de parcela paga uma única vez, de modo que sua repercussão esgota-se no próprio mês de pagamento.

Sob esse entendimento, a SBDI-I, por unanimidade, conheceu dos embargos, por divergência jurisprudencial, e, no mérito, negou-lhes provimento. TST-E-ED-ARR-723-08.2013.5.04.0008, SBDI-I, rel. Min. Guilherme Augusto Caputo Bastos, 29.11.2018

BREVE COMENTÁRIO

Em que consiste o ***hiring bonus***?

Figura comum nas relações laborais norte-americanas, o *"hiring bonus"* (em português, bônus de contratação), também conhecido como *"sign in bonus"* se trata de uma quantia paga a determinado empregado (em regra, altamente qualificado) para que se desvincule de determinado empregador e aceita trabalhar para outro.

Ou seja, é uma gratificação paga, já no início do contrato, como forma de cooptar o empregado a deixar o antigo emprego.

Chegou ao TST o debate acerca de quais os reflexos incidem sobre referida parcela.

E o que entendeu o TST?

A Corte Trabalhista entendeu que *"embora ostente natureza salarial, tem seus reflexos limitados ao depósito do FGTS e à respectiva multa de 40%, correspondentes ao mês de pagamento da verba".*

Isto porque, **o bônus de contratação se trata de parcela paga uma única vez, de modo que sua repercussão se esgota no próprio mês de pagamento.**

MINHAS ANOTAÇÕES

➲ *Direito Processual do Trabalho.* Mandado de segurança. Execução provisória. Decisão que ao mesmo tempo determina a citação do executado e o bloqueio de valores via Bacen-Jud. Ordens judiciais incompatíveis. Ausência de fundamentos que justifiquem a medida. Ilegalidade do ato.

Ofende direito líquido e certo do devedor a decisão judicial que determina a citação para pagamento ou garantia da execução em 48 horas e, ao mesmo tempo, ordena o imediato bloqueio de valores via Bacen-Jud, com base no poder geral de cautela previsto no art. 927 do CPC de 2015.

No caso, houve cumulação de ordens judiciais incompatíveis, pois <u>o bloqueio suprimiu da parte a possibilidade de indicação de bens à</u>

penhora em 48 horas, sem qualquer lastro fático que autorizasse o procedimento adotado pelo Juízo coator.

Sob esse entendimento, a SBDI-II, por unanimidade, conheceu do recurso ordinário e, no mérito, por maioria, deu-lhes parcial provimento para determinar a devolução dos valores apreendidos, retomando-se o curso da execução como o Juízo entender de direito.

Vencidas as Ministras Maria Helena Mallmann, relatora, e Delaíde Miranda Arantes, que negavam provimento ao recurso, visto que o art. 854 do CPC de 2015 autoriza o bloqueio *online* sem prévia ciência do ato pelo executado. TST-RO-11374-14.2017.5.03.0000, SBDI-II, rel. Min. Maria Helena Mallmann, red. p/ acórdão Min. Douglas Alencar Rodrigues, 27.11.2018

BREVE COMENTÁRIO

Imagine que um empregador tenha sido condenado por sentença transitada em julgado ao pagamento de determinadas parcelas.

O empregado, por seu turno, visando dar efetividade ao julgado proferido, inicia o procedimento executório em face do empregador.

O juiz recebe a petição e, dando prosseguimento ao feito executivo, intima o executado (empregador) para, nos termos no artigo 880, pagar o valor devido ou garantir a execução no prazo de 48 horas.

Além disso, buscando a máxima efetividade e o resguardo da prestação jurisdicional, determina, com base no poder geral de cautela, previsto no art. 927 do Código de Processo Civil, o imediato bloqueio de valores via Bacen-Jud do executado.

O procedimento adotado pelo juiz está correto?

Na visão do TST, não.

De acordo com o TST, houve cumulação de ordens judiciais incompatíveis, pois **o bloqueio suprimiu da parte a possibilidade de indicação de bens à penhora em 48 horas, sem qualquer lastro fático que autorizasse o procedimento adotado pelo Juízo coator.**

Assim, neste momento processual, não existiria **justo motivo** para a adoção de medida tão gravosa como o bloqueio de valores via Bacen-Jud, o qual deverá ser aplicado, por exemplo, nos casos em que o executado se mantiver inerte ou houver fundadas razões de dilapidação do seu patrimônio.

MINHAS ANOTAÇÕES

➲ ***Direito Processual do Trabalho*** **Mandado de segurança. Não cabimento. Ressarcimento de despesas do leiloeiro e depositário judicial. Existência de recurso próprio. Incidência da Orientação Jurisprudencial nº 92 da SBDI-II.**

Não cabe mandado de segurança para impugnar decisões relacionadas ao reembolso de despesas do leiloeiro/depositário proferidas na fase de execução, quando não há dúvidas de que o tribunal de origem admite o cabimento de agravo de petição.

Embora haja controvérsia a respeito da possibilidade de o leiloeiro ou o depositário judicial interpor recurso nos autos em que oficiou como auxiliar do juízo, no caso concreto, o impetrante trouxe aos autos ementas de julgados em que o TRT de origem analisou agravo de petição envolvendo a mesma matéria.

Em alguns deles, inclusive, **ele próprio figurou como agravante**. Sob esse entendimento, e aplicando ao caso a diretriz da Orientação Jurisprudencial nº 92 da SBDI-II, a referida Subseção, por maioria, negou provimento ao recurso ordinário.

Vencidos os Ministros Delaíde Miranda Arantes, relatora, e Douglas Alencar Rodrigues. TST-RO-164-09.2017.5.05.0000, SBDI-II, rel. Min. Delaíde Miranda Arantes, red. p/ acórdão Min. Renato de Lacerda Paiva, 4.12.2018

BREVE COMENTÁRIO

Imagine que José tenha atuado como leiloeiro e depositário judicial, o que lhe gerou despesas com a guarda dos bens a ele atribuídos.

Neste cenário, o juízo da execução proferiu decisão acerca do direito ou não ao reembolso de tais despesas, sendo que José não concordou com a referida decisão.

No caso, qual seria o instrumento processual cabível?

Não existe consenso sobre a questão, existindo aqueles que entendam ser cabível mandado de segurança e outros, agravo de petição.

Neste caso, seria possível, então, a aplicação do princípio da fungibilidade?

Depende.

Segundo o TST, caso o Tribunal no qual tramita a referida execução já tenha se posicionado a respeito do tema, indicando a recorribilidade da decisão via agravo de petição, não haverá fundamento para o manejo do mandado de segurança.

Assim, quando não houver **dúvidas de que o tribunal de origem admite o cabimento de agravo de petição, não caberá mandado de segurança para impugnar decisões relacionadas ao reembolso de despesas do leiloeiro/depositário proferidas na fase de execução.**

Este entendimento, inclusive, poderá ser adotado para casos análogos, demonstrando, pois, a importância do conhecimento da jurisprudência do respectivo Tribunal Regional.

MINHAS ANOTAÇÕES

Informativo nº 189

➲ ***Direito do Trabalho.* BESC. Programa de Demissão Incentivada (PDI/2001). Negociação coletiva. Cláusula de quitação geral do contrato de emprego. Inclusão da indenização por danos morais.**

A adesão voluntária do empregado ao Programa de Demissão Incentivada (PDI/2001), instituído pelo Banco do Estado de Santa Catarina - BESC, implica o reconhecimento da quitação ampla e irrestrita de todas as parcelas objeto do contrato de emprego (conforme previsto no acordo coletivo que aprovou o plano), incluindo o pedido de indenização por danos morais.

No caso, entendeu-se que o referido pedido, decorrente do transporte irregular de valores, **está vinculado ao extinto contrato de emprego**, pois tem como causa de pedir suposto ato ilícito praticado pelo empregador, sujeitando-se, portanto, à ampla quitação decorrente da adesão ao PDI.

Sob esse fundamento, a SBDI-I, à unanimidade, conheceu do recurso de embargos interpostos pelo reclamante, por divergência jurisprudencial, e, no mérito, negou-lhe provimento, mantendo a decisão turmária mediante a qual se julgara improcedentes os pedidos formulados na reclamação trabalhista. TST-E-RR-446485-88.2007.5.12.0001, SBDI-I, rel. Min. Hugo Carlos Scheuermann, 13.12.2018

BREVE COMENTÁRIO

O cerne do julgado em questão foi o seguinte: as empresas podem estabelecer Programas de Demissão Incentivada – PDI, que englobem a quitação ampla e irrestrita das parcelas referentes ao contrato de trabalho, inclusive danos morais?

Segundo decidiu o TST, sim.

Desse modo, a Superior Corte Laboral indeferiu pedido formulado por empregado aderente ao PDI que buscava a indenização por danos morais em razão de situação vivida em decorrência do contrato de trabalho (transporte irregular de valores).

Sobre o tema, é importante notar que a Reforma Trabalhista trouxe dispositivo expresso, o qual consagra o posicionamento em tela:

> *Art. 477-B. Plano de Demissão Voluntária ou Incentivada, para dispensa individual, plúrima ou coletiva, previsto em convenção coletiva ou acordo coletivo de trabalho, enseja quitação plena e irrevogável dos direitos decorrentes da relação empregatícia, salvo disposição em contrário estipulada entre as partes.*

MINHAS ANOTAÇÕES

______

______

______

______

______

➲ ***Direito Processual do Trabalho.*** **Sucumbência na reclamação trabalhista e na reconvenção. Preparo recolhido apenas em relação à reclamatória. Deserção do recurso relativo à ação principal. Não configuração.**

A reconvenção, medida processual por meio da qual a parte exerce pretensão própria e autônoma, *não se confunde com a ação principal*, mas apenas pressupõe a existência desta.

Assim, **na hipótese em que a parte é sucumbente tanto na ação trabalhista quando na reconvenção, mas efetua o preparo referente à**

reclamação trabalhista somente, não há falar em deserção do recurso ordinário relativo à reclamatória, sob pena de violação dos arts. 789, *caput* e § 1º, da CLT (na redação anterior à Lei nº 13.467/2017), 343, § 2º, do CPC de 2015 e dos princípios do devido processo legal, do contraditório e da ampla defesa.

Sob esse fundamento, a SBDI-I, por unanimidade, conheceu dos embargos, por divergência jurisprudencial, e, no mérito, deu-lhes provimento para, afastada a deserção do recurso ordinário tão somente em relação à reclamação trabalhista, determinar o retorno dos autos ao TRT de origem, a fim de que prossiga no julgamento das pretensões formuladas na referida ação, como entender de direito. TST-E-ED-RR-1136-35.2013.5.10.0014, SBDI-I, rel. Min. Cláudio Mascarenhas Brandão, 13.12.2018

BREVE COMENTÁRIO

A reconvenção é considerada uma das possíveis respostas do réu, consistente em ação autônoma, admitida majoritariamente no processo do trabalho por meio da aplicação subsidiária do Código de Processo Civil, que prevê o seguinte:

> *Art. 343, CPC. Na contestação, é lícito ao réu propor reconvenção para manifestar pretensão própria, conexa com a ação principal ou com o fundamento da defesa.*

Trata-se, portanto, de uma resposta do reclamado que vai além da mera contestação dos pedidos formulados na exordial, englobando o desafio de instrumento autônomo referente a pretensão conexa com a ação principal ou com fundamento da defesa.

Dito isso, imagine-se a seguinte situação: João, réu em processo do trabalho, ajuizou reconvenção, sendo que tanto teve a ação principal julgada procedente contra ele quanto viu sua reconvenção ser inacolhida.

Diante dessa situação, interpôs recurso ordinário em ambas as ações, **realizando o preparo apenas em relação à principal**.

Pergunta-se: ambos os recursos devem ser considerados desertos ou apenas aquele referente à reconvenção?

Segundo decidiu o TST, apenas o recurso interposto na reconvenção será deserto; o recurso interposto na ação principal deverá ser conhecido.

Fixou, assim, a seguinte tese: **na hipótese em que a parte é sucumbente tanto na ação trabalhista quando na reconvenção, mas efetua o preparo referente à reclamação trabalhista somente, não há falar em deserção do recurso ordinário relativo à reclamatória**.

MINHAS ANOTAÇÕES

➲ *Direito Processual do Trabalho*. Peticionamento eletrônico. Interposição de recurso de revista. Ausência de assinatura manual ou eletrônica. Resolução nº 139/07 do TRT da 8ª Região. Regularidade da representação processual.

Ainda que ausente a assinatura manual ou eletrônica do subscritor do recurso de revista, é regular o apelo interposto via peticionamento eletrônico que segue as orientações do TRT encarregado de recebê-lo.

No caso, a falta de assinatura não pode ser atribuída à parte, mas ao TRT da 8ª Região que, ao interpretar a Lei nº 11.419/2006, editou a Resolução nº 139/2017 e substituiu a necessidade de assinatura do subscritor por cadastro prévio no Tribunal e por senha pessoal e intransferível. Tal resolução, inclusive, equiparou a senha à identificação eletrônica e estabeleceu uma presunção relativa quanto à existência de assinatura daquele que acessou o sistema e se identificou. Assim, ante a regulamentação adotada no Tribunal de origem e a ausência de qualquer irregularidade detectada no juízo de admissibilidade, não pode o TST surpreender a parte e ter por inexistente o recurso.

Sob esse entendimento, a SBDI-I, por unanimidade, conheceu dos embargos, por divergência jurisprudencial, e, no mérito, por maioria, deu-lhes provimento para, afastada a irregularidade quanto à subscrição do apelo, determinar o retorno dos autos à Turma de origem para que prossiga no exame do recurso de revista como entender de direito.

Vencidos os Ministros Walmir Oliveira da Costa, relator, Cláudio Mascarenhas Brandão, Guilherme Augusto Caputo Bastos e Márcio Eurico Vitral Amaro. TST-E-ED-RR-123600-84.2009.5.08.0005, SBDI-I, rel. Min. Walmir Oliveira da Costa, red. p/ acórdão Min. Luiz Philippe Vieira de Mello Filho, 13.12.2018

BREVE COMENTÁRIO

O caso em tela versa sobre situação peculiar, mas é importante seu estudo, pois as bancas podem utilizar a narrativa do caso específico para questões de cunho geral.

Na espécie, determinado TRT editou Resolução que previa a substituição da necessidade de assinatura do subscritor de recurso por cadastro prévio no Tribunal e por senha pessoal e intransferível.

Em razão dessa resolução, certo advogado recorrente não assinou digitalmente o recurso interposto.

O apelo deverá ser conhecido?

Segundo o TST, sim.

Isso porque, no caso, a falta de assinatura não poderia ser atribuída à parte, mas ao próprio TRT, que, ao interpretar a Lei nº 11.419/2006, editou Resolução que substituiu a necessidade de assinatura do subscritor por cadastro prévio no Tribunal e por senha pessoal e intransferível.

Ante a regulamentação adotada no Tribunal de origem e a ausência de qualquer irregularidade detectada no juízo de admissibilidade, não poderia o TST surpreender a parte e ter por inexistente o recurso.

MINHAS ANOTAÇÕES

➲ *Direito Processual do Trabalho.* Ação rescisória. Violação à coisa julgada. Configuração. Sentença criminal condenatória transitada em julgado em momento anterior ao trânsito em julgado da decisão rescindenda que declarou a nulidade da dispensa do reclamante. Unidade da jurisdição. Não subsistência da decisão proferida na seara trabalhista.

Os fatos reconhecidos em sentença criminal condenatória transitada em julgado *não podem* ser rediscutidos na seara trabalhista, ante o princípio da unidade da jurisdição.

No caso, a coisa julgada que se formou no processo criminal, em que constatado o crime cometido pelo empregado (ato de improbidade), com a consequente pena de perda do emprego público, operou-se anteriormente ao trânsito em julgado do acórdão rescindendo que, ao analisar as razões que ensejaram a justa causa, concluiu pela nulidade da dispensa do reclamante.

Assim, **a decisão penal se sobrepõe à sentença trabalhista, de modo que esta não pode subsistir com conteúdo decisório oposto àquele que transitou em julgado na esfera criminal.**

Sob esse entendimento, a SBDI-II, por unanimidade, conheceu e negou provimento ao recurso ordinário, mantendo, portanto, a decisão do Tribunal Regional que, com fundamento no art. 485, IV, do CPC de 1973, julgou procedente o pedido de corte rescisório para reconhecer a justa causa praticada pelo empregado. TST-RO-9301-70.2010.5.01.0000, SBDI-II, rel. Min. Alexandre de Souza Agra Belmonte, 11.12.2018

BREVE COMENTÁRIO

Imagine a seguinte situação: João foi acusado da prática de ato de improbidade na empresa em que trabalhava; suponhamos o roubo de um computador.

Em razão da prática desse ato, tanto foi processado na esfera criminal quanto demitido por justa causa, nos termos do art. 482, a, da CLT (esfera trabalhista).

Condenado na esfera criminal, em decisão que transitou em julgado, poderia a Justiça do Trabalho, em decisão posterior, rever aqueles fatos para efeitos de desconstituir a justa causa?

Segundo o TST decidiu, não, fixando a seguinte tese: **a decisão penal se sobrepõe à sentença trabalhista, de modo que esta não pode subsistir com conteúdo decisório oposto àquele que transitou em julgado na esfera criminal.**

MINHAS ANOTAÇÕES

INFORMATIVOS DO STF

Informativo nº 894

➲ DIREITO DO TRABALHO

FGTS

Constitucionalidade do § 18 do art. 20 e dos arts. 29-A e 29-B na Lei nº 8.036/90.

Medida Provisória e FGTS

O Plenário, por maioria e em julgamento conjunto, julgou improcedentes os pedidos formulados em ações diretas de inconstitucionalidade ajuizadas contra o art. 5º da Medida Provisória 1.951-33/2000, atual MP 2.197-43, com relação à parte que introduziu o § 18 no art. 20 e os artigos 29-A e 29-B na Lei 8.036/1990, a qual dispõe sobre o Fundo de Garantia do Tempo de Serviço - FGTS.

A Lei 8.036/1990, a partir dos dispositivos introduzidos pela medida provisória, passou a dispor que: a) é indispensável o comparecimento pessoal do titular da conta vinculada do FGTS para a realização de levantamento de valores, em determinadas hipóteses, salvo em caso de grave moléstia comprovada por perícia médica, quando será paga a procurador especialmente constituído para esse fim [§ 18 do art. 20 [(1)]]; b) quaisquer créditos relativos à correção dos saldos das contas vinculadas do FGTS serão liquidados mediante lançamento pelo agente operador na respectiva conta do trabalhador [art. 29-A [(2)]]; e c) não será cabível medida liminar em mandado de segurança, no procedimento cautelar ou em quaisquer outras ações de natureza cautelar ou preventiva, nem a tutela antecipada que impliquem saque ou movimentação da conta vinculada do trabalhador no FGTS [art. 29-B [(3)]].

De início, quanto à alegada ofensa aos requisitos de relevância e urgência para edição de medidas provisórias (CF, art. 62), o Tribunal reafirmou jurisprudência consolidada da Corte no sentido de não caber ao Poder Judiciário verificá-los, pois configuram conceitos jurídicos indeterminados que estão situados dentro da discricionariedade política do Poder Executivo para edição de tais atos normativos e do Congresso Nacional para conversão ou não em lei.

Apenas em caráter excepcional é possível o controle jurisdicional destes requisitos, quando existir abuso de poder ou a ausência destes pressupostos for evidente. No entanto, essas hipóteses não estão presentes no caso, uma vez que a matéria tratada possui evidente relevância e havia considerável urgência na edição da Medida, por meio da qual se buscou reduzir os inúmeros casos de fraude envolvendo saques de valores depositados nas contas de FGTS dos trabalhadores brasileiros.

No que se refere ao § 18 do art. 20 da Lei 8.036/1990, **o Tribunal reputou legítima a exigência de comparecimento pessoal do titular da conta de FGTS para levantamento de valores**. Trata-se, tão somente, de condição procedimental para pagamento, a qual não eliminou nenhuma das hipóteses de saque anteriormente previstas, nem vedou a possibilidade de os sindicatos ou os advogados atuarem na defesa e representação dos seus filiados ou clientes.

A exigência em questão é uma obrigação personalíssima que resguarda o direito do titular da conta vinculada, além de evitar fraudes e a malversação dos valores depositados, por parte de terceiros. Preservados, assim, o direito de representação e o direito adquirido dos trabalhadores.

Em relação à impugnação do art. 29-A, o Colegiado considerou válida a explicitação de **que os valores suscetíveis de correção do FGTS devem ser lançados na conta vinculada do trabalhador. Essa norma garante a devida correção monetária do FGTS por meio de lançamento na própria conta vinculada, como ocorre nos depósitos do valor principal. Essa medida evita que ocorram saques de parcelas acessórias fora das hipóteses que a lei autoriza**.

Por fim, quanto ao art. 29-B, afastou a apontada inconstitucionalidade formal da medida provisória na parte em que dispôs sobre o não cabimento de medida liminar, cautelar ou tutela antecipada que impliquem saque ou movimentação da conta vinculada do trabalhador no FGTS. Isso porque a vedação de medidas provisórias sobre matéria processual somente se aplica àquelas editadas posteriormente à Emenda Constitucional 32/2001. Portanto, ao tempo da edição, as disposições normativas impugnadas obedeceram aos parâmetros constitucionais vigentes.

Vencidos, em parte, os Ministros Ricardo Lewandowski (relator) e Alexandre de Moraes, que declaravam a inconstitucionalidade formal do art. 29-B, e o Ministro Marco Aurélio, que declarava a inconstitucionalidade material do § 18 do art. 20 e do art. 29-B.

BREVE COMENTÁRIO

No julgado sob análise, o STF verificou a constitucionalidade de alterações promovidas na legislação do FGTS (§ 18 do art. 20 e dos arts. 29-A e 29-B na Lei nº 8.036/90 do § 18 do art. 20 e dos arts. 29-A e 29-B na Lei nº 8.036/90) por meio de medida provisória.

O primeiro dispositivo reza o seguinte:

> *Art. 20. A conta vinculada do trabalhador no FGTS poderá ser movimentada nas seguintes situações:*
>
> *(...)*
>
> *§ 18. É indispensável o comparecimento pessoal do titular da conta vinculada para o pagamento da retirada nas hipóteses previstas nos incisos I, II, III, VIII, IX e X deste artigo, salvo em caso de grave moléstia comprovada por perícia médica, quando será paga a procurador especialmente constituído para esse fim".*

O dispositivo em questão condiciona o comparecimento pessoal do beneficiário do FGTS, titular daquela conta, para o saque dos valores ali depositados.

Do ponto de vista material, a Suprema Corte reputou legítima essa exigência.

Segundo o STF, trata-se, tão somente, de condição procedimental para pagamento, a qual não eliminou nenhuma das hipóteses de saque anteriormente previstas, nem vedou a possibilidade de os sindicatos ou os advogados atuarem na defesa e representação dos seus filiados ou clientes (atente para esse detalhe final).

Doutra ponta, analisou-se a constitucionalidade do seguinte artigo modificado:

> *Art. 29-A. Quaisquer créditos relativos à correção dos saldos das contas vinculadas do FGTS serão liquidados mediante lançamento pelo agente operador na respectiva conta do trabalhador.*

Considerou-se que essa norma garante a devida correção monetária do FGTS por meio de lançamento na própria conta vinculada, como ocorre nos depósitos do valor principal, de modo a evitar que ocorram saques de parcelas acessórias fora das hipóteses que a lei autoriza.

Por fim, analisou-se a constitucionalidade formal do art. 29-B:

> *Art. 29-B. Não será cabível medida liminar em mandado de segurança, no procedimento cautelar ou em quaisquer outras ações de natureza cautelar ou preventiva, nem a tutela antecipada prevista nos arts. 273 e 461 do Código de Processo Civil que impliquem saque ou movimentação da conta vinculada do trabalhador no FGTS.*

Considerou válida a alteração, vez que a vedação de medidas provisórias sobre matéria processual somente se aplica àquelas editadas posteriormente à Emenda Constitucional 32/2001 (a MP em questão data do ano 2000), de modo que, ao tempo da edição, as disposições normativas impugnadas obedeceram aos parâmetros constitucionais vigentes

MINHAS ANOTAÇÕES

Informativo nº 909

➲ *CLT:* Comissão de Conciliação Prévia e procedimento sumaríssimo

Plenário confirmou os termos das medidas cautelares (Informativos 195, 476 e 546) e julgou parcialmente procedentes os pedidos formulados **em três ações diretas de inconstitucionalidade para dar interpretação conforme à Constituição ao art. 625-D, §§ 1º a 4º (1), da Consolidação das Leis do Trabalho (CLT), para reconhecer que a Comissão de Conciliação Prévia constitui meio legítimo, mas não obrigatório, de solução de conflitos, resguardado o acesso à Justiça para os que venham a ajuizar demandas diretamente no órgão judiciário competente, e manter hígido o inciso II (2) do art. 852-B da CLT.**

Além disso, por maioria, conferiu interpretação sistemática ao art. 625-E, parágrafo único (3), da CLT, no sentido de que **a "eficácia liberatória geral" do termo neles contido está relacionada ao que foi objeto da conciliação. Diz respeito aos valores discutidos e não se transmuta em quitação geral e indiscriminada de verbas trabalhistas.**

Em obediência ao inciso XXXV do art. 5º da Constituição Federal (CF), é desnecessário prévio cumprimento de requisitos desproporcionais, procrastinatórios ou inviabilizadores para a submissão de pleito ao órgão judiciário. Não cabe à legislação infraconstitucional expandir o rol de exceções ao direito de acesso ao Judiciário.

Nesse sentido, **contraria a CF a interpretação do art. 625-D e parágrafos que reconheça a submissão da pretensão à Comissão de**

Conciliação Prévia como requisito para ajuizamento de reclamação trabalhista.

Essa compreensão, contudo, não exclui a idoneidade do subsistema de autocomposição previsto nos preceitos, apto a buscar a pacificação social. A legitimidade do referido meio alternativo de resolução de conflitos baseia-se na consensualidade, importante instrumento de acesso à ordem jurídica justa.

No mais, é legítima a citação estabelecida no inciso II do art. 852-B da CLT. Um de seus objetivos é conferir celeridade e efetividade ao rito sumaríssimo adotado na Justiça do Trabalho.

Por fim, a isonomia constitucional não impõe tratamento linear e rígido a todos os que demandam a atuação do Poder Judiciário. A admissão da citação editalícia no mencionado rito representaria desigualdade material. Essa prática tenderia a alinhar os ritos sumaríssimo e ordinário em detrimento dos princípios da primazia da realidade e da razoabilidade. Portanto, caso não se encontre o jurisdicionado, haverá a transformação do procedimento em ordinário.

Vencidos os ministros Edson Fachin e Rosa Weber, que declararam a inconstitucionalidade da expressão "e terá eficácia liberatória geral, exceto quanto às parcelas expressamente ressalvadas" constante da parte final do parágrafo único do art. 625-E da CLT.

BREVE COMENTÁRIO

No precedente sob análise, decidiu o STF que a Comissão de Conciliação Prévia (CPP) constitui meio legítimo, mas não obrigatório, de solução de conflitos, resguardado o acesso à Justiça para os que venham a ajuizar demandas diretamente no órgão judiciário competente.

Além disso, deu interpretação sistemática ao art. 625-E, parágrafo único, da CLT, no sentido de que a "eficácia liberatória geral" do termo neles contido está relacionada ao que foi objeto da conciliação, ou seja, diz respeito apenas aos valores discutidos, não se transmutando, assim, em quitação geral e indiscriminada de verbas trabalhistas.

Segundo a Suprema Corte, em obediência ao inciso XXXV do art. 5º da Constituição Federal é desnecessário prévio cumprimento de requisitos desproporcionais, procrastinatórios ou inviabilizadores para a submissão de pleito ao órgão judiciário, não cabendo, dessa forma, à legislação infraconstitucional expandir o rol de exceções ao direito de acesso ao Judiciário.

Não obstante, reconheceu a idoneidade do subsistema de autocomposição previsto nos preceitos, apto a buscar a pacificação social.

Por essa razão, a CCP é válida como faculdade, mas não como meio obrigatório.

MINHAS ANOTAÇÕES

Informativo nº 913

➲ Justiça do Trabalho e terceirização de atividade-fim

É lícita a terceirização ou qualquer outra forma de divisão do trabalho entre pessoas jurídicas distintas, independentemente do objeto social das empresas envolvidas, mantida a responsabilidade subsidiária da empresa contratante.

Ao fixar essa tese de repercussão geral (Tema 725), o Plenário, em conclusão de julgamento conjunto e por maioria, julgou procedente o pedido formulado em arguição de descumprimento de preceito fundamental (ADPF) e deu provimento a recurso extraordinário (RE) para considerar **a licitude da terceirização de atividade-fim ou meio** (Informativos 911 e 912).

No caso, o pedido de inclusão da ADPF em pauta e o reconhecimento da repercussão geral foram anteriores à edição das Leis 13.429/2017 e 13.467/2017.

Prevaleceram os votos dos ministros Roberto Barroso (relator da ADPF) e Luiz Fux (relator do RE).

O ministro Roberto Barroso advertiu que, no contexto atual, é inevitável que o Direito do Trabalho passe, nos países de economia aberta, por transformações. Além disso, **a Constituição Federal (CF) não impõe a adoção de um modelo de produção específico, não impede o desenvolvimento de estratégias de produção flexíveis, tampouco veda a terceirização.**

O conjunto de decisões da Justiça do Trabalho sobre a matéria não estabelece critérios e condições claras e objetivas que permitam a celebração de terceirização com segurança, de modo a dificultar, na prática, a sua contratação.

A terceirização das atividades-meio ou das atividades-fim de uma empresa tem amparo nos **princípios constitucionais da livre iniciativa e da livre concorrência, que asseguram aos agentes econômicos a liberdade de formular estratégias negociais indutoras de maior eficiência econômica e competitividade**.

Por si só, **a terceirização não enseja precarização do trabalho, violação da dignidade do trabalhador ou desrespeito a direitos previdenciários**. Terceirizar não significa necessariamente reduzir custos. É o exercício abusivo de sua contratação que pode produzir tais violações.

Para evitar o exercício abusivo, os princípios que amparam a constitucionalidade da terceirização devem ser compatibilizados com as normas constitucionais de tutela do trabalhador, cabendo à contratante observar certas formalidades.

É lícita a terceirização de toda e qualquer atividade, meio ou fim, de forma que não se configura relação de emprego entre a contratante e o empregado da contratada. Porém, na terceirização, compete à contratante verificar a idoneidade e a capacidade econômica da terceirizada e responder subsidiariamente pelo descumprimento das normas trabalhistas, bem como por obrigações previdenciárias.

A responsabilização subsidiária da tomadora dos serviços pressupõe a sua participação no processo judicial.

A decisão na ADPF não afeta os processos em relação aos quais tenha havido coisa julgada.

Por sua vez, o ministro Luiz Fux consignou que **os valores do trabalho e da livre iniciativa são intrinsecamente conectados, em relação dialógica que impede a rotulação de determinada providência como maximizadora de apenas um deles**.

O Enunciado 331 da Súmula do Tribunal Superior do Trabalho (TST) foi considerado inconstitucional por violar os princípios da livre iniciativa e da liberdade contratual.

O direito geral de liberdade, sob pena de tornar-se estéril, somente pode ser restringido por medidas informadas por parâmetro constitucionalmente legítimo e adequadas ao teste da proporcionalidade. É necessária argumentação sólida para mitigar liberdade constitucional.

Cumpre ao proponente da limitação o ônus de demonstrar empiricamente a necessidade e a adequação de providência restritiva. A segurança das premissas deve atingir grau máximo quando embasar restrições apresentadas fora da via legislativa.

A terceirização não fragiliza a mobilização sindical dos trabalhadores. Ademais, as leis trabalhistas são de obrigatória observância pela empresa envolvida na cadeia de valor, tutelando-se os interesses dos empregados.

A dicotomia entre a atividade-fim e atividade-meio é imprecisa, artificial e ignora a dinâmica da economia moderna, caracterizada pela especialização e divisão de tarefas com vistas à maior eficiência possível. Frequentemente, o produto ou o serviço final comercializado é fabricado ou prestado por agente distinto. Igualmente comum, a mutação constante do objeto social das empresas para atender à necessidade da sociedade.

A terceirização resulta em inegáveis benefícios aos trabalhadores, como a redução do desemprego, crescimento econômico e aumento de salários, a favorecer a concretização de mandamentos constitucionais, como a erradicação da pobreza e da marginalização e a redução das desigualdades sociais e regionais, sem prejuízo da busca do pleno emprego.

O escrutínio rigoroso das premissas empíricas assumidas pelo TST demonstra a insubsistência das afirmações de fraude e precarização. A alusão, meramente retórica, à interpretação de cláusulas constitucionais genéricas não é suficiente a embasar disposição restritiva ao direito fundamental, motivo pelo qual deve ser afastada a proibição [CF, artigos 1º, IV (2); 5º, II (3); e 170 (4)].

É aplicável às relações jurídicas preexistentes à Lei 13.429/2017 a responsabilidade subsidiária da pessoa jurídica contratante pelas obrigações trabalhistas não adimplidas pela empresa prestadora de serviços, bem como a responsabilidade pelo recolhimento das contribuições previdenciárias devidas por esta, mercê da necessidade de se evitar o vácuo normativo resultante da insubsistência do Verbete 331 da Súmula do TST.

O ministro Alexandre de Moraes sublinhou que a intermediação ilícita de mão-de-obra, mecanismo fraudulento combatido pelo Ministério

Público do Trabalho, não se confunde com a terceirização de atividade--fim.

Vencidos os ministros Edson Fachin, Rosa Weber, Ricardo Lewandowski e Marco Aurélio, que julgaram improcedente o pedido formulado na ADPF e negaram provimento ao RE. Para eles, a orientação contida no verbete é compatível com a Constituição, adveio da análise do arcabouço normativo da época, à luz da Consolidação das Leis do Trabalho, antes da reforma de iniciativa legislativa. O ministro Marco Aurélio não se pronunciou quanto à tese.

(1) Enunciado 331 do TST: "I - A contratação de trabalhadores por empresa interposta é ilegal, formando-se o vínculo diretamente com o tomador dos serviços, salvo no caso de trabalho temporário (Lei 6.019, de 3.1.1974). II - A contratação irregular de trabalhador, mediante empresa interposta, não gera vínculo de emprego com os órgãos da Administração Pública direta, indireta ou fundacional (art. 37, II, da CF/1988). III - Não forma vínculo de emprego com o tomador a contratação de serviços de vigilância (Lei 7.102, de 20.6.1983) e de conservação e limpeza, bem como a de serviços especializados ligados à atividade-meio do tomador, desde que inexistente a pessoalidade e a subordinação direta. IV - O inadimplemento das obrigações trabalhistas, por parte do empregador, implica a responsabilidade subsidiária do tomador dos serviços quanto àquelas obrigações, desde que haja participado da relação processual e conste também do título executivo judicial. V - Os entes integrantes da Administração Pública direta e indireta respondem subsidiariamente, nas mesmas condições do item IV, caso evidenciada a sua conduta culposa no cumprimento das obrigações da Lei n.º 8.666, de 21.06.1993, especialmente na fiscalização do cumprimento das obrigações contratuais e legais da prestadora de serviço como empregadora. A aludida responsabilidade não decorre de mero inadimplemento das obrigações trabalhistas assumidas pela empresa regularmente contratada. VI – A responsabilidade subsidiária do tomador de serviços abrange todas as verbas decorrentes da condenação referentes ao período da prestação laboral."

(2) CF: "Art. 1º A República Federativa do Brasil, formada pela união indissolúvel dos Estados e Municípios e do Distrito Federal, constitui-se em Estado Democrático de Direito e tem como fundamentos: (...) IV - os valores sociais do trabalho e da livre iniciativa;"

[3] CF: "Art. 5º (...) II - ninguém será obrigado a fazer ou deixar de fazer alguma coisa senão em virtude de lei;"

[4] CF: "Art. 170. A ordem econômica, fundada na valorização do trabalho humano e na livre iniciativa, tem por fim assegurar a todos existência digna, conforme os ditames da justiça social, observados os seguintes princípios: (...)"

ADPF 324/DF, rel. Min. Roberto Barroso, julgamento em 29 e 30.8.2018. (ADPF-324)

RE 958252/MG, rel. Min. Luiz Fux, julgamento em 29 e 30.8.2018. (RE-958252)

BREVE COMENTÁRIO

A terceirização é instituto caracterizado pela relação triangular entre uma empresa tomadora de serviços, que vai contratar uma outra empresa (prestadora de serviços, ordinariamente chamada apenas de "terceirizada") e um empregado, contratado por esta, mas que prestará serviços junto àquela.

Entre as empresas haverá um contrato civil ou empresarial, ao passo que entre o empregado e a empresa prestadora de serviços, um contrato de trabalho. Note-se que entre o empregado e a empresa tomadora de serviços não haverá subordinação (elemento essencial para a caracterização da relação de emprego).

A regulamentação legal dessa atividade sempre foi incipiente no Ordenamento Jurídico pátrio, de modo que grande parte das conclusões acerca dela foram constituídas pela via jurisprudencial.

Dentre as alterações recentes, é digna de nota a nova redação do art. 4º-A da Lei nº 6.019. Vejamos:

> *Art. 4º-A. Considera-se prestação de serviços a terceiros a transferência feita pela contratante da execução de quaisquer de suas atividades, inclusive sua atividade principal, à pessoa jurídica de direito privado prestadora de serviços que possua capacidade econômica compatível com a sua execução.*

Como se denota, o dispositivo em questão encerrou a dicotomia entre atividade-meio e atividade-fim, permitindo a terceirização em qualquer âmbito da empresa.

Antes dessa alteração, todavia, era assente a jurisprudência trabalhista no sentido de que a terceirização em atividade-fim seria ilegal, entendimento consagrado na Súmula nº 331 do TST:

> *Súmula nº 331 do TST*
>
> *CONTRATO DE PRESTAÇÃO DE SERVIÇOS. LEGALIDADE*
>
> *I - A contratação de trabalhadores por empresa interposta é ilegal, formando-se o vínculo diretamente com o tomador dos serviços, salvo no caso de trabalho temporário (Lei nº 6.019, de 03.01.1974).*
>
> *II - A contratação irregular de trabalhador, mediante empresa interposta, não gera vínculo de emprego com os órgãos da Administração Pública direta, indireta ou fundacional (art. 37, II, da CF/1988).*
>
> *III - Não forma vínculo de emprego com o tomador a contratação de serviços de vigilância (Lei nº 7.102, de 20.06.1983) e de conservação e limpeza, bem como a de serviços especializados ligados à atividade-meio do tomador, desde que inexistente a pessoalidade e a subordinação direta.*
>
> *IV - O inadimplemento das obrigações trabalhistas, por parte do empregador, implica a responsabilidade subsidiária do tomador dos serviços quanto àquelas obrigações, desde que haja participado da relação processual e conste também do título executivo judicial.*
>
> *V - Os entes integrantes da Administração Pública direta e indireta respondem subsidiariamente, nas mesmas condições do item IV, caso evidenciada a sua conduta culposa no cumprimento das obrigações da Lei n.º 8.666, de 21.06.1993, especialmente na fiscalização do cumprimento das obrigações contratuais e legais da prestadora de serviço como empregadora. A aludida responsabilidade não decorre de mero inadimplemento das obrigações trabalhistas assumidas pela empresa regularmente contratada.*
>
> *VI – A responsabilidade subsidiária do tomador de serviços abrange todas as verbas decorrentes da condenação referentes ao período da prestação laboral.*

Inconformadas com essa vedação jurisprudencial à terceirização de atividade-fim, algumas entidades patronais ajuizaram ADPF perante o Supremo Tribunal Federal, a fim de questioná-la, sob o fundamento básico de que não haveria vedação legal a tanto.

Não obstante o debate tenha restado prejudicado pela Lei nº 6.019, fato é que existe uma gama de situações anteriores, pendentes e ainda gerando efeitos, razão pela qual o estudo do caso continua sendo relevante.

Diante desse questionamento, decidiu o STF que:

É lícita a terceirização ou qualquer outra forma de divisão do trabalho entre pessoas jurídicas distintas, independentemente do objeto social das empresas envolvidas, mantida a responsabilidade subsidiária da empresa contratante.

Não obstante, continua competindo à contratante verificar a idoneidade e a capacidade econômica da terceirizada e responder subsidiariamente pelo descumprimento das normas trabalhistas, bem como por obrigações previdenciárias.

Sendo assim, a terceirização de atividade-fim deixou de ser considerada uma invalidade de per si, mesmo antes da Lei nº 6.019, respeitada a coisa julgada, e reconhecida a responsabilidade subsidiária da contratante em caso de inadimplemento de verbas trabalhistas por parte da contratada.

MINHAS ANOTAÇÕES

Informativo nº 917

➲ ECA e competências da Justiça do Trabalho

O Plenário, em conclusão de julgamento e por maioria, concedeu medida cautelar em ação direta de inconstitucionalidade para suspender, até o exame definitivo do processo, a eficácia da expressão "inclusive artístico", constante do inciso II da Recomendação Conjunta 1/2014 das Corregedorias dos Tribunais de Justiça e do Trabalho, e dos Ministérios Públicos estadual e do Trabalho, todos do Estado de São Paulo, e do art. 1º, II, da Recomendação Conjunta 1/2014, dos Ministérios Públicos estadual e do Trabalho, e das Corregedorias do Tribunal de Justiça e do Trabalho, todos do Estado de Mato Grosso, bem como para afastar a atribuição, definida no Ato do Gabinete da Presidência (GP) 19/2013, do Tribunal Regional do Trabalho (TRT) da 2ª Região, e no Provimento GP/CR 7/2014, do referido TRT, quanto à apreciação de pedidos de alvará visando a participação de crianças e adolescentes em representações artísticas e a criação do Juizado Especial na Justiça do Trabalho, ficando suspensos, por consequência, esses últimos preceitos. Assentou, nesse primeiro exame, ser da Justiça Comum a competência para analisar tais pedidos.

As normas impugnadas, em suma, atribuem competência à Justiça do Trabalho para processar e apreciar pedidos de autorização visando a participação de crianças e adolescentes em eventos de natureza artística, bem como instituem o juízo auxiliar da infância e da juventude no âmbito da justiça laboral (Informativo 794).

O colegiado entendeu que **as normas padecem dos vícios de inconstitucionalidade formal e material**.

No que diz respeito à **inconstitucionalidade formal**, asseverou cuidar-se de **normas a versar distribuição de competência jurisdicional e criação de juízo auxiliar da infância e da juventude no âmbito da Justiça do Trabalho, que não foram veiculados mediante lei ordinária**. Do disposto nos artigos 22, I [(1)], 113 [(2)] e 114, IX [(3)], da Constituição Federal (CF), depreende-se estarem tais medidas sujeitas, inequivocamente, ao princípio da legalidade estrita.

Quanto à **inconstitucionalidade material**, considerou que **o legislador ordinário, ao concretizar o comando do art. 227[(2)] da CF, estabeleceu o Estatuto da Criança e do Adolescente (ECA), previu a chamada "Justiça da Infância e da Juventude" e fixou a competência do Juiz da Infância e da Juventude como autoridade judiciária responsável pelos processos de tutela integral dos menores, o qual, apesar da especialização, pertence à justiça comum**.

Trata-se de **competência fixada em razão da matéria**, de **caráter absoluto**, e em proveito da especial tutela requerida pelo grupo de destinatários: crianças e adolescentes. **Entre as atribuições definidas ao Juiz da Infância e da Juventude, destaca-se a de autorizar a participação de menores em eventos artísticos, cuja possibilidade não foi excluída no ECA. Ao contrário, essa participação é observada como importante aspecto do desenvolvimento dos menores, apenas condicionada, nos termos do art. 149, II [(5)], do ECA, à autorização judicial a ser implementada pelo Juízo da Infância e da Juventude, mediante a expedição de alvará específico**. Os parâmetros a serem observados quando da autorização, na forma do § 1º do referido dispositivo, evidenciam a inequívoca natureza cível da cognição desempenhada pelo magistrado, ausente relação de trabalho a ser julgada. A análise se faz acerca das condições da representação artística. O juiz deve investigar se essas condições atendem à exigência de proteção do melhor interesse do menor, contida no art. 227 da CF.

O Juízo da Infância e da Juventude é a autoridade que reúne os predicados e as capacidades institucionais necessárias para a realização de exame de tamanha relevância e responsabilidade.

Dessa forma, o art. 114, I [(6)] e IX, da CF, na redação dada pela Emenda Constitucional (EC) 45/2004, que estabelece a competência da Justiça do Trabalho, não alcança os casos de pedido de autorização para participação de crianças e adolescentes em eventos artísticos, ante a ausência de conflito atinente a relação de trabalho.

Vencida a ministra Rosa Weber que denegou a medida liminar, por não vislumbrar a presença do requisito do fumus boni iuris a amparar a suspensão da eficácia da expressão "inclusive artístico". A ministra não constatou inconstitucionalidades formal ou material nos atos impugnados.

Segundo ela, as normas em questão visam somente promover a implementação de requisitos operacionais imprescindíveis ao exercício da competência prevista, em razão da matéria, no art. 114 da CF. Não implicam, absolutamente, alteração da organização ou da divisão judiciária, estas inequivocamente dependentes de lei, não criam órgão judicial, nem inovam quanto às atribuições da justiça do trabalho, e, muito menos, instituem novas regras de competência judiciária.

A ministra Rosa Weber, depois de apontar a diferença entre o pedido de autorização para trabalho infantil e o de autorização para participação de crianças e adolescentes em eventos artísticos, concluiu, também, que as normas impugnadas se referem à primeira hipótese, e, por isso, a competência para sua análise é da justiça do trabalho.

Esclareceu que os pedidos de autorização, em regra, são formulados por empresas de comunicação com vistas à autorização para o trabalho de crianças e adolescentes, as quais, nessa ocasião, apresentam a minuta do contrato de trabalho que regulará a relação de trabalho. A finalidade da ordem judicial se insere, invariavelmente, em uma relação de trabalho. Não se cuida de pedido de autorização para a criança se apresentar em eventos artísticos, como, por exemplo, um festival de música, de dança, ou um concurso de beleza, esse sim de competência da justiça comum.

Ressaltou que essa relação de trabalho artístico infanto-juvenil, portanto, não se refere às relações estabelecidas no art. 149 do ECA, mas à relação de trabalho com um tomador de serviços ou entre empregado e empregador, na qual a criança ou o adolescente laboram mediante contraprestação, em contexto de alteridade, que se inclui na previsão do art. 114, da CF, com a redação dada pela EC 45/2004.

(1) CF: "Art. 22. Compete privativamente à União legislar sobre: I - direito civil, comercial, penal, processual, eleitoral, agrário, marítimo, aeronáutico, espacial e do trabalho;

(2) CF: "Art. 113. A lei disporá sobre a constituição, investidura, jurisdição, competência, garantias e condições de exercício dos órgãos da Justiça do Trabalho."

(3) CF: "Art. 114. Compete à Justiça do Trabalho processar e julgar: (...) IX - outras controvérsias decorrentes da relação de trabalho, na forma da lei."

(4) CF: "Art. 227. É dever da família, da sociedade e do Estado assegurar à criança, ao adolescente e ao jovem, com absoluta prioridade, o direito à vida, à saúde, à alimentação, à educação, ao lazer, à profissionalização, à cultura, à dignidade, ao respeito, à liberdade e à convivência familiar e comunitária, além de colocá-los a salvo de toda forma de negligência, discriminação, exploração, violência, crueldade e opressão. (...) § 8º A lei estabelecerá: I - o estatuto da juventude, destinado a regular os direitos dos jovens;"

(5) ECA: "Art. 149. Compete à autoridade judiciária disciplinar, através de portaria, ou autorizar, mediante alvará: (...) II - a participação de criança e adolescente em: a) espetáculos públicos e seus ensaios; b) certames de beleza."

(6) CF: "Art. 114. Compete à Justiça do Trabalho processar e julgar: I - as ações oriundas da relação de trabalho, abrangidos os entes de direito público externo e da administração pública direta e indireta da União, dos Estados, do Distrito Federal e dos Municípios;"

ADI 5326/DF, rel. Min. Marco Aurélio, julgamento em 27.9.2018. (ADI-5326

BREVE COMENTÁRIO

Imagine a seguinte situação:

Larissa é uma criança que foi convidada para interpretar a protagonista em uma novela infantil de famosa rede nacional de televisão.

Diante da perspectiva de iniciar o importante trabalho, os pais de Larissa se viram na incumbência de providenciar autorização judicial para permitir o labor por parte da filha impúbere.

Sendo assim, eles devem providenciar esse pedido perante a Justiça do Trabalho ou a Justiça Comum?

Segundo o STF, perante a Justiça Comum.

No precedente sob análise, o Pretório Excelso decidiu por suspender, até o exame definitivo do processo, a eficácia da expressão "inclusive artístico", constante de norma da Justiça do Trabalho de São Paulo e Mato Grosso, bem como para afastar a atribuição do TRT, quanto à apreciação de pedidos de alvará visando a participação de crianças e adolescentes em representações artísticas e a criação do Juizado Especial na Justiça do Trabalho, ficando suspensos, por consequência, esses últimos preceitos.

Destacou, na oportunidade, ser da **Justiça Comum** a competência para analisar tais pedidos.

Como fundamento, pontuou que o Juízo da Infância e da Juventude é a autoridade que reúne os predicados e as capacidades institucionais necessárias para a realização de exame de tamanha relevância e responsabilidade.

MINHAS ANOTAÇÕES

Informativo nº 919

➲ ECT: despedida de empregado e motivação

O Plenário, por maioria, acolheu parcialmente embargos de declaração para fixar a seguinte tese: "**A Empresa Brasileira de Correios e Telégrafos (ECT) tem o dever jurídico de motivar, em ato formal, a demissão de seus empregados**."

No acórdão embargado, o Tribunal, ao dar parcial provimento ao recurso extraordinário, entendeu que **os empregados públicos não têm direito à estabilidade prevista no art. 41** [(1)] **da Constituição Federal (CF), salvo aqueles admitidos em período anterior ao advento da Emenda Constitucional 19/1998**.

Em atenção, no entanto, **aos princípios da impessoalidade e isonomia, que regem a admissão por concurso público, a dispensa do empregado de empresas públicas e sociedades de economia mista que prestam serviços públicos deve ser motivada, assegurando-se, assim, que tais princípios, observados no momento daquela admissão, sejam também respeitados por ocasião da dispensa** (Informativos 576 e 699).

A presente tese **substitui** aquela fixada em sessão administrativa realizada em 9.12.2015.

Vencidos os ministros Marco Aurélio e Edson Fachin, que consignaram a ausência de obscuridade ou contradição no acórdão embargado.

(1) CF: "Art. 41. São estáveis após três anos de efetivo exercício os servidores nomeados para cargo de provimento efetivo em virtude de concurso público."

RE 589998/PI, rel. Min. Roberto Barroso, julgamento em 10.10.2018. (RE-589998)

BREVE COMENTÁRIO

O Supremo Tribunal Federal, no julgamento do Recurso Extraordinário nº 589998, estabeleceu que o ato demissório dos empregados de empresas públicas e sociedades de economia mista careceria de motivação, vez todo ato administrativo dela careceria.

Primeira premissa: não se deve confundir o dever de motivar com estabilidade.

O julgado, no entanto, teve a intervenção de vários Ministros, com ideias diversas, a quais acabaram por confundir a jurisprudência que nele se baseou.

Segundo o voto do Ministro Dias Toffoli, por exemplo, existiria a necessidade de motivação na dispensa unilateral de empregados de **todas** as empresas estatais e sociedades de economia mista. Cite-se trecho do voto:

> *(...) quando eu estava à frente da Advocacia-Geral da União, aprovei parecer da lavra do então Consultor-Geral da União, Dr. Ronaldo Jorge Araújo Vieira Júnior, abnegado servidor público, consultor de carreira do Senado da República.*
>
> *Esse parecer recebeu o "aprovo" do Presidente da República e foi publicado no Diário Oficial da União em 28 de dezembro de 2007. De acordo com a legislação e na linha da jurisprudência deste próprio Tribunal, após o aprovo presidencial o referido parecer tem efeito normativo para a Administração Pública, o que inclui as empresas estatais da União. O mencionado parecer conclui exatamente na linha dos argumentos do voto do Ministro Relator, no sentido de ser* **necessária a motivação para a dispensa de funcionários celetistas das empresas públicas, de todas elas, e não só os da Empresa Brasileira de Correios e Telégrafos (ECT)**. *(destacou-se)*

Desse modo, concluiu-se à época: empregados de empresas públicas e sociedades de economia mista não gozam de estabilidade, mas a motivação do ato demissório é sempre necessária.

No entanto, frente ao julgado adrede referenciado foram opostos Embargos de Declaração, dos quais surgiu a tese fixada no precedente ora analisado, que esmiuçamos a seguir.

Dentre as dúvidas levantadas, arguiu-se se a tese de necessidade de motivação do ato de demissão estaria limitada à ECT ou deveria ser estendida a todas as empresas estatais.

Sobre isso, respondeu o Ministro Luís Roberto Barroso (Relator) no inteiro teor:

> *Este não era o objeto da ação nem da repercussão geral reconhecida; e, portanto, não houve contraditório nem possibilidade de participação dos interessados. No caso, não houve defesa da posição das empresas públicas e sociedades de economia mista dos três níveis da Federação.*
>
> *Portanto,* **não tenho simpatia por fixar tese que alcance interesses que não foram representados no processo**. *Os amici curiae, que pediram para entrar, são todos sociedades de economia mista, queriam discutir a extensão a elas, desta tese, que, em rigor, não era o objeto do julgamento. Logo, creio que estaríamos fixando uma tese com a qual eu, em princípio, concordo, mas que* **não foi objeto de contraditório.**
>
> *Em segundo lugar, Presidente, aqui, muito importante, em relação aos empregados da Empresa Brasileira de Correios e Telégrafos, as decisões, tanto do TST quanto a do Ministro Ricardo Lewandowski, estariam mantendo o entendimento pacífico consolidado na Orientação Jurisprudencial 247, que, no seu item II - acabei de ler -, prevê expressamente que os empregados da Empresa Brasileira de Correios e Telégrafos só podem ser demitidos mediante motivação.*
>
> *O que acontece, porém, Presidente, é que a mesma Orientação Jurisprudencial, no seu item I, que não foi aplicado aqui, diz o seguinte:*
>
> *"I - A despedida de empregados de empresa pública e de sociedade de economia mista, mesmo admitidos por concurso público, independe de ato motivado para sua validade;"*
>
> *Portanto, se nós incluirmos esta ideia na tese, vamos estar modificando a jurisprudência consolidada do TST. E aí penso que,* **se prevalecer o entendimento dessa tese mais expansiva, teremos de modular. Se prevalecer o entendimento da tese mais restrita, não precisamos modular porque o entendimento do TST vem desde 2007**. *(grifou-se)*

Diante disso, é possível concluir que o Ministro Barroso até concordaria, em tese, com a tese da expansão do dever de motivar a todas as empresas estatais, mas entendeu **inoportuno fixá-la no caso**.

Assim, votou pela procedência parcial dos aclaratórios "para esclarecer que **a tese aplicada se limita aos empregados da ECT**".

Quanto à forma que se dará essa motivação, indicou: "A ECT não precisa enquadrar seus motivos em alguma das hipóteses previstas na legislação trabalhista como justa causa para dispensa de empregados. Ela permanece, tal como os agentes privados, em condições de dispensar seus funcionários sem justa causa, assumindo as consequências trabalhistas atreladas a tanto. O que dela se exige é apenas a indicação por escrito dos motivos da dispensa, sem prévio processo administrativo ou contraditório.".

Ou seja, não há necessidade de instauração de processo administrativo ou contraditório nem enquadramento em qualquer dispositivo legal (não se confunde o dever de motivar com a justa causa), mas apenas de um ato formal que atenda aos requisitos acima.

O Ministro Lewandowski, relator no julgado anterior, concordou com as considerações do Ministro Barroso para dizer:

> *"O Ministro Barroso, gentilmente, até me consultou antes de proferir o seu voto, e eu acedi no sentido de que estaria concordando em* **limitar a conclusão desta nossa decisão apenas à Empresa Brasileira de Correios e Telégrafos e permitindo que as demais empresas públicas e de economia mista, eventualmente, possam, no futuro, vir ao Supremo Tribunal Federal e pleitear, justamente com base na ratio decidendi do nosso acórdão, uma solução semelhante***."* *(grifou-se)*

Ou seja, não se negou às demais empresas estatais o dever de motivar o ato demissório, mas, ao mesmo tempo, não esse não foi confirmado. Essas deverão arguir posteriormente.

Assim, por ora, a tese referente à necessidade de motivação dos atos de dispensa em empresas estatais, **restringe-se à ECT**, nos seguintes termos:

"A Empresa Brasileira de Correios e Telégrafos (ECT) tem o dever jurídico de motivar, em ato formal, a demissão de seus empregados".

MINHAS ANOTAÇÕES

Empregada gestante e requisito para configuração da estabilidade

A incidência da estabilidade prevista no art. 10, II [(1)], do Ato das Disposições Constitucionais Transitórias (ADCT) somente exige a anterioridade da gravidez à dispensa sem justa causa.

Com base nesse entendimento, o Plenário, por maioria, ao apreciar o Tema 497 da repercussão geral, negou provimento ao recurso extraordinário interposto contra acórdão do Tribunal Superior do Trabalho (TST) que, fundado no item I [(2)] do Verbete 244 da Súmula daquela Corte, assentou que o desconhecimento da gravidez por parte do empregador não exclui o direito ao recebimento da indenização relativa ao período de estabilidade da gestante.

A parte recorrente apontou violação ao art. 10, II, b, do ADCT, sob o argumento, em suma, de que o termo inicial da estabilidade é a confirmação da gravidez, ou seja, a demonstração inequívoca e objetiva da sua existência, por meio de atestado ou laudo médico.

Nos termos do acórdão recorrido, a estabilidade deve ser respeitada mesmo quando, no ato da despedida imotivada, o empregador não tenha ciência da situação, porquanto pertinente a teoria da responsabilidade objetiva, voltada à proteção da maternidade e do nascituro. Ficou consignado o dever de o empregador indenizar a gestante mediante o pagamento dos salários e demais direitos trabalhistas devidos no período.

A controvérsia refere-se à determinação do conteúdo semântico da expressão "confirmação da gravidez": se relacionado a atestado médico ou ao momento da própria concepção.

De início, o Tribunal asseverou que **a proteção à maternidade é um direito social previsto pela primeira vez na Constituição Federal de 1988, em seu art. 6º [3]. Trata-se de uma norma de proteção material, assegurada pelo direito instrumental da proteção contra a dispensa arbitrária da gestante.**

Esse direito tem uma **dupla titularidade**: da **gestante** e da **criança**. A proteção à maternidade leva em conta tanto a mãe quanto o filho. **Entre as várias estabilidades que a legislação complementar pode estabelecer, o legislador constituinte fez questão de, nesse caso, já definir o prazo da segurança no emprego, o qual é contado da confirmação da gravidez até cinco meses após o parto.**

Durante esse período, garante-se estabilidade econômica e psicológica à gestante para que ela tenha maior proximidade com o filho durante a gravidez e nos cinco meses seguintes.

É preciso fixar interpretação sistemática da Carta Magna, de modo a garantir a máxima efetividade da proteção constitucional à maternidade. Ademais, **a estabilidade à empregada gestante assegura também a proteção da família e da criança, inclusive do nascituro, nos termos do arts. 201, II [4]; 203, I [5]; e 227 [6] da CF e em consonância com a Convenção 103 da Organização Internacional do Trabalho (OIT).**

O sentido da norma é proteger o nascituro e assegurar à mãe a permanência no emprego, em situação em que, normalmente, sua empregabilidade seria de maior dificuldade. **O ordenamento tutela o nascituro, ainda que o empregador esteja de boa-fé.**

Com base nessas premissas, o Colegiado entendeu que **a estabilidade da gestante não deve ser condicionada a um aviso formal da existência da gravidez**. O que o texto constitucional coloca como termo inicial é a gravidez. **Uma vez constatada antes da dispensa arbitrária, incide a garantia, de modo que se mostra irrelevante o momento de sua comprovação, que pode ter ocorrido posteriormente à dispensa.**

O único requisito exigido, portanto, é de **natureza biológica. Constatado que houve gravidez antes da dispensa arbitrária, fica assegurada a proteção.** Exige-se apenas a comprovação de que a gravidez ocorreu antes da dispensa arbitrária, **não sendo necessários quaisquer outros requisitos, como o prévio conhecimento do empregador ou da própria gestante. Esse entendimento, aliás, já foi adotado por esta Corte no julgamento do RE 634.093.**

Nessa situação, o empregador deve reintegrar a empregada. De todo modo, durante o período do salário-maternidade, é a Previdência quem arcará com o ônus, e não o empregador, o qual não é penalizado desmedidamente.

São direitos irrenunciáveis. O desconhecimento por parte da gestante ou sua própria negligência em juntar uma documentação ou mostrar um atestado não pode prejudicá-la, tampouco pode prejudicar o recém-nascido.

Vencido o ministro Marco Aurélio, que proveu o recurso para assentar que a norma constitucional prevê expressamente a locução "confirmação da gravidez", a qual encerra o momento da descoberta desta, ou seja, do conhecimento pelo empregador. Surge impertinente o elastecimento do conteúdo da expressão citada para abarcar o instante da concepção.

Considerou, em síntese, que a gestante possui direito à estabilidade no emprego desde que o empregador tenha ciência do estado gravídico em momento anterior ao da despedida imotivada.

(1) ADCT: "Art. 10. Até que seja promulgada a lei complementar a que se refere o art. 7º, I, da Constituição: (...) II – fica vedada a dispensa arbitrária ou sem justa causa: (...) b) da empregada gestante, desde a confirmação da gravidez até cinco meses após o parto."

(2) Enunciado 244 da Súmula do TST: "GESTANTE. ESTABILIDADE PROVISÓRIA: I – O desconhecimento do estado gravídico pelo empregador não afasta o direito ao pagamento da indenização decorrente da estabilidade (art. 10, II, b, do ADCT); (...)."

(3) CF/1988: "Art. 6º São direitos sociais a educação, a saúde, a alimentação, o trabalho, a moradia, o transporte, o lazer, a segurança, a previdência social, a proteção à maternidade e à infância, a assistência aos desamparados, na forma desta Constituição."

(4) CF/1988: "Art. 201. A previdência social será organizada sob a forma de regime geral, de caráter contributivo e de filiação obrigatória, observados critérios que preservem o equilíbrio financeiro e atuarial, e atenderá, nos termos da lei, a: (...) II – proteção à maternidade, especialmente à gestante."

(5) CF/1988: "Art. 203. A assistência social será prestada a quem dela necessitar, independentemente de contribuição à seguridade social, e tem por objetivos: I – a proteção à família, à maternidade, à infância, à adolescência e à velhice."

(6) CF/1988: "Art. 227. É dever da família, da sociedade e do Estado assegurar à criança, ao adolescente e ao jovem, com absoluta prioridade, o direito à vida, à saúde, à alimentação, à educação, ao lazer, à profissionalização, à cultura, à dignidade, ao respeito, à liberdade e à convivência familiar e comunitária, além de colocá-los a salvo de toda forma de negligência, discriminação, exploração, violência, crueldade e opressão."

RE 629053/SP, rel. Min. Marco Aurélio, red. p/ ac. Min. Alexandre de Moraes, julgamento em 10.10.2018. (RE-629053)

BREVE COMENTÁRIO

No julgado em epígrafe, o STF confirmou a teoria objetiva em relação à estabilidade da gestante.

Sobre o tema "estabilidade" em si, é importante esclarecer que o direito do trabalho já não mais adota esse instituto como regra geral em favor dos trabalhadores, subsistindo apenas em alguns casos específicos.

Lembramos que, em regime anterior, era assegurado aos empregados como um todo, na dispensa, a indenização de um salário por ano trabalhado, ou fração igual ou superior a seis meses, alcançando a garantia da estabilidade no emprego após completado o período de 10 (dez) anos naquele (era a chamada estabilidade decenal). Uma vez adquirida essa condição, o empregado somente poderia ser dispensado caso cometesse falta grave.

Algumas décadas depois, surgiu o Fundo de Garantia Por Tempo de Serviço - FGTS, por meio da Lei nº Lei 5.107/66, de modo que passaram a coexistir duas categorias distintas de empregados: os optantes e os não optantes do regime fundiário. Aqueles que optassem pelo regime do FGTS perdiam a estabilidade decenal, mas faziam jus a uma indenização, à base de 40% sobre o saldo depositado na conta vinculada para esse fim, em caso de dispensa imotivada.

Com o advento da Constituição da República de 1988, o regime do FGTS passou a reger todos os contratos de trabalho, de modo que a estabilidade decenal restou garantida apenas àqueles oriundos do regime anterior, os quais já a detinham.

Desse modo, a estabilidade no direito laboral passou a ser instituto excepcional, garantido a algumas categorias de trabalhadores, devido às funções que desempenham ou a determinadas condições especiais.

É o caso, por exemplo, da gestante, cuja dispensa arbitrária, nos termos do art. 10, II, b ADCT, é vedada desde a confirmação da gravidez até cinco meses após o parto.:

> *Art. 10. Até que seja promulgada a lei complementar a que se refere o art. 7º, I, da Constituição:*
>
> *(...)*
>
> *II - fica vedada a dispensa arbitrária ou sem justa causa:*
>
> *(...)*
>
> *b) da empregada gestante, desde a confirmação da gravidez até cinco meses após o parto.*

Importante notar que a jurisprudência pátria foi além e cristalizou na súmula 244 do TST a teoria objetiva, fixando que o desconhecimento do estado gravídico pelo empregador não afasta o direito ao pagamento da indenização decorrente da estabilidade. Vejamos:

> *Súmula nº 244 do TST*
>
> *GESTANTE. ESTABILIDADE PROVISÓRIA*
>
> *I -* **O desconhecimento do estado gravídico pelo empregador não afasta o direito ao pagamento da indenização decorrente da estabilidade** *(art. 10, II, "b" do ADCT).*
>
> *II - A garantia de emprego à gestante só autoriza a reintegração se esta se der durante o período de estabilidade. Do contrário, a garantia restringe-se aos salários e demais direitos correspondentes ao período de estabilidade.*
>
> *III - A empregada gestante tem direito à estabilidade provisória prevista no art. 10, inciso II, alínea "b", do Ato das Disposições Constitucionais Transitórias, mesmo na hipótese de admissão mediante contrato por tempo determinado. (grifou-se)*

Em sentido análogo, o art. 391-A da CLT:

> *Art. 391-A. A confirmação do estado de gravidez advindo no curso do contrato de trabalho, ainda que durante o prazo do aviso prévio trabalhado ou indenizado, garante à empregada gestante a estabilidade provisória prevista na alínea b do inciso II do art. 10 do Ato das Disposições Constitucionais Transitórias.*

Ou seja, uma empregada que veio a ser formalmente demitida, começou a cumprir seu aviso prévio no dia seguinte e, já na fluência desse, descobriu que estava grávida há três semanas, terá direito à estabilidade, não obstante ninguém soubesse até então (nem a própria empregada) que ela estava gestante no ato da demissão.

Essa tese foi reconhecida pelo Supremo Tribunal Federal no julgado em epígrafe, que fixou tese no sentido de que o único critério a ser adotado é o **BIOLÓGICO**.

Ou seja, constatado que houve gravidez antes da dispensa arbitrária, fica assegurada a proteção.

Exige-se apenas a comprovação de que o estado gravídico ocorreu antes da dispensa arbitrária, **não sendo necessários quaisquer outros requisitos, como o prévio conhecimento do empregador ou da própria gestante**.

Basicamente, a única coisa que importa, portanto, é se a empregada estava grávida ou não no ato de dispensa. Tanto fez se estava comprovado, se ela sabia ou se o empregador sabia.

Isso porque "o desconhecimento por parte da gestante ou sua própria negligência em juntar uma documentação ou mostrar um atestado não pode prejudicá-la, tampouco pode prejudicar o recém-nascido".

Assim, a Suprema Corte fixou a seguinte tese:

A incidência da estabilidade prevista no art. 10, II [(1)], do Ato das Disposições Constitucionais Transitórias (ADCT) somente exige a anterioridade da gravidez à dispensa sem justa causa.

MINHAS ANOTAÇÕES

PARTE II
Simulados

Simulado 01 – Questões

01. De acordo com jurisprudência do TST, assinale certo ou errado: O fato de o reclamante ter percebido salário bastante elevado, superior a R$ 40.000,00 (quarenta mil reais), e de a rescisão do contrato de trabalho ter ocorrido dias antes do ajuizamento da reclamação trabalhista são suficientes para elidir a presunção de veracidade da declaração de pobreza por ele firmada.

02. De acordo com jurisprudência do TST, assinale certo ou errado: A delimitação dos valores impugnados a que alude o art. 897, § 1º, da CLT é pressuposto de admissibilidade do agravo de petição e visa a execução imediata da parte incontroversa, razão pela qual somente é exigível do executado.

03. De acordo com jurisprudência do TST, assinale certo ou errado: Há ilegitimidade ativa ad causam do Distrito Federal para requerer a desconstituição de decisão proferida em reclamação trabalhista ajuizada em face da Caesb, pois o interesse deste é meramente econômico.

04. De acordo com jurisprudência do TST, assinale certo ou errado: É válida a cláusula de convenção coletiva que estabelece o não recebimento pelo trabalhador substituto do salário equivalente ao do substituído se a substituição for inferior a 30 dias.

05. De acordo com jurisprudência do TST, assinale certo ou errado: É devida a indenização por danos morais *in re ipsa*, no caso de reversão em juízo da dispensa por justa causa fundada em imputação de ato de improbidade, sendo imprescindível a prova de abalo pessoal sofrido pelo empregado ou de eventual divulgação do ocorrido.

06. De acordo com jurisprudência do TST, assinale certo ou errado:
É válida norma coletiva que estabelece a suspensão do plano de saúde pago pela empresa após 180 dias de afastamento do empregado em decorrência de auxílio-doença ou de acidente de trabalho.

07. De acordo com jurisprudência do TST, assinale certo ou errado:
Se a norma coletiva da categoria previr como base de cálculo da Participação nos Lucros e Resultados - PLR "o salário base acrescido de verbas fixas de natureza salarial", não será possível incluir as horas extras, salvo as que tenham natureza salarial e sejam prestadas habitualmente, pois possuem caráter invariável.

08. De acordo com jurisprudência do TST, assinale certo ou errado:
A declaração de hipossuficiência econômica tem presunção legal de natureza relativa, vez que pode ser afastada por elementos constantes dos autos ou por prova em sentido contrário.

09. De acordo com jurisprudência do TST, assinale certo ou errado:
São nulas as cláusulas de convenções coletivas de trabalho que proíbem aos condomínios residenciais e comerciais a contratação de mão de obra terceirizada para a execução de serviços definidos pelas partes como atividade fim.

10. De acordo com jurisprudência do TST, assinale certo ou errado:
As leis estaduais e municipais referentes às relações trabalhistas no âmbito das empresas são equiparadas a regulamentos de empresas, em face da competência privativa da União para legislar sobre Direito do Trabalho.

■ QUESTÃO DISCURSIVA

João ajuizou reclamação trabalhista em face da empresa Vento Leve Ltda., sua antiga empregadora, no bojo da qual requereu o pagamento de horas extras e depósitos de FGTS.
O reclamante foi vencedor no processo de conhecimento, de modo que iniciada a fase de execução, na qual foram homologados os cálculos apresentados por ele.
Citada, a empresa apresentou embargos à execução, os quais foram parcialmente acolhidos, no que tange à correção monetária.
Diante dessa decisão, João interpôs agravo de petição, o qual não foi conhecido pelo Tribunal Regional do Trabalho competente, sob

o fundamento de que ele não teria delimitado os valores impugnados, conforme exigência do art. 897, § 1º, da CLT.
Segundo a jurisprudência do TST, foi correta a decisão do TRT?

Simulado 01 – Comentários e Gabarito

01. De acordo com jurisprudência do TST, assinale certo ou errado:
O fato de o reclamante ter percebido salário bastante elevado, superior a R$ 40.000,00 (quarenta mil reais), e de a rescisão do contrato de trabalho ter ocorrido dias antes do ajuizamento da reclamação trabalhista são suficientes para elidir a presunção de veracidade da declaração de pobreza por ele firmada.

COMENTÁRIO

Na realidade, tem- se que a o TST se posicionou de forma contrária ao que foi dito, ou seja, tais fatos não são suficientes para elidir a presunção de veracidade da declaração de pobreza por ele firmada.

(FONTE: Informativo do TST nº 171)

ERRADO

02. De acordo com jurisprudência do TST, assinale certo ou errado:
A delimitação dos valores impugnados a que alude o art. 897, § 1º, da CLT é pressuposto de admissibilidade do agravo de petição e visa a execução imediata da parte incontroversa, razão pela qual somente é exigível do executado.

COMENTÁRIO

Esse é o entendimento do TST, pois o exequente, via de regra, pretende obter um acréscimo ao valor já apurado, de modo que o descumprimento da referida norma não acarreta qualquer prejuízo ao prosseguimento da execução.

(FONTE: Informativo do TST nº 171)

CERTO

03. De acordo com jurisprudência do TST, assinale certo ou errado:
Há ilegitimidade ativa ad causam do Distrito Federal para requerer a desconstituição de decisão proferida em reclamação trabalhista ajuizada em face da Caesb, pois o interesse deste é meramente econômico.

COMENTÁRIO

Ainda que o Distrito Federal defenda sua qualidade de terceiro juridicamente interessado para a propositura da ação rescisória, verifica-se que sua única preocupação é a preservação do seu patrimônio, ameaçado pela condenação da Caesb, fato que demonstra a existência de interesse puramente econômico não abrangido pela legislação processual civil que regula a matéria (art. 487, II, do CPC de 1973).

(FONTE: Informativo do TST nº 171)

CERTO

04. De acordo com jurisprudência do TST, assinale certo ou errado:
É válida a cláusula de convenção coletiva que estabelece o não recebimento pelo trabalhador substituto do salário equivalente ao do substituído se a substituição for inferior a 30 dias.

COMENTÁRIO

O TST firmou entendimento de que é garantido ao trabalhador substituto o pagamento do mesmo salário contratual do substituído, enquanto durar a substituição não eventual.

(FONTE: Informativo do TST nº 172)

ERRADO

05. De acordo com jurisprudência do TST, assinale certo ou errado:
É devida a indenização por danos morais *in re ipsa*, no caso de reversão em juízo da dispensa por justa causa fundada em imputação de ato de improbidade, sendo imprescindível a prova de abalo pessoal sofrido pelo empregado ou de eventual divulgação do ocorrido.

COMENTÁRIO

No caso de reversão em juízo da dispensa por justa causa, fundada em imputação de ato de improbidade, é devida a indenização por danos morais *in re ipsa*, ou seja, independentemente da prova de abalo pessoal sofrido pelo empregado ou de eventual divulgação do ocorrido.

(FONTE: Informativo do TST nº 172)

ERRADO

06. De acordo com jurisprudência do TST, assinale certo ou errado:

É válida norma coletiva que estabelece a suspensão do plano de saúde pago pela empresa após 180 dias de afastamento do empregado em decorrência de auxílio-doença ou de acidente de trabalho.

COMENTÁRIO

Segundo o TST, NÃO é válida norma coletiva que estabelece a suspensão do plano de saúde pago pela empresa após 180 dias de afastamento do empregado em decorrência de auxílio-doença ou de acidente de trabalho.

(FONTE: Informativo do TST nº 173)

ERRADO

07. De acordo com jurisprudência do TST, assinale certo ou errado:

Se a norma coletiva da categoria previr como base de cálculo da Participação nos Lucros e Resultados - PLR "o salário base acrescido de verbas fixas de natureza salarial", não será possível incluir as horas extras, salvo as que tenham natureza salarial e sejam prestadas habitualmente, pois possuem caráter invariável.

COMENTÁRIO

Na hipótese em que a norma coletiva da categoria prevê como base de cálculo da Participação nos Lucros e Resultados - PLR "o salário base acrescido de verbas fixas de natureza salarial", não é possível incluir as horas extras, ainda que tenham natureza salarial e sejam prestadas habitualmente, pois possuem caráter variável.

(FONTE: Informativo do TST nº 173)

ERRADO

08. De acordo com jurisprudência do TST, assinale certo ou errado:

A declaração de hipossuficiência econômica tem presunção legal de natureza relativa, vez que pode ser afastada por elementos constantes dos autos ou por prova em sentido contrário.

COMENTÁRIO

A presunção legal que decorre da declaração de hipossuficiência econômica é relativa, de modo que pode ser afastada por elementos constantes dos autos ou por prova em sentido contrário.

(FONTE: Informativo do TST nº 173)

CERTO

09. De acordo com jurisprudência do TST, assinale certo ou errado:

São nulas as cláusulas de convenções coletivas de trabalho que proíbem aos condomínios residenciais e comerciais a contratação de mão de obra terceirizada para a execução de serviços definidos pelas partes como atividade fim.

COMENTÁRIO

O TST entendeu que as referidas cláusulas, ao impedir que as atividades de zelador, de porteiro, de vigilante e de serviços gerais, entre outras, sejam executadas por empresas terceirizadas, além de afastar o permissivo da Súmula n° 331 do TST, limitaram a iniciativa empresarial para a consecução de objetivo considerado regular e lícito, em desacordo, portanto, com o princípio da livre concorrência consagrado no art. 170, IV, e parágrafo único, da CF.

(FONTE: Informativo do TST nº 174)

CERTO

10. De acordo com jurisprudência do TST, assinale certo ou errado:

As leis estaduais e municipais referentes às relações trabalhistas no âmbito das empresas são equiparadas a regulamentos de empresas, em face da competência privativa da União para legislar sobre Direito do Trabalho.

COMENTÁRIO

O mesmo ocorre com leis federais de efeitos concretos referentes à administração pública federal indireta.

(FONTE: Informativo do TST nº 174)

CERTO

■ QUESTÃO DISCURSIVA

João ajuizou reclamação trabalhista em face da empresa Vento Leve Ltda., sua antiga empregadora, no bojo da qual requereu o pagamento de horas extras e depósitos de FGTS.

O reclamante foi vencedor no processo de conhecimento, de modo que iniciada a fase de execução, na qual foram homologados os cálculos apresentados por ele.
Citada, a empresa apresentou embargos à execução, os quais foram parcialmente acolhidos, no que tange à correção monetária.
Diante dessa decisão, João interpôs agravo de petição, o qual não foi conhecido pelo Tribunal Regional do Trabalho competente, sob o fundamento de que ele não teria delimitado os valores impugnados, conforme exigência do art. 897, § 1º, da CLT.
Segundo a jurisprudência do TST, foi correta a decisão do TRT?

RESPOSTA:

Não.

Segundo a jurisprudência do TST, a delimitação dos valores impugnados a que alude o art. 897, § 1º, da CLT é pressuposto de admissibilidade do agravo de petição e visa a execução imediata da parte incontroversa, razão pela qual somente é exigível do executado.

O exequente, via de regra, pretende obter um acréscimo ao valor já apurado, de modo que o descumprimento da referida norma não acarreta qualquer prejuízo ao prosseguimento da execução.

Desse modo, merece reforma a decisão do TRT.

Simulado 02 – Questões

01. De acordo com jurisprudência do TST, assinale a alternativa correta:
Considere que um empregado percebia salário superior a R$ 40.000,00 (quarenta mil reais) e teve seu contrato de trabalho rescindido. Dias após tal rescisão, ele ajuíza reclamação trabalhista.

a) Tais fatos são suficientes para elidir presunção de veracidade de declaração de pobreza por ele firmada.
b) Pelo valor de seu salário, o reclamado jamais poderia reclamar sob o pálio da justiça gratuita.
c) No caso, o fato do contrato de trabalho ser rescindido dias antes do ajuizamento da reclamação retira a presunção de veracidade de declaração de pobreza pelo reclamante firmada.
d) O TST entende que o salário elevado por si só é capaz de comprovar a capacidade econômica do reclamante, não podendo este firmar qualquer declaração de pobreza.
e) Tais fatos não são suficientes para elidir presunção de veracidade de declaração de pobreza por ele firmada.

02. De acordo com jurisprudência do TST, assinale a alternativa correta:

a) A delimitação dos valores impugnados a que alude o art. 897, § 1º, da CLT não é pressuposto de admissibilidade do agravo de petição.
b) A delimitação dos valores impugnados a que alude o art. 897, § 1º, da CLT é pressuposto de admissibilidade do agravo de petição e visa a execução imediata da parte incontroversa, razão pela qual somente é exigível do executado.
c) A delimitação dos valores impugnados a que alude o art. 897, § 1º, da CLT não visa a execução imediata da parte incontroversa, razão pela qual é exigível do executado e do exequente.

d) A delimitação dos valores impugnados a que alude o art. 897, § 1º, da CLT não é pressuposto de admissibilidade do agravo de petição e não visa a execução imediata da parte incontroversa, razão pela qual somente é exigível do exequente.

e) A delimitação dos valores impugnados a que alude o art. 897, § 1º, da CLT é pressuposto de admissibilidade do agravo de petição e visa a execução imediata da parte incontroversa, razão pela qual somente é exigível do exequente.

03. De acordo com jurisprudência do TST, assinale a alternativa correta:
Considere que a CAESB, sociedade de economia mista distrital, seja a reclamada numa ação trabalhista.

a) O Distrito Federal não possui legitimidade para propor ação rescisória para desconstituir decisão proferida em reclamação trabalhista ajuizada em face da Companhia de Saneamento do Distrito Federal - Caesb, sociedade de economia mista distrital.

b) O Distrito Federal na qualidade de terceiro juridicamente interessado para a propositura da ação rescisória, mesmo estando preocupado apenas com a preservação do seu patrimônio, ameaçado pela condenação da Caesb, terá interesse jurídico na demanda, além do econômico, possibilitando-lhe o ajuizamento de ação rescisória futura.

c) O Distrito Federal tem legitimidade *ad causam* para propor ação rescisória para desconstituir decisão proferida em reclamação trabalhista ajuizada em face da Companhia de Saneamento do Distrito Federal - Caesb, sociedade de economia mista distrital.

d) Mesmo não tendo o Distrito Federal integrado o polo passivo da demanda originária contra sociedade de economia mista distrital, nem sequer participado como assistente ou terceiro interessado, subordinar-se-á, diretamente, à eficácia do comando condenatório transitado em julgado.

e) Não tendo o Distrito Federal integrado o polo passivo da demanda originária contra sociedade de economia mista distrital, nem sequer participado como assistente ou terceiro interessado, não se subordina, diretamente, à eficácia do comando condenatório transitado em julgado, não podendo, no entanto, ser enquadrado na categoria de terceiro juridicamente indiferente.

04. De acordo com jurisprudência do TST, assinale a alternativa correta sobre a Substituição não eventual:

a) O trabalhador substituto não terá direito ao pagamento do mesmo salário contratual do substituído, enquanto durar a substituição não eventual.

b) É válida a cláusula de convenção coletiva que estabelece o não recebimento pelo trabalhador substituto do salário equivalente ao do substituído se a substituição for inferior a 30 dias.
c) É garantido ao trabalhador substituto o pagamento do mesmo salário contratual do substituído, enquanto durar a substituição não eventual.
d) É garantido ao trabalhador substituto o pagamento de metade do salário contratual do substituído, enquanto durar a substituição não eventual.
e) É inválida a cláusula de convenção coletiva que estabelece o recebimento pelo trabalhador substituto do salário equivalente ao do substituído se a substituição for inferior a 30 dias.

05. De acordo com jurisprudência do TST, assinale a alternativa correta:

a) No caso de reversão em juízo da dispensa por justa causa, fundada em imputação de ato de improbidade, não será devida a indenização por danos morais, vez que se trata de mero dissabor do cotidiano.
b) No caso de reversão em juízo da dispensa por justa causa, fundada em imputação de ato de improbidade, é devida a indenização por danos morais, desde que se prove o abalo pessoal sofrido pelo empregado.
c) No caso de reversão em juízo da dispensa por justa causa, em qualquer caso, é devida a indenização por danos morais *in re ipsa*, ou seja, independentemente da prova de abalo pessoal sofrido pelo empregado ou de eventual divulgação do ocorrido.
d) No caso de reversão em juízo da dispensa por justa causa, fundada em imputação de ato de improbidade, é devida a indenização por danos morais *in re ipsa*, ou seja, independentemente da prova de abalo pessoal sofrido pelo empregado ou de eventual divulgação do ocorrido.
e) No caso de reversão em juízo da dispensa por justa causa, em qualquer caso, não será devida a indenização por danos morais *in re ipsa*, ou seja, independentemente da prova de abalo pessoal sofrido pelo empregado ou de eventual divulgação do ocorrido.

06. De acordo com jurisprudência do TST, assinale a alternativa correta:

Considere um Hospital, constituído como empresa pública federal, com o objetivo de administrar e prestar serviços de assistência médico-hospitalar à Universidade Federal, bem como a outras instituições e à comunidade em geral.

a) Neste caso, não terá os mesmos privilégios concedidos à Fazenda Pública no que toca ao recolhimento de depósito recursal.
b) Está dispensado do recolhimento de depósito recursal.
c) O hospital não goza dos mesmos privilégios concedidos à Fazenda Pública.
d) Seus bens são penhoráveis.
e) Não se submetendo ao regime especial de execução das dívidas trabalhistas por precatório ou requisição de pequeno valor.

07. De acordo com jurisprudência do TST, assinale a alternativa correta:

a) Não é válida norma coletiva que estabelece a suspensão do plano de saúde pago pela empresa após 180 dias de afastamento do empregado em decorrência de auxílio-doença ou de acidente de trabalho.
b) Norma coletiva pode estabelecer a suspensão do plano de saúde pago pela empresa após longo período de afastamento do empregado em decorrência de auxílio-doença ou de acidente de trabalho.
c) A suspensão do contrato, a que se refere o art. 475 da CLT, que importa na sustação temporária dos principais efeitos do pacto laboral, corta o vínculo de emprego.
d) O princípio da autonomia das vontades coletivas (art. 7º, XXVI, da CF), prevalece sobre o princípio da igualdade (art. 5º, II, da CF), podendo norma coletiva estabelecer que o empregado seja excluído do plano de saúde, mesmo em gozo de aposentadoria por invalidez decorrente de acidente de trabalho.
e) A suspensão do contrato, a que se refere o art. 475 da CLT, que importa na sustação temporária dos principais efeitos do pacto laboral, retira o dever do empregador de cumprir as obrigações não vinculadas diretamente à prestação de serviços, a exemplo do plano de saúde.

08. De acordo com jurisprudência do TST, assinale a alternativa correta:

a) Na hipótese em que a norma coletiva da categoria preveja como base de cálculo da Participação nos Lucros e Resultados - PLR "o salário base acrescido de verbas fixas de natureza salarial", é possível incluir as horas extras, salvo as que tenham natureza salarial e sejam prestadas habitualmente, pois possuem caráter variável
b) Na hipótese em que a norma coletiva da categoria preveja como base de cálculo da Participação nos Lucros e Resultados - PLR "o salário base acrescido de verbas fixas de natureza salarial", é possível incluir as horas extras, desde que tenham natureza salarial.

c) Na hipótese em que a norma coletiva da categoria preveja como base de cálculo da Participação nos Lucros e Resultados - PLR "o salário base acrescido de verbas fixas de natureza salarial", não é possível incluir as horas extras, ainda que tenham natureza salarial e sejam prestadas habitualmente, pois possuem caráter variável

d) Na hipótese em que a norma coletiva da categoria preveja como base de cálculo da Participação nos Lucros e Resultados - PLR "o salário base acrescido de verbas fixas de natureza salarial", não é possível incluir as horas extras, desde que prestadas habitualmente.

e) Na hipótese em que a norma coletiva da categoria prevê como base de cálculo da Participação nos Lucros e Resultados - PLR "o salário base acrescido de verbas fixas de natureza salarial", é possível incluir as horas extras, desde que sejam prestadas habitualmente, pois possuem caráter variável.

09. De acordo com jurisprudência do TST, assinale a alternativa correta:

a) A presunção legal que decorre da declaração de hipossuficiência econômica é absoluta.

b) A presunção legal que decorre da declaração de hipossuficiência econômica não pode ser afastada por elementos constantes dos autos.

c) A declaração de hipossuficiência econômica terá presunção *juris et de jure*.

d) A presunção legal que decorre da declaração de hipossuficiência econômica não pode ser afastada por prova em sentido contrário.

e) A presunção legal que decorre da declaração de hipossuficiência econômica é relativa, de modo que pode ser afastada por elementos constantes dos autos ou por prova em sentido contrário.

10. De acordo com jurisprudência do TST, assinale a alternativa correta:

a) São válidas as cláusulas de convenções coletivas de trabalho que proíbem aos condomínios residenciais e comerciais a contratação de mão de obra terceirizada para a execução de serviços definidos pelas partes como atividade fim.

b) São nulas as cláusulas de convenções coletivas de trabalho que proíbem aos condomínios residenciais e comerciais a contratação de mão de obra terceirizada para a execução de serviços definidos pelas partes como atividade fim.

c) São nulas as cláusulas de convenções coletivas de trabalho que proíbem aos condomínios comerciais, apenas, a contratação de mão de obra terceirizada para a execução de serviços definidos pelas partes como atividade fim.

d) São nulas as cláusulas de convenções coletivas de trabalho que proíbem aos condomínios residenciais, apenas, a contratação de mão de obra terceirizada para a execução de serviços definidos pelas partes como atividade fim.

e) São válidas as cláusulas de convenções coletivas de trabalho que proíbem aos condomínios residenciais, apenas, a contratação de mão de obra terceirizada para a execução de serviços definidos pelas partes como atividade fim.

■ QUESTÃO DISCURSIVA

O Sindicato de determinada categoria instaurou dissídio econômico em face da agremiação patronal daquela, no bojo da qual propôs uma série de melhorias aos trabalhadores substituídos.

Instado a se manifestar, o suscitado se dispôs a negociar, mas ressalvou que algumas propostas da agremiação obreira ficariam condicionadas à aceitação de pleitos de sua parte.

Assim, anuiu com a proposta de inclusão das horas extras habituais na base de cálculo da Participação nos Lucros e Resultados - PLR, mas condicionou sua aceitação à inclusão de item que isenta o empregador do pagamento de plano de saúde ao empregado afastado em gozo de auxílio doença ou auxílio acidente após o 180º dia, em razão da suspensão do contrato de trabalho.

Analise a validade das cláusulas em debate.

Simulado 02 – Comentários e Gabarito

01. De acordo com jurisprudência do TST, assinale a alternativa correta: Considere que um empregado percebia salário superior a R$ 40.000,00 (quarenta mil reais) e teve seu contrato de trabalho rescindido. Dias após tal rescisão, ele ajuíza reclamação trabalhista.

a) Tais fatos são suficientes para elidir presunção de veracidade de declaração de pobreza por ele firmada.

b) Pelo valor de seu salário, o reclamado jamais poderia reclamar sob o pálio da justiça gratuita.

c) No caso, o fato do contrato de trabalho ser rescindido dias antes do ajuizamento da reclamação retira a presunção de veracidade de declaração de pobreza pelo reclamante firmada.

d) O TST entende que o salário elevado por si só é capaz de comprovar a capacidade econômica do reclamante, não podendo este firmar qualquer declaração de pobreza.

e) Tais fatos não são suficientes para elidir presunção de veracidade de declaração de pobreza por ele firmada.

COMENTÁRIO

A- INCORRETA.

Não são suficientes para elidir a presunção de veracidade de tal declaração.

B- INCORRETA.

Esse não é o entendimento. Apesar do alto valor do salário, deve-se levar em consideração a realidade financeira do reclamante.

C- INCORRETA.

O fato do contrato de trabalho ser rescindido dias antes do ajuizamento da reclamação não é capaz de elidir a presunção de veracidade de tal declaração.

D- INCORRETA.

Apesar do alto valor do salário, deve-se levar em consideração a realidade financeira do reclamante.

E- CORRETA.

Justiça gratuita. Declaração de pobreza. Presunção relativa de veracidade não elidida pelo fato de o reclamante ter percebido salário bastante elevado.

O fato de o reclamante ter percebido salário bastante elevado, superior a R$ 40.000,00 (quarenta mil reais), e de a rescisão do contrato de trabalho ter ocorrido dias antes do ajuizamento da reclamação trabalhista não são suficientes para elidir a presunção de veracidade da declaração de pobreza por ele firmada. Sob esse fundamento, a SBDI-I, por maioria, conheceu de recurso de embargos por contrariedade à Orientação Jurisprudencial nº 304 da SBDI-I (atualmente incorporada ao item I da Súmula nº 463 do TST) e, no mérito, deu-lhe provimento para restabelecer a sentença quanto aos benefícios da justiça gratuita e ao pagamento de honorários advocatícios. Vencidos os Ministros João Oreste Dalazen e Renato de Lacerda Paiva. TST-E-ARR-464-35.2015.5.03.0181, SBDI-I, rel. Min. Hugo Carlos Scheuermann, 8.2.2018 (Informativo Nº 171)

LETRA E

02. De acordo com jurisprudência do TST, assinale a alternativa correta:

a) A delimitação dos valores impugnados a que alude o art. 897, § 1º, da CLT não é pressuposto de admissibilidade do agravo de petição.

b) A delimitação dos valores impugnados a que alude o art. 897, § 1º, da CLT é pressuposto de admissibilidade do agravo de petição e visa a execução imediata da parte incontroversa, razão pela qual somente é exigível do executado.

c) A delimitação dos valores impugnados a que alude o art. 897, § 1º, da CLT não visa a execução imediata da parte incontroversa, razão pela qual é exigível do executado e do exequente.

d) A delimitação dos valores impugnados a que alude o art. 897, § 1º, da CLT não é pressuposto de admissibilidade do agravo de petição e não visa a execução imediata da parte incontroversa, razão pela qual somente é exigível do exequente.

e) A delimitação dos valores impugnados a que alude o art. 897, § 1º, da CLT é pressuposto de admissibilidade do agravo de petição e visa a execução imediata da parte incontroversa, razão pela qual somente é exigível do exequente.

COMENTÁRIO

A- INCORRETA.

A delimitação dos valores impugnados a que alude o art. 897, § 1º, da CLT <u>é pressuposto de admissibilidade do agravo de petição.</u>

B- CORRETA.

Execução. Agravo de petição do exequente. Delimitação de valores prevista no art. 897, § 1º, da CLT. Inexigibilidade.

A delimitação dos valores impugnados a que alude o art. 897, § 1º, da CLT é pressuposto de admissibilidade do agravo de petição e visa a execução imediata da parte incontroversa, razão pela qual somente é exigível do executado. O exequente, via de regra, pretende obter um acréscimo ao valor já apurado, de modo que o descumprimento da referida norma não acarreta qualquer prejuízo ao prosseguimento da execução. Sob esse entendimento, a SBDI-I, por unanimidade, conheceu dos embargos, por divergência jurisprudencial, e, no mérito, por maioria, deu-lhes provimento para, afastada a necessidade de delimitação de valores, determinar o retorno dos autos ao TRT para que prossiga no exame do agravo de petição do exequente, como entender de direito. Vencidos os Ministros Cláudio Mascarenhas Brandão, Alexandre Agra Belmonte, Guilherme Augusto Caputo Bastos, Walmir Oliveira da Costa e Ives Gandra Martins Filho. TST-E-RR-143500- 80.2004.5.01.0342, SBDI-I, rel. Min. Hugo Carlos Scheuermann, 8.2.2018 (Informativo Nº 171)

C- INCORRETA.

A delimitação dos valores impugnados a que alude o art. 897, § 1º, da CLT visa a execução imediata da parte incontroversa, razão pela qual somente é exigível do executado.

D- INCORRETA.

A delimitação dos valores impugnados a que alude o art. 897, § 1º, da CLT é pressuposto de admissibilidade do agravo de petição e visa a execução imediata da parte incontroversa, razão pela qual somente é exigível do executado.

E- INCORRETA.

A delimitação dos valores impugnados a que alude o art. 897, § 1º, da CLT é pressuposto de admissibilidade do agravo de petição e visa a execução imediata da parte incontroversa, razão pela qual somente é exigível do executado.

LETRA B

03. De acordo com jurisprudência do TST, assinale a alternativa correta: Considere que a CAESB, sociedade de economia mista distrital, seja a reclamada numa ação trabalhista.

a) O Distrito Federal não possui legitimidade para propor ação rescisória para desconstituir decisão proferida em reclamação trabalhista ajuizada em face da Companhia de Saneamento do Distrito Federal – Caesb, sociedade de economia mista distrital.

b) O Distrito Federal na qualidade de terceiro juridicamente interessado para a propositura da ação rescisória, mesmo estando preocupado apenas com a preservação do seu patrimônio, ameaçado pela condenação da Caesb, terá interesse jurídico na demanda, além do econômico, possibilitando-lhe o ajuizamento de ação rescisória futura.

c) O Distrito Federal tem legitimidade *ad causam* para propor ação rescisória para desconstituir decisão proferida em reclamação trabalhista ajuizada em face da Companhia de Saneamento do Distrito Federal - Caesb, sociedade de economia mista distrital.

d) Mesmo não tendo o Distrito Federal integrado o polo passivo da demanda originária contra sociedade de economia mista distrital, nem sequer participado como assistente ou terceiro interessado, subordinar-se-á, diretamente, à eficácia do comando condenatório transitado em julgado.

e) Não tendo o Distrito Federal integrado o polo passivo da demanda originária contra sociedade de economia mista distrital, nem sequer participado como assistente ou terceiro interessado, não se subordina, diretamente, à eficácia do comando condenatório transitado em julgado, não podendo, no entanto, ser enquadrado na categoria de terceiro juridicamente indiferente.

COMENTÁRIO

A- CORRETA.

Ação rescisória ajuizada sob a égide do CPC de 1973. Ilegitimidade ativa ad causam do Distrito Federal para requerer a desconstituição de decisão proferida em reclamação trabalhista ajuizada em face da Caesb. Interesse meramente econômico. Terceiro juridicamente indiferente.

O Distrito Federal não possui legitimidade para propor ação rescisória para desconstituir decisão proferida em reclamação trabalhista ajuizada em face da Companhia de Saneamento do Distrito Federal – Caesb, sociedade de economia mista distrital. No caso, a decisão rescindenda reconheceu, com base no Plano de Cargos e Salários de 2002, o direito ao reenquadramento, com vinculação da remuneração aos subsídios dos Procuradores do Distrito Federal e consectários salariais vencidos e vincendos, a grupo de cinco advogados da Caesb, contratados entre os anos de 2007 e 2008, não tendo o Distrito Federal participado da lide. Ainda que o Distrito Federal defenda sua qualidade de terceiro juridicamente interessado para a propositura da ação rescisória, verifica-se que sua única preocupação é a preservação do seu patrimônio, ameaçado pela condenação da Caesb, fato que demonstra a existência de interesse puramente econômico não abrangido pela legislação processual civil que regula a matéria (art. 487, II, do CPC de 1973). Assim, não tendo o Distrito Federal integrado o polo passivo da demanda originária, nem sequer participado como assistente ou terceiro interessado, não se subordina, diretamente, à eficácia do comando condenatório transitado em julgado, não se enquadrando em nenhuma das categorias de terceiro juridicamente interessado, pertencendo, na verdade, à classe dos terceiros juridicamente indiferentes. Sob esse fundamento, a SBDI-II, por unanimidade, conheceu da remessa necessária e do recurso ordinário do Distrito Federal e, no mérito, por maioria, negou-lhes provimento, mantendo, portanto, a extinção da ação rescisória, sem resolução do mérito, por ilegitimidade ativa *ad causam*. Vencidos os Ministros Douglas Alencar Rodrigues, relator, Delaíde Miranda Arantes e Ives Gandra Martins Filho. TST- ReeNec e RO-35-34.2015.5.10.0000, SBDI-II, rel. Min. Douglas Alencar Rodrigues, red. p/ acórdão Min. Renato de Lacerda Paiva, 6.2.2018 (Informativo Nº 171)

B- INCORRETA.

O interesse do DF, no caso, é puramente econômico, não justificando o ajuizamento por este de ação rescisória.

C- INCORRETA.

O DF, no caso, não possui legitimidade para ajuizar ação rescisória.

D- INCORRETA.

Não tendo o Distrito Federal integrado o polo passivo da demanda originária, nem sequer participado como assistente ou terceiro interessado, não se subordina, diretamente, à eficácia do comando condenatório transitado em julgado.

E- INCORRETA.

Assim, não tendo o Distrito Federal integrado o polo passivo da demanda originária, nem sequer participado como assistente ou terceiro interessado, não se subordina, diretamente, à eficácia do comando condenatório transitado em julgado, não se enquadrando em nenhuma das categorias de terceiro juridicamente interessado, pertencendo, na verdade, à classe dos terceiros juridicamente indiferentes.

LETRA A

04. De acordo com jurisprudência do TST, assinale a alternativa correta sobre a Substituição não eventual:

a) O trabalhador substituto não terá direito ao pagamento do mesmo salário contratual do substituído, enquanto durar a substituição não eventual.

b) É válida a cláusula de convenção coletiva que estabelece o não recebimento pelo trabalhador substituto do salário equivalente ao do substituído se a substituição for inferior a 30 dias.

c) É garantido ao trabalhador substituto o pagamento do mesmo salário contratual do substituído, enquanto durar a substituição não eventual.

d) É garantido ao trabalhador substituto o pagamento de metade do salário contratual do substituído, enquanto durar a substituição não eventual.

e) É inválida a cláusula de convenção coletiva que estabelece o recebimento pelo trabalhador substituto do salário equivalente ao do substituído se a substituição for inferior a 30 dias.

COMENTÁRIO

A- INCORRETA.

É garantido ao trabalhador substituto o pagamento do mesmo salário contratual do substituído, enquanto durar a substituição não eventual.

B- INCORRETA.

É inválida a cláusula de convenção coletiva que estabelece o não recebimento pelo trabalhador substituto do salário equivalente ao do substituído se a substituição for inferior a 30 dias.

C- CORRETA.

Ação anulátoria. Substituição não eventual. Salário do substituto. Limitação temporal. Cláusula inválida. Súmula nº 159, I, do TST.

A partir da interpretação sistemática dos arts. 450 e 461 da CLT, esta Corte, por meio do item I da Súmula nº 159, consolidou o entendimento de que é garantido ao trabalhador substituto o pagamento do mesmo salário contratual do substituído, enquanto durar a substituição não eventual. Deste modo, é inválida a cláusula de convenção coletiva que estabelece o não recebimento pelo trabalhador substituto do salário equivalente ao do substituído se a substituição for inferior a 30 dias. Sob esse fundamento, a SDC, nos termos do art. 140, § 1º, do RITST, negou provimento ao recurso ordinário para manter a decisão recorrida que declarara a nulidade da "Cláusula sexta – salário do substituto" da convenção coletiva de trabalho firmada entre o Sindicato da Indústria da Construção do Estado do Pará – Sinduscon e o Sindicato dos Trabalhadores nas Indústrias de Artefato de Cimento Armado, Oficiais Eletricistas e Trabalhadores nas Indústrias de Instalações Elétricas, de Gás, Hidráulicas e Sanitárias, Olarias, Construção Civil Leve e Pesada, Mármores e Granitos, Cimento, Estrada, Barragem, Pavimentação, Terraplanagem, Portos e Aeroportos, Canais, Engenharia Consultiva e Obras em Geral do Município de Ananindeua. Vencidos os Ministros Maria Cristina Irigoyen Peduzzi, Renato de Lacerda Paiva, Dora Maria da Costa e Ives Gandra Martins Filho TST-RO-47-68.2016.5.08.0000, SDC, rel. Min. Kátia Magalhães Arruda, 19.2.2018 (Informativo Nº 172)

D- INCORRETA.

É garantido ao trabalhador substituto o pagamento do mesmo salário contratual do substituído, enquanto durar a substituição não eventual.

E- INCORRETA.

É inválida a cláusula de convenção coletiva que estabelece o não recebimento pelo trabalhador substituto do salário equivalente ao do substituído se a substituição for inferior a 30 dias.

LETRA C

05. De acordo com jurisprudência do TST, assinale a alternativa correta:

a) No caso de reversão em juízo da dispensa por justa causa, fundada em imputação de ato de improbidade, não será devida a indenização por danos morais, vez que se trata de mero dissabor do cotidiano.

b) No caso de reversão em juízo da dispensa por justa causa, fundada em imputação de ato de improbidade, é devida a indenização por danos morais, desde que se prove o abalo pessoal sofrido pelo empregado.

c) No caso de reversão em juízo da dispensa por justa causa, em qualquer caso, é devida a indenização por danos morais *in re ipsa*, ou seja, independentemente da prova de abalo pessoal sofrido pelo empregado ou de eventual divulgação do ocorrido.

d) No caso de reversão em juízo da dispensa por justa causa, fundada em imputação de ato de improbidade, é devida a indenização por danos morais *in re ipsa*, ou seja, independentemente da prova de abalo pessoal sofrido pelo empregado ou de eventual divulgação do ocorrido.

e) No caso de reversão em juízo da dispensa por justa causa, em qualquer caso, não será devida a indenização por danos morais *in re ipsa*, ou seja, independentemente da prova de abalo pessoal sofrido pelo empregado ou de eventual divulgação do ocorrido.

COMENTÁRIO

A- INCORRETA.

No caso de reversão em juízo da dispensa por justa causa, fundada em imputação de ato de improbidade, é devida a indenização por danos morais *in re ipsa*, ou seja, independentemente da prova de abalo pessoal sofrido pelo empregado ou de eventual divulgação do ocorrido.

B- INCORRETA.

O dano moral, neste caso, será *in re ipsa*.

C- INCORRETA.

No caso de reversão em juízo da dispensa por justa causa, fundada em imputação de ato de improbidade, é devida a indenização por danos morais *in re ipsa*, ou seja, independentemente da prova de abalo pessoal sofrido pelo empregado ou de eventual divulgação do ocorrido.

D- CORRETA.

Dano moral. Imputação de ato de improbidade. Dispensa por justa causa. Reversão em juízo. Indenização devida. Dano in re ipsa.

No caso de reversão em juízo da dispensa por justa causa, fundada em imputação de ato de improbidade, é devida a indenização por danos morais *in re ipsa*, ou seja, independentemente da prova de abalo pessoal sofrido pelo empregado ou de eventual divulgação do ocorrido. A gravidade da acusação (apropriação indébita de diferenças de caixa) e o rigor da punição, sem a devida cautela por parte do empregador, autoriza a presunção de lesão à honra subjetiva do reclamante. Sob esses fundamentos, a SBDI-I, por unanimidade, conheceu dos embargos, por divergência jurisprudencial, e, no mérito, deu-lhes provimento para restabelecer o acórdão do Tribunal Regional quanto à condenação ao pagamento de indenização por dano moral, determinando o retorno dos autos à Turma, a fim de que prossiga no julgamento do recurso de revista, quanto ao tema reputado prejudicado, conforme entender de direito. TST-E--RR-1123-90.2013.5.08.0014, SBDI-I, rel. Min. Walmir Oliveira da Costa, 1º.3.2018. (Informativo Nº 172)

E- INCORRETA.

No caso de reversão em juízo da dispensa por justa causa, fundada em imputação de ato de improbidade, é devida a indenização por danos morais *in re ipsa*, ou seja, independentemente da prova de abalo pessoal sofrido pelo empregado ou de eventual divulgação do ocorrido.

LETRA D

06. De acordo com jurisprudência do TST, assinale a alternativa correta:
Considere um Hospital, constituído como empresa pública federal, com o objetivo de administrar e prestar serviços de assistência médico-hospitalar à Universidade Federal, bem como a outras instituições e à comunidade em geral.

a) Neste caso, não terá os mesmos privilégios concedidos à Fazenda Pública no que toca ao recolhimento de depósito recursal.
b) Está dispensado do recolhimento de depósito recursal.
c) O hospital não goza dos mesmos privilégios concedidos à Fazenda Pública.
d) Seus bens são penhoráveis.
e) Não se submetendo ao regime especial de execução das dívidas trabalhistas por precatório ou requisição de pequeno valor.

COMENTÁRIO

A- INCORRETA.

O Hospital das Clínicas de Porto Alegre - HCPA, empresa pública federal criada pela Lei nº 5.604/70 com o objetivo de administrar e prestar serviços de assistência médico-hospitalar à Universidade Federal do Rio Grande do Sul, a outras instituições e à comunidade em geral, está dispensado do recolhimento de depósito recursal.

B- CORRETA.

Hospital das Clínicas de Porto Alegre. Ausência de recolhimento de depósito recursal. Deserção não configurada. Gozo dos mesmos privilégios concedidos à Fazenda Pública.

O Hospital das Clínicas de Porto Alegre - HCPA, empresa pública federal criada pela Lei nº 5.604/70 com o objetivo de administrar e prestar serviços de assistência médico-hospitalar à Universidade Federal do Rio Grande do Sul, a outras instituições e à comunidade em geral, está dispensado do recolhimento de depósito recursal. O art. 15 da Lei nº 5.604/70 dispõe que "o HCPA gozará de isenção de tributos federais e de todos os favores legais atribuídos à natureza de seus objetivos", ao passo que a Medida Provisória nº 2.216-37/2001 inseriu a esse dispositivo o parágrafo único, segundo o qual "aplica-se ao HCPA o regime de impenhorabilidade de seus bens, serviços e rendas". Assim, se o referido hospital goza dos mesmos privilégios concedidos à Fazenda Pública, submetendo-se ao regime especial de execução das dívidas trabalhistas por precatório ou requisição de pequeno valor, nos termos do art. 100 da CF, além da impenhorabilidade dos seus bens, é logicamente incompatível a exigência do depósito recursal como garantia do juízo. Sob esses fundamentos, a SBDI-I, por unanimidade, conheceu do recurso de embargos, por divergência jurisprudencial, e, no mérito, deu-lhe provimento para afastar a deserção do recurso de revista do HCPA e determinar o retorno dos autos à Turma para que examine o apelo conforme entender de direito. TST-E-ED-RR-1157-40.2013.5.04.0026, SBDI-I, rel. Min. José Roberto Freire Pimenta, 1º.3.2018. (Informativo Nº 172)

C- INCORRETA.

O referido hospital goza dos mesmos privilégios concedidos à Fazenda Pública.

D- INCORRETA.

O Hospital das Clínicas de Porto Alegre - HCPA, empresa pública federal criada pela Lei nº 5.604/70 com o objetivo de administrar e prestar serviços de assistência médico-hospitalar à Universidade Federal do Rio Grande do Sul, a outras instituições e à comunidade em geral, está dispensado do recolhimento de depósito recursal.

E- INCORRETA.

O hospital goza dos mesmos privilégios concedidos à Fazenda Pública, submetendo-se ao regime especial de execução das dívidas trabalhistas por precatório ou requisição de pequeno valor, nos termos do art. 100 da CF, além da impenhorabilidade dos seus bens, é logicamente incompatível a exigência do depósito recursal como garantia do juízo.

LETRA B

07. De acordo com jurisprudência do TST, assinale a alternativa correta:

a) Não é válida norma coletiva que estabelece a suspensão do plano de saúde pago pela empresa após 180 dias de afastamento do empregado em decorrência de auxílio-doença ou de acidente de trabalho.

b) Norma coletiva pode estabelecer a suspensão do plano de saúde pago pela empresa após longo período de afastamento do empregado em decorrência de auxílio-doença ou de acidente de trabalho.

c) A suspensão do contrato, a que se refere o art. 475 da CLT, que importa na sustação temporária dos principais efeitos do pacto laboral, corta o vínculo de emprego.

d) O princípio da autonomia das vontades coletivas (art. 7º, XXVI, da CF), prevalece sobre o princípio da igualdade (art. 5º, II, da CF), podendo norma coletiva estabelecer que o empregado seja excluído do plano de saúde, mesmo em gozo de aposentadoria por invalidez decorrente de acidente de trabalho.

e) A suspensão do contrato, a que se refere o art. 475 da CLT, que importa na sustação temporária dos principais efeitos do pacto laboral, retira o dever do empregador de cumprir as obrigações não vinculadas diretamente à prestação de serviços, a exemplo do plano de saúde.

COMENTÁRIO

A- CORRETA.

Plano de saúde. Suspensão após 180 dias de afastamento por auxílio-doença ou acidente de trabalho. Norma coletiva. Invalidade.

Não é válida norma coletiva que estabelece a suspensão do plano de saúde pago pela empresa após 180 dias de afastamento do empregado em decorrência de auxílio-doença ou de acidente de trabalho. Embora a suspensão do contrato, a que se refere o art. 475 da CLT, importe na sustação temporária dos principais efeitos do pacto laboral, preserva-se o vínculo de emprego e o dever de cumprir as obrigações não vinculadas diretamente à prestação de serviços, a exemplo do plano de saúde, nos termos da Súmula nº 440 do TST. Ademais, embora se deva observar o princípio da autonomia das vontades coletivas (art. 7º, XXVI, da CF), este não pode prevalecer se violar o princípio da igualdade (art. 5º, II, da CF) e causar prejuízo ao trabalhador afastado, como ocorreu no caso em apreço, em que o empregado foi excluído do plano de saúde justamente no momento em que se encontrava incapacitado para o trabalho, em gozo de aposentadoria por invalidez decorrente de acidente de trabalho. Sob esses fundamentos, a SBDI-I, por unanimidade, conheceu do recurso de embargos, por divergência jurisprudencial, e, no mérito, por maioria, deu-lhe provimento para restabelecer o acórdão do TRT. Vencidos os Ministros Renato de Lacerda Paiva e Márcio Eurico Vitral Amaro. TST-E-ARR-1513-39.2012.5.02.0442, SBDI-I, rel. Min. Hugo Carlos Scheuermann, 8.3.2018 (Informativo Nº 173)

B- INCORRETA.

Não é válida norma coletiva que estabelece a suspensão do plano de saúde pago pela empresa após 180 dias de afastamento do empregado em decorrência de auxílio-doença ou de acidente de trabalho.

C- INCORRETA.

Embora a suspensão do contrato, a que se refere o art. 475 da CLT, importe na sustação temporária dos principais efeitos do pacto laboral, preserva-se o vínculo de emprego.

D- INCORRETA.

O princípio da autonomia das vontades coletivas (art. 7º, XXVI, da CF) não pode prevalecer se violar o princípio da igualdade (art. 5º, II, da CF) e causar prejuízo ao trabalhador afastado, sendo excluído do plano de saúde justamente no momento em que se encontrava incapacitado para o trabalho, em gozo de aposentadoria por invalidez decorrente de acidente de trabalho.

E- INCORRETA.

Embora a suspensão do contrato, a que se refere o art. 475 da CLT, importe na sustação temporária dos principais efeitos do pacto laboral, preserva-se o dever de cumprir as obrigações não vinculadas diretamente à prestação de serviços, a exemplo do plano de saúde, nos termos da Súmula nº 440 do TST.

LETRA A

08. De acordo com jurisprudência do TST, assinale a alternativa correta:

a) Na hipótese em que a norma coletiva da categoria preveja como base de cálculo da Participação nos Lucros e Resultados - PLR "o salário base acrescido de verbas fixas de natureza salarial", é possível incluir as horas extras, salvo as que tenham natureza salarial e sejam prestadas habitualmente, pois possuem caráter variável

b) Na hipótese em que a norma coletiva da categoria preveja como base de cálculo da Participação nos Lucros e Resultados - PLR "o salário base acrescido de verbas fixas de natureza salarial", é possível incluir as horas extras, desde que tenham natureza salarial.

c) Na hipótese em que a norma coletiva da categoria preveja como base de cálculo da Participação nos Lucros e Resultados - PLR "o salário base acrescido de verbas fixas de natureza salarial", não é possível incluir as horas extras, ainda que tenham natureza salarial e sejam prestadas habitualmente, pois possuem caráter variável

d) Na hipótese em que a norma coletiva da categoria preveja como base de cálculo da Participação nos Lucros e Resultados - PLR "o salário base acrescido de verbas fixas de natureza salarial", não é possível incluir as horas extras, desde que prestadas habitualmente.

e) Na hipótese em que a norma coletiva da categoria prevê como base de cálculo da Participação nos Lucros e Resultados - PLR "o salário base acrescido de verbas fixas de natureza salarial", é possível incluir as horas extras, desde que sejam prestadas habitualmente, pois possuem caráter variável.

COMENTÁRIO

A- INCORRETA.

Não é possível incluir as horas extras, ainda que tenham natureza salarial e sejam prestadas habitualmente, pois possuem caráter variável.

B- INCORRETA.

Na hipótese em que a norma coletiva da categoria prevê como base de cálculo da Participação nos Lucros e Resultados - PLR "o salário base acrescido de verbas fixas de natureza salarial", não é possível incluir as horas extras, ainda que tenham natureza salarial e sejam prestadas habitualmente, pois possuem caráter variável

C- CORRETA.

Participação nos Lucros e Resultados. Base de cálculo restrita ao salário base acrescido de verbas fixas de natureza salarial. Integração das horas extras. Impossibilidade. Verba de natureza variável.

Na hipótese em que a norma coletiva da categoria prevê como base de cálculo da Participação nos Lucros e Resultados - PLR "o salário base acrescido de verbas fixas de natureza salarial", não é possível incluir as horas extras, ainda que tenham natureza salarial e sejam prestadas habitualmente, pois possuem caráter variável. Sob esse fundamento, a SBDI-I, por unanimidade, conheceu dos embargos, por divergência jurisprudencial, e, no mérito, deu-lhes provimento para restabelecer o acórdão do TRT quanto à exclusão das horas extras da base de cálculo da PLR. TST-E-RR-1088- 24.2012.5.09.0084, SBDI-I, rel. Min. Alberto Luiz Bresciani de Fontan Pereira, 8.3.2018 (Informativo Nº 173)

D- INCORRETA.

Na hipótese em que a norma coletiva da categoria prevê como base de cálculo da Participação nos Lucros e Resultados - PLR "o salário base acrescido de verbas fixas de natureza salarial", não é possível incluir as horas extras, ainda que tenham natureza salarial e sejam prestadas habitualmente, pois possuem caráter variável

E- INCORRETA.

Na hipótese em que a norma coletiva da categoria prevê como base de cálculo da Participação nos Lucros e Resultados - PLR "o salário base acrescido de verbas fixas de natureza salarial", não é possível incluir as horas extras, ainda que tenham natureza salarial e sejam prestadas habitualmente, pois possuem caráter variável

LETRA C

09. De acordo com jurisprudência do TST, assinale a alternativa correta:

a) A presunção legal que decorre da declaração de hipossuficiência econômica é absoluta.
b) A presunção legal que decorre da declaração de hipossuficiência econômica não pode ser afastada por elementos constantes dos autos.
c) A declaração de hipossuficiência econômica terá presunção *juris et de jure.*
d) A presunção legal que decorre da declaração de hipossuficiência econômica não pode ser afastada por prova em sentido contrário.
e) A presunção legal que decorre da declaração de hipossuficiência econômica é relativa, de modo que pode ser afastada por elementos constantes dos autos ou por prova em sentido contrário.

COMENTÁRIO

A- INCORRETA.

A presunção legal que decorre da declaração de hipossuficiência econômica é relativa.

B- INCORRETA.

A presunção legal que decorre da declaração de hipossuficiência econômica pode ser afastada por elementos constantes dos autos.

C- INCORRETA.

A presunção legal que decorre da declaração de hipossuficiência econômica é relativa (*juris tantum*).

D- INCORRETA.

A presunção legal que decorre da declaração de hipossuficiência econômica pode ser afastada por prova em sentido contrário.

E- CORRETA.

Justiça gratuita. Indeferimento. Hipossuficiência econômica afastada por circunstâncias reveladas nos autos. Presunção relativa.

A presunção legal que decorre da declaração de hipossuficiência econômica é relativa, de modo que pode ser afastada por elementos constantes dos autos ou por prova em sentido contrário. No caso em apreço, o autor teve indeferido seu pedido de gratuidade de justiça pela Corte Regional ao fundamento de que, quem oferta o segundo maior lanço em hasta realizada no processo principal, destinada à alienação de imóvel de elevado valor, e, no próprio dia do leilão, deposita a quantia de R$ 1.340.000,00, não faz jus à referida benesse. Assim, ante o contexto desvelado nos próprios autos, e ausente prova da alegada miserabilidade jurídica, a SBDI-II, por unanimidade, conheceu do recurso ordinário e, no mérito, por maioria, negou-lhes provimento, mantendo, portanto, a decisão do TRT que indeferira os benefícios da justiça gratuita. Vencidos os Ministros Delaíde Miranda Arantes e Alexandre Agra Belmonte. TST-RO-76-80.2013.5.06.0000, SBDI--II, rel. Min. Douglas Alencar Rodrigues, 6.3.2018 (Informativo Nº 173)

LETRA E

10. De acordo com jurisprudência do TST, assinale a alternativa correta:

a) São válidas as cláusulas de convenções coletivas de trabalho que proíbem aos condomínios residenciais e comerciais a contratação de mão de obra terceirizada para a execução de serviços definidos pelas partes como atividade fim.

b) São nulas as cláusulas de convenções coletivas de trabalho que proíbem aos condomínios residenciais e comerciais a contratação de mão de obra terceirizada para a execução de serviços definidos pelas partes como atividade fim.

c) São nulas as cláusulas de convenções coletivas de trabalho que proíbem aos condomínios comerciais, apenas, a contratação de mão de obra terceirizada para a execução de serviços definidos pelas partes como atividade fim.

d) São nulas as cláusulas de convenções coletivas de trabalho que proíbem aos condomínios residenciais, apenas, a contratação de mão de obra terceirizada para a execução de serviços definidos pelas partes como atividade fim.

e) São válidas as cláusulas de convenções coletivas de trabalho que proíbem aos condomínios residenciais, apenas, a contratação de mão de obra terceirizada para a execução de serviços definidos pelas partes como atividade fim.

COMENTÁRIO

A- INCORRETA.

São nulas as cláusulas de convenções coletivas de trabalho que proíbem aos condomínios residenciais e comerciais a contratação de mão de obra terceirizada para a execução de serviços definidos pelas partes como atividade fim.

B- CORRETA.

Ação anulatória. Cláusula convencional que proíbe os condomínios de contratarem empregados terceirizados. Nulidade. Ofensa ao princípio constitucional da livre concorrência.

A SDC, por unanimidade, conheceu de recurso ordinário e, no mérito, por maioria, deu-lhe provimento para declarar a nulidade de cláusulas de convenções coletivas de trabalho que proíbem aos condomínios residenciais e comerciais a contratação de mão de obra terceirizada para a execução de serviços definidos pelas partes como atividade fim. Na espécie, prevaleceu o entendimento de que as referidas cláusulas, ao impedir que as atividades de zelador, de porteiro, de vigilante e de serviços gerais, entre outras, sejam executadas por empresas terceirizadas, além de afastar o permissivo da Súmula n° 331 do TST, limitaram a iniciativa empresarial para a consecução de objetivo considerado regular e lícito, em desacordo, portanto, com o princípio da livre concorrência consagrado no art. 170, IV, e parágrafo único, da CF. Vencidos os Ministros Mauricio Godinho Delgado, Kátia Magalhães Arruda, Maria de Assis Calsing e Fernando Eizo Ono. TST-RO-121-39.2014.5.10.0000, SDC, rel. Min. Mauricio Godinho Delgado, red. p/ acórdão Min. Dora Maria da Costa, 12.3.2018 (Informativo Nº 174)

C- INCORRETA.

São nulas as cláusulas de convenções coletivas de trabalho que proíbem aos condomínios residenciais e comerciais a contratação de mão de obra terceirizada para a execução de serviços definidos pelas partes como atividade fim.

D- INCORRETA.

São nulas as cláusulas de convenções coletivas de trabalho que proíbem aos condomínios residenciais e comerciais a contratação de mão de obra terceirizada para a execução de serviços definidos pelas partes como atividade fim.

E- INCORRETA.

São nulas as cláusulas de convenções coletivas de trabalho que proíbem aos condomínios residenciais e comerciais a contratação de mão de obra terceirizada para a execução de serviços definidos pelas partes como atividade fim.

LETRA B

■ QUESTÃO DISCURSIVA

O Sindicato de determinada categoria instaurou dissídio econômico em face da agremiação patronal daquela, no bojo da qual propôs uma série de melhorias aos trabalhadores substituídos.
Instado a se manifestar, o suscitado se dispôs a negociar, mas ressalvou que algumas propostas da agremiação obreira ficariam condicionadas à aceitação de pleitos de sua parte.
Assim, anuiu com a proposta de inclusão das horas extras habituais na base de cálculo da Participação nos Lucros e Resultados - PLR, mas condicionou sua aceitação à inclusão de item que isenta o empregador do pagamento de plano de saúde ao empregado afastado em gozo de auxílio doença ou auxílio acidente após o 180º dia, em razão da suspensão do contrato de trabalho.
Analise a validade das cláusulas em debate.

RESPOSTA:

Segundo a jurisprudência do TST, nenhuma das cláusulas em questão são válidas.

No que tange à inclusão das horas extras na base de cálculo da Participação nos Lucros e Resultados, já decidiu o TST pela sua impossibilidade, ainda que tenham natureza salarial e sejam prestadas habitualmente, vez que possuem caráter variável.

Já quanto à proposta de isenção do empregador do pagamento de plano de saúde ao empregado afastado em gozo de auxílio doença ou auxílio acidente após o 180º dia, fixou a Superior Corte Laboral que, embora haja a suspensão do contrato de trabalho nesses casos, nos termos do art. 475 da CLT, e isso importe a sustação temporária dos principais efeitos do pacto laboral, **preserva-se o vínculo de emprego e o dever de cumprir as obrigações não vinculadas direta-**

mente à prestação de serviços, a exemplo do plano de saúde, nos termos da Súmula nº 440 do TST.

Sendo assim, inválida a cláusula que isenta do empregador do pagamento de plano de saúde ao empregado afastado em gozo de auxílio doença ou auxílio acidente após o 180º dia, bem com aquela que prevê a inclusão das horas extras na base de cálculo da Participação nos Lucros e Resultados.

Simulado 03 – Questões

01. De acordo com jurisprudência do TST, assinale certo ou errado:
A hipótese da empresa contratar empregado para atuar na sua atividade fim, condicionada à filiação a cooperativa fraudulenta, não constitui prática de ato ilícito que precariza a relação laboral e desvirtue a finalidade social do trabalho, não acarretando, pois, a indenização por danos morais.

02. De acordo com jurisprudência do TST, assinale certo ou errado:
A dispensa sem justa causa de empregado portador de estabilidade pré-aposentadoria prevista em norma coletiva não é suficiente, por si só, para caracterizar dano moral.

03. De acordo com jurisprudência do TST, assinale certo ou errado:
Não há direito à ajuda de custo para cobrir despesas com mudança e transporte dos dependentes do magistrado para localidade diversa daquela para a qual fora removido.

04. De acordo com jurisprudência do TST, assinale certo ou errado:
Poderá haver limitação temporal para a aplicação de astreintes pelo juízo na fase de conhecimento.

05. De acordo com jurisprudência do TST, assinale certo ou errado:
A tutela inibitória concedida não poderá ser mantida pelo descumprimento das normas relativas à jornada de trabalho, independentemente se constatada a posterior regularização da situação no curso da ação civil pública.

06. De acordo com jurisprudência do TST, assinale certo ou errado:
A nova Lei do Estágio estende sua incidência à prorrogação dos contratos já em execução quando de sua entrada em vigor, não se aplicando a Lei nº 6.494/1977 aos ajustes entabulados durante a sua vigência, quando for mais vantajosa a incidência da primeira.

07. De acordo com jurisprudência do TST, assinale certo ou errado:
O indeferimento do pedido de adiamento da audiência, para que fosse intimada a testemunha não arrolada e que não compareceu espontaneamente, viola o art. 825 da CLT, caracterizando cerceamento do direito de defesa.

08. De acordo com jurisprudência do TST, assinale certo ou errado:
A competência para processar e julgar ação movida por servidor público contratado na vigência da Constituição de 1988, sem prévia aprovação em concurso público, depende da natureza do regime jurídico adotado pelo ente público para seus servidores.
Dessa forma, se de natureza administrativa ou estatutária, a competência será da Justiça comum. No entanto, se o vínculo for regido pelas disposições da CLT, a competência será da Justiça do Trabalho.

09. De acordo com jurisprudência do TST, assinale certo ou errado:
Se houver possibilidade de controle de jornada de trabalho do empregado, exceto se esta for externa, haverá inversão do ônus da prova, cabendo ao empregador a apresentação do comprovante de controle de frequência, como prova pré-constituída, nos moldes do art. 74, §2º, da CLT.

10. De acordo com jurisprudência do TST, assinale certo ou errado:
O depósito judicial efetuado antes do deferimento do processo de recuperação judicial desliga-se do patrimônio da empresa e assume o papel de garantia de uma futura execução, razão pela qual está à disposição do Juízo falimentar, e não do Juízo trabalhista.

■ QUESTÃO DISCURSIVA

O Ministério Público do Trabalho ajuizou ação civil pública em face de empresa que não estaria cumprindo corretamente as normas trabalhistas referentes à jornada de trabalho de seus empregados. Em sentença, o juízo competente deferiu a tutela de urgência e condenou a empresa à imediata observância das normas referen-

tes ao tema, sob pena de multa diária, nos termos do § 4º do art. 537 do CPC.

Inconformada com a decisão, a reclamada interpôs recurso ordinário, parcialmente provido pelo TRT para determinar a limitação da aplicação de astreintes ao prazo de 30 (trinta) dias, a fim de evitar uma execução excessiva.

Além disso, a empresa comprovou, em sede de recurso, que já teria dado início aos procedimentos necessários ao cumprimento da determinação judicial, de modo que a liminar deveria ser revogada, haja vista a ausência de interesse processual na condenação, por perda do objeto, no que o Tribunal anuiu, reformando também esse capítulo decisório.

Analise a correção da decisão do TRT, conforma a jurisprudência superior trabalhista.

Simulado 03 – Comentários e Gabarito

01. De acordo com jurisprudência do TST, assinale certo ou errado:

A hipótese da empresa contratar empregado para atuar na sua atividade fim, condicionada à filiação a cooperativa fraudulenta, não constitui prática de ato ilícito que precariza a relação laboral e desvirtue a finalidade social do trabalho, não acarretando, pois, a indenização por danos morais.

COMENTÁRIO

A contratação de empregado para atuar na atividade fim da empresa, condicionada à filiação a cooperativa fraudulenta, enseja o pagamento de indenização por danos morais, pois constitui prática de ato ilícito que precariza a relação laboral e desvirtua a finalidade social do trabalho, estando em desalinho com os princípios constitucionais da dignidade da pessoa humana e do valor social do trabalho.

(FONTE: Informativo do TST nº 174)

ERRADO

02. De acordo com jurisprudência do TST, assinale certo ou errado:
A dispensa sem justa causa de empregado portador de estabilidade pré-aposentadoria prevista em norma coletiva não é suficiente, por si só, para caracterizar dano moral.

COMENTÁRIO

A existência de constrangimento depende de evidências concretas de que o empregador se valeu de artifícios ou praticou ato de discriminação que atingiram direitos da personalidade do reclamante, não se admitindo, portanto, a configuração de dano moral *in re ipsa*.

(FONTE: Informativo do TST nº 174)

CERTO

03. De acordo com jurisprudência do TST, assinale certo ou errado:
Não há direito à ajuda de custo para cobrir despesas com mudança e transporte dos dependentes do magistrado para localidade diversa daquela para a qual fora removido.

COMENTÁRIO

Esse é o entendimento do TST, uma vez que inexiste previsão legal nesse sentido.

(FONTE: Informativo do TST nº 175)

CERTO

04. De acordo com jurisprudência do TST, assinale certo ou errado:
Poderá haver limitação temporal para a aplicação de astreintes pelo juízo na fase de conhecimento.

COMENTÁRIO

Não se pode admitir que o juiz da fase de conhecimento fixe um limite temporal para a aplicação da multa coercitiva, sob pena de retirar do Juízo da execução, responsável pelo cumprimento do julgado, instrumento imprescindível à efetividade da determinação judicial, e de esvaziamento do disposto no § 4º do art. 537 do CPC de 2015, no que determina a incidência da multa enquanto não cumprida a decisão que a tiver cominado.

(FONTE: Informativo do TST nº 175)

ERRADO

05. De acordo com jurisprudência do TST, assinale certo ou errado:
A tutela inibitória concedida não poderá ser mantida pelo descumprimento das normas relativas à jornada de trabalho, independentemente se constatada a posterior regularização da situação no curso da ação civil pública.

COMENTÁRIO

Deve ser mantida a tutela inibitória concedida pelo descumprimento das normas relativas à jornada de trabalho, ainda que constatada a posterior regularização da situação no curso da ação civil pública.

(FONTE: Informativo do TST nº 175)

ERRADO

06. De acordo com jurisprudência do TST, assinale certo ou errado:
A nova Lei do Estágio estende sua incidência à prorrogação dos contratos já em execução quando de sua entrada em vigor, não se aplicando a Lei nº 6.494/1977 aos ajustes entabulados durante a sua vigência, quando for mais vantajosa a incidência da primeira.

COMENTÁRIO

Com base no art. 5º, XXXVI, da CF e no art. 6º da LINDB, a Lei nº 11.788/2008 não se aplica aos contratos de estágio que, embora estivessem em execução quando de sua entrada em vigor, foram firmados sob a égide da Lei nº 6.494/1977.

(FONTE: Informativo do TST nº 175)

ERRADO

07. De acordo com jurisprudência do TST, assinale certo ou errado:
O indeferimento do pedido de adiamento da audiência, para que fosse intimada a testemunha não arrolada e que não compareceu

espontaneamente, viola o art. 825 da CLT, caracterizando cerceamento do direito de defesa.

COMENTÁRIO

O entendimento do TST é no sentido contrário. Nesse caso, não há tal violação nem cerceamento de defesa.

(FONTE: Informativo do TST nº 176)

ERRADO

08. De acordo com jurisprudência do TST, assinale certo ou errado:

A competência para processar e julgar ação movida por servidor público contratado na vigência da Constituição de 1988, sem prévia aprovação em concurso público, depende da natureza do regime jurídico adotado pelo ente público para seus servidores.

Dessa forma, se de natureza administrativa ou estatutária, a competência será da Justiça comum. No entanto, se o vínculo for regido pelas disposições da CLT, a competência será da Justiça do Trabalho.

COMENTÁRIO

Segundo o TST, dependerá da natureza do regime jurídico adotado pelo ente público para seus servidores. Se de natureza administrativa ou estatutária, a competência é da Justiça comum. De outra sorte, se o vínculo for regido pelas disposições da CLT, a competência é da Justiça do Trabalho.

(FONTE: Informativo do TST nº 176)

CERTO

09. De acordo com jurisprudência do TST, assinale certo ou errado:

Se houver possibilidade de controle de jornada de trabalho do empregado, exceto se esta for externa, haverá inversão do ônus da prova, cabendo ao empregador a apresentação do comprovante de controle de frequência, como prova pré-constituída, nos moldes do art. 74, §2º, da CLT.

COMENTÁRIO

Havendo a possibilidade de controle da jornada de trabalho do empregado, mesmo que esta seja externa, inverte-se o ônus da prova, cabendo ao empregador a apresentação do comprovante de controle de frequência, como prova pré-constituída, nos moldes do art. 74, §2º, da CLT.

(FONTE: Informativo do TST nº 176)

ERRADO

10. De acordo com jurisprudência do TST, assinale certo ou errado:
O depósito judicial efetuado antes do deferimento do processo de recuperação judicial desliga-se do patrimônio da empresa e assume o papel de garantia de uma futura execução, razão pela qual está à disposição do Juízo falimentar, e não do Juízo trabalhista.

COMENTÁRIO

O depósito judicial efetuado antes do deferimento do processo de recuperação judicial desliga-se do patrimônio da empresa e assume o papel de garantia de uma futura execução, razão pela qual não está à disposição do Juízo falimentar, mas do Juízo trabalhista.

(FONTE: Informativo do TST nº 177)

ERRADO

■ QUESTÃO DISCURSIVA

O Ministério Público do Trabalho ajuizou ação civil pública em face de empresa que não estaria cumprindo corretamente as normas trabalhistas referentes à jornada de trabalho de seus empregados. Em sentença, o juízo competente deferiu a tutela de urgência e condenou a empresa à imediata observância das normas referentes ao tema, sob pena de multa diária, nos termos do § 4º do art. 537 do CPC.

Inconformada com a decisão, a reclamada interpôs recurso ordinário, parcialmente provido pelo TRT para determinar a limitação da aplicação de astreintes ao prazo de 30 (trinta) dias, a fim de evitar uma execução excessiva.

Além disso, a empresa comprovou, em sede de recurso, que já teria dado início aos procedimentos necessários ao cumprimento da determinação judicial, de modo que a liminar deveria ser revogada, haja vista a ausência de interesse processual na condenação, por perda do objeto, no que o Tribunal anuiu, reformando também esse capítulo decisório.

Analise a correção da decisão do TRT, conforma a jurisprudência superior trabalhista.

RESPOSTA:

A decisão do Tribunal em questão se encontra em desconformidade com a jurisprudência do Tribunal Superior do Trabalho.

Primeiramente, no que tange à limitação das astreintes, já decidiu o TST que não se pode admitir que o juiz da fase de conhecimento fixe um limite temporal para a aplicação da multa coercitiva, sob pena de retirar do Juízo da execução, responsável pelo cumprimento do julgado, instrumento imprescindível à efetividade da determinação judicial, e de esvaziamento do disposto no § 4º do art. 537 do CPC de 2015, no que determina a incidência da multa enquanto não cumprida a decisão que a tiver cominado não se pode admitir que o juiz da fase de conhecimento fixe um limite temporal para a aplicação da multa coercitiva, sob pena de retirar do Juízo da execução, responsável pelo cumprimento do julgado, instrumento imprescindível à efetividade da determinação judicial, e de esvaziamento do disposto no § 4º do art. 537 do CPC de 2015, no que determina a incidência da multa enquanto não cumprida a decisão que a tiver cominado.

Por outro lado, quanto à revogação da liminar, segundo a jurisprudência superior, deve ser mantida a tutela inibitória, ainda que constatada a posterior regularização da situação no curso da ação civil pública.

Isso porque, segundo precedente, a conduta da ré de ajustar seu procedimento às normas referidas não afasta o interesse processual do Ministério Público do Trabalho de formular tutela inibitória para prevenir a futura lesão de direitos fundamentais trabalhistas.

Simulado 04 – Questões

01. De acordo com jurisprudência do TST, assinale a alternativa correta:

a) As leis estaduais e municipais referentes às relações trabalhistas no âmbito das empresas não são equiparadas a regulamentos de empresas.

b) A Lei nº 5.615/1970, em virtude de dispor sobre o Serviço Federal de Processamento de Dados (SERPRO), possui efeito amplo.

c) As leis estaduais e municipais referentes às relações trabalhistas no âmbito das empresas são equiparadas a regulamentos de empresas, em face da competência privativa da União para legislar sobre Direito do Trabalho.

d) Leis federais de efeitos concretos referentes à administração pública federal indireta não são equiparadas a regulamentos de empresas.

e) Sobre a pretensão ao recebimento do prêmio de produtividade previsto no art. 12 da Lei nº 5.615/1970 incide a prescrição total a que alude a ressalva constante da parte final da Súmula nº 294 desta Corte até 11/9/1997, dia anterior à vigência da Medida Provisória 1.549-34 (sucessivamente reeditada até a sua conversão na Lei nº 9.649/1998).

02. De acordo com jurisprudência do TST, assinale a alternativa correta:

a) A contratação de empregado para atuar na atividade fim da empresa, condicionada à filiação a cooperativa fraudulenta, enseja o pagamento de indenização por danos morais.

b) A contratação de empregado para atuar na atividade fim da empresa, condicionada à filiação a cooperativa fraudulenta, não constitui prática de ato ilícito.

c) A contratação de empregado para atuar na atividade fim da empresa, condicionada à filiação a cooperativa fraudulenta, não enseja o pagamento de indenização por danos morais.

d) A contratação de empregado para atuar na atividade fim da empresa, condicionada à filiação a cooperativa fraudulenta não desvirtua a finalidade social do trabalho.

e) A contratação de empregado para atuar na atividade fim da empresa, condicionada à filiação a cooperativa fraudulenta, está alinhada com os princípios constitucionais da dignidade da pessoa humana e do valor social do trabalho.

03. De acordo com jurisprudência do TST, no que concerne à dispensa sem justa causa de empregado portador de estabilidade pré-aposentadoria prevista em norma coletiva, assinale a alternativa correta:

a) É suficiente, de *per si,* para configurar dano moral.

b) A existência de constrangimento independe de evidências concretas de que o empregador se valeu de artifícios.

c) Caberá o dano moral *in re ipsa.*

d) Para a configuração do dano moral é prescindível a existência de evidências que comprovem que o empregador praticou ato de discriminação que atingiram direitos da personalidade do reclamante.

e) Não é capaz de caracterizar o dano moral presumido.

04. De acordo com jurisprudência do TST, sobre a ajuda de custo do Magistrado para atender a despesas de mudança e deslocamento, assinale a alternativa correta:

a) Ainda que para localidade diversa para a qual fora removido, caberá tal direito.

b) A concessão de ajuda de custo para atender às despesas de mudança e transporte do magistrado e de seus dependentes está vinculada à mudança de domicílio para a nova sede ou nova localidade de exercício.

c) Só caberá tal direito quanto às despesas do próprio magistrado, e não de seus dependentes.

d) Não caberá ajuda de custo.

e) Há, na legislação, previsão de concessão de ajuda de custo para cobrir despesas com mudança e transporte dos dependentes do magistrado para localidade diversa daquela para a qual fora removido.

05. De acordo com jurisprudência do TST, assinale a alternativa correta sobre as astreintes:

a) A cominação de multa coercitiva pelo descumprimento da obrigação de fazer configurando-se como meio direto de execução.
b) No caso de descumprimento da obrigação de fazer, pode haver limitação temporal da multa coercitiva pelo juízo da fase de conhecimento.
c) Só poderá ser concedida na fase de conhecimento.
d) Não se pode admitir que o juiz da fase de conhecimento fixe um limite temporal para a aplicação da multa coercitiva, sob pena de retirar do Juízo da execução, responsável pelo cumprimento do julgado, instrumento imprescindível à efetividade da determinação judicial, e de esvaziamento do disposto no § 4º do art. 537 do CPC de 2015, no que determina a incidência da multa enquanto não cumprida a decisão que a tiver cominado.
e) Só poderá ser concedida na fase de execução.

06. De acordo com jurisprudência do TST, assinale a alternativa correta:

a) Não deverá ser mantida a tutela inibitória concedida pelo descumprimento das normas relativas à jornada de trabalho, ainda que constatada a posterior regularização da situação no curso da ação civil pública.
b) A conduta da ré de ajustar seu procedimento às normas referidas afasta o interesse processual do Ministério Público do Trabalho de formular tutela inibitória para prevenir a futura lesão de direitos fundamentais trabalhistas.
c) O MPT poderá formular tutela inibitória para prevenir futura lesão de direitos trabalhistas, ainda que o réu regularize sua situação.
d) Deve ser mantida a tutela inibitória concedida pelo descumprimento das normas relativas à jornada de trabalho, salvo se constatada a posterior regularização da situação no curso da ação civil pública.
e) Não é admitida no Direito do Trabalho a tutela inibitória.

07. De acordo com jurisprudência do TST, assinale a alternativa correta sobre o contrato de estágio:

a) A Lei nº 11.788/2008 se aplica aos contratos de estágio que, embora estivessem em execução quando de sua entrada em vigor, foram firmados sob a égide da Lei nº 6.494/1977.
b) Para que a lei nº 11.788/2008 retroaja e se aplique aos contratos de estágio firmados sob a égide da Lei nº 6.494/1977, não é necessário haver disposição expressa nesse sentido.

c) A nova Lei do Estágio não limita sua incidência à prorrogação dos contratos em curso.
d) Não se mantém a aplicação da Lei nº 6.494/1977 aos ajustes entabulados durante a sua vigência, vez que a nova lei é mais benéfica.
e) Não se aplica a Lei nº 11.788/2008 aos contratos de estágio que foram firmados sob a égide da Lei nº 6.494/1977.

08. De acordo com jurisprudência do TST, assinale a alternativa correta:

a) Com o objetivo de imprimir razoável duração ao processo, a praxe nos Tribunais Regionais é no sentido de designar audiências unas e contínuas, em que as partes não precisam ser previamente notificadas a respeito da necessidade de apresentar o rol de testemunhas antecipadamente ou trazer as não arroladas independentemente de intimação, sob pena de não serem ouvidas.
b) O indeferimento do pedido de adiamento da audiência, para que fosse intimada a testemunha não arrolada e que não compareceu espontaneamente, não viola o art. 825 da CLT, nem caracteriza cerceamento do direito de defesa.
c) Com o objetivo de imprimir razoável duração ao processo, a praxe nos Tribunais Regionais é no sentido de designar audiências múltiplas.
d) O indeferimento do pedido de adiamento da audiência, para que fosse intimada a testemunha não arrolada e que não compareceu espontaneamente, caracteriza cerceamento do direito de defesa.
e) Com o objetivo de imprimir razoável duração ao processo, a praxe nos Tribunais Regionais é no sentido de designar audiências unas e contínuas, em que as partes são previamente notificadas a respeito da necessidade de apresentar o rol de testemunhas antecipadamente ou trazer as não arroladas, imprescindível a intimação, sob pena de não serem ouvidas.

09. De acordo com jurisprudência do TST, assinale a alternativa correta sobre a competência para processar e julgar ação movida por servidor público contratado na vigência da Constituição de 1988, sem prévia aprovação em concurso público:

a) Dependerá da natureza do regime jurídico adotado pelo ente público para seus servidores.
b) Se de natureza administrativa ou estatutária, a competência é da Justiça do Trabalho.
c) Independe da natureza do regime jurídico adotado pelo ente público para seus servidores.

d) Sempre será da Justiça do Trabalho.
e) Sempre será da Justiça Comum.

10. De acordo com jurisprudência do TST, assinale a alternativa correta:

a) Havendo a possibilidade de controle da jornada de trabalho do empregado, salvo se esta for externa, inverte-se o ônus da prova, cabendo ao empregador a apresentação do comprovante de controle de frequência, como prova pré-constituída, nos moldes do art. 74, §2º, da CLT.
b) A técnica denominada *ampliative distinguishing* é aquela que confere tratamento isonômico entre as partes, universalizando o precedente ao adotar a mesma *ratio decidendi* para casos não absolutamente iguais, mas cujos fatos fundamentais sejam idênticos ou similares.
c) Os precedentes que informam a Súmula nº 338, I, do TST não se referem à jornada externa de que trata o art. 62, I, da CLT, não sendo possível aplicá-la quando houver identidade entre os fatos fundamentais da demanda em análise e aqueles que constam nos precedentes da súmula, quais sejam, possibilidade de controle e fiscalização de jornada e ausência de apresentação dos cartões de ponto em juízo.
d) A técnica denominada *ampliative distinguishing* é aquela que confere tratamento diferente entre as partes.
e) Havendo a possibilidade de controle da jornada de trabalho do empregado, mesmo que esta seja externa, não haverá a inversão do ônus da prova, cabendo ao empregado a apresentação do comprovante de controle de frequência, como prova pré-constituída, nos moldes do art. 74, §2º, da CLT.

■ QUESTÃO DISCURSIVA

Suponha que em determinada unidade federativa brasileira haja servidores públicos contratados sob a égide da CLT, os chamados empregados públicos.

Existem, assim, quadros em Secretarias diversas, compostos por esses agentes estatais.

Nesse contexto, a Secretaria da Educação conferiu aos seus empregados reajuste de 12% no ano de 2018, sendo que a Secretaria de Transportes concedeu reajuste de apenas 5%.

Sob o fundamento de que se trataria de atitude antiisonômica praticada em relação a servidores que desempenham funções semelhantes, diversos empregados públicos da Secretaria de Trans-

portes ajuizaram reclamações trabalhistas buscando a concessão de reajuste nos mesmos moldes daqueles praticados na Secretaria de Educação (12%).
Nos termos da jurisprudência do TST, analise a viabilidade desse pleito.

Simulado 04 – Comentários e Gabarito

01. De acordo com jurisprudência do TST, assinale a alternativa correta:

a) As leis estaduais e municipais referentes às relações trabalhistas no âmbito das empresas não são equiparadas a regulamentos de empresas.

b) A Lei nº 5.615/1970, em virtude de dispor sobre o Serviço Federal de Processamento de Dados (SERPRO), possui efeito amplo.

c) As leis estaduais e municipais referentes às relações trabalhistas no âmbito das empresas são equiparadas a regulamentos de empresas, em face da competência privativa da União para legislar sobre Direito do Trabalho.

d) Leis federais de efeitos concretos referentes à administração pública federal indireta não são equiparadas a regulamentos de empresas.

e) Sobre a pretensão ao recebimento do prêmio de produtividade previsto no art. 12 da Lei nº 5.615/1970 incide a prescrição total a que alude a ressalva constante da parte final da Súmula nº 294 desta Corte até 11/9/1997, dia anterior à vigência da Medida Provisória 1.549-34 (sucessivamente reeditada até a sua conversão na Lei nº 9.649/1998).

COMENTÁRIO

A- INCORRETA.

As leis estaduais e municipais referentes às relações trabalhistas no âmbito das empresas são equiparadas a regulamentos de empresas, em face da competência privativa da União para legislar sobre Direito do Trabalho.

B- INCORRETA.

A Lei nº 5.615/1970, em virtude de dispor sobre o Serviço Federal de Processamento de Dados (SERPRO), possui efeitos concretos;

C- CORRETA.

Incidente de Recursos de Revista Repetitivos. "Tema nº 0012 – Serpro. Prêmio de produtividade. Supressão. Prescrição".

A SBDI-I, por maioria, definiu as seguintes teses jurídicas para o Tema Repetitivo nº 0012 – SERPRO. PRÊMIO DE PRODUTIVIDADE. SUPRESSÃO. PRESCRIÇÃO: I) As leis estaduais e municipais referentes às relações trabalhistas no âmbito das empresas são equiparadas a regulamentos de empresas, em face da competência privativa da União para legislar sobre Direito do Trabalho. O mesmo ocorre com leis federais de efeitos concretos referentes à administração pública federal indireta. Por conseguinte, a pretensão originada em alterações nelas promovidas consistentes em supressão de parcelas devidas a empregados são sujeitas à prescrição total, nos termos da Súmula nº 294 deste Tribunal; II) A Lei nº 5.615/1970, em virtude de dispor sobre o Serviço Federal de Processamento de Dados (SERPRO), possui efeitos concretos; III) Sobre a pretensão ao recebimento do prêmio de produtividade previsto no art. 12 da Lei nº 5.615/1970 incide a prescrição parcial a que alude a ressalva constante da parte final da Súmula nº 294 desta Corte até 11/9/1997, dia anterior à vigência da Medida Provisória 1.549-34 (sucessivamente reeditada até a sua conversão na Lei nº 9.649/1998). Após a vigência dessa Medida Provisória, mediante a qual foi extinta a parcela e, portanto, extinto o direito, tem incidência a prescrição total, tendo em vista que, após essa data, o direito ao benefício deixou de ser previsto em lei de efeitos concretos, sendo irrelevante a circunstância de o empregado já ter recebido a parcela na vigência da norma anterior. Vencidos os Ministros Augusto César Leite de Carvalho, José Roberto Freire Pimenta e Hugo Carlos Scheuermann. TST-E-RR-21703-30.2014.5.04.0011, SBDI-I, rel. Min. Brito Pereira, 22.3.2018 (Informativo Nº 174)

D- INCORRETA.

Leis federais de efeitos concretos referentes à administração pública federal indireta são equiparadas a regulamentos de empresas.

E- INCORRETA.

Sobre a pretensão ao recebimento do prêmio de produtividade previsto no art. 12 da Lei nº 5.615/1970 incide a prescrição parcial a que alude a ressalva constante da parte final da Súmula nº 294 desta Corte até 11/9/1997, dia anterior à vigência da Medida Provisória 1.549-34 (sucessivamente reeditada até a sua conversão na Lei nº 9.649/1998).

LETRA C

02. De acordo com jurisprudência do TST, assinale a alternativa correta:

a) A contratação de empregado para atuar na atividade fim da empresa, condicionada à filiação a cooperativa fraudulenta, enseja o pagamento de indenização por danos morais.

b) A contratação de empregado para atuar na atividade fim da empresa, condicionada à filiação a cooperativa fraudulenta, não constitui prática de ato ilícito.

c) A contratação de empregado para atuar na atividade fim da empresa, condicionada à filiação a cooperativa fraudulenta, não enseja o pagamento de indenização por danos morais.

d) A contratação de empregado para atuar na atividade fim da empresa, condicionada à filiação a cooperativa fraudulenta não desvirtua a finalidade social do trabalho.

e) A contratação de empregado para atuar na atividade fim da empresa, condicionada à filiação a cooperativa fraudulenta, está alinhada com os princípios constitucionais da dignidade da pessoa humana e do valor social do trabalho.

COMENTÁRIO

A- CORRETA.

Dano moral. Configuração. Intermediação fraudulenta de mão de obra mediante cooperativa.

A contratação de empregado para atuar na atividade fim da empresa, condicionada à filiação a cooperativa fraudulenta, enseja o pagamento de indenização por danos morais, pois constitui prática de ato ilícito que precariza a relação laboral e desvirtua a finalidade social do trabalho, estando em desalinho com os princípios constitucionais da dignidade da pessoa humana e do valor social do trabalho. Sob esse fundamento, a SBDI-I, por unanimidade, conheceu dos embargos, por divergência jurisprudencial, e, no mérito, por maioria, negou-lhes provimento. Vencidos os Ministros Maria Cristina Irigoyen Peduzzi e Ives Gandra Martins Filho. TST-E-RR-216100- 08.2008.5.02.0027, SBDI-I, rel. Min. Augusto César Leite de Carvalho, 15.3.2018 (Informativo Nº 174)

B- INCORRETA.

A contratação de empregado para atuar na atividade fim da empresa, condicionada à filiação a cooperativa fraudulenta, constitui prática de ato ilícito.

C- INCORRETA.

A contratação de empregado para atuar na atividade fim da empresa, condicionada à filiação a cooperativa fraudulenta, enseja o pagamento de indenização por danos morais.

D- INCORRETA.

A contratação de empregado para atuar na atividade fim da empresa, condicionada à filiação a cooperativa fraudulenta, desvirtua a finalidade social do trabalho.

E- INCORRETA.

A contratação de empregado para atuar na atividade fim da empresa, condicionada à filiação a cooperativa fraudulenta, está em desalinho com os princípios constitucionais da dignidade da pessoa humana e do valor social do trabalho.

LETRA A

03. De acordo com jurisprudência do TST, no que concerne à dispensa sem justa causa de empregado portador de estabilidade pré-aposentadoria prevista em norma coletiva, assinale a alternativa correta:

a) É suficiente, de *per si*, para configurar dano moral.
b) A existência de constrangimento independe de evidências concretas de que o empregador se valeu de artifícios.
c) Caberá o dano moral *in re ipsa.*
d) Para a configuração do dano moral é prescindível a existência de evidências que comprovem que o empregador praticou ato de discriminação que atingiram direitos da personalidade do reclamante.
e) Não é capaz de caracterizar o dano moral presumido.

COMENTÁRIO

A- INCORRETA.

A dispensa sem justa causa de empregado portador de estabilidade pré-aposentadoria prevista em norma coletiva não é suficiente, por si só, para caracterizar dano moral.

B- INCORRETA.

A existência de constrangimento depende de evidências concretas de que o empregador se valeu de artifícios.

C- INCORRETA.

Não cabe o dano moral *in re ipsa.*

D- INCORRETA.

A existência de constrangimento depende de evidências concretas de que o empregador se valeu de artifícios ou praticou ato de discriminação que atingiram direitos da personalidade do reclamante.

E- CORRETA.

Dano moral. Não configuração. Dispensa imotivada. Período da estabilidade pré-aposentadoria. Ausência de evidências concretas de violação a direito de personalidade do empregado.

A dispensa sem justa causa de empregado portador de estabilidade pré-aposentadoria prevista em norma coletiva não é suficiente, por si só, para caracterizar dano moral. A existência de constrangimento depende de evidências concretas de que o empregador se valeu de artifícios ou praticou ato de discriminação que atingiram direitos da personalidade do reclamante, não se admitindo, portanto, a configuração de dano moral *in re ipsa*. Sob esse entendimento, a SBDI-I, por unanimidade, conheceu dos embargos, por divergência jurisprudencial, e, no mérito, negou-lhes provimento para manter a decisão turmária que confirmara a improcedência do pedido de indenização por dano moral sob a afirmação de que não foi verificado fato objetivo apto a caracterizar abalo aos direitos de personalidade do reclamante. TST-E-RR-10648- 60.2014.5.01.0013, SBDI-I, rel. Min. Augusto César Leite de Carvalho, 15.3.2018 (Informativo Nº 174)

LETRA E

04. De acordo com jurisprudência do TST, sobre a ajuda de custo do Magistrado para atender a despesas de mudança e deslocamento, assinale a alternativa correta:

a) Ainda que para localidade diversa para a qual fora removido, caberá tal direito.

b) A concessão de ajuda de custo para atender às despesas de mudança e transporte do magistrado e de seus dependentes está vinculada à mudança de domicílio para a nova sede ou nova localidade de exercício.

c) Só caberá tal direito quanto às despesas do próprio magistrado, e não de seus dependentes.

d) Não caberá ajuda de custo.

e) Há, na legislação, previsão de concessão de ajuda de custo para cobrir despesas com mudança e transporte dos dependentes do magistrado para localidade diversa daquela para a qual fora removido.

COMENTÁRIO

A- INCORRETA.

Para a concessão da ajuda de custo, a mudança deve ser para a localidade ou sede de exercício do magistrado.

B- CORRETA.

Magistrado. Ajuda de custo. Despesas de transporte e mudança de dependentes. Deslocamento para localidade diversa daquela para a qual o magistrado foi removido. Ausência de previsão legal.

As normas que regem a concessão de ajuda de custo para atender às despesas de mudança e transporte do magistrado e de seus dependentes (art. 65, I, da Loman, Decreto nº 4.004/2001, arts. 53 a 57 da Lei nº 8.112/90 e Resolução CSJT nº 112/2012) vinculam esse direito à mudança de domicílio para a nova sede (ou nova localidade de exercício), de forma que não há, na legislação, nenhuma previsão de concessão de ajuda de custo para cobrir despesas com mudança e transporte dos dependentes do magistrado para localidade diversa daquela para a qual fora removido. Sob esse entendimento, o Órgão Especial, por maioria, deu provimento ao recurso ordinário da União para indeferir a segurança pleiteada por magistrada que teve negado administrativamente o pedido de pagamento de duas cotas de ajuda de custo referentes à mudança de domicílio de seu cônjuge e de sua filha menor para cidade distinta daquela em que passou a residir em razão de remoção. Vencida a Ministra Maria Helena Mallmann. TST-RO-102-63.2015.5.22.0000, Órgão Especial, rel. Min. Brito Pereira, 2.4.2018 (Informativo Nº 175)

C- INCORRETA.

Também caberá tal direito diante de despesas com a mudança dos dependentes do magistrado.

D- INCORRETA.

Caberá tal direito, desde que a mudança tenha se dado para nova sede ou localidade de exercício do magistrado.

E- INCORRETA.

Não há, na legislação, nenhuma previsão de concessão de ajuda de custo para cobrir despesas com mudança e transporte dos dependentes do magistrado para localidade diversa daquela para a qual fora removido.

LETRA B

05. De acordo com jurisprudência do TST, assinale a alternativa correta sobre as astreintes:

a) A cominação de multa coercitiva pelo descumprimento da obrigação de fazer configurando-se como meio direto de execução.

b) No caso de descumprimento da obrigação de fazer, pode haver limitação temporal da multa coercitiva pelo juízo da fase de conhecimento.
c) Só poderá ser concedida na fase de conhecimento.
d) Não se pode admitir que o juiz da fase de conhecimento fixe um limite temporal para a aplicação da multa coercitiva, sob pena de retirar do Juízo da execução, responsável pelo cumprimento do julgado, instrumento imprescindível à efetividade da determinação judicial, e de esvaziamento do disposto no § 4º do art. 537 do CPC de 2015, no que determina a incidência da multa enquanto não cumprida a decisão que a tiver cominado.
e) Só poderá ser concedida na fase de execução.

COMENTÁRIO

A- INCORRETA.

A cominação de multa coercitiva pelo descumprimento da obrigação de fazer tem como propósito compelir o devedor a realizar a prestação devida, configurando-se meio indireto de execução.

B- INCORRETA.

Não se pode admitir o juiz da fase de conhecimento fixe um limite temporal para a aplicação da multa coercitiva, sob pena de retirar do Juízo da execução, responsável pelo cumprimento do julgado, instrumento imprescindível à efetividade da determinação judicial, e de esvaziamento do disposto no § 4º do art. 537 do CPC de 2015, no que determina a incidência da multa enquanto não cumprida a decisão que a tiver cominado.

C- INCORRETA.

Tanto na de conhecimento, quanto na de execução.

D- CORRETA.

Ação civil pública. Multa coercitiva. Astreinte. Limitação temporal. Impossibilidade.

A SBDI-I, por maioria, conheceu de embargos, por divergência jurisprudencial, e, no mérito, deu- lhes provimento para restabelecer a sentença proferida em ação civil pública na parte em que fixou *astreinte* sem a limitação temporal de sessenta dias, caso haja descumprimento da obrigação de fazer reconhecida em juízo. A cominação de multa coercitiva pelo descumprimento da obrigação de fazer tem como propósito compelir o devedor a realizar a prestação devida, configurando-se meio indireto de execução. Nos termos do art. 537 do CPC de 2015, a *astreinte* pode ser concedida tanto na fase de conhecimento quanto na fase de execução, sendo possível, também, aumentar-lhe ou reduzir-lhe o valor, a qualquer momento, desde que necessário à efetividade da determinação judicial. Assim, não se pode admitir que o juiz da fase de conhecimento fixe um limite temporal para a aplicação da multa coercitiva, sob pena de retirar do Juízo da execução, responsável pelo cumprimento do julgado, instrumento imprescindível à efetividade da determinação judicial, e de esvaziamento do disposto no § 4º do art. 537 do CPC de 2015, no que determina a incidência da multa enquanto não cumprida a decisão que a tiver cominado. No caso concreto, a sentença julgou parcialmente procedente a ação civil pública ajuizada pelo Ministério Público do Trabalho contra o Município de Bodoquena/MS para estabelecer a obrigação de fazer, de natureza continuada, consistente no fornecimento de Equipamento de Proteção Individual – EPI, treinamento adequado, água potável e veículo apropriado à coleta de lixo aos trabalhadores do serviço público de limpeza urbana municipal, sob pena de multa diária em caso de descumprimento. Todavia, o acórdão do Tribunal Regional, mantido pelo acórdão turmário, julgou parcialmente procedente o pedido para reduzir o valor da multa aplicada e limitá-la ao período de sessenta dias. Vencidos os Ministros Maria Cristina Irigoyen Peduzzi, Brito Pereira, Márcio Eurico Vitral Amaro e Breno Medeiros. TST-E-ED-RR-747-09.2013.5.24.0031, SBDI-I, rel. Min. Augusto César Leite de Carvalho, 5.4.2018 (Informativo Nº 175)

E- INCORRETA.

Tanto na de conhecimento, quanto na de execução.

LETRA D

06. De acordo com jurisprudência do TST, assinale a alternativa correta:

a) Não deverá ser mantida a tutela inibitória concedida pelo descumprimento das normas relativas à jornada de trabalho, ainda que constatada a posterior regularização da situação no curso da ação civil pública.

b) A conduta da ré de ajustar seu procedimento às normas referidas afasta o interesse processual do Ministério Público do Trabalho de formular tutela inibitória para prevenir a futura lesão de direitos fundamentais trabalhistas.

c) O MPT poderá formular tutela inibitória para prevenir futura lesão de direitos trabalhistas, ainda que o réu regularize sua situação.

d) Deve ser mantida a tutela inibitória concedida pelo descumprimento das normas relativas à jornada de trabalho, salvo se constatada a posterior regularização da situação no curso da ação civil pública.

e) Não é admitida no Direito do Trabalho a tutela inibitória.

COMENTÁRIO

A- INCORRETA.

Deve ser mantida a tutela inibitória concedida pelo descumprimento das normas relativas à jornada de trabalho, ainda que constatada a posterior regularização da situação no curso da ação civil pública.

B- INCORRETA.

A conduta da ré de ajustar seu procedimento às normas referidas não afasta o interesse processual do Ministério Público do Trabalho de formular tutela inibitória para prevenir a futura lesão de direitos fundamentais trabalhistas.

C- CORRETA.

Ação civil pública. Obrigação de fazer. Cumprimento de normas relativas à jornada de trabalho. Ajustamento da conduta após o ajuizamento da ação. Tutela inibitória. Manutenção.

Deve ser mantida a tutela inibitória concedida pelo descumprimento das normas relativas à jornada de trabalho, ainda que constatada a posterior regularização da situação no curso da ação civil pública. A conduta da ré de ajustar seu procedimento às normas referidas não afasta o interesse processual do Ministério Público do Trabalho de formular tutela inibitória para prevenir a futura lesão de direitos fundamentais trabalhistas. É evidente a necessidade de se admitir a tutela de natureza preventiva, destinada a inibir a repetição pela empresa ré de ato contrário ao direito ao meio ambiente de trabalho equilibrado, seguro e saudável, também no que tange à jornada de trabalho e aos respectivos intervalos para descanso, sob pena de se admitir que as normas que proclamam esse direito ou objetivam protegê-lo não teriam nenhuma significação prática, pois poderiam ser violadas a qualquer momento, restando somente o ressarcimento do dano causado. Sob esse fundamento, a SBDI-I, por unanimidade, conheceu dos embargos, no tópico, por divergência jurisprudencial, e, no mérito, negou-lhes provimento, mantendo incólume a decisão turmária mediante a qual não se conheceu do recurso de revista interposto pela ré. TST-E-ED-RR- 43300-54.2002.5.03.0027, SBDI-I, rel. Min. José Roberto Freire Pimenta, 5.4.2018. (*Cf. Informativo nº 82)

D- INCORRETA.

Deve ser mantida a tutela inibitória concedida pelo descumprimento das normas relativas à jornada de trabalho, ainda que constatada a posterior regularização da situação no curso da ação civil pública.

E- INCORRETA.

Admite-se a tutela inibitória na seara trabalhista.

LETRA C

07. De acordo com jurisprudência do TST, assinale a alternativa correta sobre o contrato de estágio:

a) A Lei nº 11.788/2008 se aplica aos contratos de estágio que, embora estivessem em execução quando de sua entrada em vigor, foram firmados sob a égide da Lei nº 6.494/1977.

b) Para que a lei nº 11.788/2008 retroaja e se aplique aos contratos de estágio firmados sob a égide da Lei nº 6.494/1977, não é necessário haver disposição expressa nesse sentido.

c) A nova Lei do Estágio não limita sua incidência à prorrogação dos contratos em curso.

d) Não se mantém a aplicação da Lei nº 6.494/1977 aos ajustes entabulados durante a sua vigência, vez que a nova lei é mais benéfica.

e) Não se aplica a Lei nº 11.788/2008 aos contratos de estágio que foram firmados sob a égide da Lei nº 6.494/1977.

COMENTÁRIO

A- INCORRETA.

Com base no art. 5º, XXXVI, da CF e no art. 6º da LINDB, a Lei nº 11.788/2008 não se aplica aos contratos de estágio que, embora estivessem em execução quando de sua entrada em vigor, foram firmados sob a égide da Lei nº 6.494/1977.

B- INCORRETA.

Para que a lei nº 11.788/2008 retroaja e se aplique aos contratos de estágio firmados sob a égide da Lei nº 6.494/1977, é necessário haver disposição expressa nesse sentido.

C- INCORRETA.

A nova Lei do Estágio limita sua incidência apenas à prorrogação dos contratos em curso (art. 18), mantendo-se, portanto, a aplicação da Lei nº 6.494/1977 aos ajustes entabulados durante a sua vigência.

D- INCORRETA.

A nova Lei do Estágio limita sua incidência apenas à prorrogação dos contratos em curso (art. 18), mantendo-se, portanto, a aplicação da Lei nº 6.494/1977 aos ajustes entabulados durante a sua vigência.

E- CORRETA.

Contrato de estágio. Lei nº 11.788/2008. Não incidência aos contratos em curso firmados sob a égide da Lei nº 6.494/1977.

Com base no art. 5º, XXXVI, da CF e no art. 6º da LINDB, a Lei nº 11.788/2008 não se aplica aos contratos de estágio que, embora estivessem em execução quando de sua entrada em vigor, foram firmados sob a égide da Lei nº 6.494/1977.

Para que a lei retroagisse, seria necessário haver disposição expressa nesse sentido. Ocorre que, ao contrário, a nova Lei do Estágio limita sua incidência apenas à prorrogação dos contratos em curso (art. 18), mantendo-se, portanto, a aplicação da Lei nº 6.494/1977 aos ajustes entabulados durante a sua vigência. Sob esses fundamentos, a SBDI-I, por unanimidade, conheceu dos embargos, por divergência jurisprudencial, e, no mérito, deu-lhes provimento para, restabelecendo a sentença, julgar improcedente a reclamação trabalhista. TST-E-RR-40000-68.2009.5.07.0014, SBDI-I, rel. Min. Alberto Luiz Bresciani de Fontan Pereira, 5.4.2018 (Informativo Nº 175)

LETRA E

08. De acordo com jurisprudência do TST, assinale a alternativa correta:

a) Com o objetivo de imprimir razoável duração ao processo, a praxe nos Tribunais Regionais é no sentido de designar audiências unas e contínuas, em que as partes não precisam ser previamente notificadas a respeito da necessidade de apresentar o rol de testemunhas antecipadamente ou trazer as não arroladas independentemente de intimação, sob pena de não serem ouvidas.

b) O indeferimento do pedido de adiamento da audiência, para que fosse intimada a testemunha não arrolada e que não compareceu espontaneamente, não viola o art. 825 da CLT, nem caracteriza cerceamento do direito de defesa.

c) Com o objetivo de imprimir razoável duração ao processo, a praxe nos Tribunais Regionais é no sentido de designar audiências múltiplas.

d) O indeferimento do pedido de adiamento da audiência, para que fosse intimada a testemunha não arrolada e que não compareceu espontaneamente, caracteriza cerceamento do direito de defesa.

e) Com o objetivo de imprimir razoável duração ao processo, a praxe nos Tribunais Regionais é no sentido de designar audiências unas e contínuas, em que as partes são previamente notificadas a respeito da necessidade de apresentar o rol de testemunhas antecipadamente ou trazer as não arroladas, imprescindível a intimação, sob pena de não serem ouvidas.

COMENTÁRIO

A- INCORRETA.

Com o objetivo de imprimir razoável duração ao processo, a praxe nos Tribunais Regionais é no sentido de designar audiências unas e contínuas, em que as partes são previamente notificadas a respeito da necessidade de apresentar o rol de testemunhas antecipadamente ou trazer as não arroladas independentemente de intimação, sob pena de não serem ouvidas.

B- CORRETA.

Pedido de adiamento da audiência para intimação de testemunha. Indeferimento. Determinação judicial prévia de apresentação de rol de testemunhas. Inobservância. Cerceamento do direito de defesa. Não caracterização. Art. 825, da CLT. Não violação.

Com o objetivo de imprimir razoável duração ao processo, a praxe nos Tribunais Regionais é no sentido de designar audiências unas e contínuas, em que as partes são previamente notificadas a respeito da necessidade de apresentar o rol de testemunhas antecipadamente ou trazer as não arroladas independentemente de intimação, sob pena de não serem ouvidas. Nesse contexto, o indeferimento do pedido de adiamento da audiência, para que fosse intimada a testemunha não arrolada e que não compareceu espontaneamente, não viola o art. 825 da CLT, nem caracteriza cerceamento do direito de defesa. Reforça tal entendimento o fato de, no caso concreto, além de a parte ter sido previamente informada a respeito das consequências advindas da ausência das testemunhas na data da audiência, não haver justificativa para o não comparecimento, nem prova de que foram realmente convidadas. Sob esses fundamentos, a SBDI-I, por unanimidade, conheceu dos embargos por divergência jurisprudencial e, no mérito, por maioria, negou-lhes provimento. Vencidos os Ministros João Oreste Dalazen, relator, Márcio Eurico Vitral Amaro e Augusto César Leite de Carvalho. TST-E-RR-1810-18.2012.5.15.0108, SBDI-I, rel. Min. João Oreste Dalazen, red. p/ acórdão Min. Hugo Carlos Scheuermann, 12.4.2018 (*Cf. Informativo TST nº 166) (Informativo Nº 176)

C- INCORRETA.

Com o objetivo de imprimir razoável duração ao processo, a praxe nos Tribunais Regionais é no sentido de designar audiências unas e contínuas.

D- INCORRETA.

O indeferimento do pedido de adiamento da audiência, para que fosse intimada a testemunha não arrolada e que não compareceu espontaneamente, não viola o art. 825 da CLT, nem caracteriza cerceamento do direito de defesa.

E- INCORRETA.

Com o objetivo de imprimir razoável duração ao processo, a praxe nos Tribunais Regionais é no sentido de designar audiências unas e contínuas, em que as partes não precisam ser previamente notificadas a respeito da necessidade de apresentar o rol de testemunhas antecipadamente ou trazer as não arroladas <u>independentemente de intimação, sob pena de não serem ouvidas.</u>

LETRA B

09. De acordo com jurisprudência do TST, assinale a alternativa correta sobre a competência para processar e julgar ação movida por servidor público contratado na vigência da Constituição de 1988, sem prévia aprovação em concurso público:

a) Dependerá da natureza do regime jurídico adotado pelo ente público para seus servidores.

b) Se de natureza administrativa ou estatutária, a competência é da Justiça do Trabalho.

c) Independe da natureza do regime jurídico adotado pelo ente público para seus servidores.

d) Sempre será da Justiça do Trabalho.

e) Sempre será da Justiça Comum.

COMENTÁRIO

A- CORRETA.

Incompetência da Justiça do Trabalho. Admissão sem concurso público após a Constituição de 1988. Lei do respectivo ente público estabelecendo o regime estatutário.

A competência para processar e julgar ação movida por servidor público contratado na vigência da Constituição de 1988, sem prévia aprovação em concurso público, depende da natureza do regime jurídico adotado pelo ente público para seus servidores. Se de natureza administrativa ou estatutária, a competência é da Justiça comum. De outra sorte, se o vínculo for regido pelas disposições da CLT, a competência é da Justiça do Trabalho. Sob esse entendimento, a SBDI-I, por unanimidade, conheceu dos embargos do Município de Boa Vista do Tupim/BA, e, no mérito, por maioria, deu- lhes provimento para declarar a incompetência da Justiça do Trabalho para processar e julgar a lide, determinando a remessa dos autos à Justiça comum, nos termos do art. 64, § 3º, do CPC de 2015, visto que registrado na decisão embargada que o regime jurídico adotado pelo Município é o estatutário. Vencidos os Ministros Cláudio Mascarenhas Brandão, relator, e José Roberto Freire Pimenta. TST-E-ED-RR-1114-36.2013.5.05.0201, SBDI-I, rel. Min. Cláudio Mascarenhas Brandão, red. p/ acórdão Min. Márcio Eurico Vitral Amaro, 12.4.2018 (Informativo Nº 176)

B- INCORRETA.

Se de natureza administrativa ou estatutária, a competência é da Justiça comum.

C- INCORRETA.

A competência para processar e julgar ação movida por servidor público contratado na vigência da Constituição de 1988, sem prévia aprovação em concurso público, depende da natureza do regime jurídico adotado pelo ente público para seus servidores.

D- INCORRETA.

Se o vínculo for regido pelas disposições da CLT, a competência é da Justiça do Trabalho.

E- INCORRETA.

Se de natureza administrativa ou estatutária, a competência é da Justiça comum.

LETRA A

10. De acordo com jurisprudência do TST, assinale a alternativa correta:

a) Havendo a possibilidade de controle da jornada de trabalho do empregado, salvo se esta for externa, inverte-se o ônus da prova, cabendo ao empregador a apresentação do comprovante de controle de frequência, como prova pré-constituída, nos moldes do art. 74, §2º, da CLT.

b) A técnica denominada *ampliative distinguishing* é aquela que confere tratamento isonômico entre as partes, universalizando o precedente ao adotar a mesma *ratio decidendi* para casos não absolutamente iguais, mas cujos fatos fundamentais sejam idênticos ou similares.

c) Os precedentes que informam a Súmula nº 338, I, do TST não se referem à jornada externa de que trata o art. 62, I, da CLT, não sendo possível aplicá-la quando houver identidade entre os fatos fundamentais da demanda em análise e aqueles que constam nos precedentes da súmula, quais sejam, possibilidade de controle e fiscalização de jornada e ausência de apresentação dos cartões de ponto em juízo.

d) A técnica denominada *ampliative distinguishing* é aquela que confere tratamento diferente entre as partes.

e) Havendo a possibilidade de controle da jornada de trabalho do empregado, mesmo que esta seja externa, não haverá a inversão do ônus da prova, cabendo ao empregado a apresentação do comprovante de controle de frequência, como prova pré-constituída, nos moldes do art. 74, §2º, da CLT.

COMENTÁRIO

A- INCORRETA.

Havendo a possibilidade de controle da jornada de trabalho do empregado, mesmo que esta seja externa, inverte-se o ônus da prova, cabendo ao empregador a apresentação do comprovante de controle de frequência, como prova pré-constituída, nos moldes do art. 74, §2º, da CLT.

B- CORRETA.

Vendedor. Trabalho externo. Possibilidade de controle da jornada. Não apresentação dos cartões de ponto pelo empregador. Horas extras devidas. Art. 74, §2º, da CLT. Incidência da Súmula nº 338, I, do TST.

Havendo a possibilidade de controle da jornada de trabalho do empregado, mesmo que esta seja externa, inverte-se o ônus da prova, cabendo ao empregador a apresentação do comprovante de controle de frequência, como prova pré-constituída, nos moldes do art. 74, §2º, da CLT. Embora os precedentes que informam a Súmula nº 338, I, do TST não se refiram à jornada externa de que trata o art. 62, I, da CLT, é possível aplicá-la quando houver identidade entre os fatos fundamentais da demanda em análise e aqueles que constam nos precedentes da súmula, quais sejam, possibilidade de controle e fiscalização de jornada e ausência de apresentação dos cartões de ponto em juízo.

Trata-se de aplicação da técnica denominada *ampliative distinguishing*, cujo objetivo é conferir tratamento isonômico entre as partes, universalizando o precedente ao adotar a mesma *ratio decidendi* para casos não absolutamente iguais, mas cujos fatos fundamentais sejam idênticos ou similares. Sob esses fundamentos a SBDI-I, por maioria, não conheceu dos embargos, entendendo incólume a Súmula nº 338 do TST no caso em que a decisão turmária, vislumbrando violação do art. 62, I, da CLT, deu provimento a recurso de revista para condenar a reclamada ao pagamento de horas extraordinárias e intrajornadas, nos termos aduzidos na inicial, a vendedor que, embora desempenhasse suas atividades fora da empresa, estava sujeito a controle de jornada. Vencido o Ministro Márcio Eurico Vitral Amaro. TST-E-ED-RR-20-26.2014.5.08.0107, SBDI-I, rel. Min. José Roberto Freire Pimenta, 12.4.2018 (Informativo Nº 176)

C- INCORRETA.

Embora os precedentes que informam a Súmula nº 338, I, do TST não se refiram à jornada externa de que trata o art. 62, I, da CLT, é possível aplicá-la quando houver identidade entre os fatos fundamentais da demanda em análise e aqueles que constam nos precedentes da súmula, quais sejam, possibilidade de controle e fiscalização de jornada e ausência de apresentação dos cartões de ponto em juízo.

D- INCORRETA.

A técnica denominada *ampliative distinguishing* é aquela que confere tratamento isonômico entre as partes.

E- INCORRETA.

Havendo a possibilidade de controle da jornada de trabalho do empregado, mesmo que esta seja externa, inverte-se o ônus da prova, cabendo ao empregador a apresentação do comprovante de controle de frequência, como prova pré-constituída, nos moldes do art. 74, §2º, da CLT.

LETRA B

■ QUESTÃO DISCURSIVA

Suponha que em determinada unidade federativa brasileira haja servidores públicos contratados sob a égide da CLT, os chamados empregados públicos.

Existem, assim, quadros em Secretarias diversas, compostos por esses agentes estatais.

Nesse contexto, a Secretaria da Educação conferiu aos seus empregados reajuste de 12% no ano de 2018, sendo que a Secretaria de Transportes concedeu reajuste de apenas 5%.

Sob o fundamento de que se trataria de atitude antiisonômica praticada em relação a servidores que desempenham funções semelhantes, diversos empregados públicos da Secretaria de Transportes ajuizaram reclamações trabalhistas buscando a concessão de reajuste nos mesmos moldes daqueles praticados na Secretaria de Educação (12%).

Nos termos da jurisprudência do TST, analise a viabilidade desse pleito.

RESPOSTA:

Segundo a jurisprudência do TST, o pleito em questão não merece prosperar.

Conforme precedentes firmados pela Corte Laboral, é vedada a pretensão de equiparação salarial entre servidores públicos pertencentes aos quadros da Administração direta, autárquica ou fundacional, inclusive quando contratados pelo regime celetista.

Essa pretensão encontra óbice nos princípios orçamentário e da legalidade, consagrados no texto constitucional, a exemplo do dos artigos 165 e 169 da Constituição Federal:

Art. 165. Leis de iniciativa do Poder Executivo estabelecerão:

I - o plano plurianual;

II - as diretrizes orçamentárias;

III - os orçamentos anuais.

(...)

§ 5º A lei orçamentária anual compreenderá:

I - o orçamento fiscal referente aos Poderes da União, seus fundos, órgãos e entidades da administração direta e indireta, inclusive fundações instituídas e mantidas pelo Poder Público;

II - o orçamento de investimento das empresas em que a União, direta ou indiretamente, detenha a maioria do capital social com direito a voto;

III - o orçamento da seguridade social, abrangendo todas as entidades e órgãos a ela vinculados, da administração direta ou indireta, bem como os fundos e fundações instituídos e mantidos pelo Poder Público.

Art. 169. A despesa com pessoal ativo e inativo da União, dos Estados, do Distrito Federal e dos Municípios não poderá exceder os limites estabelecidos em lei complementar.

§ 1º ***A concessão de qualquer vantagem ou aumento de remuneração****, a criação de cargos, empregos e funções ou alteração de estrutura de carreiras, bem como a admissão ou contratação de pessoal, a qualquer título, pelos órgãos e entidades da administração direta ou indireta, inclusive fundações instituídas e mantidas pelo poder público,* ***só poderão ser feitas****:*

I - se houver ***prévia dotação orçamentária*** *suficiente para atender às projeções de despesa de pessoal e aos acréscimos dela decorrentes;*

II - se houver ***autorização específica na lei de diretrizes orçamentárias****, ressalvadas as empresas públicas e as sociedades de economia mista. (grifou-se)*

Outrossim, importante lembrar que a jurisprudência do TST vai ao encontro da tese fixada no STF, a qual também veda a equiparação entre servidores públicos:

Súmula Vinculante 37

Não cabe ao Poder Judiciário, que não tem função legislativa, aumentar vencimentos de servidores públicos sob o fundamento de isonomia.

Dessa forma, inviável o pleito sob análise.

Simulado 05 – Questões

01. De acordo com jurisprudência do TST, assinale certo ou errado: Embora o depósito recursal fique à disposição do Juízo trabalhista, ele não integra o patrimônio do reclamante, ainda que realizado antes do processamento da recuperação judicial ou da decretação da falência da empresa.

02. De acordo com jurisprudência do TST, assinale certo ou errado: Não poderá haver redução do intervalo intrajornada nos dias em que concomitantemente houver prestação de horas extras, ainda que presente a autorização do Ministério do Trabalho a que se refere o art. 71, § 3º, da CLT.

03. De acordo com jurisprudência do TST, assinale certo ou errado: A Justiça do Trabalho pode decidir a respeito de participação nos lucros e resultados por meio do sistema da arbitragem de ofertas finais, quando as partes assim pactuarem.

04. De acordo com jurisprudência do TST, assinale certo ou errado: As cláusulas de termo aditivo de convenção coletiva de trabalho que proíbem aos condomínios residenciais e comerciais a contratação de mão de obra terceirizada para a execução de serviços definidos pelas partes como atividade fim (zelador, garagista, porteiro, trabalhador de serviços gerais e faxineiro) são nulas.

05. De acordo com jurisprudência do TST, assinale certo ou errado: A estipulação, por mera liberalidade da empresa, de base de cálculo mais vantajosa que o salário mínimo para o pagamento do adicional de insalubridade não constituirá direito adquirido dos empregados.

06. **De acordo com jurisprudência do TST, assinale certo ou errado:**
A concessão de diferenças salariais referentes à distorção apurada em razão do reajuste geral anual através de pagamento de abonos em valores fixos vai de encontro ao que prega a Súmula Vinculante 37, segundo a qual *"não cabe ao Poder Judiciário, que não tem função legislativa, aumentar vencimentos de servidores públicos sob o fundamento de isonomia"*.

07. **De acordo com jurisprudência do TST, assinale certo ou errado:**
Apesar da Justiça do Trabalho ser competente para julgar Indenizatória Moral e Material proposta por herdeiros de trabalhador falecido em razão de doença ocupacional adquirida no curso do contrato de emprego, tal direito é eminentemente civil, submetendo-se, pois, à prescrição do art. 206, § 3º, do Código Civil.

08. **De acordo com jurisprudência do TST, assinale certo ou errado:**
A homologação de acordo extrajudicial perante o Juízo cível, relativo a distrato comercial, impede o ajuizamento de reclamação trabalhista em que se requer o reconhecimento de vínculo de emprego.

09. **De acordo com jurisprudência do TST, assinale certo ou errado:**
A mera suspensão do empregado detentor de estabilidade por ocupar cargo em direção em sindicato, após o ajuizamento do inquérito judicial para apuração de falta grave, configura ato ilícito do empregador capaz de ensejar imediata reintegração.

10. **De acordo com jurisprudência do TST, assinale certo ou errado:**
Não cabe mandado de segurança contra atos que se afigurem abusivos ou teratológicos, quando a medida processual específica prevista no ordenamento jurídico seja incapaz de fazer cessar, de imediato, o prejuízo que possa ser causado.

■ QUESTÃO DISCURSIVA

José trabalhava como faxineiro em um colégio na cidade de São Paulo.
No desempenho de suas funções, desenvolveu doença respiratória em razão do contato com agentes químicos utilizados na limpeza dos banheiros, a qual veio a se agravar sobremaneira, de modo a levar à morte do empregado.
Diante do evento danoso, ocorrido no desempenho das funções descritas no contrato de trabalho, a mulher de João acionou ju-

dicialmente, em nome próprio, o colégio com o fito de receber indenização por danos morais e materiais. O ajuizamento se deu dois anos e nove meses após a morte do empregado.
Em sede de contestação, dentre outras matérias de defesa, a reclamada suscitou a ocorrência de prescrição da pretensão autoral, haja vista que não respeitado o biênio do fim do contrato.
Analise a viabilidade do pleito, no que tange à prescrição, conforme a jurisprudência do TST.

Simulado 05 – Comentários e Gabarito

01. De acordo com jurisprudência do TST, assinale certo ou errado: Embora o depósito recursal fique à disposição do Juízo trabalhista, ele não integra o patrimônio do reclamante, ainda que realizado antes do processamento da recuperação judicial ou da decretação da falência da empresa.

COMENTÁRIO

Embora o depósito recursal fique à disposição do Juízo trabalhista, ele não integra o patrimônio do reclamante, ainda que realizado antes do processamento da recuperação judicial ou da decretação da falência da empresa, de modo que todos os atos de execução referentes às reclamações trabalhistas movidas contra a recuperanda são de competência do Juízo universal, consoante jurisprudência reiterada do STJ.

(FONTE: Informativo do TST nº 178)

CERTO

02. De acordo com jurisprudência do TST, assinale certo ou errado:
Não poderá haver redução do intervalo intrajornada nos dias em que concomitantemente houver prestação de horas extras, ainda que presente a autorização do Ministério do Trabalho a que se refere o art. 71, § 3º, da CLT.

COMENTÁRIO

Não se admite a redução do intervalo intrajornada nos dias em que concomitantemente houver prestação de horas extras, ainda que presente a autorização do Ministério do Trabalho a que se refere o art. 71, § 3º, da CLT.

(FONTE: Informativo do TST nº 179)

CERTO

03. De acordo com jurisprudência do TST, assinale certo ou errado:
A Justiça do Trabalho pode decidir a respeito de participação nos lucros e resultados por meio do sistema da arbitragem de ofertas finais, quando as partes assim pactuarem.

COMENTÁRIO

A jurisprudência do TST, alicerçada no art. 4º, II, § 1º, da Lei nº 10.101/2000, permite à Justiça do Trabalho decidir a respeito de participação nos lucros e resultados por meio do sistema da arbitragem de ofertas finais, quando as partes assim pactuarem. Tal sistema, todavia, não comporta a atuação do TRT, ainda que com a finalidade de pacificar o conflito, pois o árbitro deve ater-se a escolher uma das ofertas definitivas apresentadas pelos demandantes.

(FONTE: Informativo do TST nº 180)

CERTO

04. De acordo com jurisprudência do TST, assinale certo ou errado:
As cláusulas de termo aditivo de convenção coletiva de trabalho que proíbem aos condomínios residenciais e comerciais a contratação de mão de obra terceirizada para a execução de serviços definidos pelas partes como atividade fim (zelador, garagista, porteiro, trabalhador de serviços gerais e faxineiro) são nulas.

COMENTÁRIO

As normas firmadas pelos convenentes apenas vedam a utilização de empresas interpostas nos serviços de limpeza, portaria, etc, sem adentrar na questão da validade ou não da terceirização das referidas atividades. Ademais, pelo princípio da adequação setorial negociada, as normas autônomas, oriundas de negociações entre as categorias profissional e patronal, prevalecem sobre as regras estatais de proteção ao trabalho, desde que não avancem sobre direitos de indisponibilidade absoluta. De outra sorte, não há falar em ofensa ao princípio constitucional da livre iniciativa, pois a opção dos convenentes tem aplicação restrita às categorias representadas, sem imposição direta a terceiros.

(FONTE: Informativo do TST nº 180)

ERRADO

05. De acordo com jurisprudência do TST, assinale certo ou errado:
A estipulação, por mera liberalidade da empresa, de base de cálculo mais vantajosa que o salário mínimo para o pagamento do adicional de insalubridade não constituirá direito adquirido dos empregados.

COMENTÁRIO

Neste caso, o TST entende que se configura direito adquirido aos empregados, não podendo a empregadora, a pretexto de ajustar-se ao entendimento fixado pelo Supremo Tribunal Federal na Súmula Vinculante 4, passar a utilizar o salário mínimo como base de cálculo do adicional de insalubridade, em detrimento do salário básico anteriormente adotado, sob pena de haver alteração contratual lesiva, a que se refere o art. 468 da CLT, e afronta ao princípio da irredutibilidade salarial.

(FONTE: Informativo do TST nº 180)

ERRADO

06. De acordo com jurisprudência do TST, assinale certo ou errado:
A concessão de diferenças salariais referentes à distorção apurada em razão do reajuste geral anual através de pagamento de abonos em valores fixos vai de encontro ao que prega a Súmula Vinculante 37, segundo a qual *"não cabe ao Poder Judiciário, que não tem função legislativa, aumentar vencimentos de servidores públicos sob o fundamento de isonomia"*.

COMENTÁRIO

O deferimento de diferenças salariais correspondentes à distorção apurada em razão da concessão de reajuste geral anual realizado por meio de pagamento de abonos em valores fixos, fundado na inobservância do art. 37, X, parte final, da CF, esbarra no óbice previsto na Súmula Vinculante 37, segundo a qual *"não cabe ao Poder Judiciário, que não tem função legislativa, aumentar vencimentos de servidores públicos sob o fundamento de isonomia"*.

(FONTE: Informativo do TST nº 180)

CERTO

07. De acordo com jurisprudência do TST, assinale certo ou errado:
Apesar da Justiça do Trabalho ser competente para julgar Indenizatória Moral e Material proposta por herdeiros de trabalhador falecido em razão de doença ocupacional adquirida no curso do contrato de emprego, tal direito é eminentemente civil, submetendo-se, pois, à prescrição do art. 206, § 3º, do Código Civil.

COMENTÁRIO

A ação em que viúva e filhos de empregado falecido pleiteiam, em nome próprio, o pagamento de indenização por danos morais e materiais decorrentes da morte de seu ente familiar por suposta doença ocupacional adquirida no curso do contrato de emprego se submete à prescrição prevista no art. 206, § 3º, do Código Civil. Ainda que a competência para o julgamento da ação seja da Justiça do Trabalho, nos termos do art. 114, VI, da CF e da Súmula nº 392 do TST, trata-se de direito personalíssimo e autônomo dos familiares da vítima, de natureza eminentemente civil, e que se distingue do dano sofrido pelo próprio trabalhador.

(FONTE: Informativo do TST nº 180)

CERTO

08. De acordo com jurisprudência do TST, assinale certo ou errado:
A homologação de acordo extrajudicial perante o Juízo cível, relativo a distrato comercial, impede o ajuizamento de reclamação trabalhista em que se requer o reconhecimento de vínculo de emprego.

COMENTÁRIO

A homologação de acordo extrajudicial perante o Juízo cível, relativo a distrato comercial, NÃO impede o ajuizamento de reclamação trabalhista em que se requer o reconhecimento de vínculo de emprego.

(FONTE: Informativo do TST nº 180)

ERRADO

09. De acordo com jurisprudência do TST, assinale certo ou errado:
A mera suspensão do empregado detentor de estabilidade por ocupar cargo em direção em sindicato, após o ajuizamento do inquérito judicial para apuração de falta grave, configura ato ilícito do empregador capaz de ensejar imediata reintegração.

COMENTÁRIO

Não configura ato ilícito do empregador, capaz de ensejar imediata reintegração, a mera suspensão do empregado detentor de estabilidade por ocupar cargo em direção em sindicato, após o ajuizamento do inquérito judicial para apuração de falta grave, na forma do art. 494 da CLT.

(FONTE: Informativo do TST nº 180)

ERRADO

10. De acordo com jurisprudência do TST, assinale certo ou errado:
Não cabe mandado de segurança contra atos que se afigurem abusivos ou teratológicos, quando a medida processual específica prevista no ordenamento jurídico seja incapaz de fazer cessar, de imediato, o prejuízo que possa ser causado.

COMENTÁRIO

É cabível mandado de segurança contra atos que se afigurem abusivos ou teratológicos, quando a medida processual específica prevista no ordenamento jurídico não seja capaz de fazer cessar, de imediato, o prejuízo que possa ser causado.

(FONTE: Informativo do TST nº 180)

ERRADO

■ QUESTÃO DISCURSIVA

José trabalhava como faxineiro em um colégio na cidade de São Paulo.
No desempenho de suas funções, desenvolveu doença respiratória em razão do contato com agentes químicos utilizados na limpeza dos banheiros, a qual veio a se agravar sobremaneira, de modo a levar à morte do empregado.
Diante do evento danoso, ocorrido no desempenho das funções descritas no contrato de trabalho, a mulher de João acionou judicialmente, em nome próprio, o colégio com o fito de receber indenização por danos morais e materiais. O ajuizamento se deu dois anos e nove meses após a morte do empregado.
Em sede de contestação, dentre outras matérias de defesa, a reclamada suscitou a ocorrência de prescrição da pretensão autoral, haja vista que não respeitado o biênio do fim do contrato.
Analise a viabilidade do pleito, no que tange à prescrição, conforme a jurisprudência do TST.

RESPOSTA:

Segundo a jurisprudência do TST, a ação em que a viúva de empregado falecido pleiteia, em nome próprio, o pagamento de indenização por danos morais e materiais decorrentes da morte de seu ente familiar por suposta doença ocupacional adquirida no curso do contrato de emprego se submete à prescrição prevista no art. 206, § 3º, do Código Civil, ou seja, de 03 (três) anos.

Conforme fiado, ainda que a competência para o julgamento da ação seja da Justiça do Trabalho, nos termos do art. 114, VI, da CF e da Súmula nº 392 do TST, trata-se de direito personalíssimo e autônomo dos familiares da vítima, de natureza eminentemente civil, e que se distingue do dano sofrido pelo próprio trabalhador.

Desse modo, como ao caso se aplica o prazo prescricional de 03 (três) anos e a ação foi ajuizada em dois anos e nove meses, a pretensão não se encontra prescrita.

Simulado 06 – Questões

01. De acordo com jurisprudência do TST, assinale a alternativa correta sobre o trabalhador que desempenha a atividade de pedreiro:

a) Em razão do peso e das posições de flexão e rotação realizadas pela coluna vertebral, é contestável o risco ergonômico a que exposto.

b) Não é possível que adquira doença profissional com comprometimento da coluna.

c) Mesmo que haja nexo causal entre a doença e a execução de atividade de risco, não será devida indenização por danos morais ao trabalhador.

d) Estabelecido o nexo causal entre a doença e a execução de atividade de risco, é devido o pagamento de indenização por danos morais, independentemente de haver culpa do empregador.

e) Se houver nexo causal entre a doença e a execução de atividade de risco, é devido o pagamento de indenização por danos morais, desde que haja culpa do empregador.

02. De acordo com jurisprudência do TST, assinale a alternativa correta:

a) É vedada a pretensão de equiparação salarial entre servidores públicos pertencentes aos quadros da Administração direta, autárquica ou fundacional, inclusive quando contratados pelo regime celetista.

b) É possível a equiparação salarial entre servidores públicos pertencentes aos quadros da Administração direta, autárquica ou fundacional, salvo quando contratados pelo regime celetista.

c) É vedada a pretensão de equiparação salarial entre servidores públicos pertencentes aos quadros da Administração direta, autárquica ou fundacional, salvo quando contratados pelo regime celetista.

d) É possível a equiparação salarial entre servidores públicos pertencentes aos quadros da Administração direta, autárquica ou fundacional, inclusive quando contratados pelo regime celetista.

e) Sempre será possível a pretensão de equiparação salarial entre servidores públicos pertencentes aos quadros da Administração direta, autárquica ou fundacional.

03. De acordo com jurisprudência do TST, assinale a alternativa correta:

a) O depósito judicial efetuado antes do deferimento do processo de recuperação judicial desliga-se do patrimônio da empresa e assume o papel de garantia de uma futura execução, razão pela qual está à disposição do Juízo falimentar.

b) O depósito judicial efetuado depois do deferimento do processo de recuperação judicial desliga-se do patrimônio da empresa e assume o papel de garantia de uma futura execução, razão pela qual não está à disposição do Juízo falimentar, mas do Juízo trabalhista.

c) O depósito judicial efetuado antes do deferimento do processo de recuperação judicial desliga-se do patrimônio da empresa e assume o papel de garantia de uma futura execução, razão pela qual não está à disposição do Juízo falimentar, mas do Juízo trabalhista.

d) O depósito judicial efetuado antes do deferimento do processo de recuperação judicial desliga-se do patrimônio da empresa e assume o papel de garantia de uma futura execução, razão pela qual não está à disposição do Juízo trabalhista, mas do Juízo falimentar.

e) O depósito judicial efetuado depois do deferimento do processo de recuperação judicial desliga-se do patrimônio da empresa e assume o papel de garantia de uma futura execução, razão pela qual não está à disposição do Juízo trabalhista, mas do Juízo falimentar.

04. De acordo com jurisprudência do TST, assinale a alternativa correta:

a) A Lei nº 10.820/2003, que dispõe sobre a consignação em folha nos casos de prestações decorrentes de operações financeiras, fixa limites mínimo e máximo para o desconto salarial.

b) O percentual de 35% determinado no art. 1º, § 1º, da Lei nº 10.820/2003 alude ao limite de desconto nos salários.

c) A Lei nº 10.820/2003, que dispõe sobre a consignação em folha nos casos de prestações decorrentes de operações financeiras, não fixa limite mínimo para o desconto salarial, fixando, porém, limite máximo.
d) O percentual de 35% determinado no art. 1º, § 1º, da Lei nº 10.820/2003 não alude ao limite de comprometimento das verbas rescisórias.
e) A Lei nº 10.820/2003, que dispõe sobre a consignação em folha nos casos de prestações decorrentes de operações financeiras, não fixa limites mínimo ou máximo para o desconto salarial.

05. De acordo com jurisprudência do TST, assinale a alternativa correta: Considere que houve transação coletiva sindical para regularização da jornada em turnos ininterruptos de revezamento com a quitação extrajudicial de horas extras pretéritas com a formalização da jornada de 8 horas em regime de trabalho em turnos ininterruptos de revezamento e, concomitantemente, a transação extrajudicial para a quitação das 7ª e 8ª horas como extras relativas a período pretérito, no qual o regime de turnos ininterruptos era adotado pela Companhia de Saneamento Básico do Estado de São Paulo - Sabesp sem respaldo em norma coletiva. Neste caso,

a) são inválidas as cláusulas de termo aditivo em acordo coletivo de trabalho por meio das quais se formaliza expressamente a jornada de 8 horas em regime de trabalho em turnos ininterruptos de revezamento, mas válidas as estabelecem transação extrajudicial para a quitação das 7ª e 8ª horas como extras relativas ao período pretérito, no qual o regime de turnos ininterruptos era adotado sem respaldo em norma coletiva.
b) são inválidas as cláusulas de termo aditivo em acordo coletivo de trabalho por meio das quais se estabelece transação extrajudicial para a quitação das 7ª e 8ª horas como extras relativas ao período pretérito, no qual o regime de turnos ininterruptos era adotado sem respaldo em norma coletiva, mas válidas que formalizam expressamente a jornada de 8 horas em regime de trabalho em turnos ininterruptos de revezamento.
c) são válidas as cláusulas de termo aditivo em acordo coletivo de trabalho por meio das quais se formaliza expressamente a jornada de 8 horas em regime de trabalho em turnos ininterruptos de revezamento e, também as que estabelecem transação extrajudicial para a quitação das 7ª e 8ª horas como extras relativas ao período pretérito, no qual o regime de turnos ininterruptos era adotado sem respaldo em norma coletiva.

d) são inválidas as cláusulas de termo aditivo em acordo coletivo de trabalho por meio das quais se formalizou expressamente a jornada de 8 horas em regime de trabalho em turnos ininterruptos de revezamento e, inválidas também as que estabelecem transação extrajudicial para a quitação das 7ª e 8ª horas como extras relativas ao período pretérito, no qual o regime de turnos ininterruptos era adotado sem respaldo em norma coletiva.

e) Nunca poderá ser firmada transação coletiva sindical.

06. De acordo com jurisprudência do TST, assinale a alternativa correta:

a) Já que o depósito recursal fica à disposição do Juízo trabalhista, ele sempre integra o patrimônio do reclamante.

b) Embora o depósito recursal fique à disposição do Juízo trabalhista, ele não integra o patrimônio do reclamante, ainda que realizado antes do processamento da recuperação judicial ou da decretação da falência da empresa, de modo que todos os atos de execução referentes às reclamações trabalhistas movidas contra a recuperanda são de competência do Juízo universal, consoante jurisprudência reiterada do STJ.

c) Embora o depósito recursal fique à disposição do Juízo trabalhista, ele integra o patrimônio do reclamante, ainda que realizado antes do processamento da recuperação judicial ou da decretação da falência da empresa, de modo que todos os atos de execução referentes às reclamações trabalhistas movidas contra a recuperanda são de competência do Juízo universal, consoante jurisprudência reiterada do STJ.

d) Embora o depósito recursal fique à disposição do Juízo trabalhista, ele não integra o patrimônio do reclamante, salvo se realizado antes do processamento da recuperação judicial ou da decretação da falência da empresa, de modo que todos os atos de execução referentes às reclamações trabalhistas movidas contra a recuperanda são de competência do Juízo universal, consoante jurisprudência reiterada do STJ.

e) Embora o depósito recursal fique à disposição do Juízo trabalhista, ele não integra o patrimônio do reclamante, ainda que realizado antes do processamento da recuperação judicial ou da decretação da falência da empresa, de modo que todos os atos de execução referentes às reclamações trabalhistas movidas contra a recuperanda são de competência do Juízo Trabalhista, consoante jurisprudência reiterada do STJ.

07. De acordo com jurisprudência do TST, assinale a alternativa correta:

a) Não se admite a redução do intervalo intrajornada nos dias em que concomitantemente houver prestação de horas extras, ainda que presente a autorização do Ministério do Trabalho a que se refere o art. 71, § 3º, da CLT.

b) Admite-se a redução do intervalo intrajornada nos dias em que concomitantemente houver prestação de horas extras, desde que presente a autorização do Ministério do Trabalho a que se refere o art. 71, § 3º, da CLT.

c) Não se admite a redução do intervalo intrajornada nos dias em que concomitantemente houver prestação de horas extras, salvo se presente a autorização do Ministério do Trabalho a que se refere o art. 71, § 3º, da CLT.

d) Não se admite a redução do intervalo intrajornada nos dias em que <u>não</u> houver prestação de horas extras, ainda que presente a autorização do Ministério do Trabalho a que se refere o art. 71, § 3º, da CLT.

e) Admite-se a redução do intervalo intrajornada nos dias em que concomitantemente houver prestação de horas extras, salvo se presente a autorização do Ministério do Trabalho a que se refere o art. 71, § 3º, da CLT.

08. De acordo com jurisprudência do TST, assinale a alternativa correta:

a) A Justiça do Trabalho não pode decidir a respeito de participação nos lucros e resultados por meio do sistema da arbitragem de ofertas finais, ainda que as partes assim pactuem.

b) O sistema da arbitragem de ofertas finais comporta a atuação do TRT, ainda que com a finalidade de pacificar o conflito, pois o árbitro deve ater-se a escolher uma das ofertas definitivas apresentadas pelos demandantes.

c) A Justiça do Trabalho pode decidir a respeito de participação nos lucros e resultados por meio do sistema da arbitragem de ofertas finais, salvo se as partes assim pactuarem.

d) O sistema da arbitragem de ofertas finais não comporta a atuação do TRT, ainda que com a finalidade de pacificar o conflito, pois o árbitro deve ater-se a escolher uma das ofertas definitivas apresentadas pelos demandantes.

e) O sistema da arbitragem de ofertas finais não comporta a atuação do TRT, salvo se com a finalidade de pacificar o conflito, pois o árbitro deve ater-se a escolher uma das ofertas definitivas apresentadas pelos demandantes.

09. De acordo com jurisprudência do TST, assinale a alternativa correta:

a) São inválidas as cláusulas de termo aditivo de convenção coletiva de trabalho que proíbem aos condomínios residenciais e comerciais a contratação de mão de obra terceirizada para a execução de serviços definidos pelas partes como atividade fim (zelador, garagista, porteiro, trabalhador de serviços gerais e faxineiro).

b) São inválidas cláusulas de termo aditivo de convenção coletiva de trabalho que permitem aos condomínios residenciais e comerciais a contratação de mão de obra terceirizada para a execução de serviços definidos pelas partes como atividade meio (zelador, garagista, porteiro, trabalhador de serviços gerais e faxineiro).

c) São válidas cláusulas de termo aditivo de convenção coletiva de trabalho que proíbem aos condomínios residenciais e comerciais a contratação de mão de obra terceirizada para a execução de serviços definidos pelas partes como atividade fim (zelador, garagista, porteiro, trabalhador de serviços gerais e faxineiro).

d) São válidas cláusulas de termo aditivo de convenção coletiva de trabalho que proíbem aos condomínios residenciais, apenas, a contratação de mão de obra terceirizada para a execução de serviços definidos pelas partes como atividade fim (zelador, garagista, porteiro, trabalhador de serviços gerais e faxineiro).

e) São válidas cláusulas de termo aditivo de convenção coletiva de trabalho que proíbem aos condomínios comerciais, apenas, a contratação de mão de obra terceirizada para a execução de serviços definidos pelas partes como atividade fim (zelador, garagista, porteiro, trabalhador de serviços gerais e faxineiro).

10. De acordo com jurisprudência do TST, assinale a alternativa correta:

a) A exigência a respeito de o preposto ser empregado da empresa não se justifica no caso de audiência única.

b) No caso de fracionamento da audiência, não há que falar em irregularidade de representação quando a reclamada se faz substituir por preposto que não seja seu empregado apenas na audiência inaugural, em que não se colhe o depoimento das partes litigantes.

c) No caso de fracionamento da audiência, haverá irregularidade de representação quando a reclamada se faz substituir por preposto que não seja seu empregado, mesmo que seja apenas na audiência inaugural, em que não se colhe o depoimento das partes litigantes.

d) A exigência a respeito de o preposto ser empregado da empresa se justifica no caso de audiência única e também de fracionada.

e) No caso de fracionamento da audiência, não há falar em irregularidade de representação quando a reclamada se faz substituir por preposto que não seja seu empregado na audiência inaugural, bem como naquela em que se colhe o depoimento das partes litigantes.

■ QUESTÃO DISCURSIVA

Maria ocupava o cargo de gerente geral em uma agência bancária. Em razão da relevância do posto, possuía autonomia no exercício de suas atividades e os demais empregados da agência bancária eram subordinados a ela.

Por considerar que a empregada estaria abarcada pelo art. 62, II, da CLT[15], a empresa não lhe remunerava o trabalho realizado em sobrejornada.

No entanto, não obstante as prerrogativas de que gozava, Maria era obrigada a comprovar sua presença diária ao trabalho por meio da assinatura de uma Folha Individual de Presença - FIP.

Diante disso, por considerar que a assinatura das FIPs descaracterizaria a autonomia inerente ao cargo de gerente, Maria ajuizou reclamação trabalhista com o fito de obter judicialmente o pagamento relativo às horas extras não pagas.

O pleito de Maria deve ser concedido?

15 Art. 62 - Não são abrangidos pelo regime previsto neste capítulo:
(...)
II - os gerentes, assim considerados os exercentes de cargos de gestão, aos quais se equiparam, para efeito do disposto neste artigo, os diretores e chefes de departamento ou filial.

Simulado 06 – Comentários e Gabarito

01. De acordo com jurisprudência do TST, assinale a alternativa correta sobre o trabalhador que desempenha a atividade de pedreiro:

a) Em razão do peso e das posições de flexão e rotação realizadas pela coluna vertebral, é contestável o risco ergonômico a que exposto.

b) Não é possível que adquira doença profissional com comprometimento da coluna.

c) Mesmo que haja nexo causal entre a doença e a execução de atividade de risco, não será devida indenização por danos morais ao trabalhador.

d) Estabelecido o nexo causal entre a doença e a execução de atividade de risco, é devido o pagamento de indenização por danos morais, independentemente de haver culpa do empregador.

e) Se houver nexo causal entre a doença e a execução de atividade de risco, é devido o pagamento de indenização por danos morais, desde que haja culpa do empregador.

COMENTÁRIO

A- INCORRETA.

Em razão do peso e das posições de flexão e rotação realizadas pela coluna vertebral, é inegável o risco ergonômico a que exposto.

B- INCORRETA.

Em razão do peso e das posições de flexão e rotação realizadas pela coluna vertebral, é inegável o risco ergonômico a que exposto o trabalhador que desempenha a atividade de pedreiro e a possibilidade de adquirir doença profissional com comprometimento da coluna. C- INCORRETA.

Estabelecido o nexo causal entre a doença e a execução de atividade de risco, é devido o pagamento de indenização por danos morais, independentemente de haver culpa do empregador.

D- CORRETA.

Doença ocupacional. Construção Civil. Pedreiro que desenvolveu hérnia de disco. Responsabilidade objetiva. Configuração.

Em razão do peso e das posições de flexão e rotação realizadas pela coluna vertebral, é inegável o risco ergonômico a que exposto o trabalhador que desempenha a atividade de pedreiro e a possibilidade de adquirir doença profissional com comprometimento da coluna, como ocorreu na espécie, em que o reclamante desenvolveu hérnia de disco e se tornou totalmente incapacitado para a atividade. Assim, estabelecido o nexo causal entre a doença e a execução de atividade de risco, é devido o pagamento de indenização por danos morais, independentemente de haver culpa do empregador. Sob esse fundamento, a SBDI-I, por maioria, deu provimento aos embargos do empregado para, reconhecendo a responsabilidade objetiva do reclamado, restabelecer o acórdão do Tribunal Regional, no particular, e determinar o retorno dos autos à Turma a fim de que aprecie o recurso de revista do empregador quanto ao valor arbitrado à indenização por danos morais e materiais, como entender de direito. Vencidos os Ministros João Oreste Dalazen, Ives Gandra Martins Filho, Renato de Lacerda Paiva, Guilherme Augusto Caputo Bastos e Márcio Eurico Vitral Amaro. TST-E-RR-89900-22.2008.5.15.0082, SBDI-I, rel. Min. Alexandre Agra Belmonte, 26.4.2018 (Informativo Nº 177)

E- INCORRETA.

Estabelecido o nexo causal entre a doença e a execução de atividade de risco, é devido o pagamento de indenização por danos morais, independentemente de haver culpa do empregador.

LETRA D

02. De acordo com jurisprudência do TST, assinale a alternativa correta:

a) É vedada a pretensão de equiparação salarial entre servidores públicos pertencentes aos quadros da Administração direta, autárquica ou fundacional, inclusive quando contratados pelo regime celetista.

b) É possível a equiparação salarial entre servidores públicos pertencentes aos quadros da Administração direta, autárquica ou fundacional, salvo quando contratados pelo regime celetista.

c) É vedada a pretensão de equiparação salarial entre servidores públicos pertencentes aos quadros da Administração direta, autárquica ou fundacional, salvo quando contratados pelo regime celetista.

d) É possível a equiparação salarial entre servidores públicos pertencentes aos quadros da Administração direta, autárquica ou fundacional, inclusive quando contratados pelo regime celetista.

e) Sempre será possível a pretensão de equiparação salarial entre servidores públicos pertencentes aos quadros da Administração direta, autárquica ou fundacional.

COMENTÁRIO

A- CORRETA.

Fundação de Atendimento Sócio-Educativo do Rio Grande do Sul – FASE. Reajuste de 11,84% concedido apenas a alguns empregados. Equiparação salarial. Impossibilidade. Orientação Jurisprudencial nº 297 da SBDI-I.

Da diretriz firmada no art. 37, XIII, da CF, extrai-se que é vedada a pretensão de equiparação salarial entre servidores públicos pertencentes aos quadros da Administração direta, autárquica ou fundacional, inclusive quando contratados pelo regime celetista. O objetivo da norma é assegurar e conformar a atuação da Administração Pública ao regime jurídico-administrativo a que está submetida, em especial, ao princípio da legalidade. Sob esse entendimento, e afastando a alegada contrariedade à Orientação Jurisprudencial nº 297 da SBDI-I, a referida Subseção, por unanimidade, não conheceu do recurso de embargos interpostos pela reclamante contra a decisão que dera provimento ao recurso de revista da Fundação de Atendimento Sócio-Educativo do Rio Grande do Sul – FASE para restabelecer a sentença que julgou improcedente o pedido de diferenças relativas ao reajuste salarial de 11,84% aplicado a outros empregados de mesmo cargo e função, formulado com base no princípio da isonomia. TST-E-ED-RR-20098-28.2014.5.04.0018, SBDI-I, rel. Min. Cláudio Mascarenhas Brandão, 3.5.2018 (Informativo Nº 177)

B- INCORRETA.

É vedada a pretensão de equiparação salarial entre servidores públicos pertencentes aos quadros da Administração direta, autárquica ou fundacional, inclusive quando contratados pelo regime celetista.

C- INCORRETA.

É vedada a pretensão de equiparação salarial entre servidores públicos pertencentes aos quadros da Administração direta, autárquica ou fundacional, inclusive quando contratados pelo regime celetista.

D- INCORRETA.

É vedada a pretensão de equiparação salarial entre servidores públicos pertencentes aos quadros da Administração direta, autárquica ou fundacional, inclusive quando contratados pelo regime celetista.

E- INCORRETA.

É vedada a pretensão de equiparação salarial entre servidores públicos pertencentes aos quadros da Administração direta, autárquica ou fundacional, inclusive quando contratados pelo regime celetista.

LETRA A

03. De acordo com jurisprudência do TST, assinale a alternativa correta:

a) O depósito judicial efetuado antes do deferimento do processo de recuperação judicial desliga-se do patrimônio da empresa e assume o papel de garantia de uma futura execução, razão pela qual está à disposição do Juízo falimentar.

b) O depósito judicial efetuado depois do deferimento do processo de recuperação judicial desliga-se do patrimônio da empresa e assume o papel de garantia de uma futura execução, razão pela qual não está à disposição do Juízo falimentar, mas do Juízo trabalhista.
c) O depósito judicial efetuado antes do deferimento do processo de recuperação judicial desliga-se do patrimônio da empresa e assume o papel de garantia de uma futura execução, razão pela qual não está à disposição do Juízo falimentar, mas do Juízo trabalhista.
d) O depósito judicial efetuado antes do deferimento do processo de recuperação judicial desliga-se do patrimônio da empresa e assume o papel de garantia de uma futura execução, razão pela qual não está à disposição do Juízo trabalhista, mas do Juízo falimentar.
e) O depósito judicial efetuado depois do deferimento do processo de recuperação judicial desliga-se do patrimônio da empresa e assume o papel de garantia de uma futura execução, razão pela qual não está à disposição do Juízo trabalhista, mas do Juízo falimentar.

COMENTÁRIO

A- INCORRETA.

O depósito judicial efetuado antes do deferimento do processo de recuperação judicial desliga-se do patrimônio da empresa e assume o papel de garantia de uma futura execução, razão pela qual não está à disposição do Juízo falimentar, mas do Juízo trabalhista.

B- INCORRETA.

O depósito judicial efetuado antes do deferimento do processo de recuperação judicial desliga-se do patrimônio da empresa e assume o papel de garantia de uma futura execução, razão pela qual não está à disposição do Juízo falimentar, mas do Juízo trabalhista.

C- CORRETA.

Mandado de segurança. Empresa em recuperação judicial. Depósito judicial anterior ao processamento da recuperação judicial. Não integração ao Juízo universal de falência. Valores à disposição do Juízo trabalhista.

O depósito judicial efetuado antes do deferimento do processo de recuperação judicial desliga-se do patrimônio da empresa e assume o papel de garantia de uma futura execução, razão pela qual não está à disposição do Juízo falimentar, mas do Juízo trabalhista. Sob esse entendimento, a SBDI-II, por maioria, deu provimento a recurso ordinário para denegar a segurança. Na espécie, não se vislumbrou direito líquido e certo da empresa em recuperação judicial a ver cassada ou suspensa a decisão que indeferiu a suspensão da reclamação trabalhista matriz, bem como a remessa dos valores depositados nos autos para a conta do Juízo da recuperação judicial. Vencidos os Ministros Renato de Lacerda Paiva, Alexandre Agra Belmonte e Douglas Alencar Rodrigues. TST-RO-94- 09.2016.5.20.0000, SBDI-II, rel. Min. Breno Medeiros, 24.4.2018 (Informativo Nº 177)

D- INCORRETA.

O depósito judicial efetuado antes do deferimento do processo de recuperação judicial desliga-se do patrimônio da empresa e assume o papel de garantia de uma futura execução, razão pela qual não está à disposição do Juízo falimentar, mas do Juízo trabalhista.

E- INCORRETA.

O depósito judicial efetuado antes do deferimento do processo de recuperação judicial desliga-se do patrimônio da empresa e assume o papel de garantia de uma futura execução, razão pela qual não está à disposição do Juízo falimentar, mas do Juízo trabalhista.

LETRA C

04. De acordo com jurisprudência do TST, assinale a alternativa correta:

a) A Lei nº 10.820/2003, que dispõe sobre a consignação em folha nos casos de prestações decorrentes de operações financeiras, fixa limites mínimo e máximo para o desconto salarial.
b) O percentual de 35% determinado no art. 1º, § 1º, da Lei nº 10.820/2003 alude ao limite de desconto nos salários.
c) A Lei nº 10.820/2003, que dispõe sobre a consignação em folha nos casos de prestações decorrentes de operações financeiras, não fixa limite mínimo para o desconto salarial, fixando, porém, limite máximo.
d) O percentual de 35% determinado no art. 1º, § 1º, da Lei nº 10.820/2003 não alude ao limite de comprometimento das verbas rescisórias.
e) A Lei nº 10.820/2003, que dispõe sobre a consignação em folha nos casos de prestações decorrentes de operações financeiras, não fixa limites mínimo ou máximo para o desconto salarial.

COMENTÁRIO

A- INCORRETA.

A Lei nº 10.820/2003, que dispõe sobre a consignação em folha nos casos de prestações decorrentes de operações financeiras, não fixa limites mínimo ou máximo para o desconto salarial.

B- INCORRETA.

O percentual de 35% determinado no art. 1º, § 1º, da referida lei alude apenas ao limite de comprometimento das verbas rescisórias e não ao limite de desconto nos salários.

C- INCORRETA.

A Lei nº 10.820/2003, que dispõe sobre a consignação em folha nos casos de prestações decorrentes de operações financeiras, não fixa limites mínimo ou máximo para o desconto salarial.

D- INCORRETA.

O percentual de 35% determinado no art. 1º, § 1º, da referida lei alude apenas ao limite de comprometimento das verbas rescisórias e não ao limite de desconto nos salários.

E- CORRETA.

Ação anulatória. Acordo coletivo de trabalho. Cláusula que fixa percentual máximo de 50% do salário base para desconto em folha de pagamento. Validade.

A Lei nº 10.820/2003, que dispõe sobre a consignação em folha nos casos de prestações decorrentes de operações financeiras, não fixa limites mínimo ou máximo para o desconto salarial. O percentual de 35% determinado no art. 1º, § 1º, da referida lei alude apenas ao limite de comprometimento das verbas rescisórias e não ao limite de desconto nos salários. No caso, a norma coletiva fixou o percentual máximo de desconto de 50% sobre o salário base em folha de pagamento, em consonância, portanto, com a Orientação Jurisprudencial nº 18 da SDC, que delimita os descontos salariais autorizados por meio de norma coletiva a 70% do salário base. Sob esse fundamento, a SDC, por unanimidade, conheceu do recurso ordinário interposto pelo Ministério Público do Trabalho e, no mérito, negou-lhe provimento, mantendo, portanto, a decisão do Tribunal Regional que julgara improcedente a ação anulatória, ante a validade da cláusula em questão. TST-RO-560- 36.2016.5.08.0000, SDC, rel. Min. Aloysio Corrêa da Veiga, 14.5.2018 (Informativo Nº 178)

LETRA E

05. De acordo com jurisprudência do TST, assinale a alternativa correta. Considere que houve transação coletiva sindical para regularização da jornada em turnos ininterruptos de revezamento com a quitação extrajudicial de horas extras pretéritas com a formalização da jornada de 8 horas em regime de trabalho em turnos ininterruptos de revezamento e, concomitantemente, a transação extrajudicial para a quitação das 7ª e 8ª horas como extras relativas a período pretérito, no qual o regime de turnos ininterruptos era adotado pela Companhia de

Saneamento Básico do Estado de São Paulo - Sabesp sem respaldo em norma coletiva. Neste caso,

a) são inválidas as cláusulas de termo aditivo em acordo coletivo de trabalho por meio das quais se formaliza expressamente a jornada de 8 horas em regime de trabalho em turnos ininterruptos de revezamento, mas válidas as estabelecem transação extrajudicial para a quitação das 7ª e 8ª horas como extras relativas ao período pretérito, no qual o regime de turnos ininterruptos era adotado sem respaldo em norma coletiva.
b) são inválidas as cláusulas de termo aditivo em acordo coletivo de trabalho por meio das quais se estabelece transação extrajudicial para a quitação das 7ª e 8ª horas como extras relativas ao período pretérito, no qual o regime de turnos ininterruptos era adotado sem respaldo em norma coletiva, mas válidas que formalizam expressamente a jornada de 8 horas em regime de trabalho em turnos ininterruptos de revezamento.
c) são válidas as cláusulas de termo aditivo em acordo coletivo de trabalho por meio das quais se formaliza expressamente a jornada de 8 horas em regime de trabalho em turnos ininterruptos de revezamento e, também as que estabelecem transação extrajudicial para a quitação das 7ª e 8ª horas como extras relativas ao período pretérito, no qual o regime de turnos ininterruptos era adotado sem respaldo em norma coletiva.
d) são inválidas as cláusulas de termo aditivo em acordo coletivo de trabalho por meio das quais se formalizou expressamente a jornada de 8 horas em regime de trabalho em turnos ininterruptos de revezamento e, inválidas também as que estabelecem transação extrajudicial para a quitação das 7ª e 8ª horas como extras relativas ao período pretérito, no qual o regime de turnos ininterruptos era adotado sem respaldo em norma coletiva.
e) Nunca poderá ser firmada transação coletiva sindical.

COMENTÁRIO

A- INCORRETA.

São válidas as cláusulas de termo aditivo em acordo coletivo de trabalho por meio das quais se formalizou expressamente a jornada de 8 horas em regime de trabalho em turnos ininterruptos de revezamento.

B- INCORRETA.

São válidas as cláusulas de termo aditivo em acordo coletivo de trabalho por meio das quais se estabelece transação extrajudicial para a quitação das 7ª e

8ª horas como extras relativas ao período pretérito, no qual o regime de turnos ininterruptos era adotado pela Companhia de Saneamento Básico do Estado de São Paulo – Sabesp sem respaldo em norma coletiva.

C- CORRETA.

Ação anulatória. Acordo coletivo de trabalho. Regularização da jornada em turnos ininterruptos de revezamento. Quitação extrajudicial de horas extras pretéritas. Transação coletiva sindical. Validade.

A SDC, por unanimidade, conheceu de recurso ordinário e, no mérito, negou-lhe provimento para manter a decisão do Tribunal Regional que considerou válida as cláusulas de termo aditivo em acordo coletivo de trabalho por meio das quais se formalizou expressamente a jornada de 8 horas em regime de trabalho em turnos ininterruptos de revezamento e, concomitantemente, se estabeleceu transação extrajudicial para a quitação das 7ª e 8ª horas como extras relativas ao período pretérito, no qual o regime de turnos ininterruptos era adotado pela Companhia de Saneamento Básico do Estado de São Paulo – Sabesp sem respaldo em norma coletiva. Na espécie, registrou-se que embora os empregados tenham consentido com a satisfação apenas parcial do direito ao pagamento de eventuais horas extras trabalhadas, por outro lado, a norma coletiva assegurou benefícios importantes para a categoria, a revelar a ocorrência de despojamento bilateral e reciprocidade entre os sujeitos coletivos. Houve, portanto, efetiva transação coletiva sindical que redundou na concretização de uma das principais funções do Direito Coletivo do Trabalho, qual seja, a pacificação de conflitos de natureza sociocoletiva, na medida em que o instrumento firmado impediu a exacerbação da litigiosidade e trouxe segurança jurídica em relação à escala de 4x2x4 historicamente desempenhada pela categoria profissional. TST-RO-1000351-52.2015.5.02.0000, SDC, rel. Min. Mauricio Godinho Delgado, 14.5.2018. (Informativo Nº 178)

D- INCORRETA.

São válidas as cláusulas de termo aditivo em acordo coletivo de trabalho por meio das quais se formaliza expressamente a jornada de 8 horas em regime de trabalho em turnos ininterruptos de revezamento e, também as que estabelecem transação extrajudicial para a quitação das 7ª e 8ª horas como extras relativas ao período pretérito, no qual o regime de turnos ininterruptos era adotado sem respaldo em norma coletiva.

E- INCORRETA.

São válidas as cláusulas de termo aditivo em acordo coletivo de trabalho por meio das quais se formaliza expressamente a jornada de 8 horas em regime de trabalho em turnos ininterruptos de revezamento e, também as que estabelecem transação extrajudicial para a quitação das 7ª e 8ª horas como extras relativas ao período pretérito, no qual o regime de turnos ininterruptos era adotado sem respaldo em norma coletiva.

LETRA C

06. De acordo com jurisprudência do TST, assinale a alternativa correta:

a) Já que o depósito recursal fica à disposição do Juízo trabalhista, ele sempre integra o patrimônio do reclamante.

b) Embora o depósito recursal fique à disposição do Juízo trabalhista, ele não integra o patrimônio do reclamante, ainda que realizado antes do processamento da recuperação judicial ou da decretação da falência da empresa, de modo que todos os atos de execução referentes às reclamações trabalhistas movidas contra a recuperanda são de competência do Juízo universal, consoante jurisprudência reiterada do STJ.

c) Embora o depósito recursal fique à disposição do Juízo trabalhista, ele integra o patrimônio do reclamante, ainda que realizado antes do processamento da recuperação judicial ou da decretação da falência da empresa, de modo que todos os atos de execução referentes às reclamações trabalhistas movidas contra a recuperanda são de competência do Juízo universal, consoante jurisprudência reiterada do STJ.

d) Embora o depósito recursal fique à disposição do Juízo trabalhista, ele não integra o patrimônio do reclamante, salvo se realizado antes do processamento da recuperação judicial ou da decretação da falência da empresa, de modo que todos os atos de execução referentes às reclamações trabalhistas movidas contra a recuperanda são de competência do Juízo universal, consoante jurisprudência reiterada do STJ.

e) Embora o depósito recursal fique à disposição do Juízo trabalhista, ele não integra o patrimônio do reclamante, ainda que realizado antes do processamento da recuperação judicial ou da decretação da falência da empresa, de modo que todos os atos de execução referentes às reclamações trabalhistas movidas contra a recuperanda são de competência do Juízo Trabalhista, consoante jurisprudência reiterada do STJ.

COMENTÁRIO

A- INCORRETA.

Embora o depósito recursal fique à disposição do Juízo trabalhista, <u>ele não integra o patrimônio do reclamante, ainda que realizado antes do processamento da recuperação judicial ou da decretação da falência da empresa, de modo que</u>

todos os atos de execução referentes às reclamações trabalhistas movidas contra a recuperanda são de competência do Juízo universal, consoante jurisprudência reiterada do STJ.

B- CORRETA.

Mandado de Segurança. Empresa em recuperação judicial. Depósito recursal anterior ao processamento da recuperação judicial. Integração ao Juízo universal da falência.

Embora o depósito recursal fique à disposição do Juízo trabalhista, ele não integra o patrimônio do reclamante, ainda que realizado antes do processamento da recuperação judicial ou da decretação da falência da empresa, de modo que todos os atos de execução referentes às reclamações trabalhistas movidas contra a recuperanda são de competência do Juízo universal, consoante jurisprudência reiterada do STJ. Sob esse fundamento, a SBDI-II, por maioria, vencidos os Ministros Maria Helena Mallmann, relatora, Emmanoel Pereira e Delaíde Miranda Arantes, deu provimento ao recurso ordinário interposto pela empresa para denegar a segurança pretendida. TST-RO-348- 74.2016.5.13.0000, SBDI-II, rel. Min. Maria Helena Mallmann, red. p/ acórdão Min. Renato de Lacerda Paiva, 15.5.2018. (*Cf., em sentido contrário, Informativo TST nº 177) (Informativo Nº 178)

C- INCORRETA.

Embora o depósito recursal fique à disposição do Juízo trabalhista, ele não integra o patrimônio do reclamante, ainda que realizado antes do processamento da recuperação judicial ou da decretação da falência da empresa, de modo que todos os atos de execução referentes às reclamações trabalhistas movidas contra a recuperanda são de competência do Juízo universal, consoante jurisprudência reiterada do STJ.

D- INCORRETA.

Embora o depósito recursal fique à disposição do Juízo trabalhista, ele não integra o patrimônio do reclamante, ainda que realizado antes do processamento da recuperação judicial ou da decretação da falência da empresa, de modo que todos os atos de execução referentes às reclamações trabalhistas movidas contra a recuperanda são de competência do Juízo universal, consoante jurisprudência reiterada do STJ.

E- INCORRETA.

Embora o depósito recursal fique à disposição do Juízo trabalhista, ele não integra o patrimônio do reclamante, ainda que realizado antes do processamento da recuperação judicial ou da decretação da falência da empresa, de modo que todos os atos de execução referentes às reclamações trabalhistas movidas contra a recuperanda são de competência do Juízo universal, consoante jurisprudência reiterada do STJ.

LETRA B

07. De acordo com jurisprudência do TST, assinale a alternativa correta:

a) Não se admite a redução do intervalo intrajornada nos dias em que concomitantemente houver prestação de horas extras, ainda que presente a autorização do Ministério do Trabalho a que se refere o art. 71, § 3º, da CLT.

b) Admite-se a redução do intervalo intrajornada nos dias em que concomitantemente houver prestação de horas extras, desde que presente a autorização do Ministério do Trabalho a que se refere o art. 71, § 3º, da CLT.

c) Não se admite a redução do intervalo intrajornada nos dias em que concomitantemente houver prestação de horas extras, salvo se presente a autorização do Ministério do Trabalho a que se refere o art. 71, § 3º, da CLT.

d) Não se admite a redução do intervalo intrajornada nos dias em que não houver prestação de horas extras, ainda que presente a autorização do Ministério do Trabalho a que se refere o art. 71, § 3º, da CLT.

e) Admite-se a redução do intervalo intrajornada nos dias em que concomitantemente houver prestação de horas extras, salvo se presente a autorização do Ministério do Trabalho a que se refere o art. 71, § 3º, da CLT.

COMENTÁRIO

A- CORRETA.

Intervalo intrajornada. Redução. Autorização do Ministério do Trabalho. Horas extras prestadas sem habitualidade. Pagamento das horas extraordinárias decorrentes da redução do intervalo intrajornada restrito aos dias em que houve efetivo trabalho em sobrejornada.

Não se admite a redução do intervalo intrajornada nos dias em que concomitantemente houver prestação de horas extras, ainda que presente a autorização do Ministério do Trabalho a que se refere o art. 71, § 3º, da CLT. Na hipótese, registrou-se que além de a empresa ter autorização para reduzir o intervalo intrajornada, o empregado não estava submetido a regime de trabalho prorrogado a horas suplementares, mas apenas prestava horas extras de forma esporádica. Assim, a SBDI-I, por unanimidade, conheceu dos embargos por divergência jurisprudencial, e, no mérito, por maioria, deu-lhes provimento parcial para limitar o pagamento das horas extras decorrentes da redução do intervalo intrajornada, no período em que havia autorização do Ministério do Trabalho, aos dias que efetivamente houve prestação de horas extras. Vencidos parcialmente os Ministros Aloysio Corrêa da Veiga e Maria Cristina Irigoyen Peduzzi.

TST-E-RR-168000-85.2009.5.02.0027, SBDI-I, rel. Min. Renato de Lacerda Paiva, 24.5.2018 (Informativo Nº 179)

B- INCORRETA.

Não se admite a redução do intervalo intrajornada nos dias em que concomitantemente houver prestação de horas extras, ainda que presente a autorização do Ministério do Trabalho a que se refere o art. 71, § 3º, da CLT.

C- INCORRETA.

Não se admite a redução do intervalo intrajornada nos dias em que concomitantemente houver prestação de horas extras, ainda que presente a autorização do Ministério do Trabalho a que se refere o art. 71, § 3º, da CLT.

D- INCORRETA.

Não se admite a redução do intervalo intrajornada nos dias em que concomitantemente houver prestação de horas extras, ainda que presente a autorização do Ministério do Trabalho a que se refere o art. 71, § 3º, da CLT.

E- INCORRETA.

Não se admite a redução do intervalo intrajornada nos dias em que concomitantemente houver prestação de horas extras, ainda que presente a autorização do Ministério do Trabalho a que se refere o art. 71, § 3º, da CLT.

LETRA A

08. De acordo com jurisprudência do TST, assinale a alternativa correta:

a) A Justiça do Trabalho não pode decidir a respeito de participação nos lucros e resultados por meio do sistema da arbitragem de ofertas finais, ainda que as partes assim pactuem.

b) O sistema da arbitragem de ofertas finais comporta a atuação do TRT, ainda que com a finalidade de pacificar o conflito, pois o árbitro deve ater-se a escolher uma das ofertas definitivas apresentadas pelos demandantes.

c) A Justiça do Trabalho pode decidir a respeito de participação nos lucros e resultados por meio do sistema da arbitragem de ofertas finais, salvo se as partes assim pactuarem.

d) O sistema da arbitragem de ofertas finais não comporta a atuação do TRT, ainda que com a finalidade de pacificar o conflito, pois o árbitro deve ater-se a escolher uma das ofertas definitivas apresentadas pelos demandantes.

e) O sistema da arbitragem de ofertas finais não comporta a atuação do TRT, salvo se com a finalidade de pacificar o conflito, pois o árbitro deve ater-se a escolher uma das ofertas definitivas apresentadas pelos demandantes.

COMENTÁRIO

A- INCORRETA.

A jurisprudência do TST, alicerçada no art. 4º, II, § 1º, da Lei nº 10.101/2000, permite à Justiça do Trabalho decidir a respeito de participação nos lucros e resultados por meio do sistema da arbitragem de ofertas finais, quando as partes assim pactuarem.

B- INCORRETA.

Tal sistema, todavia, não comporta a atuação do TRT, ainda que com a finalidade de pacificar o conflito, pois o árbitro deve ater-se a escolher uma das ofertas definitivas apresentadas pelos demandantes.

C- INCORRETA.

A jurisprudência do TST, alicerçada no art. 4º, II, § 1º, da Lei nº 10.101/2000, permite à Justiça do Trabalho decidir a respeito de participação nos lucros e resultados por meio do sistema da arbitragem de ofertas finais, quando as partes assim pactuarem.

D- CORRETA.

Participação nos lucros e resultados. Arbitragem de ofertas finais. Não apresentação de propostas definitivas pelas partes. Atuação do TRT para solucionar o litígio. Impossibilidade. Extrapolação dos limites do poder normativo fixados pelos interessados.

A jurisprudência do TST, alicerçada no art. 4º, II, § 1º, da Lei nº 10.101/2000, permite à Justiça do Trabalho decidir a respeito de participação nos lucros e resultados por meio do sistema da arbitragem de ofertas finais, quando as partes assim pactuarem. Tal sistema, todavia, não comporta a atuação do TRT, ainda que com a finalidade de pacificar o conflito, pois o árbitro deve ater-se a escolher uma das ofertas definitivas apresentadas pelos demandantes. Assim, na hipótese em que a Corte Regional, ante a ausência de propostas das partes, desempenhou o papel de mediador do conflito e arbitrou valor para cada trabalhador a título de participação nos lucros e resultados, verifica-se que houve extrapolamento da expressa delimitação fixada pelos interessados para a atuação do poder normativo. Sob esse entendimento, a SDC, por unanimidade, conheceu do recurso ordinário e, no mérito, deu-lhe provimento para excluir a condenação relativa ao pagamento de participação nos lucros e resultados no valor de R$ 2.000,00 (dois mil reais) para cada trabalhador da Duratex S.A., resguardadas as situações fáticas já estabelecidas. TST-RO-5902- 33.2016.5.15.0000, SDC, rel. Min. Kátia Magalhães Arruda, 11.6.2018 (Informativo Nº 180)

E- INCORRETA.

O sistema da arbitragem de ofertas finais não comporta a atuação do TRT, ainda que com a finalidade de pacificar o conflito, pois o árbitro deve ater-se a escolher uma das ofertas definitivas apresentadas pelos demandantes.

LETRA D

09. De acordo com jurisprudência do TST, assinale a alternativa correta:

a) São inválidas as cláusulas de termo aditivo de convenção coletiva de trabalho que proíbem aos condomínios residenciais e comerciais a contratação de mão de obra terceirizada para a execução de serviços definidos pelas partes como atividade fim (zelador, garagista, porteiro, trabalhador de serviços gerais e faxineiro).

b) São inválidas cláusulas de termo aditivo de convenção coletiva de trabalho que permitem aos condomínios residenciais e comerciais a contratação de mão de obra terceirizada para a execução de serviços definidos pelas partes como atividade meio (zelador, garagista, porteiro, trabalhador de serviços gerais e faxineiro).

c) São válidas cláusulas de termo aditivo de convenção coletiva de trabalho que proíbem aos condomínios residenciais e comerciais a contratação de mão de obra terceirizada para a execução de serviços definidos pelas partes como atividade fim (zelador, garagista, porteiro, trabalhador de serviços gerais e faxineiro).

d) São válidas cláusulas de termo aditivo de convenção coletiva de trabalho que proíbem aos condomínios residenciais, apenas, a contratação de mão de obra terceirizada para a execução de serviços definidos pelas partes como atividade fim (zelador, garagista, porteiro, trabalhador de serviços gerais e faxineiro).

e) São válidas cláusulas de termo aditivo de convenção coletiva de trabalho que proíbem aos condomínios comerciais, apenas, a contratação de mão de obra terceirizada para a execução de serviços definidos pelas partes como atividade fim (zelador, garagista, porteiro, trabalhador de serviços gerais e faxineiro).

COMENTÁRIO

A- INCORRETA.

São válidas cláusulas de termo aditivo de convenção coletiva de trabalho que proíbem aos condomínios residenciais e comerciais a contratação de mão de obra terceirizada para a execução de serviços definidos pelas partes como atividade fim (zelador, garagista, porteiro, trabalhador de serviços gerais e faxineiro).

B- INCORRETA.

São válidas cláusulas de termo aditivo de convenção coletiva de trabalho que proíbem aos condomínios residenciais e comerciais a contratação de mão de obra terceirizada para a execução de serviços definidos pelas partes como atividade fim (zelador, garagista, porteiro, trabalhador de serviços gerais e faxineiro).

C- CORRETA.

Ação anulatória. Cláusula convencional que proíbe os condomínios de contratarem empregados terceirizados. Validade. Princípio da adequação setorial negociada.

São válidas cláusulas de termo aditivo de convenção coletiva de trabalho que proíbem aos condomínios residenciais e comerciais a contratação de mão de obra terceirizada para a execução de serviços definidos pelas partes como atividade fim (zelador, garagista, porteiro, trabalhador de serviços gerais e faxineiro). Na espécie, registrou-se que as normas firmadas pelos convenentes apenas vedam a utilização de empresas interpostas nos serviços de limpeza, portaria, etc, sem adentrar na questão da validade ou não da terceirização das referidas atividades. Ademais, pelo princípio da adequação setorial negociada, as normas autônomas, oriundas de negociações entre as categorias profissional e patronal, prevalecem sobre as regras estatais de proteção ao trabalho, desde que não avancem sobre direitos de indisponibilidade absoluta. De outra sorte, não há falar em ofensa ao princípio constitucional da livre iniciativa, pois a opção dos convenentes tem aplicação restrita às categorias representadas, sem imposição direta a terceiros. Sob esses fundamentos, a SDC, por maioria, conheceu dos recursos ordinários e, no mérito, negou-lhes provimento para manter a decisão do Tribunal Regional que julgara improcedente a ação anulatória. Vencidos os Ministros Emmanoel Pereira, Aloysio Corrêa da Veiga, Ives Gandra Martins Filho e Dora Maria da Costa. TST-RO-332-46.2012.5.10.0000, SDC, rel. Min. Kátia Magalhães Arruda, 11.6.2018. (*Cf., em sentido contrário, Informativo TST nº 174) (Informativo Nº 180)

D- INCORRETA.

São válidas cláusulas de termo aditivo de convenção coletiva de trabalho que proíbem aos condomínios <u>residenciais e comerciais</u> a contratação de mão de obra terceirizada para a execução de serviços definidos pelas partes como atividade fim (zelador, garagista, porteiro, trabalhador de serviços gerais e faxineiro).

E- INCORRETA.

São válidas cláusulas de termo aditivo de convenção coletiva de trabalho que proíbem aos condomínios <u>residenciais e comerciais</u> a contratação de mão de obra terceirizada para a execução de serviços definidos pelas partes como atividade fim (zelador, garagista, porteiro, trabalhador de serviços gerais e faxineiro).

LETRA C

10. De acordo com jurisprudência do TST, assinale a alternativa correta:

a) A exigência a respeito de o preposto ser empregado da empresa não se justifica no caso de audiência única.

b) No caso de fracionamento da audiência, não há que falar em irregularidade de representação quando a reclamada se faz substituir por preposto que não seja seu empregado apenas na audiência inaugural, em que não se colhe o depoimento das partes litigantes.

c) No caso de fracionamento da audiência, haverá irregularidade de representação quando a reclamada se faz substituir por preposto que não seja seu empregado, mesmo que seja apenas na audiência inaugural, em que não se colhe o depoimento das partes litigantes.

d) A exigência a respeito de o preposto ser empregado da empresa se justifica no caso de audiência única e também de fracionada.

e) No caso de fracionamento da audiência, não há falar em irregularidade de representação quando a reclamada se faz substituir por preposto que não seja seu empregado na audiência inaugural, bem como naquela em que se colhe o depoimento das partes litigantes.

COMENTÁRIO

A- INCORRETA.

A exigência a respeito de o preposto ser empregado da empresa somente se justifica no caso de audiência única, ou seja, aquela que não foi fracionada.

B- CORRETA.

Preposto. Condição de empregado. Inobservância apenas na audiência inaugural. Irregularidade de representação. Configuração. Súmula nº 377 do TST.

Contraria a Súmula nº 377 do TST a decisão turmária que afasta a aplicação da referida súmula ao fundamento de que a exigência a respeito de o preposto ser empregado da empresa somente se justifica no caso de audiência única, ou seja, aquela que não foi fracionada. Na hipótese, a Turma, mantendo o acórdão do Tribunal Regional, entendeu que, no caso de fracionamento da audiência, não há falar em irregularidade de representação quando a reclamada se faz substituir por preposto que não seja seu empregado apenas na audiência inaugural, em que não se colhe o depoimento das partes litigantes. Tal interpretação, todavia, extrapola os limites da súmula em análise, pois a audiência é una (art. 849 da CLT), e ainda que o fracionamento seja permitido, ele não retira a obrigação de a reclamada estar regularmente representada. Assim, sendo incontroverso, no caso em apreço, que o preposto que compareceu à sessão inaugural da audiência não era empregado da empresa, o que equivale à sua ausência por irregularidade de representação, a SBDI-I, por maioria, conheceu dos embargos por contrariedade à Súmula nº 377 do TST, e, no mérito, deu-lhes provimento para determinar o retorno dos autos à Vara de origem, a fim de que julgue os pedidos da inicial, desconsiderando a defesa escrita da empresa e levando em conta os efeitos da revelia e a consequente confissão ficta quanto às matérias de fato. Vencido o Ministro Walmir Oliveira da Costa. TST-E-ED-RR-41900-77.2006.5.23.0004, SBDI-I, rel. Min.

Walmir Oliveira da Costa, red. p/ acórdão Min. Cláudio Mascarenhas Brandão, 7.6.2018 (Informativo Nº 180)

C- INCORRETA.

No caso de fracionamento da audiência, não há falar em irregularidade de representação quando a reclamada se faz substituir por preposto que não seja seu empregado apenas na audiência inaugural, em que não se colhe o depoimento das partes litigantes.

D- INCORRETA.

A exigência a respeito de o preposto ser empregado da empresa somente se justifica no caso de audiência única, ou seja, aquela que não foi fracionada.

E- INCORRETA.

No caso de fracionamento da audiência, não há falar em irregularidade de representação quando a reclamada se faz substituir por preposto que não seja seu empregado apenas na audiência inaugural, em que não se colhe o depoimento das partes litigantes.

LETRA B

■ QUESTÃO DISCURSIVA

Maria ocupava o cargo de gerente geral em uma agência bancária. Em razão da relevância do posto, possuía autonomia no exercício de suas atividades e os demais empregados da agência bancária eram subordinados a ela.

Por considerar que a empregada estaria abarcada pelo art. 62, II, da CLT[16], a empresa não lhe remunerava o trabalho realizado em sobrejornada.

No entanto, não obstante as prerrogativas de que gozava, Maria era obrigada a comprovar sua presença diária ao trabalho por meio da assinatura de uma Folha Individual de Presença - FIP.

Diante disso, por considerar que a assinatura das FIPs descaracterizaria a autonomia inerente ao cargo de gerente, Maria ajuizou reclamação trabalhista com o fito de obter judicialmente o pagamento relativo às horas extras não pagas.

O pleito de Maria deve ser concedido?

---

16 Art. 62 - Não são abrangidos pelo regime previsto neste capítulo:
(...)
II - os gerentes, assim considerados os exercentes de cargos de gestão, aos quais se equiparam, para efeito do disposto neste artigo, os diretores e chefes de departamento ou filial.

RESPOSTA:

Não.

Segundo a jurisprudência do TST, as Folhas Individuais de Presença não se confundem com o controle de ponto, o qual pressupõe anotação dos horários de entrada e saída do empregado, não se resumindo ao mero registro de comparecimento.

Sendo assim, decidiu a Corte Superior que o preenchimento das FIPs, por si só, não é suficiente para afastar a incidência do art. 62, II, da CLT e da parte final da Súmula nº 287 do TST.

Ou seja, as anotações das Folhas Individuais de Presença - FIPs não têm o condão de desnaturar a característica de autoridade máxima do gerente geral na agência bancária, pois se destinam tão somente ao controle de frequência do empregado, e não de horário.

Simulado 07 – Questões

01. De acordo com jurisprudência do TST, assinale certo ou errado:
O direito à isenção do imposto de renda sobre os proventos de aposentadoria em razão de neoplasia maligna não exige a demonstração da contemporaneidade dos sintomas ou de recidiva da doença.

02. De acordo com jurisprudência do TST, assinale certo ou errado:
O exame da sucessividade das transferências, para efeito de aferição do direito à percepção do adicional respectivo, deve levar em consideração aquelas efetuadas no período prescrito, sob pena de os efeitos jurídicos de uma transferência já abarcada pela prescrição repercutirem na pretensão relativa ao adicional correspondente às transferências do período não prescrito.

03. De acordo com jurisprudência do TST, assinale certo ou errado:
Se um empregado falecer em razão de acidente de trânsito ocorrido durante o transporte em veículo fornecido pela empresa, a responsabilidade da empregadora será objetiva, vez que se equipara ao transportador, assumindo, portanto, o ônus e o risco dessa atividade.

04. De acordo com jurisprudência do TST, assinale certo ou errado:
As anotações das Folhas Individuais de Presença - FIPs não retiram a característica de autoridade máxima do gerente geral na agência bancária, vez que se destinam tão somente ao controle de frequência do empregado, e não de horário.

05. De acordo com jurisprudência do TST, assinale certo ou errado:
A exposição de empregado piloto de helicóptero que acompanha o abastecimento da aeronave rotineiramente - semanalmente até 8 vezes,

por 4 minutos - justifica o recebimento de adicional de periculosidade, pois configurado o contato intermitente com o agente de risco.

06. De acordo com jurisprudência do TST, assinale certo ou errado:
A cláusula de convenção coletiva que autoriza o pagamento dos salários até o dia dez do mês seguinte ao trabalhado não viola o art. 459, § 1º, da CLT, pois a vontade negocial das partes é absoluta.

07. De acordo com jurisprudência do TST, assinale certo ou errado:
Quando acolhida a preliminar de negativa de prestação jurisdicional, com determinação de retorno dos autos ao Regional e prejudicialidade dos temas remanescentes, pode a parte recorrente apenas ratificar as razões recursais anteriores, mesmo que não observado o prazo recursal e tenha havido alteração da situação jurídica.

08. De acordo com jurisprudência do TST, assinale certo ou errado:
Não se conhecerá de recuso de revista por contrariedade a precedente normativo do TST.

09. De acordo com jurisprudência do TST, assinale certo ou errado:
É devido o décimo terceiro salário proporcional e as férias proporcionais à empregada contratada para ocupar emprego em comissão em sociedade de economia mista, acaso demitida.

10. De acordo com jurisprudência do TST, assinale certo ou errado:
Quando for possível controlar os horários de início e de término da jornada de trabalho, é do empregador o ônus de provar a supressão ou a redução do intervalo intrajornada do empregado que desempenha atividades externas.

■ QUESTÃO DISCURSIVA

Joana era empregada da empresa Reforma e Construções Ltda há mais de 20 (vinte) anos.
A empregada é portadora do vírus HIV há mais de 10 (dez), o que era de ciência do empregador desde o diagnóstico, que a encaminhou para tratamento médico e psicológico ao longo desse lapso. No entanto, Joana acabou por ser demitida quando se fez necessária uma reestruturação dos quadros funcionais da empresa.

Inconformada com aquela decisão ajuizou reclamação trabalhista no bojo da qual requereu sua reintegração, com fulcro na Súmula nº 443 do TST[17].
Analise a viabilidade do pleito de Joana.

Simulado 07 – Comentários e Gabarito

01. De acordo com jurisprudência do TST, assinale certo ou errado:
O direito à isenção do imposto de renda sobre os proventos de aposentadoria em razão de neoplasia maligna não exige a demonstração da contemporaneidade dos sintomas ou de recidiva da doença.

COMENTÁRIO

O direito à isenção do imposto de renda sobre os proventos de aposentadoria, prevista nos arts. 6º, XIV, da Lei nº 7.713/88 e 39, XXXIII, do Decreto nº 3.000/99, não exige a demonstração da contemporaneidade dos sintomas ou de recidiva da doença.

(FONTE: Informativo do TST nº 181)

17 Súmula nº 443 do TST
DISPENSA DISCRIMINATÓRIA. PRESUNÇÃO. EMPREGADO PORTADOR DE DOENÇA GRAVE. ESTIGMA OU PRECONCEITO. DIREITO À REINTEGRAÇÃO
Presume-se discriminatória a despedida de empregado portador do vírus HIV ou de outra doença grave que suscite estigma ou preconceito. Inválido o ato, o empregado tem direito à reintegração no emprego.

CERTO

02. De acordo com jurisprudência do TST, assinale certo ou errado:

O exame da sucessividade das transferências, para efeito de aferição do direito à percepção do adicional respectivo, deve levar em consideração aquelas efetuadas no período prescrito, sob pena de os efeitos jurídicos de uma transferência já abarcada pela prescrição repercutirem na pretensão relativa ao adicional correspondente às transferências do período não prescrito.

COMENTÁRIO

O exame da sucessividade das transferências, para efeito de aferição do direito à percepção do adicional respectivo, NÃO deve levar em consideração aquelas efetuadas no período prescrito, sob pena de os efeitos jurídicos de uma transferência já abarcada pela prescrição repercutirem na pretensão relativa ao adicional correspondente às transferências do período não prescrito.

(FONTE: Informativo do TST nº 181)

ERRADO

03. De acordo com jurisprudência do TST, assinale certo ou errado:

Se um empregado falecer em razão de acidente de trânsito ocorrido durante o transporte em veículo fornecido pela empresa, a responsabilidade da empregadora será objetiva, vez que se equipara ao transportador, assumindo, portanto, o ônus e o risco dessa atividade.

COMENTÁRIO

Na hipótese em que o empregado faleceu em razão de acidente de trânsito ocorrido durante o transporte em veículo fornecido pela empresa, a responsabilidade da empregadora é objetiva, a teor dos arts. 734 e 735 do Código Civil. O contrato de transporte, na espécie, é acessório ao contrato de trabalho e caracteriza-se, essencialmente, pela existência de cláusula de incolumidade que implica em obrigação de resultado, ou seja, em levar o passageiro em segurança até o seu destino. Assim, a empresa que fornece transporte aos seus empregados equipara-se ao transportador, assumindo, portanto, o ônus e o risco dessa atividade, ainda que o estado de conservação e de manutenção do veículo seja satisfatório ou que não reste comprovada eventual falha na adoção de medidas de segurança.

(FONTE: Informativo do TST nº 181)

CERTO

04. De acordo com jurisprudência do TST, assinale certo ou errado:
As anotações das Folhas Individuais de Presença - FIPs não retiram a característica de autoridade máxima do gerente geral na agência bancária, vez que se destinam tão somente ao controle de frequência do empregado, e não de horário.

COMENTÁRIO

As anotações das Folhas Individuais de Presença - FIPs não têm o condão de desnaturar a característica de autoridade máxima do gerente geral na agência bancária, pois se destinam tão somente ao controle de frequência do empregado, e não de horário.

(FONTE: Informativo do TST nº 181)

CERTO

05. De acordo com jurisprudência do TST, assinale certo ou errado:
A exposição de empregado piloto de helicóptero que acompanha o abastecimento da aeronave rotineiramente - semanalmente até 8 vezes, por 4 minutos - justifica o recebimento de adicional de periculosidade, pois configurado o contato intermitente com o agente de risco.

COMENTÁRIO

É devido o adicional de periculosidade ao piloto de helicóptero que acompanhava o abastecimento da aeronave até oito vezes por semana, por quatro minutos, pois configurado o contato intermitente com o agente de risco. Na hipótese, a decisão recorrida registrou que a exposição do autor a inflamáveis não podia ser considerada fortuita ou por tempo extremamente reduzido, pois fazia parte de sua rotina.

(FONTE: Informativo do TST nº 182)

CERTO

06. De acordo com jurisprudência do TST, assinale certo ou errado:
A cláusula de convenção coletiva que autoriza o pagamento dos salários até o dia dez do mês seguinte ao trabalhado não viola o art. 459, § 1º, da CLT, pois a vontade negocial das partes é absoluta.

COMENTÁRIO

A cláusula de convenção coletiva que autoriza o pagamento dos salários até o dia dez do mês seguinte ao trabalhado viola frontalmente o art. 459, § 1º, da CLT. A vontade negocial das partes não é absoluta, uma vez que deve se submeter ao princípio da reserva legal. Assim, não se pode conferir validade à cláusula que autoriza o pagamento de salários em data posterior àquela expressamente prevista em lei.

(FONTE: Informativo do TST nº 182)

ERRADO

07. De acordo com jurisprudência do TST, assinale certo ou errado: Quando acolhida a preliminar de negativa de prestação jurisdicional, com determinação de retorno dos autos ao Regional e prejudicialidade dos temas remanescentes, pode a parte recorrente apenas ratificar as razões recursais anteriores, mesmo que não observado o prazo recursal e tenha havido alteração da situação jurídica.

COMENTÁRIO

Quando acolhida a preliminar de negativa de prestação jurisdicional, com determinação de retorno dos autos ao Regional e prejudicialidade dos temas remanescentes, pode a parte recorrente apenas ratificar as razões recursais anteriores, desde que observado o prazo recursal e não tenha havido alteração da situação jurídica.

(FONTE: Informativo do TST nº 183)

ERRADO

08. De acordo com jurisprudência do TST, assinale certo ou errado: Não se conhecerá de recuso de revista por contrariedade a precedente normativo do TST.

COMENTÁRIO

É possível o conhecimento de recuso de revista por contrariedade a precedente normativo do TST, pois, embora o art. 896, "a", da CLT, com redação dada pela Lei nº 13.015/2014, refira-se a "súmula de jurisprudência uniforme", pode-se afirmar que jurisprudência uniformizada é gênero, do qual súmulas, orientações jurisprudenciais e precedentes normativos são espécies. Ademais, se a Orientação Jurisprudencial nº 219 da SBDI-I admite invocar orientação jurisprudencial do TST para conhecimento de recurso de revista ou de embargos, independentemente da origem do verbete (SBDI-I, SBDI-II, Tribunal Pleno/Órgão Especial ou SDC), não se justifica inadmitir o recurso por contrariedade a precedente normativo, simplesmente pelo fato de consolidar entendimento jurisprudencial firmado no âmbito dos dissídios coletivos.

(FONTE: Informativo do TST nº 183)

ERRADO

09. De acordo com jurisprudência do TST, assinale certo ou errado:

É devido o décimo terceiro salário proporcional e as férias proporcionais à empregada contratada para ocupar emprego em comissão em sociedade de economia mista, acaso demitida.

COMENTÁRIO

Afronta o art. 37, II, da CF a decisão que confere à demissão de empregada contratada para ocupar emprego em comissão em sociedade de economia mista idêntica consequência jurídica aplicável ao contrato nulo (Súmula nº 363 do TST), pois não se trata de contratação irregular. Assim, embora não se possa cogitar do pagamento de aviso prévio e de indenização de 40% do FGTS, ante a precariedade do vínculo existente entre as partes, à trabalhadora é devido o décimo terceiro salário proporcional e as férias proporcionais (art. 7º, VIII e XVII, da CF).

(FONTE: Informativo do TST nº 183)

CERTO

10. De acordo com jurisprudência do TST, assinale certo ou errado:

Quando for possível controlar os horários de início e de término da jornada de trabalho, é do empregador o ônus de provar a supressão ou a redução do intervalo intrajornada do empregado que desempenha atividades externas.

COMENTÁRIO

Ainda que seja possível controlar os horários de início e de término da jornada de trabalho, é do empregado que desempenha atividades externas o ônus de provar a supressão ou a redução do intervalo intrajornada.

(FONTE: Informativo do TST nº 184)

ERRADO

■ QUESTÃO DISCURSIVA

Joana era empregada da empresa Reforma e Construções Ltda há mais de 20 (vinte) anos.

A empregada é portadora do vírus HIV há mais de 10 (dez), o que era de ciência do empregador desde o diagnóstico, que a encaminhou para tratamento médico e psicológico ao longo desse lapso. No entanto, Joana acabou por ser demitida quando se fez necessária uma reestruturação dos quadros funcionais da empresa.

Inconformada com aquela decisão ajuizou reclamação trabalhista no bojo da qual requereu sua reintegração, com fulcro na Súmula nº 443 do TST[18].
Analise a viabilidade do pleito de Joana.

RESPOSTA:

Segundo a jurisprudência do TST, Joana não fará jus à reintegração.

Isso porque, em caso semelhante ao apresentado no enunciado, a Corte Superior afastou a presunção de dispensa arbitrária e discriminatória a que se refere a Súmula nº 443 do TST na hipótese em que a demissão de empregado portador do vírus HIV foi motivada por processo de reestruturação organizacional, e ocorreu anos após o empregador ter conhecimento da condição do reclamante.

18 Súmula nº 443 do TST
DISPENSA DISCRIMINATÓRIA. PRESUNÇÃO. EMPREGADO PORTADOR DE DOENÇA GRAVE. ESTIGMA OU PRECONCEITO. DIREITO À REINTEGRAÇÃO
Presume-se discriminatória a despedida de empregado portador do vírus HIV ou de outra doença grave que suscite estigma ou preconceito. Inválido o ato, o empregado tem direito à reintegração no emprego.

Simulado 08 – Questões

01. De acordo com jurisprudência do TST, assinale a alternativa correta:

a) A estipulação, por mera liberalidade da empresa, de base de cálculo mais vantajosa que o salário mínimo para o pagamento do adicional de insalubridade não configura direito adquirido dos empregados.

b) Poderá a empregadora, a pretexto de ajustar-se ao entendimento fixado pelo Supremo Tribunal Federal na Súmula Vinculante 4, passar a utilizar o salário mínimo como base de cálculo do adicional de insalubridade, em detrimento do salário básico anteriormente adotado, sob pena de haver alteração contratual lesiva, a que se refere o art. 468 da CLT, e afronta ao princípio da irredutibilidade salarial

c) Não poderá a empregadora, a pretexto de ajustar-se ao entendimento fixado pelo Supremo Tribunal Federal na Súmula Vinculante 4, passar a utilizar o salário mínimo como base de cálculo do adicional de insalubridade, em detrimento do salário básico anteriormente adotado. No entanto, se adotada tal conduta, ela não provocará alteração contratual lesiva.

d) Não pode a empregadora, a pretexto de ajustar-se ao entendimento fixado pelo Supremo Tribunal Federal na Súmula Vinculante 4, passar a utilizar o salário mínimo como base de cálculo do adicional de insalubridade, em detrimento do salário básico anteriormente adotado. No entanto, se adotada tal conduta, ela não afrontará o princípio da irredutibilidade salarial.

e) Não pode a empregadora, a pretexto de ajustar-se ao entendimento fixado pelo Supremo Tribunal Federal na Súmula Vinculante 4, passar a utilizar o salário mínimo como base de cálculo do adicional de insalubridade, em detrimento do salário básico anteriormente adotado, sob pena de haver alteração contratual lesiva, a que se refere o art. 468 da CLT, e afronta ao princípio da irredutibilidade salarial.

02. De acordo com jurisprudência do TST, assinale a alternativa correta:

a) O deferimento de diferenças salariais correspondentes à distorção apurada em razão da concessão de reajuste geral anual realizado por meio de pagamento de abonos em valores fixos, fundado na inobservância do art. 37, X, parte final, da CF, não esbarra no óbice previsto na Súmula Vinculante 37, segundo a qual *"não cabe ao Poder Judiciário, que não tem função legislativa, aumentar vencimentos de servidores públicos sob o fundamento de isonomia"*.

b) Caberá o deferimento de diferenças salariais correspondentes à distorção apurada em razão da concessão de reajuste geral anual realizado por meio de pagamento de abonos em valores fixos, fundado na inobservância do art. 37, X, parte final, da CF, pois é o que prega a Súmula Vinculante 37, segundo a qual *"não cabe ao Poder Judiciário, que não tem função legislativa, aumentar vencimentos de servidores públicos sob o fundamento de isonomia"*.

c) O deferimento de diferenças salariais correspondentes à distorção apurada em razão da concessão de reajuste geral anual realizado por meio de pagamento de abonos em valores fixos, fundado na inobservância do art. 37, X, parte final, da CF, esbarra no óbice previsto na Súmula Vinculante 37, segundo a qual *"não cabe ao Poder Judiciário, que não tem função legislativa, aumentar vencimentos de servidores públicos sob o fundamento de isonomia"*.

d) A Súmula Vinculante 37, segundo a qual *"não cabe ao Poder Judiciário, que não tem função legislativa, aumentar vencimentos de servidores públicos sob o fundamento de isonomia"*, autoriza o deferimento de diferenças salariais correspondentes à distorção apurada em razão da concessão de reajuste geral anual realizado por meio de pagamento de abonos em valores fixos, fundado na inobservância do art. 37, X, parte final, da CF.

e) Nenhuma das alternativas anteriores está correta.

03. De acordo com jurisprudência do TST, assinale a alternativa correta:

a) A ação em que viúva e filhos de empregado falecido pleiteiam, em nome próprio, o pagamento de indenização por danos morais e materiais decorrentes da morte de seu ente familiar por suposta doença ocupacional adquirida no curso do contrato de emprego se submete à prescrição prevista no art. 206, § 3º, do Código Civil.

b) A ação em que herdeiros de empregado falecido pleiteiam, em nome próprio, o pagamento de indenização por danos morais e materiais decorrentes da morte de seu ente familiar por suposta doença ocupacional adquirida no curso do contrato de emprego não se submete à prescrição prevista no art. 206, § 3º, do Código Civil.

c) Ainda que a competência para o julgamento da ação em que viúva e filhos de empregado falecido pleiteiam, em nome próprio, o pagamento de indenização por danos morais e materiais decorrentes da morte de seu ente familiar por suposta doença ocupacional adquirida no curso do contrato de emprego, seja da Justiça do Trabalho, trata-se de direito personalíssimo e autônomo dos familiares da vítima, de natureza eminentemente trabalhista.

d) A competência para o julgamento da ação em que viúva e filhos de empregado falecido pleiteiam, em nome próprio, o pagamento de indenização por danos morais e materiais decorrentes da morte de seu ente familiar por suposta doença ocupacional adquirida no curso do contrato de emprego é da Justiça Comum.

e) Ainda que a competência para o julgamento da ação em que viúva e filhos de empregado falecido pleiteiam, em nome próprio, o pagamento de indenização por danos morais e materiais decorrentes da morte de seu ente familiar por suposta doença ocupacional adquirida no curso do contrato de emprego seja da Justiça Comum, nos termos do art. 114, VI, da CF e da Súmula nº 392 do TST, trata-se de direito personalíssimo e autônomo dos familiares da vítima, de natureza eminentemente trabalhista, e que não se distingue do dano sofrido pelo próprio trabalhador.

04. De acordo com jurisprudência do TST, assinale a alternativa correta:

a) A homologação de acordo extrajudicial perante o Juízo cível, relativo a distrato comercial, impede o ajuizamento de reclamação trabalhista em que se requer o reconhecimento de vínculo de emprego.

b) A homologação de acordo extrajudicial perante o Juízo cível, relativo a distrato comercial, não impede o ajuizamento de reclamação trabalhista em que se requer o reconhecimento de vínculo de emprego.

c) Não poderá haver o ajuizamento de reclamação trabalhista em que se requer o reconhecimento de vínculo de emprego, mesmo diante de homologação de acordo extrajudicial perante o Juízo cível, relativo a distrato comercial.

d) Poderá haver o ajuizamento de reclamação trabalhista em que se requer o reconhecimento de vínculo de emprego, desde que haja homologação de acordo extrajudicial perante o Juízo cível, relativo a distrato comercial.

e) Nenhuma das alternativas anteriores está correta.

05. De acordo com jurisprudência do TST, assinale a alternativa correta:

a) A Súmula nº 28 do TST, que, no caso de conversão da reintegração em indenização dobrada, garante o direito aos salários até a data da primeira decisão que determinou a referida conversão, não se aplica à hipótese de rompimento da relação de trabalho por ato discriminatório, a que se refere o art. 4º da Lei nº 9.029/1995.

b) Quando de rompimento da relação de trabalho por ato discriminatório, não se aplicará a súmula nº 28 do TST.

c) A Súmula nº 28 do TST somente se aplica à hipótese de conversão da reintegração em indenização dobrada.

d) A Súmula nº 28 do TST, que, no caso de conversão da reintegração em indenização dobrada, garante o direito aos salários até a data da primeira decisão que determinou a referida conversão, aplica-se também à hipótese de rompimento da relação de trabalho por ato discriminatório, a que se refere o art. 4º da Lei nº 9.029/1995.

e) Nenhuma das alternativas anteriores está correta.

06. De acordo com jurisprudência do TST, assinale a alternativa correta:

Considere que a reclamante não tenha comparecido à audiência marcada, justificando sua ausência mediante a apresentação de atestado médico sem expressa menção à impossibilidade de locomoção, noticiando apenas o comparecimento da empregada ao médico na mesma data da audiência e em horário próximo, registrando o Código Internacional de Doenças - CID e a necessidade de afastamento das atividades laborais por um dia. Nesse caso,

a) O atestado médico não atendeu aos requisitos da Súmula nº 122 do TST, logo restou injustificada a ausência da reclamante.

b) Embora o atestado médico tenha atendido aos requisitos da Súmula nº 122 do TST, aplicável somente ao empregado, restou justificada a ausência da reclamante.

c) O atestado médico atendeu aos requisitos Súmula nº 122 do TST, aplicável a empregador e a empregado, em razão do princípio da isonomia, restando injustificada a ausência da reclamante.
d) Embora o atestado médico tenha atendido aos requisitos da Súmula nº 122 do TST, aplicável somente ao empregador, restou injustificada a ausência da reclamante.
e) Embora o atestado médico não tenha atendido aos requisitos da Súmula nº 122 do TST - aplicável a empregador e a empregado, em razão do princípio da isonomia -, restou justificada a ausência da reclamante, na medida em que o documento noticiou o comparecimento da empregada ao médico na mesma data da audiência e em horário próximo, e registrou o Código Internacional de Doenças - CID e a necessidade de afastamento das atividades laborais por um dia, o que leva a concluir que também não estava apta a comparecer à audiência marcada.

07. De acordo com jurisprudência do TST, assinale a alternativa correta:
a) O marco divisor para afastar a controvérsia a respeito da interpretação de norma infraconstitucional é o fato de a matéria estar pacificada na SBDI-I e nas oito Turmas do TST, no momento do trânsito em julgado da decisão rescindenda, desde que editada súmula ou orientação jurisprudencial a respeito do tema.
b) O marco divisor para afastar a controvérsia a respeito da interpretação de norma infraconstitucional é o fato de a matéria não estar pacificada na SBDI-I e nas oito Turmas do TST, no momento do trânsito em julgado da decisão rescindenda, mesmo que não editada súmula ou orientação jurisprudencial a respeito do tema.
c) O marco divisor para afastar a controvérsia a respeito da interpretação de norma infraconstitucional é o fato de a matéria estar pacificada na SBDI-I e nas oito Turmas do TST, no momento do trânsito em julgado da decisão rescindenda, mesmo que não editada súmula ou orientação jurisprudencial a respeito do tema.
d) O marco divisor para afastar a controvérsia a respeito da interpretação de norma infraconstitucional é o fato de a matéria estar pacificada na SBDI-I, mas não nas oito Turmas do TST, antes do trânsito em julgado da decisão rescindenda, mesmo que não editada súmula ou orientação jurisprudencial a respeito do tema.
e) O marco divisor para afastar a controvérsia a respeito da interpretação de norma infraconstitucional é o fato de a matéria estar pacificada na SBDI-I e nas oito Turmas do TST, antes do trânsito em julgado da decisão rescindenda, desde que editada súmula ou orientação jurisprudencial a respeito do tema.

08. De acordo com jurisprudência do TST, assinale a alternativa correta:

a) É cabível mandado de segurança contra atos que se afigurem abusivos ou teratológicos, quando a medida processual específica prevista no ordenamento jurídico não seja capaz de fazer cessar, de imediato, o prejuízo que possa ser causado.

b) É incabível mandado de segurança contra atos que se afigurem abusivos ou teratológicos, quando a medida processual específica prevista no ordenamento jurídico não seja capaz de fazer cessar, de imediato, o prejuízo que possa ser causado.

c) É cabível mandado de segurança contra atos que se afigurem abusivos ou teratológicos, salvo se a medida processual específica prevista no ordenamento jurídico não seja capaz de fazer cessar, de imediato, o prejuízo que possa ser causado.

d) É cabível mandado de segurança contra atos que se afigurem abusivos ou teratológicos, quando a medida processual específica prevista no ordenamento jurídico seja capaz de fazer cessar, de imediato, o prejuízo que possa ser causado.

e) Nenhuma das alternativas anteriores está correta.

09. De acordo com jurisprudência do TST, assinale a alternativa correta:

a) O direito à isenção do imposto de renda sobre os proventos de aposentadoria em razão de neoplasia maligna exige a demonstração da contemporaneidade dos sintomas ou de recidiva da doença.

b) O direito à isenção do imposto de renda sobre os proventos de aposentadoria em razão de neoplasia maligna exige a demonstração da contemporaneidade dos sintomas, mas não da recidiva da doença.

c) O direito à isenção do imposto de renda sobre os proventos de aposentadoria em razão de neoplasia maligna não exige a demonstração da contemporaneidade dos sintomas, mas sim da recidiva da doença.

d) O direito à isenção do imposto de renda sobre os proventos de aposentadoria em razão de neoplasia maligna não exige a demonstração da contemporaneidade dos sintomas ou de recidiva da doença.

e) Nenhuma das alternativas anteriores está correta.

10. De acordo com jurisprudência do TST, assinale a alternativa correta:

a) O exame da sucessividade das transferências, para efeito de aferição do direito à percepção do adicional respectivo, deve levar em consideração aquelas efetuadas no período prescrito, sob pena de os efeitos jurídicos de uma transferência já abarcada pela prescrição repercutirem na pretensão relativa ao adicional correspondente às transferências do período não prescrito.

b) O exame da sucessividade das transferências, para efeito de aferição do direito à percepção do adicional respectivo, não deve levar em consideração aquelas efetuadas no período prescrito, mas, de qualquer forma, os efeitos jurídicos de uma transferência já abarcada pela prescrição não repercutirão na pretensão relativa ao adicional correspondente às transferências do período não prescrito.

c) O exame da sucessividade das transferências, para efeito de aferição do direito à percepção do adicional respectivo, não deve levar em consideração aquelas efetuadas no período prescrito, sob pena de os efeitos jurídicos de uma transferência já abarcada pela prescrição repercutirem na pretensão relativa ao adicional correspondente às transferências do período não prescrito.

d) O exame da sucessividade das transferências, para efeito de aferição do direito à percepção do adicional respectivo, deve levar em consideração aquelas efetuadas no período prescrito, não repercutindo na pretensão relativa ao adicional correspondente às transferências do período não prescrito os efeitos jurídicos de uma transferência já abarcada pela prescrição.

e) Nenhuma das alternativas anteriores está correta.

■ QUESTÃO DISCURSIVA

Pedro foi contratado pela empresa DLL Serviços Ltda. para prestar serviços na cidade de Sobral/CE, local onde trabalhou até a data da sua dispensa.

Uma vez desligado da empresa, Pedro se mudou para São Paulo. Por seu turno, a filial de Sobral da empresa DLL foi fechada, remanescendo apenas a sua matriz, em Porto Alegre/RS.

Por não concordar com os valores pagos a título de verbas rescisórias, Pedro ajuizou reclamação trabalhista na cidade de São Paulo, local de sua atual residência.

Notificada, a empresa apresentou exceção de incompetência territorial, sob a alegação de que, nos termos do art. 651 da CLT, o foro competente para processar e julgar a demanda seria o do local da prestação de serviços, de modo que o processo deveria ser remetido a uma das varas do trabalho de Sobral/CE.

Analise a competência territorial, segundo a jurisprudência do TST.

Simulado 08 – Comentários e Gabarito

01. De acordo com jurisprudência do TST, assinale a alternativa correta:

a) A estipulação, por mera liberalidade da empresa, de base de cálculo mais vantajosa que o salário mínimo para o pagamento do adicional de insalubridade não configura direito adquirido dos empregados.

b) Poderá a empregadora, a pretexto de ajustar-se ao entendimento fixado pelo Supremo Tribunal Federal na Súmula Vinculante 4, passar a utilizar o salário mínimo como base de cálculo do adicional de insalubridade, em detrimento do salário básico anteriormente adotado, sob pena de haver alteração contratual lesiva, a que se refere o art. 468 da CLT, e afronta ao princípio da irredutibilidade salarial

c) Não poderá a empregadora, a pretexto de ajustar-se ao entendimento fixado pelo Supremo Tribunal Federal na Súmula Vinculante 4, passar a utilizar o salário mínimo como base de cálculo do adicional de insalubridade, em detrimento do salário básico anteriormente adotado. No entanto, se adotada tal conduta, ela não provocará alteração contratual lesiva.

d) Não pode a empregadora, a pretexto de ajustar-se ao entendimento fixado pelo Supremo Tribunal Federal na Súmula Vinculante 4, passar a utilizar o salário mínimo como base de cálculo do adicional de insalubridade, em detrimento do salário básico anteriormente adotado. No entanto, se adotada tal conduta, ela não afrontará o princípio da irredutibilidade salarial.

e) Não pode a empregadora, a pretexto de ajustar-se ao entendimento fixado pelo Supremo Tribunal Federal na Súmula Vinculante 4, passar a utilizar o salário mínimo como base de cálculo do adicional de insalubridade, em detrimento do salário básico anteriormente adotado, sob pena de haver alteração contratual lesiva, a que se refere o art. 468 da CLT, e afronta ao princípio da irredutibilidade salarial.

COMENTÁRIO

A- INCORRETA.

A estipulação, por mera liberalidade da empresa, de base de cálculo mais vantajosa que o salário mínimo para o pagamento do adicional de insalubridade configura direito adquirido dos empregados.

B- INCORRETA.

Não pode a empregadora, a pretexto de ajustar-se ao entendimento fixado pelo Supremo Tribunal Federal na Súmula Vinculante 4, passar a utilizar o salário mínimo como base de cálculo do adicional de insalubridade, em detrimento do salário básico anteriormente adotado, sob pena de haver alteração contratual lesiva, a que se refere o art. 468 da CLT, e afronta ao princípio da irredutibilidade salarial.

C- INCORRETA.

Não pode a empregadora, a pretexto de ajustar-se ao entendimento fixado pelo Supremo Tribunal Federal na Súmula Vinculante 4, passar a utilizar o salário mínimo como base de cálculo do adicional de insalubridade, em detrimento do salário básico anteriormente adotado, sob pena de haver alteração contratual lesiva, a que se refere o art. 468 da CLT, e afronta ao princípio da irredutibilidade salarial.

D- INCORRETA.

Não pode a empregadora, a pretexto de ajustar-se ao entendimento fixado pelo Supremo Tribunal Federal na Súmula Vinculante 4, passar a utilizar o salário mínimo como base de cálculo do adicional de insalubridade, em detrimento do salário básico anteriormente adotado, sob pena de haver alteração contratual lesiva, a que se refere o art. 468 da CLT, e afronta ao princípio da irredutibilidade salarial.

E- CORRETA.

Adicional de insalubridade. Estipulação de base de cálculo mais benéfica que o salário mínimo. Adoção do salário básico por liberalidade da empresa. Direito adquirido dos empregados.

A estipulação, por mera liberalidade da empresa, de base de cálculo mais vantajosa que o salário mínimo para o pagamento do adicional de insalubridade configura direito adquirido dos empregados. Assim, não pode a empregadora, a pretexto de ajustar-se ao entendimento fixado pelo Supremo Tribunal Federal na Súmula Vinculante 4, passar a utilizar o salário mínimo como base de cálculo do adicional de insalubridade, em detrimento do salário básico anteriormente adotado, sob pena de haver alteração contratual lesiva, a que se refere o art. 468 da CLT, e afronta ao princípio da irredutibilidade salarial. Sob esses fundamentos, a SBDI-I, por unanimidade, conheceu dos embargos, por divergência jurisprudencial, e, no mérito, por maioria, deu-lhes provimento para restabelecer o acórdão do Tribunal Regional, que determinara o cálculo do adicional de insalubridade sobre o salário básico e o pagamento das diferenças salariais advindas do pagamento da referida parcela sobre o salário mínimo. Vencidos os Ministros Guilherme Augusto Caputo Bastos, relator, Alberto Luiz Bresciani de Fontan Pereira e Márcio Eurico Vitral Amaro. TST-E- ARR-11693-79.2015.5.18.0017, SBDI-I, rel. Min. Guilherme Augusto Caputo Bastos, red. p/ acórdão Min. Hugo Carlos Scheuermann, 7.6.2018 (Informativo Nº 180)

LETRA E

02. De acordo com jurisprudência do TST, assinale a alternativa correta:

a) O deferimento de diferenças salariais correspondentes à distorção apurada em razão da concessão de reajuste geral anual realizado por meio de pagamento de abonos em valores fixos, fundado na inobservância do art. 37, X, parte final, da CF, não esbarra no óbice previsto na Súmula Vinculante 37, segundo a qual *"não cabe ao Poder Judiciário, que não tem função legislativa, aumentar vencimentos de servidores públicos sob o fundamento de isonomia"*.

b) Caberá o deferimento de diferenças salariais correspondentes à distorção apurada em razão da concessão de reajuste geral anual realizado por meio de pagamento de abonos em valores fixos, fundado na inobservância do art. 37, X, parte final, da CF, pois é o que prega a Súmula Vinculante 37, segundo a qual *"não cabe ao Poder Judiciário, que não tem função legislativa, aumentar vencimentos de servidores públicos sob o fundamento de isonomia"*.

c) O deferimento de diferenças salariais correspondentes à distorção apurada em razão da concessão de reajuste geral anual realizado por meio de pagamento de abonos em valores fixos, fundado na inobservância do art. 37, X, parte final, da CF, esbarra no óbice previsto na Súmula Vinculante 37, segundo a qual *"não cabe ao*

Poder Judiciário, que não tem função legislativa, aumentar vencimentos de servidores públicos sob o fundamento de isonomia".

d) A Súmula Vinculante 37, segundo a qual *"não cabe ao Poder Judiciário, que não tem função legislativa, aumentar vencimentos de servidores públicos sob o fundamento de isonomia"*, autoriza o deferimento de diferenças salariais correspondentes à distorção apurada em razão da concessão de reajuste geral anual realizado por meio de pagamento de abonos em valores fixos, fundado na inobservância do art. 37, X, parte final, da CF.

e) Nenhuma das alternativas anteriores está correta.

COMENTÁRIO

A- INCORRETA.

O deferimento de diferenças salariais correspondentes à distorção apurada em razão da concessão de reajuste geral anual realizado por meio de pagamento de abonos em valores fixos, fundado na inobservância do art. 37, X, parte final, da CF, esbarra no óbice previsto na Súmula Vinculante 37, segundo a qual *"não cabe ao Poder Judiciário, que não tem função legislativa, aumentar vencimentos de servidores públicos sob o fundamento de isonomia"*.

B- INCORRETA.

O deferimento de diferenças salariais correspondentes à distorção apurada em razão da concessão de reajuste geral anual realizado por meio de pagamento de abonos em valores fixos, fundado na inobservância do art. 37, X, parte final, da CF, esbarra no óbice previsto na Súmula Vinculante 37, segundo a qual *"não cabe ao Poder Judiciário, que não tem função legislativa, aumentar vencimentos de servidores públicos sob o fundamento de isonomia"*.

C- CORRETA.

Servidor público. Reajuste geral anual. Art. 37, X, da CF. Concessão em abonos fixos. Deferimento de diferenças salariais correspondentes à distorção apurada. Impossibilidade. Súmula Vinculante 37.

Conforme atual entendimento do Supremo Tribunal Federal, o deferimento de diferenças salariais correspondentes à distorção apurada em razão da concessão de reajuste geral anual realizado por meio de pagamento de abonos em valores fixos, fundado na inobservância do art. 37, X, parte final, da CF, esbarra no óbice previsto na Súmula Vinculante 37, segundo a qual *"não cabe ao Poder Judiciário, que não tem função legislativa, aumentar vencimentos de servidores públicos sob o fundamento de isonomia"*. Sob esse fundamento, a SBDI-I, por unanimidade, conheceu dos embargos por contrariedade à Súmula Vinculante 37 e, no mérito, deu-lhes provimento para excluir da condenação o pagamento de diferenças salariais decorrentes da inobservância do art. 37, X, da CF concedidas aos servidores do Município de Mococa/SP. TST-E-RR-10673-87.2014.5.15.0141, SBDI-I, rel. Min. Márcio Eurico Vitral Amaro, 7.6.2018 (Informativo Nº 180)

D- INCORRETA.

O deferimento de diferenças salariais correspondentes à distorção apurada em razão da concessão de reajuste geral anual realizado por meio de pagamento de abonos em valores fixos, fundado na inobservância do art. 37, X, parte final, da CF, esbarra no óbice previsto na Súmula Vinculante 37, segundo a qual *"não cabe ao Poder Judiciário, que não tem função legislativa, aumentar vencimentos de servidores públicos sob o fundamento de isonomia".*

E- INCORRETA.

A C está correta.

LETRA C

03. De acordo com jurisprudência do TST, assinale a alternativa correta:

a) A ação em que viúva e filhos de empregado falecido pleiteiam, em nome próprio, o pagamento de indenização por danos morais e materiais decorrentes da morte de seu ente familiar por suposta doença ocupacional adquirida no curso do contrato de emprego se submete à prescrição prevista no art. 206, § 3º, do Código Civil.

b) A ação em que herdeiros de empregado falecido pleiteiam, em nome próprio, o pagamento de indenização por danos morais e materiais decorrentes da morte de seu ente familiar por suposta doença ocupacional adquirida no curso do contrato de emprego não se submete à prescrição prevista no art. 206, § 3º, do Código Civil.

c) Ainda que a competência para o julgamento da ação em que viúva e filhos de empregado falecido pleiteiam, em nome próprio, o pagamento de indenização por danos morais e materiais decorrentes da morte de seu ente familiar por suposta doença ocupacional adquirida no curso do contrato de emprego, seja da Justiça do Trabalho, trata-se de direito personalíssimo e autônomo dos familiares da vítima, de natureza eminentemente trabalhista.

d) A competência para o julgamento da ação em que viúva e filhos de empregado falecido pleiteiam, em nome próprio, o pagamento de indenização por danos morais e materiais decorrentes da morte de seu ente familiar por suposta doença ocupacional adquirida no curso do contrato de emprego é da Justiça Comum.

e) Ainda que a competência para o julgamento da ação em que viúva e filhos de empregado falecido pleiteiam, em nome próprio, o pagamento de indenização por danos morais e materiais decorrentes da morte de seu ente familiar por suposta doença ocupacional adquirida no curso do contrato de emprego seja da Justiça Comum, nos termos do art. 114, VI, da CF e da Súmula nº 392 do TST, trata-se de direito personalíssimo e autônomo dos familiares da vítima, de natureza eminentemente trabalhista, e que não se distingue do dano sofrido pelo próprio trabalhador.

COMENTÁRIO

A- CORRETA.

Indenização por dano moral e material. Morte do trabalhador em razão de suposta moléstia profissional. Ação ajuizada pelos sucessores em nome próprio. Direito personalíssimo e autônomo. Natureza cível. Prescrição do Código Civil.

A ação em que viúva e filhos de empregado falecido pleiteiam, em nome próprio, o pagamento de indenização por danos morais e materiais decorrentes da morte de seu ente familiar por suposta doença ocupacional adquirida no curso do contrato de emprego se submete à prescrição prevista no art. 206, § 3º, do Código Civil. Ainda que a competência para o julgamento da ação seja da Justiça do Trabalho, nos termos do art. 114, VI, da CF e da Súmula nº 392 do TST, trata-se de direito personalíssimo e autônomo dos familiares da vítima, de natureza eminentemente civil, e que se distingue do dano sofrido pelo próprio trabalhador. Sob esse entendimento, a SBDI-I, por unanimidade, conheceu dos embargos da reclamada, por divergência jurisprudencial, e, no mérito, negou-lhes provimento para manter a decisão turmária que conhecera do recurso de revista por violação do art. 206, § 3º, do Código Civil para dar-lhe provimento e afastar a prescrição declarada pelo TRT. TST-E-RR-10248-50.2016.5.03.0165, SBDI-I, rel. Min. Luiz Philippe Vieira de Mello Filho, 7.6.2018 (Informativo Nº 180)

B- INCORRETA.

A ação em que viúva e filhos de empregado falecido pleiteiam, em nome próprio, o pagamento de indenização por danos morais e materiais decorrentes da morte de seu ente familiar por suposta doença ocupacional adquirida no curso do contrato de emprego se submete à prescrição prevista no art. 206, § 3º, do Código Civil.

C- INCORRETA.

Ainda que a competência para o julgamento da ação seja da Justiça do Trabalho, nos termos do art. 114, VI, da CF e da Súmula nº 392 do TST, trata-se de direito personalíssimo e autônomo dos familiares da vítima, de natureza eminentemente civil, e que se distingue do dano sofrido pelo próprio trabalhador.

D- INCORRETA.

É da competência da justiça do Trabalho.

E- INCORRETA.

Ainda que a competência para o julgamento da ação seja da Justiça do Trabalho, nos termos do art. 114, VI, da CF e da Súmula nº 392 do TST, trata-se de direito personalíssimo e autônomo dos familiares da vítima, de natureza eminentemente civil, e que se distingue do dano sofrido pelo próprio trabalhador.

LETRA A

04. De acordo com jurisprudência do TST, assinale a alternativa correta:

a) A homologação de acordo extrajudicial perante o Juízo cível, relativo a distrato comercial, impede o ajuizamento de reclamação trabalhista em que se requer o reconhecimento de vínculo de emprego.

b) A homologação de acordo extrajudicial perante o Juízo cível, relativo a distrato comercial, não impede o ajuizamento de reclamação trabalhista em que se requer o reconhecimento de vínculo de emprego.

c) Não poderá haver o ajuizamento de reclamação trabalhista em que se requer o reconhecimento de vínculo de emprego, mesmo diante de homologação de acordo extrajudicial perante o Juízo cível, relativo a distrato comercial.

d) Poderá haver o ajuizamento de reclamação trabalhista em que se requer o reconhecimento de vínculo de emprego, desde que haja homologação de acordo extrajudicial perante o Juízo cível, relativo a distrato comercial.

e) Nenhuma das alternativas anteriores está correta.

COMENTÁRIO

A- INCORRETA.

A homologação de acordo extrajudicial perante o Juízo cível, relativo a distrato comercial, não impede o ajuizamento de reclamação trabalhista em que se requer o reconhecimento de vínculo de emprego.

B- CORRETA.

Acordo extrajudicial homologado perante a Justiça comum. Distrato comercial. Ajuizamento de reclamação trabalhista. Pedido de reconhecimento de vínculo de emprego. Coisa julgada material não configurada.

A homologação de acordo extrajudicial perante o Juízo cível, relativo a distrato comercial, não impede o ajuizamento de reclamação trabalhista em que se requer o reconhecimento de vínculo de emprego. Na hipótese, não há falar em coisa julgada material, pois ausente a identidade de partes, de pedidos e de causa de pedir. Com efeito, no acordo extrajudicial homologado, a reclamante não figurou como parte, mas sim a empresa por ela constituída. Ademais, enquanto na Justiça comum o objeto do acordo foi um distrato comercial, fundamentado na Lei nº 4.886/65 (que regula as atividades dos representantes comerciais autônomos), na ação trabalhista o pleito se refere ao reconhecimento de vínculo empregatício, com base na CLT. Sob esse fundamento, a SBDI-I, por unanimidade, conheceu dos embargos interpostos pelas reclamadas, por divergência jurisprudencial, e, no mérito, negou-lhes provimento. TST-Ag-ED-E-ED-ARR-3020-79.2014.5.17.0011, SBDI-I, rel. Min. Luiz Philippe Vieira de Mello Filho, 7.6.2018 (Informativo Nº 180)

C- INCORRETA.

Poderá haver o ajuizamento de reclamação trabalhista em que se requer o reconhecimento de vínculo de emprego, mesmo diante de homologação de acordo extrajudicial perante o Juízo cível, relativo a distrato comercial.

D- INCORRETA.

Poderá haver o ajuizamento de reclamação trabalhista em que se requer o reconhecimento de vínculo de emprego, independentemente de homologação de acordo extrajudicial perante o Juízo cível, relativo a distrato comercial.

E- INCORRETA.

A B está correta.

LETRA B

05. De acordo com jurisprudência do TST, assinale a alternativa correta:

a) A Súmula nº 28 do TST, que, no caso de conversão da reintegração em indenização dobrada, garante o direito aos salários até a data da primeira decisão que determinou a referida conversão, não se aplica à hipótese de rompimento da relação de trabalho por ato discriminatório, a que se refere o art. 4º da Lei nº 9.029/1995.

b) Quando de rompimento da relação de trabalho por ato discriminatório, não se aplicará a súmula nº 28 do TST.

c) A Súmula nº 28 do TST somente se aplica à hipótese de conversão da reintegração em indenização dobrada.

d) A Súmula nº 28 do TST, que, no caso de conversão da reintegração em indenização dobrada, garante o direito aos salários até a data da primeira decisão que determinou a referida conversão, aplica-se também à hipótese de rompimento da relação de trabalho por ato discriminatório, a que se refere o art. 4º da Lei nº 9.029/1995.

e) Nenhuma das alternativas anteriores está correta.

COMENTÁRIO

A- INCORRETA.

A Súmula nº 28 do TST, que, no caso de conversão da reintegração em indenização dobrada, garante o direito aos salários até a data da primeira decisão que determinou a referida conversão, aplica-se também à hipótese de rompimento da relação de trabalho por ato discriminatório, a que se refere o art. 4º da Lei nº 9.029/1995.

B- INCORRETA.

A Súmula nº 28 do TST também se aplica à hipótese de rompimento da relação de trabalho por ato discriminatório, a que se refere o art. 4º da Lei nº 9.029/1995.

C- INCORRETA.

A Súmula nº 28 do TST também se aplica à hipótese de rompimento da relação de trabalho por ato discriminatório, a que se refere o art. 4º da Lei nº 9.029/1995.

D- CORRETA.

Dispensa discriminatória. Conversão da readmissão em indenização dobrada. Art. 4º, II, da Lei nº 9.029/1995. Incidência da Súmula nº 28 do TST.

A Súmula nº 28 do TST, que, no caso de conversão da reintegração em indenização dobrada, garante o direito aos salários até a data da primeira decisão que determinou a referida conversão, aplica-se também à hipótese de rompimento da relação de trabalho por ato discriminatório, a que se refere o art. 4º da Lei nº 9.029/1995. A tese consagrada na referida súmula diz respeito aos efeitos concretos da conversão de qualquer reintegração em indenização, independentemente de seus motivos determinantes, pois o fato jurídico relevante, que delimita o marco temporal para o pagamento do salário, é a inexistência da relação de emprego e da contraprestação de serviços, o que ocorreu, no caso, com a prolação da sentença condenatória que deferiu a indenização substitutiva da readmissão (inciso II do art. 4º da Lei nº 9.029/1995). Sob esse entendimento, a SBDI-I, por unanimidade, conheceu dos embargos, no tópico, por divergência jurisprudencial, e, no mérito, por maioria, negou-lhes provimento. Vencidos os Ministros José Roberto Freire Pimenta, Augusto César Leite de Carvalho, Renato de Lacerda Paiva e Cláudio Mascarenhas Brandão. TST- E-ED-RR-941-95.2010.5.01.0017, SBDI-I, rel. Min. Aloysio Corrêa da Veiga, 7.6.2018 (Informativo Nº 180)

E- INCORRETA.

A D está correta.

LETRA D

06. De acordo com jurisprudência do TST, assinale a alternativa correta:

Considere que a reclamante não tenha comparecido à audiência marcada, justificando sua ausência mediante a apresentação de atestado médico sem expressa menção à impossibilidade de locomoção, noticiando apenas o comparecimento da empregada ao médico na mesma data da audiência e em horário próximo, registrando o Código Internacional de Doenças - CID e a necessidade de afastamento das atividades laborais por um dia. Nesse caso,

a) O atestado médico não atendeu aos requisitos da Súmula nº 122 do TST, logo restou injustificada a ausência da reclamante.

b) Embora o atestado médico tenha atendido aos requisitos da Súmula nº 122 do TST, aplicável somente ao empregado, restou justificada a ausência da reclamante.

c) O atestado médico atendeu aos requisitos Súmula nº 122 do TST, aplicável a empregador e a empregado, em razão do princípio da isonomia, restando injustificada a ausência da reclamante.

d) Embora o atestado médico tenha atendido aos requisitos da Súmula nº 122 do TST, aplicável somente ao empregador, restou injustificada a ausência da reclamante.

e) Embora o atestado médico não tenha atendido aos requisitos da Súmula nº 122 do TST - aplicável a empregador e a empregado, em razão do princípio da isonomia -, restou justificada a ausência da reclamante, na medida em que o documento noticiou o comparecimento da empregada ao médico na mesma data da audiência e em horário próximo, e registrou o Código Internacional de Doenças - CID e a necessidade de afastamento das atividades laborais por um dia, o que leva a concluir que também não estava apta a comparecer à audiência marcada.

COMENTÁRIO

A- INCORRETA.

Embora o atestado médico não tenha atendido aos requisitos da Súmula nº 122 do TST – aplicável a empregador e a empregado, em razão do princípio da isonomia –, restou justificada a ausência da reclamante, na medida em que o documento noticiou o comparecimento da empregada ao médico na mesma data da audiência e em horário próximo, e registrou o Código Internacional de Doenças - CID e a necessidade de afastamento das atividades laborais por um dia, o que leva a concluir que também não estava apta a comparecer à audiência marcada.

B- INCORRETA.

Embora o atestado médico não tenha atendido aos requisitos da Súmula nº 122 do TST – aplicável a empregador e a empregado, em razão do princípio da isonomia –, restou justificada a ausência da reclamante, na medida em que o documento noticiou o comparecimento da empregada ao médico na mesma data da audiência e em horário próximo, e registrou o Código Internacional de Doenças - CID e a necessidade de afastamento das atividades laborais por um dia, o que leva a concluir que também não estava apta a comparecer à audiência marcada.

C- INCORRETA.

Embora o atestado médico não tenha atendido aos requisitos da Súmula nº 122 do TST – aplicável a empregador e a empregado, em razão do princípio da isonomia –, restou justificada a ausência da reclamante, na medida em que o documento noticiou o comparecimento da empregada ao médico na mesma data da audiência e em horário próximo, e registrou o Código Internacional de Doenças - CID e a necessidade de afastamento das atividades laborais por um dia, o que leva a concluir que também não estava apta a comparecer à audiência marcada.

D- INCORRETA.

Embora o atestado médico não tenha atendido aos requisitos da Súmula nº 122 do TST – aplicável a empregador e a empregado, em razão do princípio da isonomia –, restou justificada a ausência da reclamante, na medida em que o documento noticiou o comparecimento da empregada ao médico na mesma data da audiência e em horário próximo, e registrou o Código Internacional de Doenças - CID e a necessidade de afastamento das atividades laborais por um dia, o que leva a concluir que também não estava apta a comparecer à audiência marcada.

E- CORRETA.

Audiência. Não comparecimento da reclamante. Atestado médico que não registra a impossibilidade de locomoção. Existência de outros elementos que justificam a ausência. Confissão ficta. Afastamento.

A SBDI-I, por unanimidade, conheceu dos embargos interpostos pela reclamada, por divergência jurisprudencial, e, no mérito, por maioria, negou-lhes provimento para manter a decisão turmária que afastara a pena de confissão ficta aplicada à reclamante que justificou sua ausência à audiência mediante a apresentação de atestado médico sem expressa menção à impossibilidade de locomoção. Na espécie, prevaleceu o entendimento de que embora o atestado médico não tenha atendido aos requisitos da Súmula nº 122 do TST – aplicável a empregador e a empregado, em razão do princípio da isonomia –, restou justificada a ausência da reclamante, na medida em que o documento noticiou o comparecimento da empregada ao médico na mesma data da audiência e em horário próximo, e registrou o Código Internacional de Doenças - CID e a necessidade de afastamento das atividades laborais por um dia, o que leva a concluir que também não estava apta a comparecer à audiência marcada. Vencidos os Ministros Maria Cristina Irigoyen Peduzzi e Márcio Eurico Vitral Amaro. TST-E--RR-736-21.2012.5.09.0002, SBDI-I, rel. Min. Guilherme Augusto Caputo Bastos, 14.6.2018 (Informativo Nº 180)

LETRA E

07. De acordo com jurisprudência do TST, assinale a alternativa correta:

a) O marco divisor para afastar a controvérsia a respeito da interpretação de norma infraconstitucional é o fato de a matéria estar pacificada na SBDI-I e nas oito Turmas do TST, no momento do trânsito em julgado da decisão rescindenda, desde que editada súmula ou orientação jurisprudencial a respeito do tema.

b) O marco divisor para afastar a controvérsia a respeito da interpretação de norma infraconstitucional é o fato de a matéria não estar pacificada na SBDI-I e nas oito Turmas do TST, no momento do trânsito em julgado da decisão rescindenda, mesmo que não editada súmula ou orientação jurisprudencial a respeito do tema.

c) O marco divisor para afastar a controvérsia a respeito da interpretação de norma infraconstitucional é o fato de a matéria estar pacificada na SBDI-I e nas oito Turmas do TST, no momento do trânsito em julgado da decisão rescindenda, mesmo que não editada súmula ou orientação jurisprudencial a respeito do tema.

d) O marco divisor para afastar a controvérsia a respeito da interpretação de norma infraconstitucional é o fato de a matéria estar pacificada na SBDI-I, mas não nas oito Turmas do TST, antes do trânsito em julgado da decisão rescindenda, mesmo que não editada súmula ou orientação jurisprudencial a respeito do tema.

e) O marco divisor para afastar a controvérsia a respeito da interpretação de norma infraconstitucional é o fato de a matéria estar pacificada na SBDI-I e nas oito Turmas do TST, antes do trânsito em julgado da decisão rescindenda, desde que editada súmula ou orientação jurisprudencial a respeito do tema.

COMENTÁRIO

A- INCORRETA.

O marco divisor para afastar a controvérsia a respeito da interpretação de norma infraconstitucional é o fato de a matéria estar pacificada na SBDI-I e nas oito Turmas do TST, no momento do trânsito em julgado da decisão rescindenda, mesmo que não editada súmula ou orientação jurisprudencial a respeito do tema.

B- INCORRETA.

O marco divisor para afastar a controvérsia a respeito da interpretação de norma infraconstitucional é o fato de a matéria estar pacificada na SBDI-I e nas oito Turmas do TST, no momento do trânsito em julgado da decisão rescindenda, mesmo que não editada súmula ou orientação jurisprudencial a respeito do tema.

C- CORRETA.

Ação rescisória. Matéria controvertida. Ausência de jurisprudência pacífica no âmbito da SBDI- I e de todas as Turmas do TST. Súmula nº 83 do TST. Incidência.

O TST, flexibilizando os comandos da Súmula nº 83 da Corte, firmou o entendimento de que o marco divisor para afastar a controvérsia a respeito da interpretação de norma infraconstitucional é o fato de a matéria estar pacificada na SBDI-I e nas oito Turmas do TST, no momento do trânsito em julgado da decisão rescindenda, mesmo que não editada súmula ou orientação jurisprudencial a respeito do tema. Na hipótese, todavia, à época em que proferido o acórdão rescindendo, a tese acerca da necessidade, ou não, de comprovação da inexequibilidade da devedora principal, para os fins de redirecionamento da execução para a responsável subsidiária nos casos de falência da responsável principal, não estava pacificada, pois ausentes precedentes da SBDI-I e da 3ª Turma acerca do mérito da questão, além de também haver controvérsia no âmbito dos Tribunais Regionais. Assim, ante o óbice da Súmula nº 83 do TST, a SBDI-II, por unanimidade, conheceu do recurso ordinário, e, no mérito, por maioria, deu-lhe provimento para julgar improcedente a ação rescisória. Vencidos os Ministros Douglas Alencar Rodrigues, relator, Maria Helena Mallmann, Delaíde Miranda Arantes e Alexandre Agra Belmonte. TST-RO-8573-11.2011.5.04.0000, SBDI-II, rel. Min. Douglas Alencar Rodrigues, red. p/ acórdão Min. Renato de Lacerda Paiva, 12.6.2018 (Informativo Nº 180)

D- INCORRETA.

O marco divisor para afastar a controvérsia a respeito da interpretação de norma infraconstitucional é o fato de a matéria estar pacificada na SBDI-I e nas oito Turmas do TST, no momento do trânsito em julgado da decisão rescindenda, mesmo que não editada súmula ou orientação jurisprudencial a respeito do tema.

E- INCORRETA.

O marco divisor para afastar a controvérsia a respeito da interpretação de norma infraconstitucional é o fato de a matéria estar pacificada na SBDI-I e nas oito Turmas do TST, no momento do trânsito em julgado da decisão rescindenda, mesmo que não editada súmula ou orientação jurisprudencial a respeito do tema.

LETRA C

08. De acordo com jurisprudência do TST, assinale a alternativa correta:

a) É cabível mandado de segurança contra atos que se afigurem abusivos ou teratológicos, quando a medida processual específica prevista no ordenamento jurídico não seja capaz de fazer cessar, de imediato, o prejuízo que possa ser causado.

b) É incabível mandado de segurança contra atos que se afigurem abusivos ou teratológicos, quando a medida processual específica prevista no ordenamento jurídico não seja capaz de fazer cessar, de imediato, o prejuízo que possa ser causado.

c) É cabível mandado de segurança contra atos que se afigurem abusivos ou teratológicos, salvo se a medida processual específica prevista no ordenamento jurídico não seja capaz de fazer cessar, de imediato, o prejuízo que possa ser causado.

d) É cabível mandado de segurança contra atos que se afigurem abusivos ou teratológicos, quando a medida processual específica prevista no ordenamento jurídico seja capaz de fazer cessar, de imediato, o prejuízo que possa ser causado.

e) Nenhuma das alternativas anteriores está correta.

COMENTÁRIO

A- CORRETA.

Mandado de segurança. Cabimento. Relatório da Seção de Pesquisa Patrimonial do Núcleo de Centralização de Execução do TRT da 1ª Região. Ato abusivo.

É cabível mandado de segurança contra atos que se afigurem abusivos ou teratológicos, quando a medida processual específica prevista no ordenamento jurídico não seja capaz de fazer cessar, de imediato, o prejuízo que possa ser causado. Na espécie, comprovado que o relatório da Seção de Pesquisa Patrimonial do Núcleo de Centralização de Execução do TRT da 1ª Região não é ato simplesmente opinativo, mas tem aptidão para autorizar a penhora imediata de numerário em conta bancária da impetrante em processos nos quais ela não figura como executada, é evidente a ocorrência de lesão patrimonial cuja reparação não pode aguardar o julgamento de eventuais embargos à execução ou embargos de terceiro. Ademais, o ato extrapolou os limites previstos na Resolução nº 138 do CSJT (que disciplina os Núcleos de Pesquisa Patrimonial no âmbito dos Tribunais Regionais), além de violar o direito líquido e certo da impetrante ao contraditório e ao devido processo legal. Sob esse entendimento, a SBDI-II, por unanimidade, conheceu do recurso ordinário e do reexame necessário, e, no mérito, por maioria negou-lhes provimento para manter a decisão do Tribunal Regional que suspendera as recomendações do relatório impugnado. Vencida a Ministra Maria Helena Mallmann, relatora, que extinguia o feito sem resolução de mérito, sob o fundamento de que é incabível mandado de segurança contra ato administrativo meramente opinativo. TST-ReeNec e RO-884-55.2015.5.01.0000, SBDI-II, rel. Min. Maria Helena Mallmann, red. p/ acórdão Min. Luiz Philippe Vieira de Mello Filho, 12.6.2018 (Informativo Nº 180)

B- INCORRETA.

É cabível mandado de segurança contra atos que se afigurem abusivos ou teratológicos, quando a medida processual específica prevista no ordenamento jurídico não seja capaz de fazer cessar, de imediato, o prejuízo que possa ser causado.

C- INCORRETA.

É cabível mandado de segurança contra atos que se afigurem abusivos ou teratológicos, quando a medida processual específica prevista no ordenamento jurídico não seja capaz de fazer cessar, de imediato, o prejuízo que possa ser causado.

D- INCORRETA.

É cabível mandado de segurança contra atos que se afigurem abusivos ou teratológicos, quando a medida processual específica prevista no ordenamento jurídico não seja capaz de fazer cessar, de imediato, o prejuízo que possa ser causado.

E- INCORRETA.

A letra A está correta.

LETRA A

09. De acordo com jurisprudência do TST, assinale a alternativa correta:

a) O direito à isenção do imposto de renda sobre os proventos de aposentadoria em razão de neoplasia maligna exige a demonstração da contemporaneidade dos sintomas ou de recidiva da doença.

b) O direito à isenção do imposto de renda sobre os proventos de aposentadoria em razão de neoplasia maligna exige a demonstração da contemporaneidade dos sintomas, mas não da recidiva da doença.

c) O direito à isenção do imposto de renda sobre os proventos de aposentadoria em razão de neoplasia maligna não exige a demonstração da contemporaneidade dos sintomas, mas sim da recidiva da doença.

d) O direito à isenção do imposto de renda sobre os proventos de aposentadoria em razão de neoplasia maligna não exige a demonstração da contemporaneidade dos sintomas ou de recidiva da doença.

e) Nenhuma das alternativas anteriores está correta.

COMENTÁRIO

A- INCORRETA.

O direito à isenção do imposto de renda sobre os proventos de aposentadoria em razão de neoplasia maligna não exige a demonstração da contemporaneidade dos sintomas ou de recidiva da doença.

B- INCORRETA.

O direito à isenção do imposto de renda sobre os proventos de aposentadoria em razão de neoplasia maligna não exige a demonstração da contemporaneidade dos sintomas ou de recidiva da doença.

C- INCORRETA.

O direito à isenção do imposto de renda sobre os proventos de aposentadoria em razão de neoplasia maligna não exige a demonstração da contemporaneidade dos sintomas ou de recidiva da doença.

D- CORRETA.

Mandado de segurança. Imposto de renda sobre proventos de aposentadoria. Isenção em razão de neoplasia maligna. Art. 6º, XIV, da Lei nº 7.713/88. Art. 39, XXXIII, do Decreto nº 3.000/99. Demonstração da contemporaneidade dos sintomas. Desnecessidade.

O direito à isenção do imposto de renda sobre os proventos de aposentadoria, prevista nos arts. 6º, XIV, da Lei nº 7.713/88 e 39, XXXIII, do Decreto nº 3.000/99, não exige a demonstração da contemporaneidade dos sintomas ou de recidiva da doença. Na espécie, o impetrante, servidor do TRT da 12ª Região, foi aposentado por invalidez em 2006, em virtude de ser portador de neoplasia maligna de cólon. Em 2009, houve reversão ao cargo em razão de aptidão reconhecida por meio de parecer emitido por Junta Médica Oficial. Em 2014, o recorrente foi novamente aposentado por invalidez, em razão de condição médica não especificada no art. 186, § 1º, da Lei nº 8.112/90, e postulou novamente a isenção do imposto de renda, a qual foi negada ao fundamento de que não houve prova da recidiva da neoplasia maligna nos últimos cinco anos. Assim, o Órgão Especial, por unanimidade, conheceu e deu provimento ao recurso ordinário para conceder parcialmente a segurança postulada e declarar o impetrante isento do pagamento de imposto de renda e determinar à autoridade coatora que se abstenha de efetuar descontos a esse título. TST-RO-66- 29.2017.5.12.0000, Órgão Especial, rel. Min. Lelio Bentes Corrêa, 6.8.2018 (Informativo Nº 181)

E- INCORRETA.

A D está correta.

LETRA D

10. De acordo com jurisprudência do TST, assinale a alternativa correta:

a) O exame da sucessividade das transferências, para efeito de aferição do direito à percepção do adicional respectivo, deve levar em consideração aquelas efetuadas no período prescrito, sob pena de os efeitos jurídicos de uma transferência já abarcada pela prescrição repercutirem na pretensão relativa ao adicional correspondente às transferências do período não prescrito.

b) O exame da sucessividade das transferências, para efeito de aferição do direito à percepção do adicional respectivo, não deve levar em consideração aquelas efetuadas no período prescrito, mas, de qualquer forma, os efeitos jurídicos de uma transferência já abarcada pela prescrição não repercutirão na pretensão relativa ao adicional correspondente às transferências do período não prescrito.

c) O exame da sucessividade das transferências, para efeito de aferição do direito à percepção do adicional respectivo, não deve levar em consideração aquelas efetuadas no período prescrito, sob pena de os efeitos jurídicos de uma transferência já abarcada pela prescrição repercutirem na pretensão relativa ao adicional correspondente às transferências do período não prescrito.

d) O exame da sucessividade das transferências, para efeito de aferição do direito à percepção do adicional respectivo, deve levar em consideração aquelas efetuadas no período prescrito, não repercutindo na pretensão relativa ao adicional correspondente às transferências do período não prescrito os efeitos jurídicos de uma transferência já abarcada pela prescrição.

e) Nenhuma das alternativas anteriores está correta.

COMENTÁRIO

A- INCORRETA.

O exame da sucessividade das transferências, para efeito de aferição do direito à percepção do adicional respectivo, <u>não deve</u> levar em consideração aquelas efetuadas no período prescrito, sob pena de os efeitos jurídicos de uma transferência já abarcada pela prescrição repercutirem na pretensão relativa ao adicional correspondente às transferências do período não prescrito.

B- INCORRETA.

O exame da sucessividade das transferências, para efeito de aferição do direito à percepção do adicional respectivo, não deve levar em consideração aquelas efetuadas no período prescrito, <u>sob pena de os efeitos jurídicos de uma</u>

transferência já abarcada pela prescrição repercutirem na pretensão relativa ao adicional correspondente às transferências do período não prescrito.

C- CORRETA.

Adicional de transferência. Período imprescrito. Única transferência. Caráter definitivo. Adicional indevido.

O exame da sucessividade das transferências, para efeito de aferição do direito à percepção do adicional respectivo, não deve levar em consideração aquelas efetuadas no período prescrito, sob pena de os efeitos jurídicos de uma transferência já abarcada pela prescrição repercutirem na pretensão relativa ao adicional correspondente às transferências do período não prescrito. No caso, o reclamante foi submetido a cinco transferências, das quais quatro ocorreram no período prescrito. A única transferência realizada no período imprescrito se deu em caráter definitivo, na medida em que o reclamante continuou trabalhando no local para o qual foi transferido por mais de cinco anos até o final da contratação. Assim, não se reputando provisória a transferência ocorrida no período imprescrito, a SBDI-I, por maioria, negou provimento aos embargos, mantendo a decisão turmária que excluíra da condenação o pagamento do adicional de transferência. Vencidos os Ministros Augusto César Leite de Carvalho, Luiz Philippe Vieira de Mello Filho, José Roberto Freire Pimenta e Hugo Carlos Scheuermann. TST-E-ED--RR-3767900-20.2008.5.09.0011, SBDI-I, rel. Min. Augusto César Leite de Carvalho, red. p/ acórdão Min. Renato de Lacerda Paiva, 28.6.2018 (Informativo Nº 181)

D- INCORRETA.

O exame da sucessividade das transferências, para efeito de aferição do direito à percepção do adicional respectivo, não deve levar em consideração aquelas efetuadas no período prescrito, sob pena de os efeitos jurídicos de uma transferência já abarcada pela prescrição repercutirem na pretensão relativa ao adicional correspondente às transferências do período não prescrito.

E- INCORRETA.

A C está correta.

LETRA C

■ QUESTÃO DISCURSIVA

Pedro foi contratado pela empresa DLL Serviços Ltda. para prestar serviços na cidade de Sobral/CE, local onde trabalhou até a data da sua dispensa.

Uma vez desligado da empresa, Pedro se mudou para São Paulo. Por seu turno, a filial de Sobral da empresa DLL foi fechada, remanescendo apenas a sua matriz, em Porto Alegre/RS.

Por não concordar com os valores pagos a título de verbas rescisórias, Pedro ajuizou reclamação trabalhista na cidade de São Paulo, local de sua atual residência.

Notificada, a empresa apresentou exceção de incompetência territorial, sob a alegação de que, nos termos do art. 651 da CLT, o foro competente para processar e julgar a demanda seria o do local da prestação de serviços, de modo que o processo deveria ser remetido a uma das varas do trabalho de Sobral/CE.

Analise a competência territorial, segundo a jurisprudência do TST.

RESPOSTA:

Segundo o TST, é possível reconhecer a competência territorial do foro do domicílio do reclamante quando a atribuição da competência ao juízo do Trabalho da contratação ou da prestação dos serviços inviabilizar a garantia do exercício do direito de ação.

Conforme fixado em precedente, as regras do art. 651 da CLT não devem ser interpretadas de forma literal, mas sistematicamente, de modo a concretizar os direitos e garantias fundamentais insculpidos na Constituição da República.

Sendo assim, em caso semelhante, reconheceu o Tribunal Superior do Trabalho que para o autor, o processamento do feito no município em que reside atualmente garantir-lhe-ia o acesso à justiça, sem causar prejuízo ao direito de defesa da ré, principalmente quando suas atividades no local de prestação dos serviços foram encerradas, pressuposto que legitimava a competência desse.

Sendo assim, no caso, válido o reconhecimento da competência na cidade de São Paulo para o processamento e julgamento da demanda.

Simulado 09 – Questões

01. De acordo com jurisprudência do TST, assinale certo ou errado: Se empregado portador do vírus HIV for demitido por motivo de reestruturação organizacional da empresa, dezesseis anos após o empregador ter conhecimento daquela condição, não poderá ser considerada tal dispensa arbitrária nem discriminatória por presunção.

02. De acordo com jurisprudência do STF, assinale certo ou errado: É legítima a exigência de comparecimento pessoal do titular da conta do FGTS para levantamento de valores.

03. De acordo com jurisprudência do STF, assinale certo ou errado: A exigência de comparecimento pessoal do titular da conta do FGTS para levantamento de valores veda a possibilidade de os sindicatos ou os advogados atuarem na defesa e representação dos seus filiados ou clientes.

04. De acordo com jurisprudência do STF, assinale certo ou errado: A exigência de comparecimento pessoal do titular da conta do FGTS para levantamento de valores é uma obrigação personalíssima.

05. De acordo com jurisprudência do STF, assinale certo ou errado: É válida a correção monetária do FGTS por meio de lançamento na própria conta vinculada do empregado.

06. De acordo com jurisprudência do STF, assinale certo ou errado: Não contraria a CF a interpretação do art. 625-D e parágrafos que reconheça a submissão da pretensão à Comissão de Conciliação Prévia como requisito para ajuizamento de reclamação trabalhista.

07. De acordo com jurisprudência do STF, assinale certo ou errado:
É idônea a autocomposição para resolução de conflitos na esfera trabalhista.

08. De acordo com jurisprudência do STF, assinale certo ou errado:
É legítima a citação editalícia no rito sumaríssimo da Justiça do Trabalho, pois um de seus objetivos é conferir celeridade e efetividade.

09. De acordo com jurisprudência do STJ, assinale certo ou errado:
É possível o pagamento de indenização correspondente aos vencimentos e vantagens não auferidas pelo autor em razão de ter tomado posse tardiamente no cargo de Promotor de Justiça, se em virtude de erro reconhecido pela própria Administração.

10. De acordo com jurisprudência do STJ, assinale certo ou errado:
O pagamento de remuneração e a percepção de demais vantagens por servidor público pressupõe o efetivo exercício no cargo, sob pena de enriquecimento sem causa.

■ QUESTÃO DISCURSIVA

Responda com base na situação hipotética abaixo:
Os servidores públicos estatuários do estado de Minas Gerais vinculados à Secretaria da Fazenda encontram-se lotados em prédio que não possui aparelhos de ar-condicionado, de modo que a temperatura ambiente em seu interior chega a índices alarmantes no verão, a fiação se encontra exposta e não há escada de incêndio. Averiguadas essas condições, o Ministério Público do Trabalho instaurou inquérito civil, o qual concluiu pela irregularidade da situação e subsidiou o ajuizamento de uma Ação Civil Pública na qual o Parquet Laboral busca a correção das incorreções apontadas, sob pena de multa diária.
Notificado, o estado de Minas Gerais compareceu a juízo e, dentre as matérias de defesa, alegou ser incompetente a Justiça do Trabalho para o processamento e julgamento do feito, pois no prédio em questão apenas trabalham servidores estatutários, de modo que, conforme fixado pelo STF na ADI 3395/DF-MC a justiça especializada careceria de competência (por se tratar de demanda que envolve a Administração Pública e os servidores ligados a ela por vínculo jurídico institucional).
Com base na jurisprudência do TST, analise a preliminar apontada pela Fazenda Pública Estadual.

Simulado 09 – Comentários e Gabarito

01. De acordo com jurisprudência do TST, assinale certo ou errado:
Se empregado portador do vírus HIV for demitido por motivo de reestruturação organizacional da empresa, dezesseis anos após o empregador ter conhecimento daquela condição, não poderá ser considerada tal dispensa arbitrária nem discriminatória por presunção.

COMENTÁRIO

Afasta-se a presunção de dispensa arbitrária e discriminatória a que se refere a Súmula nº 443 do TST na hipótese em que a demissão de empregado portador do vírus HIV foi motivada por processo de reestruturação organizacional, e ocorreu dezesseis anos após o empregador ter conhecimento da condição do reclamante.

(FONTE: Informativo do TST nº 184)

CERTO

02. De acordo com jurisprudência do STF, assinale certo ou errado:
É legítima a exigência de comparecimento pessoal do titular da conta do FGTS para levantamento de valores.

COMENTÁRIO

No que se refere ao § 18 do art. 20 da Lei 8.036/1990, o Tribunal reputou legítima a exigência de comparecimento pessoal do titular da conta de FGTS para levantamento de valores. Trata-se, tão somente, de condição procedimental para pagamento, a qual não eliminou nenhuma das hipóteses de saque anteriormente previstas, nem vedou a possibilidade de os sindicatos ou os advogados atuarem na defesa e representação dos seus filiados ou clientes.

(FONTE: INFORMATIVO 894 DO STF)

CERTO

03. De acordo com jurisprudência do STF, assinale certo ou errado:
A exigência de comparecimento pessoal do titular da conta do FGTS para levantamento de valores veda a possibilidade de os sindicatos ou os advogados atuarem na defesa e representação dos seus filiados ou clientes.

COMENTÁRIO

No que se refere ao § 18 do art. 20 da Lei 8.036/1990, o Tribunal reputou legítima a exigência de comparecimento pessoal do titular da conta de FGTS para levantamento de valores. Trata-se, tão somente, de condição procedimental para pagamento, a qual não eliminou nenhuma das hipóteses de saque anteriormente previstas, nem vedou a possibilidade de os sindicatos ou os advogados atuarem na defesa e representação dos seus filiados ou clientes.

(FONTE: INFORMATIVO 894 DO STF)

ERRADO

04. De acordo com jurisprudência do STF, assinale certo ou errado:
A exigência de comparecimento pessoal do titular da conta do FGTS para levantamento de valores é uma obrigação personalíssima.

COMENTÁRIO

A exigência de comparecimento pessoal do titular da conta do FGTS para levantamento de valores é uma obrigação personalíssima que resguarda o direito do titular da conta vinculada, além de evitar fraudes e a malversação dos valores depositados, por parte de terceiros. Preservados, assim, o direito de representação e o direito adquirido dos trabalhadores.

(FONTE: INFORMATIVO 894 DO STF)

CERTO

05. De acordo com jurisprudência do STF, assinale certo ou errado:
É válida a correção monetária do FGTS por meio de lançamento na própria conta vinculada do empregado.

COMENTÁRIO

No que concerne ao art. 29-A da Lei 8.036/1990, o Colegiado considerou válida a explicitação de que os valores suscetíveis de correção do FGTS devem ser lançados na conta vinculada do trabalhador. Essa norma garante a devida correção monetária do FGTS por meio de lançamento na própria conta vinculada, como ocorre nos depósitos do valor principal. Essa medida evita que ocorram saques de parcelas acessórias fora das hipóteses que a lei autoriza.

(FONTE: INFORMATIVO 894 DO STF)

CERTO

06. De acordo com jurisprudência do STF, assinale certo ou errado:
Não contraria a CF a interpretação do art. 625-D e parágrafos que reconheça a submissão da pretensão à Comissão de Conciliação Prévia como requisito para ajuizamento de reclamação trabalhista.

COMENTÁRIO

O STF entende que contraria a CF a interpretação do art. 625-D da CLT e parágrafos que reconheça a submissão da pretensão à Comissão de Conciliação Prévia como requisito para ajuizamento de reclamação trabalhista.

(FONTE: INFORMATIVO 909 DO STF)

ERRADO

07. De acordo com jurisprudência do STF, assinale certo ou errado:
É idônea a autocomposição para resolução de conflitos na esfera trabalhista.

COMENTÁRIO

A compreensão de que a submissão da pretensão à Comissão de Conciliação Prévia como requisito para ajuizamento de reclamação trabalhista contraria à CF, contudo, não exclui a idoneidade do subsistema de autocomposição previsto nos preceitos, apto a buscar a pacificação social. A legitimidade do referido meio alternativo de resolução de conflitos baseia-se na consensualidade, importante instrumento de acesso à ordem jurídica justa.

(FONTE: INFORMATIVO 909 DO STF)

CERTO

08. De acordo com jurisprudência do STF, assinale certo ou errado:
É legítima a citação editalícia no rito sumaríssimo da Justiça do Trabalho, pois um de seus objetivos é conferir celeridade e efetividade.

COMENTÁRIO

A isonomia constitucional não impõe tratamento linear e rígido a todos os que demandam a atuação do Poder Judiciário. A admissão da citação editalícia no mencionado rito representaria desigualdade material. Essa prática tenderia a alinhar os ritos sumaríssimo e ordinário em detrimento dos princípios da primazia da realidade e da razoabilidade. Portanto, caso não se encontre o jurisdicionado, haverá a transformação do procedimento em ordinário.

(FONTE: INFORMATIVO 909 DO STF)

ERRADO

09. De acordo com jurisprudência do STJ, assinale certo ou errado:
É possível o pagamento de indenização correspondente aos vencimentos e vantagens não auferidas pelo autor em razão de ter tomado posse tardiamente no cargo de Promotor de Justiça, se em virtude de erro reconhecido pela própria Administração.

COMENTÁRIO

Segundo a atual e pacífica orientação jurisprudencial desta Corte Superior, os candidatos aprovados em concurso público, que tiveram suas nomeações tardiamente efetivadas, não têm direito à indenização – entendimento esse também perfilhado pelo STF por ocasião do julgamento do RE 724.347-DF, Rel. para acórdão Min. Roberto Barroso, DJe 13/5/2015.

(FONTE: INFORMATIVO 617 DO STJ)

ERRADO

10. De acordo com jurisprudência do STJ, assinale certo ou errado:
O pagamento de remuneração e a percepção de demais vantagens por servidor público pressupõe o efetivo exercício no cargo, sob pena de enriquecimento sem causa.

COMENTÁRIO

Baseado nesse entendimento, o STJ entende que a nomeação tardia de candidatos aprovados em concurso público não gera direito à indenização, ainda que a demora tenha origem em erro reconhecido pela própria Administração Pública.

(FONTE: INFORMATIVO 617 DO STJ)

CERTO

■ QUESTÃO DISCURSIVA

Responda com base na situação hipotética abaixo:
Os servidores públicos estatuários do estado de Minas Gerais vinculados à Secretaria da Fazenda encontram-se lotados em prédio que não possui aparelhos de ar-condicionado, de modo que a temperatura ambiente em seu interior chega a índices alarmantes no verão, a fiação se encontra exposta e não há escada de incêndio. Averiguadas essas condições, o Ministério Público do Trabalho instaurou inquérito civil, o qual concluiu pela irregularidade da situação e subsidiou o ajuizamento de uma Ação Civil Pública na qual o Parquet Laboral busca a correção das incorreções apontadas, sob pena de multa diária.
Notificado, o estado de Minas Gerais compareceu a juízo e, dentre as matérias de defesa, alegou ser incompetente a Justiça do Trabalho para o processamento e julgamento do feito, pois no prédio em questão apenas trabalham servidores estatutários, de modo que, conforme fixado pelo STF na ADI 3395/DF-MC a justiça especializada careceria de competência (por se tratar de demanda que envolve a Administração Pública e os servidores ligados a ela por vínculo jurídico institucional).
Com base na jurisprudência do TST, analise a preliminar apontada pela Fazenda Pública Estadual.

RESPOSTA:

Nos termos da jurisprudência do TST, a preliminar arguida pelo Estado de Minas Gerais não deve ser acolhida.

Segundo decidiu a Corte Laboral, considerando que se tutela em casos como o analisado a higidez do local de trabalho – e não o indivíduo em si – é irrelevante a qualificação do vínculo jurídico que os servidores possuam com o ente público, pelo o que aplicável à hipótese o entendimento consubstanciado na Súmula nº 736 do STF.

Relevante citar a Súmula invocada:

> *Súmula 736 do STF*
> *"Compete à justiça do trabalho julgar as ações que tenham como causa de pedir o descumprimento de normas trabalhistas relativas à segurança, higiene e saúde dos trabalhadores."*

Por fim, cumpre asseverar que, no bojo da Reclamação 3303/PI, restou decidido que as ações civis públicas movidas em face do Poder Público visando a observância das normas de saúde, higiene e segurança no âmbito do Instituto Médico Legal, ainda que se tratasse de órgão, público, devem ser decididas pela Justiça do Trabalho.

Sendo assim, diante de precedentes do TST, que acolhem a jurisprudência consolidada no STF, não deve ser acolhida a preliminar suscitada pela Fazenda Estadual, sendo a Justiça do Trabalho competente para o processamento e julgamento do feito.

Simulado 10 – Questões

01. De acordo com jurisprudência do TST, assinale a alternativa correta: Considere que o empregado tenha falecido em razão de acidente de trânsito ocorrido durante o transporte em veículo fornecido pela empresa. Nesse caso,

a) A responsabilidade da empregadora é subjetiva.

b) O contrato de transporte, na espécie, é acessório ao contrato de trabalho e caracteriza-se, essencialmente, pela existência de cláusula de incolumidade que implica em obrigação de resultado, ou seja, em levar o passageiro em segurança até o seu destino.

c) A empresa que fornece transporte aos seus empregados não se equipara ao transportador.

d) A empresa que fornece transporte aos seus empregados equipara-se ao transportador, porém não assume o ônus e o risco dessa atividade.

e) A empresa que fornece transporte aos seus empregados equipara-se ao transportador, assumindo, portanto, o ônus e o risco dessa atividade, desde que o estado de conservação e de manutenção do veículo não seja satisfatório ou que reste comprovada eventual falha na adoção de medidas de segurança.

02. De acordo com jurisprudência do TST, assinale a alternativa correta:

a) As anotações das Folhas Individuais de Presença - FIPs têm o condão de desnaturar a característica de autoridade máxima do gerente geral na agência bancária.

b) As anotações das Folhas Individuais de Presença - FIPs não têm o condão de desnaturar a característica de autoridade máxima do gerente geral na agência bancária, pois não se destinam ao controle de frequência do empregado.

c) As anotações das Folhas Individuais de Presença - FIPs têm o condão de desnaturar a característica de autoridade máxima do gerente geral na agência bancária, pois se destinam tão somente ao controle de horário.
d) As anotações das Folhas Individuais de Presença - FIPs não têm o condão de desnaturar a característica de autoridade máxima do gerente geral na agência bancária, pois se destinam tão somente ao controle de frequência do empregado, e não de horário.
e) Nenhuma das alternativas anteriores está correta.

03. De acordo com jurisprudência do TST, assinale a alternativa correta:

a) É aplicável a pena de confissão ficta, quando do conjunto da defesa for possível ao julgador extrair que houve, ainda que de forma genérica, oposição às afirmações do autor.
b) É inaplicável a pena de confissão ficta, quando do conjunto da defesa for possível ao julgador extrair que houve, ainda que de forma genérica, oposição às afirmações do autor.
c) É inaplicável a pena de confissão ficta, salvo se do conjunto da defesa for possível ao julgador extrair que houve, ainda que de forma genérica, oposição às afirmações do autor.
d) É inaplicável a pena de confissão ficta, quando do conjunto da defesa for possível ao julgador extrair que houve, salvo se de forma genérica, oposição às afirmações do autor.
e) Nenhuma das alternativas anteriores está correta.

04. De acordo com jurisprudência do TST, assinale a alternativa correta:

Considere um empregado piloto de helicóptero que acompanhava o abastecimento da aeronave até oito vezes por semana, por quatro minutos. Nesse caso,

a) É devido o adicional de periculosidade ao piloto de helicóptero, pois configurado o contato intermitente com o agente de risco.
b) É indevido o adicional de periculosidade ao piloto de helicóptero, pois o contato com o agente de risco era fortuito.
c) A exposição do autor a inflamáveis não é capaz de gerar o direito à percepção de adicional de periculosidade, mas de insalubridade.
d) É devido o adicional de insalubridade ao piloto de helicóptero, pois configurado o contato intermitente com o agente de risco.
e) Nenhuma das alternativas anteriores está correta.

05. De acordo com jurisprudência do TST, assinale a alternativa correta:

Considere que cláusula de convenção coletiva preveja pagamento de salário após o quinto dia útil. Nesse caso,

a) A vontade negocial das partes é absoluta, sendo válida tal cláusula.
b) Não existe previsão legal expressa de que o pagamento do salário deva ocorrer até o 5º dia útil do mês.
c) Não se pode conferir validade à cláusula que autoriza o pagamento de salários em data posterior àquela expressamente prevista em lei.
d) Pode-se conferir validade à cláusula que autoriza o pagamento de salários em data posterior ao 5º dia útil, vez que a convenção coletiva tem força maior que a lei.
e) Nenhuma das alternativas anteriores está correta.

06. De acordo com jurisprudência do TST, assinale a alternativa correta:

a) Quando acolhida a preliminar de negativa de prestação jurisdicional, com determinação de retorno dos autos ao Regional e prejudicialidade dos temas remanescentes, não pode a parte recorrente apenas ratificar as razões recursais anteriores.
b) Quando acolhida a preliminar de negativa de prestação jurisdicional, com determinação de retorno dos autos ao Regional e prejudicialidade dos temas remanescentes, pode a parte recorrente apenas ratificar as razões recursais anteriores, ainda que não observado o prazo recursal e não tenha havido alteração da situação jurídica.
c) Quando não acolhida a preliminar de negativa de prestação jurisdicional, com determinação de retorno dos autos ao Regional e prejudicialidade dos temas remanescentes, pode a parte recorrente apenas ratificar as razões recursais anteriores, desde que observado o prazo recursal e não tenha havido alteração da situação jurídica.
d) Quando acolhida a preliminar de negativa de prestação jurisdicional, com determinação de retorno dos autos ao Regional e prejudicialidade dos temas remanescentes, pode a parte recorrente apenas ratificar as razões recursais anteriores, desde que observado o prazo recursal e não tenha havido alteração da situação jurídica.
e) Nenhuma das alternativas anteriores está correta.

07. De acordo com jurisprudência do TST, assinale a alternativa correta:

a) É possível o conhecimento de recuso de revista por contrariedade a precedente normativo do TST, pois, embora o art. 896, "a", da CLT, com redação dada pela Lei nº 13.015/2014, refira-se a "súmula de jurisprudência uniforme", pode-se afirmar que jurisprudência uniformizada é gênero, do qual súmulas, orientações jurisprudenciais e precedentes normativos são espécies.

b) Não é possível o conhecimento de recuso de revista por contrariedade a precedente normativo do TST, pois o art. 896, "a", da CLT, com redação dada pela Lei nº 13.015/2014, refere-se a "súmula de jurisprudência uniforme".

c) É possível o conhecimento de recuso de revista por contrariedade a precedente normativo do TST, pois o art. 896, "a", da CLT, com redação dada pela Lei nº 13.015/2014, refere-se a "súmula de jurisprudência uniforme", não se podendo afirmar que jurisprudência uniformizada é gênero, do qual súmulas, orientações jurisprudenciais e precedentes normativos são espécies.

d) Não é possível o conhecimento de recuso de revista por contrariedade a precedente normativo do TST, pois o art. 896, "a", da CLT, com redação dada pela Lei nº 13.015/2014, não se a "súmula de jurisprudência uniforme", não se podendo afirmar que jurisprudência uniformizada é gênero, do qual súmulas, orientações jurisprudenciais e precedentes normativos são espécies.

e) Nenhuma das alternativas anteriores está correta.

08. De acordo com jurisprudência do TST, assinale a alternativa correta:

a) A contratação pelo dono da obra de empresa para construir, manter e conservar estrada (obras de construção civil), salvo se por prazo indeterminado, não enseja responsabilidade solidária ou subsidiária pelas obrigações trabalhistas contraídas pelo empreiteiro, consoante entendimento contido na Orientação Jurisprudencial nº 191 da SBDI-I.

b) A contratação pelo dono da obra de empresa para construir, manter e conservar estrada (obras de construção civil), ainda que por prazo indeterminado, não enseja responsabilidade solidária ou subsidiária pelas obrigações trabalhistas contraídas pelo empreiteiro, consoante entendimento contido na Orientação Jurisprudencial nº 191 da SBDI-I.

c) A contratação pelo dono da obra de empresa para construir, manter e conservar estrada (obras de construção civil), ainda que por prazo indeterminado, enseja responsabilidade solidária pelas obrigações trabalhistas contraídas pelo empreiteiro, consoante entendimento contido na Orientação Jurisprudencial nº 191 da SBDI-I.

d) A contratação pelo dono da obra de empresa para construir, manter e conservar estrada (obras de construção civil), ainda que por prazo indeterminado, enseja responsabilidade subsidiária pelas obrigações trabalhistas contraídas pelo empreiteiro, consoante entendimento contido na Orientação Jurisprudencial nº 191 da SBDI-I.

e) Nenhuma das alternativas anteriores está correta.

09. De acordo com jurisprudência do STF, assinale a alternativa correta sobre o levantamento de valores de conta de FGTS previsto na Lei 8.036/1990:

a) É legítima a exigência de comparecimento pessoal do titular da conta de FGTS para levantamento de valores.

b) No que se refere ao § 18 do art. 20 da Lei 8.036/1990, o Tribunal reputou ilegítima a exigência de comparecimento pessoal do titular da conta de FGTS para levantamento de valores.

c) A exigência de comparecimento pessoal do titular da conta de FGTS para levantamento de valores elimina as hipóteses de saque anteriormente previstas.

d) A exigência de comparecimento pessoal do titular da conta de FGTS para levantamento de valores veda a possibilidade de os sindicatos ou os advogados atuarem na defesa e representação dos seus filiados ou clientes.

e) Nenhuma das alternativas anteriores está correta.

10. De acordo com jurisprudência do STJ, assinale a alternativa correta:

a) A nomeação tardia de candidatos aprovados em concurso público gera direito à indenização, ainda que a demora tenha origem em erro reconhecido pela própria Administração Pública.

b) A nomeação tardia de candidatos aprovados em concurso público não gera direito à indenização, ainda que a demora tenha origem em erro reconhecido pela própria Administração Pública.

c) A nomeação tardia de candidatos aprovados em concurso público não gera direito à indenização, salvo se a demora tenha origem em erro reconhecido pela própria Administração Pública.

d) A nomeação tardia de candidatos aprovados em concurso público gera direito à indenização, salvo se a demora tenha origem em erro reconhecido pela própria Administração Pública.

e) Nenhuma das alternativas anteriores está correta.

■ QUESTÃO DISCURSIVA

O Banco Urbano S/A instituiu, por meio de convenção coletiva, um Programa de Demissão Incentivada (PDI).

Os empregados que optassem pela adesão teriam condições mais vantajosas no pagamento das verbas rescisórias, mas, em contrapartida, dariam ampla quitação das verbas devidas.

João aderiu ao plano, mas ajuizou reclamação trabalhista para pleitear danos morais em razão dos transportes de valores que era obrigado a fazer quando da relação empregatícia, os quais serem feitos de forma irregular, sem qualquer apoio, com o uso apenas de sua moto particular.

Como fundamento, o patrono de João alegou se tratar de situação não englobada pelo PDI por se tratar de parcela de natureza extracontratual, sendo que, ainda que englobada, tratar-se-ia de cláusula nula, vez que seria esse um direito indisponível.

Analise a viabilidade do pleito de João.

Simulado 10 – Comentários e Gabarito

01. **De acordo com jurisprudência do TST, assinale a alternativa correta:** Considere que o empregado tenha falecido em razão de acidente de trânsito ocorrido durante o transporte em veículo fornecido pela empresa. Nesse caso,

a) A responsabilidade da empregadora é subjetiva.

b) O contrato de transporte, na espécie, é acessório ao contrato de trabalho e caracteriza-se, essencialmente, pela existência de cláusula de incolumidade que implica em obrigação de resultado, ou seja, em levar o passageiro em segurança até o seu destino.

c) A empresa que fornece transporte aos seus empregados não se equipara ao transportador.

d) A empresa que fornece transporte aos seus empregados equipara-se ao transportador, porém não assume o ônus e o risco dessa atividade.

e) A empresa que fornece transporte aos seus empregados equipara-se ao transportador, assumindo, portanto, o ônus e o risco dessa atividade, desde que o estado de conservação e de manutenção do veículo não seja satisfatório ou que reste comprovada eventual falha na adoção de medidas de segurança.

COMENTÁRIO

A- INCORRETA.

A responsabilidade da empregadora é objetiva.

B- CORRETA.

Transporte de empregado. Veículo fornecido pelo empregador. Acidente de trânsito fatal. Responsabilidade objetiva da empresa. Contrato de transporte. Arts. 734 e 735 do Código Civil.

Na hipótese em que o empregado faleceu em razão de acidente de trânsito ocorrido durante o transporte em veículo fornecido pela empresa, a responsabilidade da empregadora é objetiva, a teor dos arts. 734 e 735 do Código Civil. O contrato de transporte, na espécie, é acessório ao contrato de trabalho e caracteriza-se, essencialmente, pela existência de cláusula de incolumidade que implica em obrigação de resultado, ou seja, em levar o passageiro em segurança até o seu destino. Assim, a empresa que fornece transporte aos seus empregados equipara-se ao transportador, assumindo, portanto, o ônus e o risco dessa atividade, ainda que o estado de conservação e de manutenção do veículo seja satisfatório ou que não reste comprovada eventual falha na adoção de medidas de segurança. Sob esses fundamentos, a SBDI-I, por maioria, vencido o Ministro Ives Gandra Martins Filho, conheceu dos embargos, por divergência jurisprudencial, e, no mérito, também por maioria, deu-lhes provimento parcial para reconhecer a responsabilidade objetiva da reclamada e da empresa seguradora integrada à lide, na forma da apólice constante dos autos, condenando-as ao pagamento de indenização por danos morais e por danos materiais na forma de pensionamento mensal vitalício. Vencidos, totalmente, o Ministro Ives Gandra Martins Filho e, parcialmente, o Ministro Aloysio Corrêa da Veiga. TST-E-ED-RR-32300-85.2006.5.15.0123, SBDI-I, rel. Min. Cláudio Mascarenhas Brandão, 2.8.2018 (Informativo Nº 181)

C- INCORRETA.

A empresa que fornece transporte aos seus empregados equipara-se ao transportador, assumindo, portanto, o ônus e o risco dessa atividade, ainda que o estado de conservação e de manutenção do veículo seja satisfatório ou que não reste comprovada eventual falha na adoção de medidas de segurança.

D- INCORRETA.

A empresa que fornece transporte aos seus empregados equipara-se ao transportador, assumindo, portanto, o ônus e o risco dessa atividade, ainda que o estado de conservação e de manutenção do veículo seja satisfatório ou que não reste comprovada eventual falha na adoção de medidas de segurança.

E- INCORRETA.

A empresa que fornece transporte aos seus empregados equipara-se ao transportador, assumindo, portanto, o ônus e o risco dessa atividade, ainda que o estado de conservação e de manutenção do veículo seja satisfatório ou que não reste comprovada eventual falha na adoção de medidas de segurança.

LETRA B

02. De acordo com jurisprudência do TST, assinale a alternativa correta:

a) As anotações das Folhas Individuais de Presença - FIPs têm o condão de desnaturar a característica de autoridade máxima do gerente geral na agência bancária.

b) As anotações das Folhas Individuais de Presença - FIPs não têm o condão de desnaturar a característica de autoridade máxima do gerente geral na agência bancária, pois não se destinam ao controle de frequência do empregado.

c) As anotações das Folhas Individuais de Presença - FIPs têm o condão de desnaturar a característica de autoridade máxima do gerente geral na agência bancária, pois se destinam tão somente ao controle de horário.

d) As anotações das Folhas Individuais de Presença - FIPs não têm o condão de desnaturar a característica de autoridade máxima do gerente geral na agência bancária, pois se destinam tão somente ao controle de frequência do empregado, e não de horário.

e) Nenhuma das alternativas anteriores está correta.

COMENTÁRIO

A- INCORRETA.

As anotações das Folhas Individuais de Presença - FIPs não têm o condão de desnaturar a característica de autoridade máxima do gerente geral na agência bancária, pois se destinam tão somente ao controle de frequência do empregado, e não de horário.

B- INCORRETA.

As anotações das Folhas Individuais de Presença - FIPs não têm o condão de desnaturar a característica de autoridade máxima do gerente geral na agência bancária, pois se destinam tão somente ao controle de frequência do empregado, e não de horário.

C- INCORRETA.

As anotações das Folhas Individuais de Presença - FIPs não têm o condão de desnaturar a característica de autoridade máxima do gerente geral na agência bancária, pois se destinam tão somente ao controle de frequência do empregado, e não de horário.

D- CORRETA.

Bancário. Gerente geral de agência. Exercício do cargo de mando e gestão. Preenchimento de Folha Individual de Presença – FIP. Controle de frequência e não de horário. Enquadramento no art. 62, II, da CLT.

As anotações das Folhas Individuais de Presença - FIPs não têm o condão de desnaturar a característica de autoridade máxima do gerente geral na agência bancária, pois se destinam tão somente ao controle de frequência do empregado, e não de horário. No caso, o empregado possuía total autonomia e liberdade no exercício de suas atividades, tinha poderes de mando e gestão e todos os demais empregados da agência bancária se subordinavam a ele, de modo que o preenchimento das FIPs, por si só, não é suficiente para afastar a incidência do art. 62, II, da CLT e da parte final da Súmula nº 287 do TST. Sob esse entendimento, a SBDI-I, por unanimidade, conheceu dos embargos do reclamante, por divergência jurisprudencial, e, no mérito, por maioria, negou-lhes provimento. Vencidos os Ministros Renato de Lacerda Paiva, Luiz Philippe Vieira de Mello Filho, Augusto César Leite de Carvalho e José Roberto Freire Pimenta. TST-E-RR-537400- 41.2008.5.12.0037, SBDI-I, rel. Min. Alexandre de Souza Agra Belmonte, 2.8.2018 (Informativo Nº 181)

E- INCORRETA.

A D está correta.

LETRA D

03. De acordo com jurisprudência do TST, assinale a alternativa correta:

a) É aplicável a pena de confissão ficta, quando do conjunto da defesa for possível ao julgador extrair que houve, ainda que de forma genérica, oposição às afirmações do autor.

b) É inaplicável a pena de confissão ficta, quando do conjunto da defesa for possível ao julgador extrair que houve, ainda que de forma genérica, oposição às afirmações do autor.

c) É inaplicável a pena de confissão ficta, salvo se do conjunto da defesa for possível ao julgador extrair que houve, ainda que de forma genérica, oposição às afirmações do autor.
d) É inaplicável a pena de confissão ficta, quando do conjunto da defesa for possível ao julgador extrair que houve, salvo se de forma genérica, oposição às afirmações do autor.
e) Nenhuma das alternativas anteriores está correta.

COMENTÁRIO

A- INCORRETA.

É inaplicável a pena de confissão ficta, quando do conjunto da defesa for possível ao julgador extrair que houve, ainda que de forma genérica, oposição às afirmações do autor.

B- CORRETA.

Ação rescisória ajuizada sob a égide do CPC de 1973. Comissões suprimidas em razão de vendas diretas realizadas pelas reclamadas. Pena de confissão ficta. Inaplicabilidade. Ônus da impugnação específica. Observância. Ausência de violação legal.

É inaplicável a pena de confissão ficta, quando do conjunto da defesa for possível ao julgador extrair que houve, ainda que de forma genérica, oposição às afirmações do autor. Trata-se de exceção à regra do ônus da impugnação específica, prevista no *caput* do art. 302 do CPC de 1973. No caso, a decisão rescindenda manteve a sentença de primeiro grau que indeferira o pedido de pagamento das diferenças de comissões, sob o fundamento de que houve impugnação genérica da matéria, em virtude da alegação de inexistência de vínculo de emprego entre as partes. Igualmente, o TRT da 6ª Região, ao julgar improcedente a pretensão rescisória, concluiu que houve a aplicação, e não a violação, do inciso III do art. 302 do CPC de 1973, registrando que as defesas apresentadas pelas demandadas, consideradas em seu contexto total, rebateram a pretensão de percepção das comissões suprimidas por vendas diretas realizadas pelas reclamadas. Assim, mantido o ônus probatório a cargo do autor, dele se exige que faça prova de suas alegações, não sendo possível o corte rescisório pretendido, porquanto a violação a dispositivo de lei a que se refere o art. 485, V, do CPC de 1973, capaz de ensejar a desconstituição da coisa julgada, deve ser latente e literal, o que não se verifica na hipótese vertente, em que a norma processual incidente na espécie fora devidamente aplicada. Sob esse fundamento, a SBDI-II, por maioria, negou provimento ao recurso ordinário interposto pelo autor. Vencidos os Ministros Maria Helena Mallmann, relatora, Delaíde Miranda Arantes e Alexandre Agra Belmonte. TST-RO-137-04.2014.5.06.0000, SBDI-II, rel. Min. Maria Helena Mallmann, red. p/ acórdão Min. Renato de Lacerda Paiva, 26.6.2018 (Informativo Nº 181)

C- INCORRETA.

É inaplicável a pena de confissão ficta, quando do conjunto da defesa for possível ao julgador extrair que houve, ainda que de forma genérica, oposição às afirmações do autor.

D- INCORRETA.

É inaplicável a pena de confissão ficta, quando do conjunto da defesa for possível ao julgador extrair que houve, ainda que de forma genérica, oposição às afirmações do autor.

E- INCORRETA.

A B está correta.

LETRA B

04. De acordo com jurisprudência do TST, assinale a alternativa correta:
Considere um empregado piloto de helicóptero que acompanhava o abastecimento da aeronave até oito vezes por semana, por quatro minutos. Nesse caso,

a) É devido o adicional de periculosidade ao piloto de helicóptero, pois configurado o contato intermitente com o agente de risco.
b) É indevido o adicional de periculosidade ao piloto de helicóptero, pois o contato com o agente de risco era fortuito.
c) A exposição do autor a inflamáveis não é capaz de gerar o direito à percepção de adicional de periculosidade, mas de insalubridade.
d) É devido o adicional de insalubridade ao piloto de helicóptero, pois configurado o contato intermitente com o agente de risco.
e) Nenhuma das alternativas anteriores está correta.

COMENTÁRIO

A- CORRETA.

Adicional de insalubridade. Piloto de helicóptero que acompanhava o abastecimento da aeronave. Contato intermitente. Adicional devido.

É devido o adicional de periculosidade ao piloto de helicóptero que acompanhava o abastecimento da aeronave até oito vezes por semana, por quatro minutos, pois configurado o contato intermitente com o agente de risco. Na hipótese, a decisão recorrida registrou que a exposição do autor a inflamáveis não podia ser considerada fortuita ou por tempo extremamente reduzido, pois fazia parte de sua rotina. Assim, ausente a contrariedade à Súmula nº 364 do TST, a SBDI-I, por unanimidade, não conheceu dos embargos do reclamado. TST-E-ED-RR-1763-44.2012.5.02.0031, SBDI-I, rel. Min. Walmir Oliveira da Costa, 23.8.2018 (Informativo Nº 182)

B- INCORRETA.

A exposição do autor a inflamáveis não pode ser considerada fortuita ou por tempo extremamente reduzido, pois faz parte de sua rotina.

C- INCORRETA.

A exposição do autor a inflamáveis de forma intermitente gera o direito à percepção de adicional de periculosidade.

D- INCORRETA.

A exposição do autor a inflamáveis de forma intermitente gera o direito à percepção de adicional de periculosidade.

E- INCORRETA.

A letra A está correta.

LETRA A

05. De acordo com jurisprudência do TST, assinale a alternativa correta: Considere que cláusula de convenção coletiva preveja pagamento de salário após o quinto dia útil. Nesse caso,

a) A vontade negocial das partes é absoluta, sendo válida tal cláusula.
b) Não existe previsão legal expressa de que o pagamento do salário deva ocorrer até o 5º dia útil do mês.
c) Não se pode conferir validade à cláusula que autoriza o pagamento de salários em data posterior àquela expressamente prevista em lei.
d) Pode-se conferir validade à cláusula que autoriza o pagamento de salários em data posterior ao 5º dia útil, vez que a convenção coletiva tem força maior que a lei.
e) Nenhuma das alternativas anteriores está correta.

COMENTÁRIO

A- INCORRETA.

A vontade negocial das partes não é absoluta, uma vez que deve se submeter ao princípio da reserva legal.

B- INCORRETA.

A cláusula de convenção coletiva que autoriza o pagamento dos salários até o dia dez do mês seguinte ao trabalhado viola frontalmente o art. 459, § 1º, da CLT.

C- CORRETA.

Pagamento de salário após o quinto dia útil. Previsão em norma coletiva. Invalidade. Afronta ao art. 459, §1º, da CLT. Multa devida.

A cláusula de convenção coletiva que autoriza o pagamento dos salários até o dia dez do mês seguinte ao trabalhado viola frontalmente o art. 459, § 1º, da CLT. A vontade negocial das partes não é absoluta, uma vez que deve se submeter ao princípio da reserva legal. Assim, não se pode conferir validade à cláusula que autoriza o pagamento de salários em data posterior àquela expressamente prevista em lei. Sob esse fundamento, a SBDI-I, por unanimidade, conheceu dos embargos, por divergência jurisprudencial, e, no mérito, por maioria, deu-lhes provimento para restabelecer a condenação em multa por atraso no pagamento dos salários, conforme determinado em sentença e mantido pelo TRT. Vencidos os Ministros Guilherme Augusto Caputo Bastos, Breno Medeiros, Maria Cristina Irigoyen Peduzzi e Brito Pereira. TST-E-ED-RR-86400- 85.2008.5.15.0101, SBDI-I, rel. Min. Alberto Luiz Bresciani de Fontan Pereira, 23.8.2018 (Informativo Nº 182)

D- INCORRETA.

Não se pode conferir validade à cláusula que autoriza o pagamento de salários em data posterior àquela expressamente prevista em lei.

E- INCORRETA.

A C está correta.

LETRA C

06. De acordo com jurisprudência do TST, assinale a alternativa correta:

a) Quando acolhida a preliminar de negativa de prestação jurisdicional, com determinação de retorno dos autos ao Regional e prejudicialidade dos temas remanescentes, não pode a parte recorrente apenas ratificar as razões recursais anteriores.

b) Quando acolhida a preliminar de negativa de prestação jurisdicional, com determinação de retorno dos autos ao Regional e prejudicialidade dos temas remanescentes, pode a parte recorrente apenas ratificar as razões recursais anteriores, ainda que não observado o prazo recursal e não tenha havido alteração da situação jurídica.

c) Quando não acolhida a preliminar de negativa de prestação jurisdicional, com determinação de retorno dos autos ao Regional e prejudicialidade dos temas remanescentes, pode a parte recorrente apenas ratificar as razões recursais anteriores, desde que observado o prazo recursal e não tenha havido alteração da situação jurídica.

d) Quando acolhida a preliminar de negativa de prestação jurisdicional, com determinação de retorno dos autos ao Regional e prejudicialidade dos temas remanescentes, pode a parte recorrente apenas ratificar as razões recursais anteriores, desde que observado o prazo recursal e não tenha havido alteração da situação jurídica.

e) Nenhuma das alternativas anteriores está correta.

COMENTÁRIO

A- INCORRETA.

Quando acolhida a preliminar de negativa de prestação jurisdicional, com determinação de retorno dos autos ao Regional e prejudicialidade dos temas remanescentes, pode a parte recorrente apenas ratificar as razões recursais anteriores, desde que observado o prazo recursal e não tenha havido alteração da situação jurídica.

B- INCORRETA.

Quando acolhida a preliminar de negativa de prestação jurisdicional, com determinação de retorno dos autos ao Regional e prejudicialidade dos temas remanescentes, pode a parte recorrente apenas ratificar as razões recursais anteriores, desde que observado o prazo recursal e não tenha havido alteração da situação jurídica.

C- INCORRETA.

Quando acolhida a preliminar de negativa de prestação jurisdicional, com determinação de retorno dos autos ao Regional e prejudicialidade dos temas remanescentes, pode a parte recorrente apenas ratificar as razões recursais anteriores, desde que observado o prazo recursal e não tenha havido alteração da situação jurídica.

D- CORRETA.

Negativa de prestação jurisdicional. Preliminar acolhida. Retorno dos autos ao Tribunal Regional. Exame dos temas remanescentes do recurso de revista anteriormente interposto, julgados prejudicados. Ratificação das razões recursais. Possibilidade. Princípio da instrumentalidade das formas.

Quando acolhida a preliminar de negativa de prestação jurisdicional, com determinação de retorno dos autos ao Regional e prejudicialidade dos temas remanescentes, pode a parte recorrente apenas ratificar as razões recursais anteriores, desde que observado o prazo recursal e não tenha havido alteração da situação jurídica. A mera reiteração das insurgências já expostas no recurso de revista é suficiente para demonstrar o interesse no julgamento do apelo quanto aos temas remanescentes, admitindo-se, portanto, a aplicação do princípio da instrumentalidade das formas, nos termos do art. 277 do CPC de 2015. Ademais, no caso concreto, o excesso de formalismo implicaria violação dos princípios do contraditório e da ampla defesa, consagrados no art. 5º, LV, da CF, além de caracterizar a insuficiente prestação jurisdicional. Sob esses fundamentos, a SBDI-I, por unanimidade, conheceu dos embargos do reclamante, por divergência jurisprudencial, e, no mérito, negou-lhes provimento. TST-E-ED-RR-241900-80.2006.5.04.0341, SBDI-I, rel. Min. José Roberto Freire Pimenta, 6.9.2018 (Informativo Nº 183)

E- INCORRETA.

A D está correta.

LETRA D

07. De acordo com jurisprudência do TST, assinale a alternativa correta:

a) É possível o conhecimento de recuso de revista por contrariedade a precedente normativo do TST, pois, embora o art. 896, "a", da CLT, com redação dada pela Lei nº 13.015/2014, refira-se a "súmula de jurisprudência uniforme", pode-se afirmar que jurisprudência uniformizada é gênero, do qual súmulas, orientações jurisprudenciais e precedentes normativos são espécies.

b) Não é possível o conhecimento de recuso de revista por contrariedade a precedente normativo do TST, pois o art. 896, "a", da CLT, com redação dada pela Lei nº 13.015/2014, refere-se a "súmula de jurisprudência uniforme".

c) É possível o conhecimento de recuso de revista por contrariedade a precedente normativo do TST, pois o art. 896, "a", da CLT, com redação dada pela Lei nº 13.015/2014, refere-se a "súmula de jurisprudência uniforme", não se podendo afirmar que jurisprudência uniformizada é gênero, do qual súmulas, orientações jurisprudenciais e precedentes normativos são espécies.

d) Não é possível o conhecimento de recuso de revista por contrariedade a precedente normativo do TST, pois o art. 896, "a", da CLT, com redação dada pela Lei nº 13.015/2014, não se a "súmula de jurisprudência uniforme", não se podendo afirmar que jurisprudência uniformizada é gênero, do qual súmulas, orientações jurisprudenciais e precedentes normativos são espécies.

e) Nenhuma das alternativas anteriores está correta.

COMENTÁRIO

A- CORRETA.

Conhecimento do recurso de revista por contrariedade a precedente normativo do TST. Possibilidade.

É possível o conhecimento de recuso de revista por contrariedade a precedente normativo do TST, pois, embora o art. 896, "a", da CLT, com redação dada pela Lei nº 13.015/2014, refira-se a "súmula de jurisprudência uniforme", pode-se afirmar que jurisprudência uniformizada é gênero, do qual súmulas, orientações jurisprudenciais e precedentes normativos são espécies. Ademais, se a Orientação Jurisprudencial nº 219 da SBDI-I admite invocar orientação jurisprudencial do TST para conhecimento de recurso de revista ou de embargos, independentemente da origem do verbete (SBDI-I, SBDI-II, Tribunal Pleno/Órgão Especial ou SDC), não se justifica inadmitir o recurso por contrariedade a precedente normativo, simplesmente pelo fato de consolidar entendimento jurisprudencial firmado no âmbito dos dissídios coletivos. Assim, a SBDI-I, por unanimidade, conheceu dos embargos da reclamada, por divergência jurisprudencial e, no mérito, por maioria, negou-lhes provimento, mantendo, portanto, a decisão turmária que conhecera do recurso de revista por contrariedade ao Precedente Normativo nº 119 do TST e dera-lhe provimento para condenar a reclamada a restituir ao reclamante os valores descontados a título de contribuição assistencial sem sua expressa autorização. Vencidos os Ministros Ives Gandra Martins Filho e Walmir Oliveira da Costa. TST-E-RR-2294-39.2012.5.02.0029, SBDI-I, rel. Min. Aloysio Corrêa da Veiga, 6.9.2018 (Informativo Nº 183)

B- INCORRETA.

É possível o conhecimento de recuso de revista por contrariedade a precedente normativo do TST, pois, embora o art. 896, "a", da CLT, com redação dada pela Lei nº 13.015/2014, refira-se a "súmula de jurisprudência uniforme", pode-se afirmar que jurisprudência uniformizada é gênero, do qual súmulas, orientações jurisprudenciais e precedentes normativos são espécies.

C- INCORRETA.

É possível o conhecimento de recuso de revista por contrariedade a precedente normativo do TST, pois, embora o art. 896, "a", da CLT, com redação dada pela Lei nº 13.015/2014, refira-se a "súmula de jurisprudência uniforme", pode-se afirmar que jurisprudência uniformizada é gênero, do qual súmulas, orientações jurisprudenciais e precedentes normativos são espécies.

D- INCORRETA.

É possível o conhecimento de recuso de revista por contrariedade a precedente normativo do TST, pois, embora o art. 896, "a", da CLT, com redação dada pela Lei nº 13.015/2014, refira-se a "súmula de jurisprudência uniforme", pode-se afirmar que jurisprudência uniformizada é gênero, do qual súmulas, orientações jurisprudenciais e precedentes normativos são espécies.

E- INCORRETA.

A letra A está correta.

LETRA A

08. De acordo com jurisprudência do TST, assinale a alternativa correta:

a) A contratação pelo dono da obra de empresa para construir, manter e conservar estrada (obras de construção civil), salvo se por prazo indeterminado, não enseja responsabilidade solidária ou subsidiária pelas obrigações trabalhistas contraídas pelo empreiteiro, consoante entendimento contido na Orientação Jurisprudencial nº 191 da SBDI-I.

b) A contratação pelo dono da obra de empresa para construir, manter e conservar estrada (obras de construção civil), ainda que por prazo indeterminado, não enseja responsabilidade solidária ou subsidiária pelas obrigações trabalhistas contraídas pelo empreiteiro, consoante entendimento contido na Orientação Jurisprudencial nº 191 da SBDI-I.

c) A contratação pelo dono da obra de empresa para construir, manter e conservar estrada (obras de construção civil), ainda que por prazo indeterminado, enseja responsabilidade solidária pelas obrigações trabalhistas contraídas pelo empreiteiro, consoante entendimento contido na Orientação Jurisprudencial nº 191 da SBDI-I.

d) A contratação pelo dono da obra de empresa para construir, manter e conservar estrada (obras de construção civil), ainda que por prazo indeterminado, enseja responsabilidade subsidiária pelas obrigações trabalhistas contraídas pelo empreiteiro, consoante entendimento contido na Orientação Jurisprudencial nº 191 da SBDI-I.

e) Nenhuma das alternativas anteriores está correta.

COMENTÁRIO

A- INCORRETA.

A contratação pelo dono da obra de empresa para construir, manter e conservar estrada (obras de construção civil), ainda que por prazo indeterminado, não enseja responsabilidade solidária ou subsidiária pelas obrigações trabalhistas contraídas pelo empreiteiro, consoante entendimento contido na Orientação Jurisprudencial nº 191 da SBDI-I.

B- CORRETA.

Klabin S.A. e Engecram Indústria da Construção Civil Ltda. Dono da obra. Caracterização. Contrato de empreitada de construção civil. Inexistência de responsabilidade subsidiária. Incidência da Orientação Jurisprudencial nº 191 da SBDI-I.

A contratação pelo dono da obra de empresa para construir, manter e conservar estrada (obras de construção civil), ainda que por prazo indeterminado, não enseja responsabilidade solidária ou subsidiária pelas obrigações trabalhistas contraídas pelo empreiteiro, consoante entendimento contido na Orientação Jurisprudencial nº 191 da SBDI-I. No caso, entendeu-se que a Klabin, ao contratar a Engecram para a execução de obras de conservação, revestimento, construção e manutenção de estradas, acessos e aceiros de uso florestal, firmou contrato de empreitada para execução de obra de construção civil em seu favor, como dona da obra, diferindo, portanto, das hipóteses de contrato de prestação de serviços, nas quais os empregados da empresa prestadora encontram-se diretamente submetidos às ordens do tomador. Sob esse fundamento, a SBDI-I, por maioria, não conheceu dos embargos interpostos pelo reclamante. Vencidos os Ministros Hugo Carlos Scheuermann, relator, Luiz Philippe Vieira de Mello Filho e José Roberto Freire Pimenta, que, entendendo estar configurado o contrato de prestação de serviços diversos por prazo indeterminado, conheciam dos embargos, por má aplicação da Orientação Jurisprudencial nº 191 da SBDI-I, e, no mérito, davam-lhes provimento para restabelecer o acórdão do TRT quanto à responsabilidade subsidiária da Klabin. TST-E-RR-296-21.2013.5.09.0671, SBDI-I, rel. Min. Hugo Carlos Scheuermann, red. p/ acórdão Min. Ives Gandra Martins Filho, 6.9.2018 (Informativo Nº 183)

C- INCORRETA.

A contratação pelo dono da obra de empresa para construir, manter e conservar estrada (obras de construção civil), ainda que por prazo indeterminado, não enseja responsabilidade solidária ou subsidiária pelas obrigações trabalhistas contraídas pelo empreiteiro, consoante entendimento contido na Orientação Jurisprudencial nº 191 da SBDI-I.

D- INCORRETA.

A contratação pelo dono da obra de empresa para construir, manter e conservar estrada (obras de construção civil), ainda que por prazo indeterminado, não enseja responsabilidade solidária ou subsidiária pelas obrigações trabalhistas contraídas pelo empreiteiro, consoante entendimento contido na Orientação Jurisprudencial nº 191 da SBDI-I.

E- INCORRETA.

A B está correta.

LETRA B

09. De acordo com jurisprudência do STF, assinale a alternativa correta sobre o levantamento de valores de conta de FGTS previsto na Lei 8.036/1990:

a) É legítima a exigência de comparecimento pessoal do titular da conta de FGTS para levantamento de valores.

b) No que se refere ao § 18 do art. 20 da Lei 8.036/1990, o Tribunal reputou ilegítima a exigência de comparecimento pessoal do titular da conta de FGTS para levantamento de valores.

c) A exigência de comparecimento pessoal do titular da conta de FGTS para levantamento de valores elimina as hipóteses de saque anteriormente previstas.
d) A exigência de comparecimento pessoal do titular da conta de FGTS para levantamento de valores veda a possibilidade de os sindicatos ou os advogados atuarem na defesa e representação dos seus filiados ou clientes.
e) Nenhuma das alternativas anteriores está correta.

COMENTÁRIO

A- CORRETA.

No que se refere ao § 18 do art. 20 da Lei 8.036/1990, o Tribunal reputou legítima a exigência de comparecimento pessoal do titular da conta de FGTS para levantamento de valores. Trata-se, tão somente, de condição procedimental para pagamento, a qual não eliminou nenhuma das hipóteses de saque anteriormente previstas, nem vedou a possibilidade de os sindicatos ou os advogados atuarem na defesa e representação dos seus filiados ou clientes.

(Informativo nº 894 do STF)

B- INCORRETA.

No que se refere ao § 18 do art. 20 da Lei 8.036/1990, o Tribunal reputou legítima a exigência de comparecimento pessoal do titular da conta de FGTS para levantamento de valores.

C- INCORRETA.

Trata-se, tão somente, de condição procedimental para pagamento, a qual não eliminou nenhuma das hipóteses de saque anteriormente previstas.

D- INCORRETA.

Trata-se, tão somente, de condição procedimental para pagamento, a qual não vedou a possibilidade de os sindicatos ou os advogados atuarem na defesa e representação dos seus filiados ou clientes.

E- INCORRETA.

A letra A está correta.

LETRA A

10. De acordo com jurisprudência do STJ, assinale a alternativa correta:

a) A nomeação tardia de candidatos aprovados em concurso público gera direito à indenização, ainda que a demora tenha origem em erro reconhecido pela própria Administração Pública.

b) A nomeação tardia de candidatos aprovados em concurso público não gera direito à indenização, ainda que a demora tenha origem em erro reconhecido pela própria Administração Pública.
c) A nomeação tardia de candidatos aprovados em concurso público não gera direito à indenização, salvo se a demora tenha origem em erro reconhecido pela própria Administração Pública.
d) A nomeação tardia de candidatos aprovados em concurso público gera direito à indenização, salvo se a demora tenha origem em erro reconhecido pela própria Administração Pública.
e) Nenhuma das alternativas anteriores está correta.

COMENTÁRIO

A- INCORRETA.

A nomeação tardia de candidatos aprovados em concurso público não gera direito à indenização, ainda que a demora tenha origem em erro reconhecido pela própria Administração Pública.

B- CORRETA.

A nomeação tardia de candidatos aprovados em concurso público não gera direito à indenização, ainda que a demora tenha origem em erro reconhecido pela própria Administração Pública.

(Informativo nº 617 do STJ)

C- INCORRETA.

A nomeação tardia de candidatos aprovados em concurso público não gera direito à indenização, ainda que a demora tenha origem em erro reconhecido pela própria Administração Pública.

D- INCORRETA.

A nomeação tardia de candidatos aprovados em concurso público não gera direito à indenização, ainda que a demora tenha origem em erro reconhecido pela própria Administração Pública.

E- INCORRETA.

A B está correta.

LETRA B

■ QUESTÃO DISCURSIVA

O Banco Urbano S/A instituiu, por meio de convenção coletiva, um Programa de Demissão Incentivada (PDI).

Os empregados que optassem pela adesão teriam condições mais vantajosas no pagamento das verbas rescisórias, mas, em contrapartida, dariam ampla quitação das verbas devidas.

João aderiu ao plano, mas ajuizou reclamação trabalhista para pleitear danos morais em razão dos transportes de valores que era obrigado a fazer quando da relação empregatícia, os quais serem feitos de forma irregular, sem qualquer apoio, com o uso apenas de sua moto particular.

Como fundamento, o patrono de João alegou se tratar de situação não englobada pelo PDI por se tratar de parcela de natureza extracontratual, sendo que, ainda que englobada, tratar-se-ia de cláusula nula, vez que seria esse um direito indisponível.

Analise a viabilidade do pleito de João.

RESPOSTA:

Segundo a jurisprudência do TST, o pleito de João deve ser indeferido.

Isso porque, nos termos fixados em precedente, a adesão voluntária de empregado a Programa de Demissão Incentivada (PDI, caso assim estabelecido no acordo coletivo que aprovou o plano, implica o reconhecimento da quitação ampla e irrestrita de todas as parcelas objeto do contrato de emprego, incluindo o pedido de indenização por danos morais.

Sendo assim, o pedido referente a determinadas condições existentes no exercício das funções, está vinculado ao extinto contrato de trabalho, sujeitando-se, portanto, à ampla quitação decorrente da adesão ao PDI.

O TST, portanto, reconhece a possibilidade de um PDI dar ampla quitação das verbas trabalhistas, o que envolveria todas as condições referentes ao contrato, inclusive aquelas que dariam ensejo a indenizações por dano moral, de modo que o pedido deve ser indeferido.

PARTE III
Revisão e Fixação

Bloco 01

1. **O fato de o reclamante ter percebido salário bastante elevado, superior a R$ 40.000,00 (quarenta mil reais), e de a rescisão do contrato de trabalho ter ocorrido dias antes do ajuizamento da reclamação trabalhista não são suficientes para elidir a presunção de veracidade da declaração de pobreza por ele firmada**. (Informativo nº 171 do TST)

2. **A delimitação dos valores impugnados a que alude o art. 897, § 1º, da CLT é pressuposto de admissibilidade do agravo de petição e visa a execução imediata da parte incontroversa, razão pela qual somente é exigível do executado.** (Informativo nº 171 do TST)

3. **O Distrito Federal não possui legitimidade para propor ação rescisória para desconstituir decisão proferida em reclamação trabalhista ajuizada em face da Companhia de Saneamento do Distrito Federal - Caesb, sociedade de economia mista distrital**. (Informativo nº 171 do TST)

4. A partir da interpretação sistemática dos arts. 450 e 461 da CLT, esta Corte, por meio do item I da Súmula nº 159, consolidou o entendimento de que é garantido ao trabalhador substituto o pagamento do mesmo salário contratual do substituído, enquanto durar a substituição não eventual. Deste modo, é inválida a cláusula de convenção coletiva que estabelece o não recebimento pelo trabalhador substituto do salário equivalente ao do substituído se a substituição for inferior a 30 dias. (Informativo nº 172 do TST)

5. **No caso de reversão em juízo da dispensa por justa causa, fundada em imputação de ato de improbidade, é devida a indenização por danos morais in re ipsa**, ou seja, independentemente da prova de

abalo pessoal sofrido pelo empregado ou de eventual divulgação do ocorrido. (Informativo nº 172 do TST)

6. O Hospital das Clínicas de Porto Alegre - HCPA, **empresa pública federal** criada pela Lei nº 5.604/70 com o objetivo de administrar e prestar serviços de assistência médico-hospitalar à Universidade Federal do Rio Grande do Sul, a outras instituições e à comunidade em geral, está dispensado do recolhimento de depósito recursal. (Informativo nº 172 do TST)

7. **Não é válida norma coletiva que estabelece a suspensão do plano de saúde pago pela empresa após 180 dias de afastamento do empregado em decorrência de auxílio-doença ou de acidente de trabalho**. (Informativo nº 173 do TST)

8. **Na hipótese em que a norma coletiva da categoria prevê como base de cálculo da Participação nos Lucros e Resultados - PLR "o salário base acrescido de verbas fixas de natureza salarial", não é possível incluir as horas extras, ainda que tenham natureza salarial e sejam prestadas habitualmente, pois possuem caráter variável**. (Informativo nº 173 do TST)

9. **A presunção legal que decorre da declaração de hipossuficiência econômica é relativa, de modo que pode ser afastada por elementos constantes dos autos ou por prova em sentido contrário**. (Informativo nº 173 do TST)

10. **As leis estaduais e municipais referentes às relações trabalhistas no âmbito das empresas são equiparadas a regulamentos de empresas, em face da competência privativa da União para legislar sobre Direito do Trabalho**. **O mesmo ocorre com leis federais de efeitos concretos referentes à administração pública federal indireta. Por conseguinte, a pretensão originada em alterações nelas promovidas consistentes em supressão de parcelas devidas a empregados são sujeitas à prescrição total, nos termos da Súmula nº 294 deste Tribunal**; (Informativo nº 174 do TST)

Bloco 02

1. **A contratação de empregado para atuar na atividade fim da empresa, condicionada à filiação a cooperativa fraudulenta, enseja o pagamento de indenização por danos morais, pois constitui prática de ato ilícito que precariza a relação laboral e desvirtua a finalidade social do trabalho, estando em desalinho com os princípios constitucionais da dignidade da pessoa humana e do valor social do trabalho**. (Informativo nº 174 do TST)

2. **A dispensa sem justa causa de empregado portador de estabilidade pré-aposentadoria prevista em norma coletiva não é suficiente, por si só, para caracterizar dano moral**. **A existência de constrangimento depende de evidências concretas de que o empregador se valeu de artifícios ou praticou ato de discriminação que atingiram direitos da personalidade do reclamante, não se admitindo, portanto, a configuração de dano moral in re ipsa**. (Informativo nº 174 do TST)

3. **As normas que regem a concessão de ajuda de custo para atender às despesas de mudança e transporte do magistrado e de seus dependentes (art. 65, I, da Loman, Decreto nº 4.004/2001, arts. 53 a 57 da Lei nº 8.112/90 e Resolução CSJT nº 112/2012) vinculam esse direito à mudança de domicílio para a nova sede (ou nova localidade de exercício), de forma que não há, na legislação, nenhuma previsão de concessão de ajuda de custo para cobrir despesas com mudança e transporte dos dependentes do magistrado para localidade diversa daquela para a qual fora removido**. (Informativo nº 175 do TST)

4. A SBDI-I, por maioria, conheceu de embargos, por divergência jurisprudencial, e, no mérito, deu-lhes provimento para **restabelecer a sentença proferida em ação civil pública na parte em que fixou**

astreinte sem a limitação temporal de sessenta dias, caso haja descumprimento da obrigação de fazer reconhecida em juízo. (Informativo nº 175 do TST)

5. **Deve ser mantida a tutela inibitória concedida pelo descumprimento das normas relativas à jornada de trabalho, ainda que constatada a posterior regularização da situação no curso da ação civil pública**. **A conduta da ré de ajustar seu procedimento às normas referidas não afasta o interesse processual do Ministério Público do Trabalho de formular tutela inibitória para prevenir a futura lesão de direitos fundamentais trabalhistas**. (Informativo nº 175 do TST)

6. Com base no art. 5º, XXXVI, da CF e no art. 6º da LINDB, **a Lei nº 11.788/2008 não se aplica aos contratos de estágio que, embora estivessem em execução quando de sua entrada em vigor, foram firmados sob a égide da Lei nº 6.494/1977**. (Informativo nº 175 do TST)

7. **O indeferimento do pedido de adiamento da audiência, para que fosse intimada a testemunha não arrolada e que não compareceu espontaneamente, não viola o art. 825 da CLT, nem caracteriza cerceamento do direito de defesa**. (Informativo nº 176 do TST)

8. **A competência para processar e julgar ação movida por servidor público contratado na vigência da Constituição de 1988, sem prévia aprovação em concurso público, depende da natureza do regime jurídico adotado pelo ente público para seus servidores. Se de natureza administrativa ou estatutária, a competência é da Justiça comum. De outra sorte, se o vínculo for regido pelas disposições da CLT, a competência é da Justiça do Trabalho**. (Informativo nº 176 do TST)

9. **Havendo a possibilidade de controle da jornada de trabalho do empregado, mesmo que esta seja externa, inverte-se o ônus da prova, cabendo ao empregador a apresentação do comprovante de controle de frequência, como prova pré-constituída**, nos moldes do art. 74, §2º, da CLT. (Informativo nº 176 do TST)

10. Assim, **estabelecido o nexo causal entre a doença e a execução de atividade de risco, é devido o pagamento de indenização por danos morais, independentemente de haver culpa do empregador**. (Informativo nº 177 do TST)

Bloco 03

1. Da diretriz firmada no art. 37, XIII, da CF, extrai-se que é vedada a pretensão de equiparação salarial entre servidores públicos pertencentes aos quadros da Administração direta, autárquica ou fundacional, inclusive quando contratados pelo regime celetista. (Informativo nº 177 do TST)

2. **O depósito judicial efetuado antes do deferimento do processo de recuperação judicial desliga-se do patrimônio da empresa e assume o papel de garantia de uma futura execução, razão pela qual não está à disposição do Juízo falimentar, mas do Juízo trabalhista**. (Informativo nº 177 do TST)

3. No caso, **a norma coletiva fixou o percentual máximo de desconto de 50% sobre o salário base em folha de pagamento, em consonância, portanto, com a Orientação Jurisprudencial nº 18 da SDC, que delimita os descontos salariais autorizados por meio de norma coletiva a 70% do salário base.** (Informativo nº 178 do TST)

4. A SDC, por unanimidade, conheceu de recurso ordinário e, no mérito, negou-lhe provimento para manter a decisão do Tribunal Regional que considerou **válida as cláusulas de termo aditivo em acordo coletivo de trabalho por meio das quais se formalizou expressamente a jornada de 8 horas em regime de trabalho em turnos ininterruptos de revezamento e, concomitantemente, se estabeleceu transação extrajudicial para a quitação das 7ª e 8ª horas como extras relativas ao período pretérito**, no qual o regime de turnos ininterruptos era adotado pela Companhia de Saneamento Básico do Estado de São Paulo – Sabesp **sem respaldo em norma coletiva**. (Informativo nº 178 do TST)

5. **A decisão de Turma que afasta a prescrição insere-se no conceito de "decisão de mérito" a que alude a Súmula nº 288, IV, do TST**, na redação conferida pelo Tribunal Pleno em 12.4.2016 no julgamento do processo TST-E-ED-RR-235-20.2010.5.20.0006. Por conseguinte, o acórdão recorrido que não aplica a modulação dos efeitos, não obstante a Turma haja proferido decisão sobre prescrição antes de 12.4.2016, contraria o item IV da Súmula 288 do TST. (Informativo nº 178 do TST)

6. Ao julgar procedente o pedido para anular a decisão proferida, o Ministro Alexandre de Moraes consignou que, **embora a Turma do TST não tenha declarado expressamente a inconstitucionalidade incidental, afastou a aplicação da Lei nº 8.978/95 sem a incidência do art. 97 da CF, em desrespeito à cláusula de reserva de plenário (Súmula Vinculante 10). Assim, determinou expressamente que a "autoridade reclamada submeta a análise da questão constitucional incidental ao órgão competente, em conformidade com o art. 97 da Constituição Federal e a Súmula Vinculante 10**, uma vez que o órgão fracionário já se posicionou pela declaração de inconstitucionalidade". TST- ArgInc-534-74.2014.5.23.0005, Tribunal Pleno, rel. Min. Maria de Assis Calsing, 2.4.2018 e 28.5.2018 (Informativo nº 179 do TST)

7. **Não se admite a redução do intervalo intrajornada nos dias em que concomitantemente houver prestação de horas extras, ainda que presente a autorização do Ministério do Trabalho a que se refere o art. 71, § 3º, da CLT**. (Informativo nº 179 do TST)

8. Contraria a Súmula nº 377 do TST a decisão turmária que afasta a aplicação da referida súmula ao fundamento de que a exigência a respeito de o preposto ser empregado da empresa somente se justifica no caso de audiência única, ou seja, aquela que não foi fracionada. (...) Tal interpretação, todavia, extrapola os limites da súmula em análise, pois **a audiência é una (art. 849 da CLT), e ainda que o fracionamento seja permitido, ele não retira a obrigação de a reclamada estar regularmente representada.** (Informativo nº 180 do TST)

9. **A estipulação, por mera liberalidade da empresa, de base de cálculo mais vantajosa que o salário mínimo para o pagamento do adicional de insalubridade configura direito adquirido dos empregados**. (Informativo nº 180 do TST)

10. Conforme atual entendimento do Supremo Tribunal Federal, **o deferimento de diferenças salariais correspondentes à distorção apurada em razão da concessão de reajuste geral anual realizado por meio de pagamento de abonos em valores fixos, fundado na inobservância do art. 37, X, parte final, da CF, esbarra no óbice previsto na Súmula Vinculante 37**, segundo a qual "não cabe ao Poder Judiciário, que não tem função legislativa, aumentar vencimentos de servidores públicos sob o fundamento de isonomia". (Informativo nº 180 do TST)

Bloco 04

1. **A ação em que viúva e filhos de empregado falecido pleiteiam, em nome próprio, o pagamento de indenização por danos morais e materiais decorrentes da morte de seu ente familiar por suposta doença ocupacional adquirida no curso do contrato de emprego se submete à prescrição prevista no art. 206, § 3º, do Código Civil**. (Informativo nº 180 do TST)

2. **A homologação de acordo extrajudicial perante o Juízo cível, relativo a distrato comercial, não impede o ajuizamento de reclamação trabalhista em que se requer o reconhecimento de vínculo de emprego**. (Informativo nº 180 do TST)

3. A jurisprudência do TST, alicerçada no art. 4º, II, § 1º, da Lei nº 10.101/2000, permite à Justiça do Trabalho decidir a respeito de participação nos lucros e resultados por meio do sistema da arbitragem de ofertas finais, quando as partes assim pactuarem. (...) Tal sistema, todavia, não comporta a atuação do TRT, ainda que com a finalidade de pacificar o conflito, pois **o árbitro deve ater-se a escolher uma das ofertas definitivas apresentadas pelos demandantes**. Assim, **na hipótese em que a Corte Regional, ante a ausência de propostas das partes, desempenhou o papel de mediador do conflito e arbitrou valor para cada trabalhador a título de participação nos lucros e resultados, verifica-se que houve extrapolamento da expressa delimitação fixada pelos interessados para a atuação do poder normativo**. (Informativo nº 180 do TST)

4. **A Súmula nº 28 do TST, que, no caso de conversão da reintegração em indenização dobrada, garante o direito aos salários até a data da primeira decisão que determinou a referida conversão,**

aplica-se também à hipótese de rompimento da relação de trabalho por ato discriminatório, a que se refere o art. 4º da Lei nº 9.029/1995. A tese consagrada na referida súmula diz respeito aos efeitos concretos da conversão de qualquer reintegração em indenização, independentemente de seus motivos determinantes, pois o fato jurídico relevante, que delimita o marco temporal para o pagamento do salário, é a inexistência da relação de emprego e da contraprestação de serviços, o que ocorreu, no caso, com a prolação da sentença condenatória que deferiu a indenização substitutiva da readmissão (inciso II do art. 4º da Lei nº 9.029/1995). (Informativo nº 180 do TST)

5. A SBDI-I, por unanimidade, conheceu dos embargos interpostos pela reclamada, por divergência jurisprudencial, e, no mérito, por maioria, negou-lhes provimento para manter a decisão turmária que afastara a pena de confissão ficta aplicada à reclamante que justificou sua ausência à audiência mediante a apresentação de atestado médico sem expressa menção à impossibilidade de locomoção. (Informativo nº 180 do TST)

6. Não configura ato ilícito do empregador, capaz de ensejar imediata reintegração, a mera suspensão do empregado detentor de estabilidade por ocupar cargo em direção em sindicato, após o ajuizamento do inquérito judicial para apuração de falta grave, na forma do art. 494 da CLT. Isso não impede, todavia, que, durante o procedimento investigativo, e com base nas provas ali produzidas, o magistrado se convença da probabilidade do direito defendido pelo detentor da estabilidade provisória e, assim, determine o seu retorno ao trabalho em sede de cognição sumária (tutela de urgência). (Informativo nº 180 do TST)

7. O TST, flexibilizando os comandos da Súmula nº 83 da Corte, firmou o entendimento de que o marco divisor para afastar a controvérsia a respeito da interpretação de norma infraconstitucional é o fato de a matéria estar pacificada na SBDI-I e nas oito Turmas do TST, no momento do trânsito em julgado da decisão rescindenda, mesmo que não editada súmula ou orientação jurisprudencial a respeito do tema. (Informativo nº 180 do TST)

8. Na espécie, comprovado que o relatório da Seção de Pesquisa Patrimonial do Núcleo de Centralização de Execução do TRT da 1ª Região não é ato simplesmente opinativo, mas tem aptidão para

autorizar a penhora imediata de numerário em conta bancária da impetrante em processos nos quais ela não figura como executada, é evidente a ocorrência de lesão patrimonial cuja reparação não pode aguardar o julgamento de eventuais embargos à execução ou embargos de terceiro. (Informativo nº 180 do TST)

9. **Não cabe recurso ordinário contra decisão de TRT que não admite Incidente de Resolução de Demanda Repetitiva - IRDR**. (Informativo nº 181 do TST)

10. **O exame da sucessividade das transferências, para efeito de aferição do direito à percepção do adicional respectivo, não deve levar em consideração aquelas efetuadas no período prescrito, sob pena de os efeitos jurídicos de uma transferência já abarcada pela prescrição repercutirem na pretensão relativa ao adicional correspondente às transferências do período não prescrito**. (Informativo nº 181 do TST)

Bloco 05

1. **Na hipótese em que o empregado faleceu em razão de acidente de trânsito ocorrido durante o transporte em veículo fornecido pela empresa, a responsabilidade da empregadora é objetiva, a teor dos arts. 734 e 735 do Código Civil**. O contrato de transporte, na espécie, é acessório ao contrato de trabalho e caracteriza-se, essencialmente, pela existência de cláusula de incolumidade que implica em obrigação de resultado, ou seja, em levar o passageiro em segurança até o seu destino. (Informativo nº 181 do TST)

2. Assim, **a empresa que fornece transporte aos seus empregados equipara-se ao transportador, assumindo, portanto, o ônus e o risco dessa atividade, ainda que o estado de conservação e de manutenção do veículo seja satisfatório ou que não reste comprovada eventual falha na adoção de medidas de segurança**. (Informativo nº 181 do TST)

3. **As anotações das Folhas Individuais de Presença - FIPs não têm o condão de desnaturar a característica de autoridade máxima do gerente geral na agência bancária, pois se destinam tão somente ao controle de frequência do empregado, e não de horário**. (Informativo nº 181 do TST)

4. É inaplicável a pena de confissão ficta, quando do conjunto da defesa for possível ao julgador extrair que houve, ainda que de forma genérica, oposição às afirmações do autor. Trata-se de exceção à regra do ônus da impugnação específica, prevista no caput do art. 302 do CPC de 1973. (Informativo nº 181 do TST)

5. Assim, **mantido o ônus probatório a cargo do autor, dele se exige que faça prova de suas alegações, não sendo possível o corte**

rescisório pretendido, porquanto a violação a dispositivo de lei a que se refere o art. 485, V, do CPC de 1973, capaz de ensejar a desconstituição da coisa julgada, deve ser latente e literal, o que não se verifica na hipótese vertente, em que a norma processual incidente na espécie fora devidamente aplicada. (Informativo nº 181 do TST)

6. **A cláusula de convenção coletiva que autoriza o pagamento dos salários até o dia dez do mês seguinte ao trabalhado viola frontalmente o art. 459, § 1º, da CLT**. (Informativo nº 182 do TST)

7. É devido o adicional de periculosidade ao piloto de helicóptero que acompanhava o abastecimento da aeronave até oito vezes por semana, por quatro minutos, pois configurado o contato intermitente com o agente de risco. (Informativo nº 182 do TST)

8. **A cláusula de convenção coletiva que autoriza o pagamento dos salários até o dia dez do mês seguinte ao trabalhado viola frontalmente o art. 459, § 1º, da CLT**. (Informativo nº 182 do TST)

9. Assim, **embora o sistema do PJe não tenha gerado imediatamente a autuação do feito por constar "pendência de assinatura", uma vez comprovado o ajuizamento regular da ação em 4.3.2015, não pode o TRT considerar, para fins de contagem do prazo decadencial, a data em que sanado o problema que impediu a instantânea autuação e distribuição da ação**. TST-RO-10484-03.2015.5.01.0000, SBDI-II, rel. Min. Emmanoel Pereira, 21.8.2018 (Informativo nº 182 do TST)

10. **Quando acolhida a preliminar de negativa de prestação jurisdicional, com determinação de retorno dos autos ao Regional e prejudicialidade dos temas remanescentes, pode a parte recorrente apenas ratificar as razões recursais anteriores, desde que observado o prazo recursal e não tenha havido alteração da situação jurídica**. (Informativo nº 183 do TST)

Bloco 06

1. **A mera reiteração das insurgências já expostas no recurso de revista é suficiente para demonstrar o interesse no julgamento do apelo quanto aos temas remanescentes, admitindo-se, portanto, a aplicação do princípio da instrumentalidade das formas, nos termos do art. 277 do CPC de 2015**. (Informativo nº 183 do TST)

2. É possível o conhecimento de recuso de revista por contrariedade a precedente normativo do TST, pois, embora o art. 896, "a", da CLT, com redação dada pela Lei nº 13.015/2014, refira-se a "súmula de jurisprudência uniforme", pode-se afirmar que jurisprudência uniformizada é gênero, do qual súmulas, orientações jurisprudenciais e precedentes normativos são espécies. (Informativo nº 183 do TST)

3. **A contratação pelo dono da obra de empresa para construir, manter e conservar estrada (obras de construção civil), ainda que por prazo indeterminado, não enseja responsabilidade solidária ou subsidiária pelas obrigações trabalhistas contraídas pelo empreiteiro, consoante entendimento contido na Orientação Jurisprudencial nº 191 da SBDI-I**. (Informativo nº 183 do TST)

4. Na espécie, prevaleceu o entendimento de que **a sentença proferida na fase de conhecimento foi silente quanto à base de cálculo da multa dissidial, prevista em norma coletiva, razão pela qual coube ao Juízo da execução definir, em sede de embargos de declaração em embargos à execução, o salário base do reclamante como parâmetro de cálculo. Contudo, após o trânsito em julgado da referida decisão, o debate ressurgiu em posterior agravo de petição, ao qual foi dado provimento para fixar como base de cálculo da**

multa a remuneração do empregado, em flagrante afronta à coisa julgada formada na primeira decisão. (Informativo nº 183 do TST)

5. Afronta o art. 37, II, da CF a decisão que confere à demissão de empregada contratada para ocupar emprego em comissão em sociedade de economia mista idêntica consequência jurídica aplicável ao contrato nulo (Súmula nº 363 do TST), pois não se trata de contratação irregular. Assim, embora não se possa cogitar do pagamento de aviso prévio e de indenização de 40% do FGTS, ante a precariedade do vínculo existente entre as partes, à trabalhadora é devido o décimo terceiro salário proporcional e as férias proporcionais (art. 7º, VIII e XVII, da CF). (Informativo nº 183 do TST)

6. Afasta-se a presunção de dispensa arbitrária e discriminatória a que se refere a Súmula nº 443 do TST na hipótese em que a demissão de empregado portador do vírus HIV foi motivada por processo de reestruturação organizacional, e ocorreu dezesseis anos após o empregador ter conhecimento da condição do reclamante. (Informativo nº 184 do TST)

7. Não cabe condenação de honorários advocatícios na ação anulatória em que a parte sucumbente na ação é o Ministério Público do Trabalho, salvo comprovada má-fé. (Informativo nº 185 do TST)

8. É possível reconhecer a competência territorial do foro do domicílio da reclamante quando a atribuição da competência ao juízo do Trabalho da contratação ou da prestação dos serviços inviabilizar a garantia do exercício do direito de ação. As regras do art. 651 da CLT não devem ser interpretadas de forma literal, mas sistematicamente, de modo a concretizar os direitos e garantias fundamentais insculpidos na Constituição da República. (Informativo nº 185 do TST)

9. **A conversão de 1/3 do período de férias em abono pecuniário, conforme o art. 143 da CLT, é um direito potestativo do empregado, razão pela qual não pode ser imposta pelo empregador, sob pena de descumprimento dos arts. 134 e 143 da CLT e 7º, XVII, da CF.** (Informativo nº 186 do TST)

10. Ausente a livre escolha do trabalhador, aplica-se a sanção do art. 137 da CLT, que impõe o pagamento em dobro do período não usufruído, a fim de coibir a prática que compromete o direito ao descanso anual. (Informativo nº 186 do TST)

Bloco 07

1. **No caso em que o acórdão recorrido foi publicado em 10.11.2017, ou seja, um dia antes da entrada em vigor da Lei nº 13.467/2017 (Reforma Trabalhista), a contagem do prazo para a interposição de recurso segue a regra do art. 775 da CLT vigente à época da publicação do acórdão, ou seja, dias corridos.** (Informativo nº 186 do TST)

2. Não é possível contar o prazo em dias úteis, conforme estipulado pela Lei da Reforma Trabalhista, pois **embora as normas de natureza processual tenham aplicação imediata em relação aos processos em curso, não operam efeito retroativo, tendo em vista o princípio *tempus regit actum*.** (Informativo nº 186 do TST)

3. **A interposição de recurso eivado de irregularidade de representação processual, ainda que considerado inexistente, produz efeitos processuais, acarretando a preclusão consumativa.** (Informativo nº 186 do TST)

4. Desse modo, **a interposição do segundo apelo não possui o condão de sanar os vícios que contaminaram o primeiro recurso, porquanto nem sequer é passível de exame.** (Informativo nº 186 do TST)

5. **Na hipótese em que o empregado, exercente do cargo de supervisor, tem à sua disposição veículo exclusivo, fornecido pela empresa, para que efetue seu próprio deslocamento até o local de trabalho não servido por transporte público regular, não há falar em direito a horas *in itinere*.** (Informativo nº 186 do TST)

6. **A Justiça do Trabalho é manifestamente incompetente para julgar pedido de indenização por perdas e danos decorrentes da rescisão de contrato de parceria rural, em que ajustado o fornecimento de animais, alimentos e medicamentos pela empresa contratante, cabendo aos contratados responsabilizarem-se pela criação e engorda de aves, sendo remunerados de acordo com os resultados alcançados.** (Informativo nº 186 do TST)

7. **Cabe mandado de segurança contra decisão que, embora ostente caráter interlocutório, contraria a jurisprudência pacífica, reiterada e notória do TST.** (Informativo nº 186 do TST)

8. **O art. 6º da IN nº 39/2016 do TST e o art. 855-A da CLT (incluído pela Lei nº 13.467/2017) estabelecem a aplicação do incidente de desconsideração da personalidade jurídica (arts. 133 a 137 do CPC de 2015) ao Processo do Trabalho. Assim, se na vigência do CPC de 2015 a execução provisória é redirecionada contra a representante legal da pessoa jurídica sem a observância do referido incidente, cabe mandado de segurança para discutir a extensão dos efeitos da obrigação contida no título executivo aos bens particulares da administradora da empresa.** (Informativo nº 186 do TST)

9. **A pretensão a diferenças salariais por inobservância dos critérios de promoção por merecimento** previstos no PCCS/86 da Empresa Baiana de Águas e Saneamento S.A. - Embasa **sujeita-se à prescrição total a que se refere a Súmula nº 294 do TST. A inequívoca revogação** do PCCS/86 pelo PCCS/98 **afasta a aplicação da prescrição parcial (Súmula nº 452 do TST), pois não subsiste a lesão sucessiva, que se renovava mês a mês, pela inobservância dos critérios de promoção estabelecidos no extinto plano de cargos e salários da empresa.** (Informativo nº 187 do TST)

10. **Em sede de embargos, o exame de arguição de fato superveniente relevante ao deslinde da controvérsia, surgido quando já interposto o recurso, está condicionado ao conhecimento do apelo.** (Informativo nº 187 do TST)

Bloco 08

1. Em outras palavras, **conquanto se admita a invocação de fato novo até mesmo na instância extraordinária (Súmula nº 394 do TST), a verificação da adequação do fato ao desenlace da discussão exige o enfrentamento do mérito, razão pela qual é inafastável o prévio preenchimento dos requisitos extrínsecos e intrínsecos do recurso.** (Informativo nº 187 do TST)

2. **Não tem eficácia a ressalva oposta em termo de rescisão contratual, na hipótese em que havia ajuste coletivo prevendo a quitação ampla e geral do contrato de trabalho em caso de adesão de empregado da Administração dos Portos de Paranaguá e Antonina (APPA) a plano de dispensa incentivada. <u>Aplica-se ao caso a tese fixada pelo STF no RE 590.415/SC.</u>** (Informativo nº 187 do TST)

3. **A multa convencional por descumprimento de norma coletiva <u>tem a mesma natureza jurídica de cláusula penal, isto é, trata-se de obrigação acessória pela qual as partes acordam indenização no caso de inobservância do ajuste firmado entre elas.</u>** (Informativo nº 187 do TST)

4. **Ofende direito líquido e certo a decisão judicial que, <u>na vigência do CPC de 1973</u>, <u>determinou a penhora de 30% da remuneração líquida da executada, ainda que os atos que deram cumprimento à referida decisão tenham sido efetivados sob a égide do CPC de 2015</u>.** Incidência da Orientação Jurisprudencial nº 153 da SBDI-II. (Informativo nº 187 do TST)

5. Conforme vem se posicionando o STF e o STJ, **<u>o *habeas corpus* tem cabimento restrito à defesa da liberdade de locomoção primária (direito de ir, de vir ou de permanecer), ou seja, é meio de</u>**

proteção a direitos que tenham como condição necessária para o seu exercício a liberdade física. (Informativo nº 187 do TST)

6. Assim, é incabível ***habeas corpus*** **para discutir cláusula contratual envolvendo atleta profissional de futebol, com pedido de transferência imediata para outra agremiação desportiva e de rescisão indireta do contrato de trabalho.** (Informativo nº 187 do TST)

7. Conforme entendimento consagrado pelo Supremo Tribunal Federal nos autos do processo STF-Rcl 3303/PI, **a restrição da competência da Justiça do Trabalho para julgar as causas de interesse de servidores públicos, resultante do decidido na ADI 3395/DF-MC, não alcança as ações civis públicas propostas pelo Ministério Público do Trabalho cuja causa de pedir seja o descumprimento de normas de segurança, saúde e higiene dos trabalhadores.** (Informativo nº 188 do TST)

8. **A parcela denominada** ***hiring bonus*** **ou bônus de contratação - que visa atrair empregados altamente qualificados que já mantêm contrato de trabalho com outro empregador –, embora ostente natureza salarial, tem seus reflexos limitados ao depósito do FGTS e à respectiva multa de 40%, correspondentes ao mês de pagamento da verba. Trata-se de parcela paga uma única vez, de modo que sua repercussão esgota-se no próprio mês de pagamento.** (Informativo nº 188 do TST)

9. **Ofende direito líquido e certo do devedor a decisão judicial que determina a citação para pagamento ou garantia da execução em 48 horas e, ao mesmo tempo, ordena o imediato bloqueio de valores via Bacen-Jud, com base no poder geral de cautela previsto no art. 927 do CPC de 2015.** (Informativo nº 188 do TST)

10. **Não cabe mandado de segurança para impugnar decisões relacionadas ao reembolso de despesas do leiloeiro/depositário proferidas na fase de execução, quando não há dúvidas de que o tribunal de origem admite o cabimento de agravo de petição.** (Informativo nº 188 do TST)

Bloco 09

1. **A adesão voluntária do empregado ao Programa de Demissão Incentivada (PDI/2001), instituído pelo Banco do Estado de Santa Catarina - BESC, implica o reconhecimento da quitação ampla e irrestrita de todas as parcelas objeto do contrato de emprego (conforme previsto no acordo coletivo que aprovou o plano), incluindo o pedido de indenização por danos morais.** (Informativo nº 189 do TST)

2. **A reconvenção, medida processual por meio da qual a parte exerce pretensão própria e autônoma, *não se confunde com a ação principal*, mas apenas pressupõe a existência desta.** (Informativo nº 189 do TST)

3. **Na hipótese em que a parte é sucumbente tanto na ação trabalhista quando na reconvenção, mas efetua o preparo referente à reclamação trabalhista somente, não há falar em deserção do recurso ordinário relativo à reclamatória** (Informativo nº 189 do TST)

4. **Ainda que ausente a assinatura manual ou eletrônica do subscritor do recurso de revista, é regular o apelo interposto via peticionamento eletrônico que segue as orientações do TRT encarregado de recebê-lo.** (Informativo nº 189 do TST)

5. **Os fatos reconhecidos em sentença criminal condenatória transitada em julgado *não podem* ser rediscutidos na seara trabalhista, ante o princípio da unidade da jurisdição.** (Informativo nº 189 do TST)

6. **A decisão penal se sobrepõe à sentença trabalhista, de modo que esta não pode subsistir com conteúdo decisório oposto àquele que**

transitou em julgado na esfera criminal. (Informativo nº 189 do TST)

7. **O STF reputou legítima a exigência de comparecimento pessoal do titular da conta de FGTS para levantamento de valores**. (Informativo nº 894 do STF)

8. **Segundo o STF, a exigência em questão é uma obrigação personalíssima que resguarda o direito do titular da conta vinculada, além de evitar fraudes e a malversação dos valores depositados, por parte de terceiros. Preservados, assim, o direito de representação e o direito adquirido dos trabalhadores**. (Informativo nº 894 do STF)

9. Em relação à impugnação do art. 29-A, o STF considerou válida a explicitação de **que os valores suscetíveis de correção do FGTS devem ser lançados na conta vinculada do trabalhador. Essa norma garante a devida correção monetária do FGTS por meio de lançamento na própria conta vinculada, como ocorre nos depósitos do valor principal. Essa medida evita que ocorram saques de parcelas acessórias fora das hipóteses que a lei autoriza**. (Informativo nº 894 do STF)

10. **Segundo o STF, a Comissão de Conciliação Prévia constitui meio legítimo, mas não obrigatório, de solução de conflitos, resguardado o acesso à Justiça para os que venham a ajuizar demandas diretamente no órgão judiciário competente, e manter hígido o inciso II do art. 852-B da CLT.** (Informativo nº 894 do STF)

Bloco 10

1. **Segundo o STF, a "eficácia liberatória geral" do termo neles contido está relacionada ao que foi objeto da conciliação. Diz respeito aos valores discutidos e não se transmuta em quitação geral e indiscriminada de verbas trabalhistas.** (Informativo nº 894 do STF)

2. **Segundo o STF, é desnecessário prévio cumprimento de requisitos desproporcionais, procrastinatórios ou inviabilizadores para a submissão de pleito ao órgão judiciário. Não cabe à legislação infraconstitucional expandir o rol de exceções ao direito de acesso ao Judiciário.** (Informativo nº 894 do STF)

3. **Segundo o STF, contraria a CF a interpretação do art. 625-D e parágrafos que reconheça a submissão da pretensão à Comissão de Conciliação Prévia como requisito para ajuizamento de reclamação trabalhista.** (Informativo nº 894 do STF)

4. Além disso, **é legítima a citação estabelecida no inciso II do art. 852-B da CLT. Um de seus objetivos é conferir celeridade e efetividade ao rito sumaríssimo adotado na Justiça do Trabalho.** (Informativo nº 894 do STF)

5. **Segundo o STF, é** lícita a terceirização ou qualquer outra forma de divisão do trabalho entre pessoas jurídicas distintas, independentemente do objeto social das empresas envolvidas, mantida a responsabilidade subsidiária da empresa contratante. (Informativo nº 913 do STF)

6. Além disso, **a** terceirização das atividades-meio ou das atividades-fim de uma empresa tem amparo nos **princípios constitucionais da livre iniciativa e da livre concorrência, que asseguram aos agentes**

econômicos a liberdade de formular estratégias negociais indutoras de maior eficiência econômica e competitividade (Informativo nº 913 do STF)

7. **O Juízo da Infância e da Juventude é a autoridade que reúne os predicados e as capacidades institucionais necessárias para a realização de exame de tamanha relevância e responsabilidade.** (Informativo nº 917 do STF)

8. O Plenário, por maioria, acolheu parcialmente embargos de declaração para fixar a seguinte tese: "**A Empresa Brasileira de Correios e Telégrafos (ECT) tem o dever jurídico de motivar, em ato formal, a demissão de seus empregados**." (Informativo nº 919 do STF)

9. Em atenção (...) **aos princípios da impessoalidade e isonomia, que regem a admissão por concurso público, a dispensa do empregado de empresas públicas e sociedades de economia mista que prestam serviços públicos deve ser motivada, assegurando-se, assim, que tais princípios, observados no momento daquela admissão, sejam também respeitados por ocasião da dispensa.** (Informativo nº 919 do STF)

10. **A incidência da estabilidade prevista no art. 10, II, do Ato das Disposições Constitucionais Transitórias (ADCT) somente exige a anterioridade da gravidez à dispensa sem justa causa.** (Informativo nº 91 do STF)

ANEXOS

Anexo I
Guia de Leitura e Revisão

LEITURA E REVISÃO DO LIVRO EM 30 DIAS

PARTE I

DIA 01	DIA 02	DIA 03	DIA 04	DIA 05
Informativo TST 171	Informativo TST 172	Informativo TST 173 Informativo TST 174	Informativo TST 175 Informativo TST 176	Informativo TST 177 Informativo TST 178

DIA 06	DIA 07	DIA 08	DIA 09	DIA 10
Informativo TST 179	Informativo TST 180 Informativo TST 181	Informativo TST 182 Informativo TST 183 Informativo TST 184	Informativo TST 185 Informativo TST 186 Informativo TST 187	Informativo TST 188 Informativo TST 189 Informativos do STF

PARTE II

DIA 11	DIA 12	DIA 13	DIA 14	DIA 15
Simulado 01	Simulado 02	Simulado 03	Simulado 04	Simulado 05

DIA 16	DIA 17	DIA 18	DIA 19	DIA 20
Simulado 06	Simulado 07	Simulado 08	Simulado 09	Simulado 10

PARTE III

DIA 21	DIA 22	DIA 23	DIA 24	DIA 25
Bloco 01	Bloco 02	Bloco 03	Bloco 04	Bloco 05

DIA 26	DIA 27	DIA 28	DIA 29	DIA 30
Bloco 06	Bloco 07	Bloco 08	Bloco 09	Bloco 10

LEITURA E REVISÃO DO LIVRO EM 15 DIAS

PARTE I

DIA 01	DIA 02	DIA 03	DIA 04	DIA 05
Informativo TST 171 Informativo TST 172	Informativo TST 173 Informativo TST 174 Informativo TST 175 Informativo TST 176	Informativo TST 177 Informativo TST 178 Informativo TST 179 Informativo TST 180	Informativo TST 181 Informativo TST 182 Informativo TST 183 Informativo TST 185	Informativo TST 186 Informativo TST 187 Informativo TST 188 Informativo TST 189 Informativos do STF

PARTE II

DIA 06	DIA 07	DIA 08	DIA 09	DIA 10
Simulado 01 Simulado 02	Simulado 03 Simulado 04	Simulado 05 Simulado 06	Simulado 07 Simulado 08	Simulado 09 Simulado 10

PARTE III

DIA 11	DIA 12	DIA 13	DIA 14	DIA 15
Bloco 01 Bloco 02	Bloco 03 Bloco 04	Bloco 05 Bloco 06	Bloco 07 Bloco 08	Bloco 09 Bloco 10

Anexo II
Índice dos Julgados por Tema

Direito Administrativo. Magistrado. Ajuda de custo. Despesas de transporte e mudança de dependentes. Deslocamento para localidade diversa daquela para a qual o magistrado foi removido. Ausência de previsão legal. (Informativo 175 - TST)

Direito do Trabalho. Ação anulatória. Acordo coletivo de trabalho. Cláusula que fixa percentual máximo de 50% do salário base para desconto em folha de pagamento. Validade. (Informativo 177 - TST)

Direito do Trabalho. Ação anulatória. Acordo coletivo de trabalho. Regularização da jornada em turnos ininterruptos de revezamento. Quitação extrajudicial de horas extras pretéritas. Transação coletiva sindical. Validade. (Informativo 178 - TST)

Direito do Trabalho. Ação anulatória. Cláusula convencional que proíbe os condomínios de contratarem empregados terceirizados. Nulidade. Ofensa ao princípio constitucional da livre concorrência. (Informativo 174 - TST)

Direito do Trabalho. Ação anulatória. Substituição não eventual. Salário do substituto. Limitação temporal. Cláusula inválida. Súmula nº 159, I, do TST. (Informativo 172 - TST)

Direito do Trabalho. Adicional de insalubridade. Estipulação de base de cálculo mais benéfica que o salário mínimo. Adoção do salário básico por liberalidade da empresa. Direito adquirido dos empregados. (Informativo 180 - TST)

Direito do Trabalho. Adicional de insalubridade. Piloto de helicóptero que acompanhava o abastecimento da aeronave. Contato intermitente. Adicional devido. (Informativo 182 - TST)

Direito do Trabalho. Adicional de transferência. Período imprescrito. Única transferência. Caráter definitivo. Adicional indevido. (Informativo 181 - TST)

Direito do Trabalho. Administração dos Portos de Paranaguá e Antonina (APPA). Norma Coletiva. Plano de dispensa incentivada (PDI). Cláusula de quitação geral do contrato de trabalho. Validade. Ineficácia das ressalvas opostas no termo de rescisão contratual quanto às ações judiciais ajuizadas até 31.7.2014. Aplicação da tese fixada pelo STF no RE 590.415/ SC. (Informativo 187 - TST)

Direito do Trabalho. Bancário. Gerente geral de agência. Exercício do cargo de mando e gestão. Preenchimento de Folha Individual de Presença - FIP. Controle de frequência e não de horário. Enquadramento no art. 62, II, da CLT. (Informativo 181 - TST)

Direito do Trabalho. BESC. Programa de Demissão Incentivada (PDI/2001). Negociação coletiva. Cláusula de quitação geral do contrato de emprego. Inclusão da indenização por danos morais. (Informativo 189 - TST)

Direito do Trabalho. Complementação de aposentadoria. Regulamento aplicável. Acórdão turmário que afasta a prescrição. Decisão de mérito. Incidência da modulação prevista no item IV da Súmula nº 288 do TST. (Informativo 178 - TST)

Direito do Trabalho. Contrato de estágio. Lei nº 11.788/2008. Não incidência aos contratos em curso firmados sob a égide da Lei nº 6.494/1977. (Informativo 175 - TST)

Direito do Trabalho. Dano moral. Imputação de ato de improbidade. Dispensa por justa causa. Reversão em juízo. Indenização devida. Dano in re ipsa. (Informativo 172 - TST)

Direito do Trabalho. Dispensa discriminatória. Conversão da readmissão em indenização dobrada. Art. 4º, II, da Lei nº 9.029/1995. Incidência da Súmula nº 28 do TST. (Informativo 180 - TST)

Direito do Trabalho. Doença ocupacional. Construção Civil. Pedreiro que desenvolveu hérnia de disco. Responsabilidade objetiva. Configuração. (Informativo 177 - TST)

Direito do Trabalho. ECT: despedida de empregado e motivação. (Informativo 919 - STF)

Direito do Trabalho. Embasa. PCCS/86. Promoções por merecimento. Revogação pelo PCCS/98. Incidência da prescrição total. Súmula nº 294 do TST. (Informativo 187 – TST)

Direito do Trabalho. Empregada gestante e requisito para configuração da estabilidade (Informativo 919 - STF)

Direito do Trabalho. Empregado portador de doença grave. HIV. Empregador ciente da condição do reclamante muitos anos antes da demissão. Processo de reestruturação organizacional. Dispensa arbitrária e discriminatória. Não ocorrência. Inaplicabilidade da Súmula nº 443 do TST. (Informativo 184 – TST)

Direito do Trabalho. Férias. Conversão de 1/3 do período em abono pecuniário. Imposição do empregador. Aplicação da sanção do art. 137 da CLT. Pagamento em dobro devido. Dedução dos valores recebidos a título de abono pecuniário. (Informativo 186 – TST)

Direito do Trabalho. FGTS. (Informativo 894 - STF)

Direito do Trabalho. Fundação de Atendimento Sócio-Educativo do Rio Grande do Sul – FASE. Reajuste de 11,84% concedido apenas a alguns empregados. Equiparação salarial. Impossibilidade. Orientação Jurisprudencial nº 297 da SBDI-I. (Informativo 177 – TST)

Direito do Trabalho. Hiring bonus. Natureza jurídica salarial. Reflexos limitados ao depósito do FGTS e à multa de 40% correspondentes ao mês de pagamento da parcela. (Informativo 188 – TST)

Direito do Trabalho. Horas in itinere. Local de trabalho não servido por transporte público regular. Automóvel fornecido pela empresa para que o empregado realize seu próprio deslocamento. Situação diversa da prevista no item I da Súmula nº 90 do TST. Pagamento indevido. (Informativo 186 – TST)

Direito do Trabalho. Indenização por dano moral e material. Morte do trabalhador em razão de suposta moléstia profissional. Ação ajuizada pelos sucessores em nome próprio. Direito personalíssimo e autônomo. Natureza cível. Prescrição do Código Civil. (Informativo 180 – TST)

Direito do Trabalho. Intervalo intrajornada. Redução. Autorização do Ministério do Trabalho. Horas extras prestadas sem habitualidade. Pagamento das horas extraordinárias decorrentes da redução do intervalo intrajornada restrito aos dias em que houve efetivo trabalho em sobrejornada. (Informativo 179 – TST)

Direito do Trabalho. Justiça do Trabalho e terceirização de atividade-fim (Informativo 913 - STF)

Direito do Trabalho. Klabin S.A. e Engecram Indústria da Construção Civil Ltda. Dono da obra. Caracterização. Contrato de empreitada de construção civil. Inexistência de responsabilidade subsidiária. Incidência da Orientação Jurisprudencial nº 191 da SBDI-I. (Informativo 183 – TST)

Direito do Trabalho. Multa convencional. Natureza jurídica de cláusula penal. Limitação da multa ao valor da obrigação principal. Art. 412 do Código Civil de 2002. Orientação Jurisprudencial nº 54 da SBDI-I. (Informativo 187 – TST)

Direito do Trabalho. Pagamento de salário após o quinto dia útil. Previsão em norma coletiva. Invalidade. Afronta ao art. 459, §1º, da CLT. Multa devida. (Informativo 182 – TST)

Direito do Trabalho. Participação nos Lucros e Resultados. Base de cálculo restrita ao salário base acrescido de verbas fixas de natureza salarial. Integração das horas extras. Impossibilidade. Verba de natureza variável. (Informativo 173 – TST)

Direito do Trabalho. Plano de saúde. Suspensão após 180 dias de afastamento por auxílio-doença ou acidente de trabalho. Norma coletiva. Invalidade. (Informativo 173 – TST)

Direito do Trabalho. Servidor público. Reajuste geral anual. Art. 37, X, da CF. Concessão em abonos fixos. Deferimento de diferenças salariais correspondentes à distorção apurada. Impossibilidade. Súmula Vinculante 37. (Informativo 180 – TST)

Direito do Trabalho. Transporte de empregado. Veículo fornecido pelo empregador. Acidente de trânsito fatal. Responsabilidade objetiva da empresa. Contrato de transporte. Arts. 734 e 735 do Código Civil. (Informativo 181 – TST)

Direito Processual do Trabalho Mandado de segurança. Não cabimento. Ressarcimento de despesas do leiloeiro e depositário judicial. Existência de recurso próprio. Incidência da Orientação Jurisprudencial nº 92 da SBDI-II. (Informativo 188 – TST)

Direito Processual do Trabalho. Ação anulatória. Pedido de condenação ao pagamento de honorários advocatícios em razão da sucumbência do Ministério Público do Trabalho. Impossibilidade. Art. 18 da Lei nº 7.347/1985. Aplicação por analogia. (Informativo 185 - TST)

Direito Processual do Trabalho. Ação civil pública. Adequação do meio ambiente do trabalho. Servidores estaduais estatutários. Competência da Justiça do Trabalho. Súmula nº 736 do STF. (Informativo 188 - TST)

Direito Processual do Trabalho. Ação civil pública. Multa coercitiva. Astreinte. Limitação temporal. Impossibilidade. (Informativo 175 - TST)

Direito Processual do Trabalho. Ação civil pública. Obrigação de fazer. Cumprimento de normas relativas à jornada de trabalho. Ajustamento da conduta após o ajuizamento da ação. Tutela inibitória. Manutenção. (Informativo 175 - TST)

Direito Processual do Trabalho. Ação rescisória ajuizada sob a égide do CPC de 1973. Ilegitimidade ativa ad causam do Distrito Federal para requerer a desconstituição de decisão proferida em reclamação trabalhista ajuizada em face da Caesb. Interesse meramente econômico. Terceiro juridicamente indiferente. (Informativo 171 - TST)

Direito Processual do Trabalho. Ação rescisória ajuizada sob a égide do CPC de 1973. Comissões suprimidas em razão de vendas diretas realizadas pelas reclamadas. Pena de confissão ficta. Inaplicabilidade. Ônus da impugnação específica. Observância. Ausência de violação legal. (Informativo 181 - TST)

Direito Processual do Trabalho. Ação rescisória. Art. 485, II, do CPC de 1973. Contrato de parceria rural. Incompetência da Justiça do Trabalho. (Informativo 186 - TST)

Direito Processual do Trabalho. Ação rescisória. Decadência. Não configuração. Contagem a partir da data de ajuizamento no PJe e não da data de autuação. (Informativo 182 - TST)

Direito Processual do Trabalho. Ação rescisória. Matéria controvertida. Ausência de jurisprudência pacífica no âmbito da SBDI- I e de todas as Turmas do TST. Súmula nº 83 do TST. Incidência. (Informativo 180 - TST)

Direito Processual do Trabalho. Ação rescisória. Violação à coisa julgada. Configuração. Sentença criminal condenatória transitada em julgado em momento anterior ao trânsito em julgado da decisão rescindenda que declarou a nulidade da dispensa do reclamante. Unidade da jurisdição. Não subsistência da decisão proferida na seara trabalhista.

Direito Processual do Trabalho. Ação rescisória. Violação do art. 5º, XXXVI, da CF. Configuração. Conflito entre coisas julgadas na fase de liquidação de sentença. Prevalência da primeira decisão. (Informativo 183 - TST)

Direito Processual do Trabalho. Ação rescisória. Violação do art. 37, II, da CF. Configuração. Sociedade de economia mista. Emprego público em comissão. Direito ao pagamento de férias proporcionais e décimo terceiro salário proporcional. Inaplicabilidade da Súmula nº 363 do TST. (Informativo 183 - TST)

Direito Processual do Trabalho. Acórdão recorrido publicado um dia antes da vigência da Lei nº 13.467/2017. Contagem de prazo em dias úteis. Inaplicabilidade. (Informativo 186 - TST)

Direito Processual do Trabalho. Acordo extrajudicial homologado perante a Justiça comum. Distrato comercial. Ajuizamento de reclamação trabalhista. Pedido de reconhecimento de vínculo de emprego. Coisa julgada material não configurada. (Informativo 180 - TST)

Direito Processual do Trabalho. Agravo não conhecido por irregularidade de representação. Produção de efeitos processuais, apesar de o apelo ser considerado inexistente. Segundo agravo interposto no mesmo dia. Impossibilidade de exame. Preclusão consumativa. Princípio da unirrecorribilidade. (Informativo 186 - TST)

Direito Processual do Trabalho. Arguição de inconstitucionalidade. Art. 25, § 1º, da Lei nº 8.978/95. Instauração do incidente. Determinação expressa do Supremo Tribunal Federal. (Informativo 179 - TST)

Direito Processual do Trabalho. Audiência. Não comparecimento da reclamante. Atestado médico que não registra a impossibilidade de locomoção. Existência de outros elementos que justificam a ausência. Confissão ficta. Afastamento. (Informativo 180 - TST)

Direito Processual do Trabalho. CLT: Comissão de Conciliação Prévia e procedimento sumaríssimo. (Informativo 894 - STF)

Direito Processual do Trabalho. Competência territorial. Término das atividades da filial da empresa na localidade da contratação e da prestação dos serviços. Reclamação trabalhista ajuizada no foro do domicílio da reclamante. Possibilidade. Garantia de acesso à justiça. Preservação do direito de defesa. (Informativo 185 - TST)

Direito Processual do Trabalho. Conhecimento do recurso de revista por contrariedade a precedente normativo do TST. Possibilidade. (Informativo 183 - TST)

Direito Processual do Trabalho. ECA e competências da Justiça do Trabalho. (Informativo 917 - STF)

Direito Processual do Trabalho. Execução. Agravo de petição do exequente. Delimitação de valores prevista no art. 897, § 1º, da CLT. Inexigibilidade. (Informativo 171 - TST)

Direito Processual do Trabalho. Habeas corpus. Não cabimento. Atleta profissional de futebol. Liberação para exercício de atividade esportiva em agremiação diversa. Ausência de restrição ao direito primário de liberdade de locomoção. (Informativo 187 - TST)

Direito Processual do Trabalho. Hospital das Clínicas de Porto Alegre. Ausência de recolhimento de depósito recursal. Deserção não configurada. Gozo dos mesmos privilégios concedidos à Fazenda Pública. (Informativo 172 - TST)

Direito Processual do Trabalho. Incidente de Resolução de Demanda Repetitiva. Não conhecimento pelo TRT. Recurso ordinário. Não cabimento. Art. 987 do CPC de 2015. (Informativo 181 - TST)

Direito Processual do Trabalho. Incompetência da Justiça do Trabalho. Admissão sem concurso público após a Constituição de 1988. Lei do respectivo ente público estabelecendo o regime estatutário. (Informativo 176 - TST)

Direito Processual do Trabalho. Justiça gratuita. Declaração de pobreza. Presunção relativa de veracidade não elidida pelo fato de o reclamante ter percebido salário bastante elevado. (Informativo 171 - TST)

Direito Processual do Trabalho. Justiça gratuita. Indeferimento. Hipossuficiência econômica afastada por circunstâncias reveladas nos autos. Presunção relativa. (Informativo 173 - TST)

Direito Processual do Trabalho. Mandado de segurança. Cabimento. Relatório da Seção de Pesquisa Patrimonial do Núcleo de Centralização de Execução do TRT da 1ª Região. Ato abusivo. (Informativo 180 - TST)

Direito Processual do Trabalho. Mandado de segurança. Cabimento. Decisão interlocutória que contraria a jurisprudência pacífica, reiterada e notória do TST. Não incidência da Orientação Jurisprudencial nº 92 da SBDI-II. (Informativo 186 - TST)

Direito Processual do Trabalho. Mandado de segurança. Cabimento. Execução provisória. Redirecionamento da execução contra sócio. Não observância do incidente de desconsideração da personalidade jurídica. Arts. 133 a 137 do CPC de 2015. Aplicação ao Processo do Trabalho. Art. 6º da IN nº 39/2016 do TST e art. 855-A da CLT. (Informativo 186 - TST)

Direito Processual do Trabalho. Mandado de segurança. Decisão judicial proferida na vigência do CPC de 1973. Determinação de penhora de verba de natureza alimentar. Atos de constrição realizados sob a égide do CPC de 2015. Ofensa a direito líquido e certo. Configuração. Orientação Jurisprudencial nº 153 da SBDI-II. (Informativo 187 - TST)

Direito Processual do Trabalho. Mandado de segurança. Dirigente sindical detentor de estabilidade provisória. Suspensão após o ajuizamento de inquérito judicial para apuração de falta grave. Reintegração determinada em sede de cognição sumária. Presença dos pressupostos do art. 300 do CPC de 2015. Ausência de direito líquido e certo à suspensão do empregado até a decisão final do inquérito. (Informativo 180 - TST)

Direito Processual do Trabalho. Mandado de segurança. Empresa em recuperação judicial. Depósito judicial anterior ao processamento da recuperação judicial. Não integração ao Juízo universal de falência. Valores à disposição do Juízo trabalhista. (Informativo 177 - TST)

Direito Processual do Trabalho. Mandado de segurança. Execução provisória. Decisão que ao mesmo tempo determina a citação do executado e o bloqueio de valores via Bacen-Jud. Ordens judiciais incompatíveis. Ausência de fundamentos que justifiquem a medida. Ilegalidade do ato. (Informativo 188 - TST)

Direito Processual do Trabalho. Negativa de prestação jurisdicional. Preliminar acolhida. Retorno dos autos ao Tribunal Regional. Exame dos temas remanescentes do recurso de revista anteriormente interposto, julgados prejudicados. Ratificação das razões recursais. Possibilidade. Princípio da instrumentalidade das formas. (Informativo 183 - TST)

Direito Processual do Trabalho. Participação nos lucros e resultados. Arbitragem de ofertas finais. Não apresentação de propostas definitivas pelas partes. Atuação do TRT para solucionar o litígio. Impossibilidade. Extrapolação dos limites do poder normativo fixados pelos interessados. (Informativo 180 - TST)

Direito Processual do Trabalho. Pedido de adiamento da audiência para intimação de testemunha. Indeferimento. Determinação judicial prévia de apresentação de rol de testemunhas. Inobservância. Cerceamento do direito de defesa. Não caracterização. Art. 825, da CLT. Não violação. (Informativo 176 - TST)

Direito Processual do Trabalho. Peticionamento eletrônico. Interposição de recurso de revista. Ausência de assinatura manual ou eletrônica. Resolução nº 139/07 do TRT da 8ª Região. Regularidade da representação processual. (Informativo 189 - TST)

Direito Processual do Trabalho. Preposto. Condição de empregado. Inobservância apenas na audiência inaugural. Irregularidade de representação. Configuração. Súmula nº 377 do TST (Informativo 180 - TST)

Direito Processual do Trabalho. Questão de ordem. Fato superveniente. Arguição em sede de embargos após a interposição do recurso. Exame condicionado ao preenchimento dos requisitos extrínsecos e intrínsecos do apelo. (Informativo 187 - TST)

Direito Processual do Trabalho. Sucumbência na reclamação trabalhista e na reconvenção. Preparo recolhido apenas em relação à reclamatória. Deserção do recurso relativo à ação principal. Não configuração. (Informativo 189 - TST)

Direito Processual do Trabalho. Vendedor. Trabalho externo. Possibilidade de controle da jornada. Não apresentação dos cartões de ponto pelo empregador. Horas extras devidas. Art. 74, §2º, da CLT. Incidência da Súmula nº 338, I, do TST. (Informativo 176 - TST)

ANOTAÇÕES

ANOTAÇÕES

ANOTAÇÕES

ANOTAÇÕES

EDITORA
JusPODIVM
www.editorajuspodivm.com.br